Felix Dahn

Die Könige der Germanen das Wesen des ältesten Königthums

Felix Dahn

Die Könige der Germanen das Wesen des ältesten Königthums

ISBN/EAN: 9783742869326

Hergestellt in Europa, USA, Kanada, Australien, Japan

Cover: Foto ©Andreas Hilbeck / pixelio.de

Manufactured and distributed by brebook publishing software (www.brebook.com)

Felix Dahn

Die Könige der Germanen das Wesen des ältesten Königthums

Die Könige der Germanen.

Das Wesen des ältesten Königthums

der

germanischen Stämme und seine Geschichte

bis auf die Feudalzeit.

Nach den Quellen dargestellt

von

Dr. Felix Dahn,
o. ö. Professor der Rechte an der Hochschule zu Würzburg.

Würzburg, 1866.
A. Stuber's Buchhandlung.

Dritte Abtheilung.

Verfassung des ostgothischen Reiches in Italien.

Meinem Lehrer und Freund

KASPAR BLUNTSCHLI

in

dankbarer Verehrung

zugeeignet.

Vorwort.

Raschere Förderung dieses Werkes wurde anfänglich auf meiner Seite durch andere Arbeiten, dann durch die nothwendig gewordene Aenderung im Verlag aufgehalten. Diese und die folgende Abtheilung lagen schon seit einem Jahre druckfertig, die erstere seit Juli gedruckt. Fortan werden so lange Pausen zwischen dem Erscheinen der einzelnen Abtheilungen nicht mehr stattfinden.

Der Anhang zu dieser dritten Abtheilung, das Edict Theoderichs (und die Darstellung des Verhältnisses des römischen und ostgothischen Rechtes in Italien) enthaltend, wird als vierte Abtheilung besonders ausgegeben, solchen Forschern, welche nicht an dem gesammten germanistischen Werk Interesse nehmen, die Separat-Anschaffung zu ermöglichen. Der Druck der vierten Abtheilung wird in Bälde vollendet sein.

Es hat sich mir herausgestellt, daß die allseitig, namentlich auch von Waitz wiederholt, ausgesprochne Aufforderung, das Werk bezüglich der folgenden Stämme mit gleicher Ausführlichkeit, besonders mit gleicher Berücksichtigung der politischen Geschichte, fortzusetzen, in der That unabweislich ist. So wird denn eine fünfte Abtheilung die Geschichte, eine sechste die Verfassung der Westgothen darstellen: erstere wird im nächsten Jahre erscheinen können. Die Geschichte und Verfassung der schließlich im Frankenreich vereinten Stämme wird dann wohl eher vier als drei starke Abtheilungen erfordern. Die Quellenarbeiten für all' diese Stämme sind fast abgeschlossen; und so kann ich die Bearbeitung auch des angelsächsischen und nordischen Königthums, wie sie Titel und Idee des Werkes erheischen, sicherer als vor vier Jahren (A. I. p. XI) in Aussicht stellen.

Die Ankündung einer zweiten Auflage der ersten Abtheilung beruhte auf einem — nicht von mir verschuldeten — Irrthum. — Mein erster Hauptsatz, von dem rein-germanischen Ursprung des Königthums ist allgemein als dargethan angenommen, dagegen mein zweiter, von der Entwicklung des Bezirks-Königthums zum Stamm- und Volks-Königthum, fast allgemein bestritten worden. Vielleicht, daß die heranziehenden Westgothen, Franken und Alamannen und, in der Nachhut, die nordischen Könige auch diesen Kampf noch zu meinen Gunsten entscheiden.

Würzburg, im November 1865.

Felix Dahn.

Inhaltsverzeichniß.

I. **Grundlagen. Allgemeines. Die Ansiedlung. Verhältniß zwischen Römern und Gothen** S. 1—23. Vertheilung der Gothen nach Sippen S. 1—5. Die delegatio S. 6. Objecte der Landtheilung S. 6—8. Verbreitungsverschiedenheit S. 8—10. Bedeutung und Maßstab der Landtheilung S. 10—15. Die Römer, Erhaltung der römischen Verfassung und Behörden S. 15—17. Verhältniß der Gothen und Römer nach dem Ideal der Regierung und in der Wirklichkeit S. 17—19. Verhältniß Theoderichs zu Byzanz und den Römern S. 19—21. Romanisirung des Königthums S. 21—23.

II. **Das Volk. Volksfreiheit. Die Stände** S. 24—56.

Die Gemeinfreien, ihr Zurücktreten unter den Amalern S. 24. Ihr Wiederhervortreten unter den Wahlkönigen S. 25. Gemeinfreiheit, capillati, Gothi nostri S. 26. Alter gothischer Geburtsadel S. 26—28. Neuer gothischer Dienstadel S. 29. Römischer Adel S. 30. Aemteradel S. 30—34. Reichthum, Abkunft, Bildung S. 35. Gleichstellung des gothischen und römischen Dienst- und Aemteradels S. 35—37. Druck auf die Gemeinfreien S. 37—39. Die Reichen und die Armen, honestiores und humiliores, bei den Römern und den Gothen S. 39—41. Schutz der kleinen Freien durch den König S. 41—44. Gründe des neuen Standes-Unterschiedes, Bekämpfung desselben durch den König S. 44—49. Stellung des gothischen Adels zu den gothischen Freien S. 49—52. Reste der Volksfreiheit S. 52—54. Die Unfreien, römische S. 54—55, gothische S. 56.

III. **Die einzelnen Hoheitsrechte des Königthums** S. 57—81.

1. **Heerbann. Militärische Einrichtungen und Zustände** S. 57—81.

Kriegshoheit S. 57. Ausschließung der Römer vom Heer S. 58. Gründe S. 59. Ausnahmen S. 60. Selbstgefühl des Volksheeres S. 61. Eintheilung, Waffenpflicht S. 62. Bewaffnung, Ausrüstung, Administration, Uebung des Heeres S. 62—65. Die Anführer S. 65. Verpflegung, Besoldung S. 66. Domestici S. 67. Proviantirung, Einquartierung, Beitragspflicht der Römer S. 67—71. Annonae S. 72—74. Donativa S. 74—81.

2. **Gerichtsbann. Rechtszustände** S. 81–134.

Gerichtshoheit, imperium und bannus S. 82. Die Erlasse des Königs (Bann, Bußen) S. 83. Sorge für gute Rechtspflege S. 84. Aequitas S. 84–86. Controlle der Rechte des Fiscus S. 86–87. Expropriation S. 88. Willkürliches persönliches Eingreifen des Königs im Interesse der Gerechtigkeit S. 88–92. Gerichtsorganisation, römisches und gothisches Recht S. 92–93. Der comitatus S. 93. als Appellinstanz und als außerordentliches Gericht S. 94. Verweisung an das ordentliche Gericht S. 94. Delegationen S. 95–98. Selbstgewählte Schiedsrichter S. 98–99. Rescripte und Mandate an die Richter S. 99–100, an die Parteien, bedingte, unbedingte S. 100–103. Ruhm- und Besetzung des Hofgerichts S. 103–105. Rechtsbelehrungen, Bestätigungen S. 105–106. Begnadigung, Amnestie, außerordentliche Rechtshülfe S. 106–108. Obervormundschaft S. 108–109. Allgemeine Schutzpflicht S. 109–110. Die Schützlinge S. 111. Potentes und minores S. 111–113. Arten des Schutzes S. 113–116. Die tuitio regii nominis S. 116. Wirkungen, Arten S. 116–119. Sauvegarden durch Sajonen S. 119–125. Befreiter Gerichtsstand vor dem comitatus S. 125. Geldstrafen S. 125–131. Untechnische tuitio S. 131–134. Römische Nebenwurzeln S. 134.

3. **Gesetzgebende Gewalt** S. 135.

Ausschließlich beim König S. 135.

4. **Finanzhoheit. Finanzzustände** S. 136–158.

Patrimonium regis, fiscus, Namen S. 136. Einnahmen S. 137–140. Die Krongüter S. 137. Der Schatz S. 138–139. Directe Steuern S. 139–147. Grundsteuer S. 139–143. Die Steuerpflicht der Gothen und ihre Widersetzung S. 140–143, tertiae S. 143–146, bina et terna S. 146, siliquaticum S. 146–147, auraria, monopolium S. 147. Andere Leistungen und Reichnisse S. 147. Indirecte Steuern S. 147. Regalien S. 148. Bergregal S. 148. Münzregal S. 148–150. Recht auf den Fund S. 150. Verwaltungseinnahmen, Strafgelder und Aehnliches S. 150. Ehrengeschenke S. 150. Ausgaben S. 151–153. Besoldungen, Heer, Verwaltung, Wohlthätigkeit, Geschenke S. 152. Finanzverwaltung S. 152–157. Abstellung der Mißbräuche S. 152–156. Schutz der Curialen S. 153. Die exactores S. 154. Steuernachlässe S. 155–157.

5. **Polizeihoheit. Verwaltung.** S. 158–172.

Unterschied vom alten Germanenstgat S. 158. Theoberichs Eifer und Vielthätigkeit: Vergleich mit Karl dem Großen S. 158–159, generalitas, salus publica. S. 160. Sorge für Ackerbau S. 161. Lebensmittel S. 161–164. Handel S. 164. Post S. 165. Spiele S. 165–167. Wissenschaft S. 167. Bauten S. 168–172.

6. **Amtshoheit** S. 172–187.

Römische Amtshoheit, ihr Fortbestand und ihre Rechte S. 173. Fortbauer der römischen Aemter S. 174–175. Absolutistische Wirkung

S. 176. Mißbräuche der Amtsgewalt S. 176—177. Versuche der Abhülfe S. 178. Außerordentliche Amtsaufträge S. 179. Die gothischen (duces, comites und) Sajonen S. 180.-187.

7. **Kirchenhoheit** S. 187—247.

Rücksichten des arianischen Königs S. 187. Mächtiger Einfluß der katholischen Bischöfe S. 188—189. Ehrerbietige Behandlung durch den König S. 189. Schutz der Kirche S. 190. Anerkennung, Bestätigung, Erweiterung ihrer Rechte S. 190. Das Gerichtsstandsprivileg der römischen Geistlichen und Bischöfe S. 190—192. Gerichtsbarkeit über die Geistlichen S. 193—197. Die arianische Kirche S. 197—198. Behandlung der Juden S. 198—200. Verhältniß zum römischen Stuhl S. 200. Odovakar und seine Bestimmungen über die römische Kirche S. 202—204. Pabst Gelasius I. S. 203—207. Anastasius II. S. 207. Schisma zwischen Symmachus und Laurentius S. 208—236. Schiedsspruch Theoderichs S. 210. Synode von a. 499 S. 211—213. Verklagung des Pabstes S. 213—216. Synoden von a. 501 S. 217—229. Synode von a. 502 S. 229—233. Synode von 503 S. 234—236. Pabst Hormisdas S. 236—237. Pabst Johannes I. S. 237—238. Pabst Felix IV. S. 238—240. Das Simoniegesetz Athalarich's S. 240—242. Agapet I., Silverius S. 243—244. Vigilius S. 245. Totila und die Kirche S. 245—246.

8. **Repräsentationshoheit** („Gesandtschaftsrecht") S. 247—253.

Unter Theoderich S. 247—248. Den Wahlkönigen S. 248—249. Das Verhältniß zu Byzanz S. 249—251. Gesandtschaften S. 250. Die Titulirung anderer Fürsten S. 252—253.

9. **Das Kronerbrecht** S. 253.

IV. **Gesammtcharakter des Königthums** S. 254—319.

1. **Romanismus** S. 254—275.

Gründe desselben S. 254—255. Verschiedenheit unter den Amalern und den Wahlkönigen S. 256—257. Die Tracht Theoderichs und die kaiserlichen Insignien S. 257—258. Die Gothen und das Land Italien S. 258—260. Die Bedeutung Roms S. 260—263. Cassiodor S. 263—266. Anschluß an die kaiserlichen Vorgänger S. 266—267. Geschichte des Verhältnisses der Gothenkönige zum Senat S. 267—275.

2. **Absolutismus** S. 276—319.

Inhalt und Form der absoluten Königsrechte S. 276. Eingriffe in die persönliche Freiheit, Internirungen, Verheirathungen S. 276—280. Bedeutung persönlichen Zusammenhangs mit dem König S. 280—282. Des Königs Gnade S. 282. Sein Hof S. 282—284. Ravenna und die Provinzen S. 284—286. Das palatium (aula, comitatus) S. 286—289. Das convivium S. 289—290. Die Begleitung und Umgebung des Königs S. 290—292. Die besondere göttliche Einsetzung und Leitung der Könige S. 292. Die Titel S. 292—295, sacra persona S. 296, subjecti, devotio, pietas S. 296—302. Die civilitas S. 302. Stolz auf die glänzende Aera S. 302—303 gegenüber andern Germanen S. 303—305. Die Thronfolge als Gradmesser des Absolutismus und der Volksfreiheit S. 305. Athalarich, designatio successoris S. 306—308. Betonung des alten Erbrechts der Amaler S. 308—309 gegenüber etwaigen Prätendenten aus dem Adel S. 309—311. Ernennung Theodahads S. 312. Wahl des Vitigis: Rückschlag S. 312. Beschränkung des Vitigis und der andern Wahlkönige S. 312—315. Die Eidesleistung bei Athalarichs Regierungsantritt, keine alte allgemeine Gewohnheit nachweisbar S. 316—317. Verschiedenheit der Stellung von Byzanz zu den Amalern und zu den Wahlkönigen, zumal zu dem „Tyrannen" Totila S. 317—319.

I. Grundlagen.

Allgemeines. Die Ansiedlung. Verhältniß zwischen Gothen und Römern.

Die von Theoderich angeführten Einwanderer und Sieger waren zum weitaus größten Theil Ostgothen[1]). Von andern Germanen hatten sich namentlich Rugier angeschloßen: der dem Odovakar feindliche Anhang des vertriebenen Prinzen Friedrich[2]), und auf dem Marsche durch Dalmatien einzelne Haufen der zurückgeschlagenen Gepiden[3]). Man müßte nun schon von vornherein annehmen, daß bei der Ansiedlung in der neuen Heimath die Geschlechter und Sippenverbände, soweit sie in dem Volksheer nach den wechselnden Schicksalen und vielfachen Wanderungen noch erhalten waren, beisammen blieben. Schon aus allgemeinen Erwägungen ergibt sich das. Irgend ein Princip, irgend ein bestimmter Eintheilungsgrund mußte befolgt werden, sollte die Arbeit der Landvertheilung und Ansiedlung nicht endlos und nicht zu regelloser Willkür werden.

Man wollte nun aber oder konnte nicht, wie die gewaltsamen Vandalen in Afrika gethan, einige Provinzen als solche, im Gan-

---

1) Ueber die wahrscheinliche Kopfzahl s. Abth. II. S. 78; Manso S. 78. Sarter. 17; auch einzelne Byzantiner waren mitgezogen, Cass. Variar. I. 43, zum Theil wohl als Repräsentanten des Kaisers.

2) A. II. S. 76.

3) In den außeritalischen Provinzen saßen natürlich auch nach dem Siege Theoderich's neben den Provinzialen und Römern und neben den neuen gothischen Besatzungen auch andere, schon früher daselbst angesiedelte Barbarengruppen: alle diese, nicht nur die Anhänger Odovakar's, sind die antiqui barbari der Varien, ein Gegensatz zu den Einwandrern unter Theoderich; auch in Italien selbst fanden sich einzelne ältere germanische Colonien: so Schaaren von Alamannen und Taifalen an den Ufern des Po: Ammian. Marcell. 28, 5: Alamannos (Valentinianus) .. cepit .. ad Italiam misit, ubi fertilibus pagis acceptis jam tributarii circumcolunt Padum.

zen, den Gothen zutheilen, so daß man etwa um Rom oder um Ravenna das gesammte Volk concentrirt angesiedelt hätte, mit Ausweisung der römischen Grundbesitzer aus ihren Gütern. Theoderich wollte die Römer bei der Niederlassung seines Volkes möglichst gelinde behandeln: deßhalb entschloß er sich zu dem folgenreichen Schritt, die Gothen über das ganze Reich, zunächst über die ganze Halbinsel und deren wichtigste Grenzprovinzen, zu vertheilen, indem er sie einfach in die früher schon den Schaaren Odovakars zugewiesenen Güterquoten eintreten ließ: wahrscheinlich war dieß mit dem Kaiser für den Fall des Sieges also vorvereinbart worden[1]). Bei dieser weiten Zerstreuung der Gothen wäre es nun doch der Gipfel der Unklugheit gewesen, auch noch das letzte natürliche Band zu zerreißen, welches diese auseinander gebreiteten germanischen Siedelungen zusammenhielt, das Band der Sippe.

Ferner kömmt dazu, daß das germanische Rechtsleben jener Periode sich ohne das nahe Zusammenwohnen der Gesippen gar nicht denken läßt: abgesehen von jenen Rechtsgebieten, in denen die Gültigkeit gothischen Rechts bestritten oder unwahrscheinlich ist, abgesehen vom öffentlichen Recht, vom Strafrecht, vom Civil- und Strafproceß, beruhte auch das Privatrecht und zwar gerade diejenigen Theile des Privatrechts, in welchen am Unzweifelhaftesten gothisch Recht galt, beruhte Personenrecht, Familienrecht, Erbrecht und Vormundschaft ganz wesentlich auf dem Verband der Sippe. Mundschaft und Erbrecht hätte sich aber nicht gothisch erhalten können, wenn die Mundwalte und Erben ohne allen Zusammenhang von Augsburg bis nach Syrakus, vom Tajo bis zur Drave zerstreut gewohnt hätten. — Wenn man aber auch nicht an das spätere friedliche Rechtsleben der gothischen Bauerschaften denkt, wie es fünf Jahrzehnte lang bestand, wenn man sich nur den Augenblick

---

[1]) Weßhalb aber hatte schon Odovakar dasselbe System befolgt? Schwerlich reicht die gleiche Absicht der Schonung bei ihm zur Erklärung aus. Es kömmt ein andres auch für die Ansiedlung der Gothen wichtiges Moment hinzu. Die Zahl seiner Anhänger war so gering, seine Herrschaft so wenig befestigt und so viel mit Kriegen bedroht, daß wahrscheinlich ein sehr großer Theil seiner Krieger gar nicht auf längere Zeit nach Hause entlassen, sondern um seine Person versammelt gehalten wurde. Da war es dann eher gleichgültig, ob die von den römischen hospites und deren Knechten nach wie vor einschließlich des abgetretenen Drittels bewirthschafteten Güter, von deren Ertrag ein Drittel dem Germanen (hospes) zufiel, beisammen lagen oder nicht; auch hat gewiß Odovakar schon vielfach herrenlose und confiscirte Güter vertheilen können.

vergegenwärtigt, da, nach dem Fall von Ravenna, die Gothen als bewaffnetes Volksheer, in Tausendschaften[1]) und Hundertschaften gegliedert, von ihrem Heerführer die Vertheilung des eroberten Landes forderten, so wird man zu dem nämlichen Ergebniß gedrängt.

Denn dieses Volksheer, diese Tausendschaften und Hundertschaften waren ja selbst nach uralter Sitte[2]) deren Fortbestand bei den Gothen besonders verbürgt ist[3]), nach familiae et propinquitates, nach Sippen und Geschlechtern gegliedert: der Sippeverband war zugleich der Eintheilungsgrund der Hundert- und Tausendschaften, und wenn der Heerführer nach militärischem Maß, regimenterweise, seine Schaaren vertheilen wollte, was ihm aus praktischen Gründen der Gegenwart und der Zukunft am Nächsten liegen mußte, so traf dieser Maßstab wieder mit der natürlichen Gliederung in Familien und Geschlechter zusammen. Nur unter dieser Voraussetzung ist es — dann aber auch völlig — erklärlich, daß die einzelnen Gruppen von Gothen in jeder römischen Landschaft, auch abgesehen von der machtlos gewordenen Regierung, als organische Einheiten auftreten, daß sie in dem Kriege mit Byzanz, von der Staatshülfe verlassen, als relativ selbständige Körper Waffenruhe, Unterwerfung, Widerstand beschließen, was Prokop so oft zu melden hat[4]). Die bloße Nachbarschaft der Grundstücke würde diesen Zusammenhang solcher Gruppen nicht erklären: denn eine Nachbarschaft mit unmittelbar zusammenhängenden Grundstücken bestand, nach dem System der gemischten Ansiedlung, nicht.

Diese allgemeinen Gründe für eine nach Geschlechtergruppen gegliederte Niederlassung werden nun wesentlich bestärkt durch die schon früher[5]) angeführte positive Beweisstelle: es ist[6]) außer Zweifel, daß die Rugier, welche sich den Gothen angeschlossen, nach dem Geschlechterverband in Italien angesiedelt wurden. Noch im Jahre 541 bilden sie einen ganz nach der Abstammung ausgeschiedenen (ἐς τὸ γένος ἀπεκέκριντο l. c.) selbständigen Lebenskreis, wahrscheinlich in der Gegend von Pavia. Sie hatten während des ganzen fünfzigjährigen Bestehens des Gothenstaates nur untereinan-

---

1) Var. V. 27 millenarii; s. u. „Heerbann".
2) Tac. Germ. c. 7. A. II. S. 79.
3) A. II. S. 92.
4) b. G. I. 15 u. oft; s. A. II. S. 212; 223; 227; 241.
5) A. II. S. 128.
6) Nach Prokop b. G. III. 2.

der geheirathet, weder Italienerinnen noch Gothinnen[1]): sie hatten ihr Geschlecht unvermischt mit eignem Namen erhalten, sie bilden einen Kreis von geschloßnen Interessen, in welchem ihr Häuptling Erarich eine wichtige Stellung einnimmt[2]). Dieser Geschlechterverband im Staat thut auf eigne Faust eigne Schritte: es ist bereits nachgewiesen, daß sich diese Erscheinungen nur unter der Voraussetzung erklären lassen, daß diese Geschlechter nebeneinander angesiedelt waren. Offenbar aber hatte man nun nicht etwa diesem Nebenvölklein eine besonders begünstigte Ausnahmsstellung gewährt, sondern die Erscheinung ist nur eine Folge davon, daß man das allgemeine System der Niederlassung eben auch bei ihnen angewendet hatte.

Und damit stimmt in bedeutsamer Weise zusammen, daß unter dem Wenigen, was wir von dem Leben und den Zuständen der Ostgothen in Italien wissen, vor Allem ein lebhaftes Gefühl des Sippeverbandes sich auszeichnet: alle moralischen und juristischen Wirkungen des Geschlechterzusammenhanges, soweit sie das Gesetz noch gestattet, ja gegen das Gesetz, sind noch in starker Uebung: das erklärt sich bei der weiten Ausdehnung des Reiches nur aus dem engen Zusammensiedeln der Sippegenossen.

Die Blutrache steht, trotz dem (römischen) Gesetz, in voller Blüthe: die Königin selber kann sich nicht verhehlen, daß sie vor der Rache der Verwandten ihrer Feinde, welche sie aus dem Wege räumen will, nicht sicher sein werde: und diese Feinde — es sind die Häupter der alten Adelsgeschlechter, die Führer der nationalen Opposition gegen das Romanisiren der Amaler — stehen, obwohl an entgegengesetzte Marken des Reiches versendet, in ständiger Verbindung „durch Vermittlung ihrer Verwandten"[3]), und diese Verwandten sind es denn auch wirklich, welche das Blut ihrer gemordeten Gesippen mit dem Blute der Mörderin rächen[4]).

So eng ist der Zusammenhang der Sippe, daß Glück oder Unglück nach der Anschauung des Volkes alle Glieder Eines Hauses begleitet[5]), und so heilig sind diese Bande, daß ein tüchtiger Mann,

---

1) l. c. γυναιξὶ μέντοι ὡς ἥκιστα ἐπιμιγνύμενοι ἀλλοτρίαις ἀκριφνέσι παίδων διαδοχαῖς ἐς τὸ τοῦ ἔθνους ὄνομα ἐν σφίσιν αὐτοῖς διεσώσαντο.
2) l. c. δύναμιν μεγάλην περιβεβλημένος ἐν τούτοις τοῖς βαρβάροις.
3) Proc. b. G. I. 3. διὰ . . . τῶν ξυγγενῶν ξυνήσαν.
4) l. c. 4. Γότθων γὰρ ξυγγενεῖς κ. τ. λ.
5) l. c. A. II. S. 224.

ein Ideal von einem Gothen, sich weigert, selbst zum Heil des Staates die Familienpietät zu verletzen¹), ja dieß Gefühl ist stärker fast als das nationale: als sein Verwandter, König Jldibad, ermordet worden von den Gothen, denkt sogar eine Natur wie Totila die Sache seines Volkes aufzugeben und, was das Bedeutsamste, das offne Bekenntniß solcher Gesinnung schadet ihm nicht im Mindesten in der Meinung der Gothen, offenbar weil sie dieselbe theilen.

Wir haben uns also die Gothen nach Familien und Sippen (γενέαι) gegliedert angesiedelt zu denken: neben dem räumlichen Verband der Nachbarschaft bestand und wirkte fort der historisch-hergebrachte persönliche Verband der Geschlechtergruppen, welcher in den Zeiten der unstäten Niederlassungen und politischen Auflockerung während der langen Wanderungen stärker fast als der politische vorgehalten hatte: er hielt auch in Italien bei vorübergehender Zerrüttung des Staates noch die Gemeinden der Gothen zusammen.

Die eigentliche Landtheilung und Ansiedlung fand nun in folgender Weise statt. Eine vom Könige besonders bestellte Commission, wahrscheinlich aus Römern und Gothen gemischt, leitete das gesammte Verfahren. An der Spitze der Commission²) stand ein vornehmer Römer, Liberius, der an Odovakar treu bis zu dessen Untergang gehangen und durch diese Treue den Sieger nicht erzürnt, sondern gewonnen hatte³): er erhält von Cassiodor das Lob, die schwierige Aufgabe mit großer Sorgfalt und Ordnung, namentlich aber mit großer Schonung der Italiener gelöst zu haben⁴).

Die Gothen wurden nach ihren organischen Gliederungen in Frieden und Krieg, also nach Sippen, Hundertschaften und Tausendschaften von ihren militärischen Vorständen nach den Hauptorten der Landschaften geführt: dort erhielten die Familienväter und andern selbständigen Männer von den Unterbeamten der Commission (delegatores, delegationis) schriftliche Anweisungen (öffentliche Urkunden) auf bestimmte in dieser Provinz belegene Grundstücke (Drittel von römischen Gütercomplexen). Diese Anweisungen heißen pictatia⁵). Der Umfang des zugewiesenen Grundstückes⁶) richtet

---

1) l. c. Uraia, der Neffe des Vitigis.
2) Deputatio tertiarum hieß sie. Vgl. Manso S. 82.
3) Cass. Variar. II. 16.
4) l. c.
5) Das Wort begegnet in den Varien und im Edictum Theoderici im allgemeinen Sinn einer öffentlichen Urkunde, zweimal in den Varien mit speciellerer

sich nach dem Bedürfniß des Empfängers: also zunächst nach der Größe der Familie, besonders nach der Zahl der noch in väterlicher Mundschaft stehenden Söhne, nach dem Stand und der ganzen Stellung des Geschlechts¹). Woher aber wurde das zu vertheilende Land genommen? welche Grundstücke standen der Commission zur Verfügung?

Zunächst die „sortes Herulorum", d. h. diejenigen Drittel sämmtlicher italienischer Güter, welche Odovakar an seine Anhänger hatte abtreten lassen²).

In sehr vielen Fällen waren diese bisherigen Eigenthümer der Güterdrittel in dem vierjährigen blutigen Kampf oder bei jener dunkel angedeuteten „Vesper"³) oder bei der Ermordung Odovakar's untergegangen oder nachträglich ihres Vermögens beraubt worden: alsdann brauchte also nur der Gothe in das leer stehende Gut des Herulers einzutreten. Dieß war das zunächst liegende, einfachste Verfahren: dieß lag offenbar der Uebereinkunft von Theoderich und Zeno zu Grunde. Der barbarische Sieger trat an die Stelle des barbarischen Besiegten und der römische hospes wechselte, ohne nochmalige Behelligung und Beraubung nur die Person des Nachbarn und Getheilen (consors). Dieß Verfahren wird als das regelmäßige bestätigt von Prokop: „Theoderich that seinen Unterthanen (d. h. den italienischen) nichts zu Leide und ließ ihnen nichts zu Leide thun, ausgenommen, daß die Gothen jenen Theil der Grund-

---

Beziehung auf die Landtheilung: I. 18 (wo es Gaupp S. 474 mit Recht an die Stelle des sinnlosen petitio setzt: si Romani praedium ... sine delegatoris cujusquam pictacio praesumtor barbarus occupavit ... priori domino restituat und III. 35, wo ein Römer in dem Besitze dessen geschützt wird, was der Patricius Liberius ihm oder seiner Mutter per pictacium constiterit deputasse: der Name Liberius deutet bestimmt auf die Landtheilung.

6) „Loses", der Ausdruck sors begegnet technisch nur zweimal in den Varien III. 17; wo der König einem (gothischen) Priester eine sors bei Trient schenkt; und VIII. 26, wo die sortes ausdrücklich als Grundlage des Lebensunterhaltes der Gothen bezeichnet werden cum vos sortes alant propriae. Die Güter der Gothen heißen sonst, wie die der Italiener casae, possessiones IV. 14; ob das einmalige consortes in den Varien technisch gemeint, steht dahin.

1) Die Beweise s. unten bei „Adel".

2) Manso S. 80. Ueber den unmittelbaren Zusammenhang dieser Maßregel mit dem hergebrachten römischen Besoldungs- und Einquartierungssystem gegenüber den Söldnern s. Abth. II. S. 43 und Gaupp S. 460.

3) A. II. S. 80.

stücke unter sich vertheilten, welchen Odovakar seinen Anhängern gegeben hatte"¹).

Indessen neben diesem Verfahren, das die Regel bildete, standen doch auch zahlreiche Ausnahmen²): das einfache Herrentauschen der herulischen Lose konnte nicht immer stattfinden und, wo es stattfand, nicht immer ausreichen.

Erstens behielten viele Heruler ꝛc. in Folge der von Theoderich erlaßnen Amnestie³) ihre Güter. Zweitens überschritt die Zahl der anzusiedelnden Gothen sehr bedeutend die Zahl der Anhänger Odovakar's. Drittens erfuhr die von Odovakar im Princip ausgesprochne, aber schwerlich durch ganz Italien zur Ausführung gebrachte⁴) Dritteltheilung gewiß durch Theoderich eine umfassende Revision⁵), welche in vielen Fällen zum ersten Mal zur wirklichen Theilung führte⁶), in allen Fällen aber als erste rechtmäßige Theilung von Gothen und Römern⁷) angesehen wurde, welche beide wie Byzanz das Eigenthum der Italiener an ihren Gütern durch die Maßregeln des „Usurpators" nicht als aufgehoben betrachteten. Daraus erklärt es sich vollständig, daß neben dem Tausch zwischen Herulern und Gothen⁸) auch von einer Theilung⁹) zwischen Römern und Gothen gesprochen werden kann. —

---

1) Proc. b. G. I. 1. πλήν γε δὴ ὅτι τῶν χωρίων τὴν μοῖραν ἐν σφίσιν αὐτοῖς Γότθοι ἐνείμαντο, ὅπερ Ὀδόακρος τοῖς στασιώταις τοῖς αὑτοῦ ἔδωκεν; bei Prokop darf ὅπερ statt ἥνπερ nicht befremden: f. z. B. Gaupp S. 469; er verwechselt μοῖρα und χωρία.
2) Diese übersieht Leo I. S. 51.
3) A. II. S. 127; diese erstreckte sich auch auf die bis zuletzt von Odovakar behaupteten Städte (Manso S. 84 zweifelt); sie hatten keine Wahl gehabt.
4) Gaupp S. 470.
5) A. II. S. 127.
6) Odovakar hatte für seine Leute nicht das ganze Drittel von Italien gebraucht, hatte viele derselben stets um seine Person versammelt gehalten und diese hatten dann wohl nur ein Drittel der Einkünfte von ihren römischen hospites bezogen.
7) Damit fällt Pallmann's II. S. 327 Polemik gegen meine Sätze A. II. S. 327. Seine Behauptung, Ostrom habe die gothische Besetzung Italiens nie anerkannt, ist im Widerspruch mit allen Quellen, mit dem ganzen Verhältniß von Byzanz zu dem Gothenreich von der Uebersendung der Insignien an bis zum Ausbruch des großen Krieges.
8) Prokop l. c.; mit Unrecht verwirft seinen Bericht Manso S. 80.
9) Cassiodor; die einschlägigen Stellen müssen bei der Grundsteuer besprochen werden. Mit Unrecht behauptet Manso S. 80 eine nochmalige Beraubung der Italiener.

Die Annahme dieser mannchfaltigen Combinationen bei der Ansiedlung erklärt nun auch allein in lichtvoller Weise die seltsame Vertheilung, in welcher wir die Gothen über die Halbinsel verbreitet finden: keinesweges zwar eine Zusammendrängung derselben in zwei, drei Provinzen (wie bei den Vandalen), aber doch unverkennbar eine viel größere Dichtigkeit der gothischen Bevölkerung in Oberitalien, in Ost= und Mittelitalien als im Süden und Westen der Halbinsel. Dieses interessante Ergebniß läßt sich besonders aus dem so sehr verschieden abgestuften Widerstand ableiten, den die byzantinische Invasion in den verschiednen Landschaften findet.

Nicht nur Sicilien[1]) war stets ein unsichrer Besitz der Gothen, — die Bevölkerung war schon schwierig bei der Besitznahme[2]), klagte fortwährend über die gothische Verwaltung[3]) und gab das erste Beispiel eifrigsten Abfalls zu den Griechen, wodurch sie sich den schweren Haß der Gothen zuzog[4]), — ganz Süditalien bis Neapel fällt ohne Widerstand den Griechen zu. In dieser Stadt, einer starken Festung, liegt auch nur gothische Besatzung: es heißt von diesen Gothen, daß sie ihren Hausstand, ihre Frauen und Kinder in der Gewalt des Königs wissen, also in Mittel= und Norditalien. Nur diese Mannschaft kämpft und die den toleranten Gothen dankbar ergebne Judenschaft: von gothischen Einwohnern auch hier keine Spur. Aber auch auf dem flachen Lande von ganz Bruttien, Lucanien, Calabrien, Apulien, Campanien ist keine gothische Bevölkerung von irgend nennenswerther Dichtigkeit: ausdrücklich sagt Prokop: „alles Land bis Benevent unterwarf sich dem Belisar, da dort keine Gothen wohnten"[5]).

Erst in Samnium und Picenum stoßen wir auf landangesessne

---

1) In Syrakus lag eine gothische Besatzung: vgl. die Bestallungsformel des comes civitatis syracusanae Var VI. 22 u. IX. 14. Ohne Unterstützung durch eine gothische Bevölkerung ergibt sie sich sofort, Proc. b. G. I. 5, ebenso alle andern Städte: nur in Palermo wird einiger Widerstand versucht, aber nur von der „Besatzung" (l. c. Γότθοι δὲ ἐν Πανόρμῳ φυλακὴν εἶχον), nicht von einer gothischen Bevölkerung. Wenn die Insel nach Prokop anfangs auf ihre Bitten sogar von jeder Besatzung befreit blieb b. G. III. 16, „auf daß ihre Freiheit und sonstige Wohlfahrt nicht verletzt werde", so liegt darin auch die Befreiung von der Landtheilung.
2) Var. I. 3.
3) l. c. IX. 14.
4) Proc. b. G. III. 19.
5) l. c. I. 15. Γότθων σφίσι τῇ χώρᾳ οὐ παρόντων.

Gothen und zwar genau in der Richtung, in welcher wir sie nach unsrer obigen Annahme zu suchen haben, nicht im Westen, sondern im Osten, nach der Küste des adriatischen Meeres zu. "Da kam Pitza, ein Gothe aus Samnium, und unterwarf sich und die Gothen, welche daselbst mit ihm wohnten; und gab dem Belisar die Hälfte des Küstenlandes in die Gewalt, bis zu dem Fluß, der die Landschaft mitten durchschneidet. Die Gothen aber auf dem andern Ufer des Flusses wollten sich dem Pitza nicht anschließen und dem Kaiser nicht unterwerfen"[1]).

Man sieht, hier beginnt der Widerstand "der im Lande selbst sitzenden" "wohnenden" "bauenden" gothischen Bevölkerung, nicht bloßer Truppendetachements. Die Gothen auf dem "diesseitigen" Ufer (Prokop spricht vom Hauptquartier in Neapel aus) des Flusses[2]), d. h. also die im Süden, schließen sich unter einem einflußreichen großen Grundbesitzer und Geschlechtshaupt an die Feinde: die Gothen auf dem jenseitigen, d. h. dem nordwestlichen Ufer faßten im Anlehnen an sicheren Rückhalt andre Beschlüsse. Auch Cassiodor bestätigt gothische Siedelungen in Samnium und Picenum[3]).

Gehen wir weiter aufwärts nach Norden, so finden wir auf der Westseite der Halbinsel keine massenhaften gothischen Gruppen: der größte Theil von Tuscien gehört dem Prinzen Theodahad, welcher römische Nachbarn hat[4]): wohl aber im Osten: wie im Picentinischen[5]), so in Umbrien, der spätern Pentapolis und dem Exarchat, in den Landschaften Aemilia und Flaminia, zum Theil auch noch in Ligurien, stark in Oberitalien und der Lombardei bis nördlich über Verona und Trient hinaus, ebenso stark im Osten, im Benetianischen, besonders aber auf der Ostküste der Adria, in Dalmatien, Savien[6]), Istrien und Liburnien. —

Wenn so im Osten und Norden ein gewisser Zusammenhang

---

1) b. G. I. 15 τότε δὴ καὶ Πίτζας Γότθος ἀνὴρ ἐξ Σαμνίου ἥκων αὐτόν τε καὶ Γότθους, οἳ ἐκείνῃ ξὺν αὐτῷ ᾤκηντο καὶ Σαμνίου τοῦ ἐπιθαλασσίου μοῖραν τὴν ἡμίσειαν Βελισαρίῳ ἐνεχείρισεν, ἄχρι ἐς τὸν ποταμόν, ὃς τῆς χώρας μεταξὺ φέρεται. Γότθοι δὲ ὅσοι ἐπὶ θάτερον τοῦ ποταμοῦ ἵδρυντο οὔτε τῷ Πίτζᾳ ἕπεσθαι οὔτε βασιλεῖ κατήκοοι εἶναι ἤθελον.

2) Ich möchte ihn eher für den Aternus als für den Sagrus halten.

3) Var. III. 13. V. 27.

4) Doch finden sich allerdings auch gothische possessores in Tuscien, Var. IV. 14; namentlich in dem spätern florentinischen Gebiet; vgl. Leo I. S. 53.

5) Var. IV. 14. V. 27.

6) Var. IV. 49.

der gothischen Ansiedlung sich nachweisen läßt, im Westen und Süden dagegen nur vereinzelte gothische Besitzungen begegnen, so erklären sich jene Regel und diese Ausnahmen aus der Regel und den Ausnahmen des Verfahrens bei der ersten Niederlassung: die Regel bildeten dabei die herulischen Lose, die Ausnahmen einzelne besondre Verleihungen und Verschenkungen des Königs. Die herulischen Lose, die wirklich abgetretnen nämlich, waren wegen der geringen Zahl der Anhänger Odovakars nicht über die ganze Halbinsel gleichmäßig vertheilt, sondern vorzüglich dicht im Osten und Norden gelagert gewesen — aus denselben Gründen, welche schon lange Ravenna und Verona wichtiger gemacht hatten als Rom und Neapel: — nämlich wegen der Abwehr der Barbaren von den Alpen und von Pannonien her. Daher entscheidet sich denn auch der ganze Kampf Theoderichs mit Odovakar im Norden und Osten: im Süden und Westen hat dieser keinen Rückhalt gegen den Angreifer. Verona, Ravenna sind seine Defensiven und Rimini ist sein südlichster Stützpunkt. — Und ganz erklärlich ist es daher, daß auch der Angreifer vom Süden her, daß auch Belisar erst in denselben Gegenden im Norden und Osten auf geschloßne gothische Siedelungen stößt: **hier hatte man massenhaft die herulischen Lose unter die Gothen vertheilen können.** Im Süden und Westen finden sich, außer Besatzungen, nur vereinzelte gothische Grundbesitzer, meist auf vom König verpachteten oder besonders geschenkten Gütern. — In den Provinzen außerhalb Italiens (und den wichtigsten Marken wie Rhätien) gab es, abgesehen von der Ostküste der Adria, keine dichte, das Land überziehende Bevölkerung, sondern fast nur Besatzungen der Städte, Castelle und Pässe.

Ein starkes Zeugniß hiefür liegt darin, daß nicht einmal in dem gothischen Südgallien, der fruchtbarsten, nächsten und wichtigsten Provinz außer Italien, Gothen angesiedelt sind. Denn hier werden zur Verpflegung des erst hin zu sendenden Gothenheeres (gothicus exercitus) nur die universi provinciales beordert, d. h. eben Nicht-gothische Grundbesitzer: es heißt nicht, wie in italienischen Landschaften in gleichen Fällen, universis Gothis et Romanis oder provincialibus in Gallia constitutis, sondern nur universis provincialibus[1]). Die Gothen waren auf dem Gebiet des Reiches, vor dessen Erweiterung durch Eroberungen, vollständig untergebracht.

---

1) Was entschieden nicht aus einer Befreiung der gothischen possessores abzuleiten ist; eine solche Befreiung ist mit dem Ton des Erlasses ganz unvereinbar, vgl. Var. III. 42 mit 41.

Wie im Einzelnen die Gothen bei der Landvertheilung bedacht wurden, nach welchem Maßstab und an welche Classen von Personen vertheilt wurde, darüber lassen sich nur Annahmen aufstellen, die aus der Natur der Verhältnisse und den Grundgedanken alles germanischen[1]) Rechtslebens folgen: ausdrückliche Quellenberichte darüber fehlen und können nur manchmal durch Consequenzen aus Quellenstellen andern Inhalts ergänzt werden[2]).

Jedenfalls betrachtete Theoberich jene Landtheilung als die Rechtsgrundlage für alle Grundbesitzverhältnisse in seinem Reich. Merkwürdig ist, daß er hiebei den Bestand dieses seines Reiches nicht erst von der Unterwerfung oder Ermordung Odovakars an datirt (27. Februar oder 8. März a. 493), sondern von seinem Uebergang über den Isonzo (August a. 489), d. h. also, da dieß der officiell anerkannte Grenzfluß Italiens ist, von seinem ersten Erscheinen auf italischem Boden. Das war wohl eine Consequenz aus der legitimistischen Rechtfertigung seiner ganzen Stellung in Italien: sowie er dieß Land im Auftrag des rechtmäßigen Herrn betreten, sollte mit der Besitzergreifung sein Reich als errichtet und an die Stelle der Usurpation Odovakars getreten gelten.

In diesem Gedankenzusammenhang wurzelt eine bedeutsame principielle Entscheidung über Grundbesitzverhältnisse. Ein barbarus hat das Grundstück eines Römers in Besitz genommen und dieser auf Rückgabe geklagt[3]). Da unterscheidet der König: hat die Occupation stattgefunden, ehe wir den Isonzo überschritten, so kömmt es auf den Ablauf der dreißigjährigen Klagverjährung von der Besitzergreifung bis zur Klagstellung an, ob der Römer mit seiner Klage durchbringt. Hat aber die Occupation erst nach jenem Termin (August a. 489) stattgefunden, und hat der barbarus kein pictacium delegatoris aufzuweisen, so muß er ohne weiteres restituiren; ob die Klage verjährt sei oder nicht, wird in diesem Fall

---

1) Ohne ausreichende Kenntniß hievon werden alle Darstellungen dieser Reiche große Lücken zeigen; so auch das tüchtige Buch von Sartor. Vgl. z. B. S. 17.

2) Wir wissen z. B. nicht, ob die Ostgothen wie andre Germanen bezüglich der verschiednen Arten von fundi (Häuser, Gärten, Aecker, Reb-, Wies- und Waldland) verschiedne Quotentheilungen aufstellten; wie z. B. bei den Burgunden geschah, wo der Römer von Hof, Garten, Wald und Weide die Hälfte, vom Ackerland ein Drittel, von den Knechten zwei Drittel behielt. Manso S. 81 vermuthet Analoges; aber die Quellen sprechen ohne Unterschied von Dritteln.

3) Die Motivirung des Falls bei Manso S. 83 ist nicht die richtige.

gar nicht untersucht: b. h. der König will von jenem Termin an nur die urkundliche Landanweisung als Titel des Besitzes eines Barbaren an römischem Boden gelten lassen: von da ab soll anderweitige (gewaltsame) Besitzergreifung unerachtet der hinzu kommenden Klagverjährung den Besitz des barbarus zum Schaden des Römers nicht rechtfertigen¹).

Die Landtheilung, wie sie im Auftrag des Königs Liberius vorgenommen, bleibt die Richtschnur für Regelung aller Grundbesitzprocesse zwischen Römern und Gothen: in diesem Sinne sagt der König einem Römer, dessen Grundbesitz angefochten wird: "was gemäß unsrer Anordnung der Patricius Liberius Dir und Deiner Mutter hergestelltermaßen per pictacium zugetheilt hat, soll in Kraft und Geltung bleiben"²).

Man hat die Frage aufgeworfen, ob nur die Familienväter oder alle waffenfähigen Gothen Lose erhielten?³) Wahrscheinlich weder das Eine noch das Andre. Es empfingen Lese alle selbständigen d. h. nicht unter Mundschaft stehenden Freien. Also zwar die Familienväter, aber auch die selbständigen Unverheiratheten. Die Frage, wie es sich hiebei mit den noch unter väterlicher Mundschaft stehenden Haussöhnen verhielt, führt sofort zu der zweiten, der nach dem Quantum, welches jeder, der überhaupt empfing, beanspruchen durfte. Keinenfalls empfing jeder Empfänger gleich viel: es wurde nicht etwa das Drittel von Italien unter alle Empfänger in gleichen Losen vertheilt, sondern jeder Empfänger empfing nach Bedürfniß: es wurden Minimalmaße angenommen, welche für den

---

1) Var. I. 18. si Romani praedium ex quo Deo propitio Sonti fluenta transmisimus, ubi primum Italiae nos suscepit imperium, sine delegatoris cujusquam pictacio praesumtor barbarus occupavit, eum priori domino submota dilatione restituat. quodsi ante designatum tempus rem videtur ingressus adversus quam praescriptio probatur obviare tricennii, petitionem jubemus quiescere pulsatoris. illa enim reduci in medium volumus quae nostris temporibus praesumta damnamus. Diese Motivirung schließt auch die Deutung aus, daß der Fall vor a. 519 spiele und der König nur deßhalb bei der zweiten Alternative der Verjährung schweige.

2) Var. III. 35; wenn aber dabei der Besitz des Römers auf beneficium principis und votum zurückgeführt wird, so kann damit doch unmöglich das bloße Belassen von zwei Drittel seines frühern Eigenthums, es muß eine Schenkung, Verleihung gemeint sein, welche damals der König dieser römischen Familie ebenfalls durch Liberius mittelst pictacium zuwandte.

3) Manso S. 84.

Alleinstehenden, dann für kleinere, endlich für größere Familien erreicht werden mußten. Ein Hausvater, der noch sechs Söhne in der Mundschaft hatte, erhielt gewiß mehr, als der keinen Sohn mehr in der Mundschaft hatte: die Austheilung an die Söhne mochte dann ihm überlassen werden. Solche Söhne, welche bisher in der Mundschaft gestanden, aber jetzt, etwa während des vierjährigen Krieges, waffenfähig und reif geworden waren, aus derselben auszuscheiden, wurden als selbständige Losempfänger behandelt. Durch die thatsächliche Waffenfähigkeit allein wurde die väterliche (und anderweitige) Mundschaft noch nicht aufgehoben: es mußte noch eine förmliche Entlassung von Seite des Mundwalts (oder des Königs) oder eine thatsächliche Trennung von dem Haushalt des Vaters hinzutreten, was eben jetzt durch Ansiedlung auf eignem Lose mit Willen des Vaters (oder des Königs) geschehen konnte.

Aehnlich wurde wohl für Mündlinge, welche in der Mundschaft eines Schwertmagen, nicht ihres (verstorbnen) Vaters standen, ein Los ausgeschieden und dem Mundwalt zur einstweiligen Verwaltung übertragen.

Neben der Größe der Familie, d. h. der Zahl der noch in Mundschaft stehenden Haussöhne (auf die Töchter kam es weniger an) waren unvermeidlich auch noch andre damit zusammenhängende factische Momente von Einfluß auf die Ausmessung des Loses.

So die Zahl der Knechte und des Viehes, welche der Einwandernde mitbrachte: denn daß die Gothen diese ihre wichtigste Habe mit nach Italien nahmen, ist selbstverständlich und wird von Ennodius bezeugt[1]).

Dieß führt zu der Annahme, daß der Reichthum und der Stand die Größe des Loses verschieden gestalteten, eine Ungleichheit, welche mit der germanischen Freiheit oder doch der gewöhnlichen Vorstellung von derselben in Widerspruch zu stehen scheint.

Allein erstens werden wir von unbestreitbaren Thatsachen zu jener Annahme gedrängt, zweitens ist der Widerspruch nicht so grell und vereinzelt, und endlich war die „germanische Freiheit" bei diesen Gothen in Italien schon sehr bedeutend modificirt.

Es steht fest[2]), daß der König eine ganz unvergleichbar

---

1) Sclaven und Vieh der römischen hospites wurden jedenfalls als Zubehörde des abgetretnen Loses mit abgetreten: also wahrscheinlich ein Drittel der Gesammtzahl.

2) s. unten „Finanzhoheit".

größere Menge Landes empfing als alle Andern: das ganze Krongut Odovakars, d. h. alles früher dem Kaiser, dem Fiscus gehörige Land¹), vermehrt durch die eingezogenen Güter seiner Anhänger. An diesen höchst ausgedehnten Ländereien erhielt das Volk keinerlei Recht. Aber auch die Prinzen des königlichen Hauses erhielten einen unverhältnißmäßig größern Grundbesitz als alle Andern. Dem Prinzen Theobohad gehört „fast die ganze Provinz Tuscien²) und wenn wir auch hievon einige Uebertreibung abziehen und spätere Schenkungen der Könige³) und widerrechtliche Bereicherungen⁴) in Rechnung bringen — immer bleibt noch eine ursprüngliche Dotation von ganz außerordentlichem Umfang.

Ferner: die vornehmen Römer am Hofe und an der Spitze der Geschäfte waren im Besitze eines bedeutenden Reichthums⁵). Es geht nun aber nicht anders, wir müssen uns die gothischen Großen diesen Römern in gesellschaftlicher Lebensstellung völlig gleich denken, und von mehr als Einem derselben wissen wir aus Prokop⁶) und Cassiodor⁷), daß er reich begütert war.

Wenn nun auch ein Theil dieses Reichthums von Geschenken des Königs herrührte, — wir wissen, daß Theoderich viele Schenkungen von Grundbesitz vornahm⁸), — und ein kleinerer aus ihrem Aemtersold, so reicht dieß doch zur Erklärung solchen allgemeinen verbreiteten Vermögens entfernt nicht aus, sondern setzt hervorragend starke Dotirung⁹) dieser Geschlechter voraus. Und wenn auch von diesen Geschlechtern einige dem alten gothischen Volksadel angehörten, der bereits größeren Reichthum mit sich gebracht, so spricht dieß abermals für stärkere Dotirung mit Land. Denn jener Reichthum bestand vornehmlich in einer größeren Zahl von Knechten, Rossen, Rindern ꝛc., und hier wurde dann in der That dem Viel gegeben, der Viel hatte. — Es ward aber auch ferner diese Bevorzugung nicht allzu scharf empfunden. Denn nicht der Adels-

---

1) Manso S 84 zweifelt.
2) A. II. S. 186.
3) Var. VIII. 23.
4) A. II. l. c. Var. IV. 39, V. 12.
5) Unten: „römischer Adel".
6) Piza I. 3. Urais b. G. III. 1.
7) Thulun Var. VIII. 10.
8) s. unten „Finanzhoheit".
9) Manso S. 84 zweifelt.

stand als solcher war an sich der Grund der Bevorzugung, sondern der individuelle Bedarf einer Sippe war das Maß, das sich also nach der ganzen socialen Stellung und damit freilich auch nach dem Reichthume derselben richtete: so erhielten Alle gewiß eher mehr denn weniger als sie brauchten. Und einzelne Unbilligkeiten und Härten auszugleichen, dazu war der König stets mit Vergabungen aus seinem Patrimonium bereit: ausdrücklich fordert er die Unzufriedenen auf, sich an seine Freigebigkeit zu wenden [1]).

Von der Existenz des Gegensatzes eines Standes der Vornehmen (und Reichen) zu den Geringen (und Armen) im Gothenreich, eines Gegensatzes, der zunächst sociale, dann aber, zumal im Strafrecht, anfangsweise auch bereits juristische Wirkungen hat, werden wir uns bald überzeugen.

Wenden wir uns nun von der gothischen zu der römischen Hälfte dieses Reiches, so erkennen wir leicht als leitenden Gedanken der gothischen Regierung den Vorsatz, an dem ganzen vorgefundenen Zustand der Römer so wenig als nur irgend thunlich zu ändern: nicht nur im Privatrecht, Strafrecht und Proceßrecht, auch im öffentlichen, im Verfassungs- und Verwaltungsrecht. Es sollte lediglich an die Stelle des Imperators der Gothenkönig getreten sein — ganz ohne Wirkung konnte es natürlich auch für die Römer nicht abgehn, daß der König eines fremden mit ihm eingewanderten Volkes Beherrscher von Land und Leuten geworden: aber diese unvermeidlichen Ausnahmen sollten auf das Unvermeidliche in der That beschränkt bleiben. So bestand vor Allem die ganze Verfassung der Gemeinden, der Städte fort [2]). Das Edict erwähnt der Curialen häufig [3]), ebenso Cassiodor [4]), und dieser hat besondere Formeln für Ernennung von Curatoren [5]) und Defensoren [6]). Daß die Formel für duumviri fehlt, erklärt man [7]) wohl mit Recht daraus, daß diese von dem Monarchen nicht bestätigt werden mußten.

---

1) Unten „Heerbann".
2) Savigny I. S. 336.
3) §§. 27. 52. 53. 68. 69. 113. 126.
4) IV. 11. s. unten Finanzen.
5) VII. 11. 12.
6) l. c. ferner II. 17. III. 49. IV. 45. 49. V. 14 (nicht zu verwechseln mit defensores ecclesiae II. 30. IX. 15 und gerichtlichen Vertheidigern III. 46). Edict. §§. 44. 52. 53.
7) Sav. L. S. 337.

Aber auch sie und die ganze hergebrachte Thätigkeit der städtischen Magistrate in der freiwilligen Gerichtsbarkeit bestanden fort, wie aus dem Edict[1]), den Varien[2]) und zahlreichen Urkunden über Güterkäufe und Schenkungen aus der Gothenzeit erhellt[3]). Daher werden denn die Listen der Curialen, die alba curiarum, fortgeführt[4]) und die Ausdrücke municipes, municipia in technischem Sinne gebraucht[5]). Die ganze Eintheilung des Reiches in „Provinzen" wurde beibehalten: auch die italienischen Landschaften heißen, wie schon seit lange, provinciae[6]).

An der Spitze dieser Provinzen stehen nach wie vor als Vorstände der Civilrechtspflege und des Strafrechts, der Administration und des Finanzwesens zunächst für die Römer[7]), die rectores[8]) oder correctores[9]); gleichbedeutend praesul[10]), praeses[11]); ferner judices[12]) consulares[13]) duces[14]) praefecti[15]). Unter ihnen stehen die comites der einzelnen Städte[16]), der civitates. Denn dieß Wort

---

1) §§. 52. 53.
2) IX. 2. habetis per leges potestates in civibus vestris.
3) Abth. II. S. 130. die Citate aus Marini und Spangenberg.
4) Var. IX. 4.
5) l. c. V. 14. VII. 37. 29. 30. III. 9.
6) Cassiodor nennt die folgenden: Aemilia XII. 28. Apulia (idonea) VIII. 33. I. 16. 35. II 26. V. 7. 31. Bruttia (opulenta) VIII. 33. I. 3. 4. III. 46. 47. VIII. 32. IX. 3. XI. 39. XII. 5. 12. 13. Calabria (peculiosa) VIII. 33. V. 31. Campania (industriosa) VIII. 33. III. 27. IV. 5. 10. 32. 50 Liguria II. 20. V. 10. 28. XI. 16. XII. 28. Lucania I. 3. III. 8. 46. 47. IV. 5. 48. VIII. 33. IX. 4. XII. 13. Picenum IV. 14. V. 26. Samnium III. 13. IV. 10. V. 26. Tuscia IV. 5. 19. Venetiae V. 15 XII. 24. 26. Die Inseln Celsina und Cerritona VII. 16. Sicilia I. 3. 4. 29. IV. 7; die vulcanischen Inseln III. 47. Dazu außer Italien Dalmatia III. 25. 26. VIII. 4. 12. IX. 8. V. 24. Gallia („Provincia" κατ' ἐξοχήν) II. 3. 12. III. 16. 38. 40. 42. 43. N. 5. 7. 16. V. 10. VIII. 6. Istria XII. 22. 23. 26. Noricum III. 30. Pannonia (Sirmiensis). Rhaetiae I. 11. VII. 4. Savia IV. 49. V. 14. Nr. 8.
7) Inwiefern auch für die Gothen, darüber s. unten Anhang II.
8) Var. VIII. 8. I. 3. VI. 2. VIII. 1. VI. 20.
9) l. c. Lucaniae, Bruttiae III. 47. Campaniae IV. 32. III. 27.
10) III. 46.
11) VII. 2.
12) VI. 3.
13) VI. 20. VIII. 8. Dalmatiae V. 24. Liguriae XII. 8.
14) Zu den Marken: wie Rhätien I. 11. VII. 4. Pannonien.
15) Galliarum X. 30. XI. 1.
16) Rom, Ravenna, Neapel, Syrakus haben eigne comites. Var. V. 22. 23.

wird wie municipium technisch gebraucht: in civitates¹), und das dazu gehörige Weichbild, das territorium²), die regio³), gliedert sich das Gebiet der Provinz.

Zur nähern Ortsbezeichnung dient dann noch der Zusatz locus⁴) oder agellus⁵) oder casa, z. B. casa arcinatina⁶), arbitana⁷) oder massa, z. B. palentiana⁸).

Wie die Provincialverwaltung blieb auch die ganze Centralregierung, das ganze System der Aemter am Hof und in den beiden Hauptstädten, Ravenna und Rom, bestehen⁹).

Betrachten wir nun das Verhältniß der beiden Hälften des Gothenstaats zu einander. In allen oben bezeichneten Provinzen der gothischen Niederlassung bestand ein buntes Nebeneinander von Römern und Germanen, weil die Theilung an dem Gütercomplex jedes einzelnen römischen possessor vorgenommen wurde: so grenzte jeder Gothe, wenn auf einer Seite mit einem Landsmann, auf einer oder mehren andern mit einem Römer und füglich konnte Theoderich sagen: wir wissen, daß Gothen und Römer durcheinander gemischt wohnen¹⁰). Die ersten organisirenden Maßregeln, welche dieß gemischte Wohnen begründeten, also die erste Landtheilung und Niederlassung, waren, wie erwähnt, im Ganzen mit großer Glimpflichkeit zur Zufriedenstellung beider Theile vorgenommen worden, namentlich ohne zu empfindliche Bedrückung der Italiener. Dieß bezeugen nicht nur Ennodius und Cassiodor, deren officiöse

---

1) Adriana I. 19. Tridentina II. 17. Ticinnesis IV. 45. Ravenna III. 9. Syracusana IX. 10. 11. Suaviae IV. 9. V. 14. Spoletina IV. 24. V. 4. Pedonensis I. 36. Faventina V. 8. Forojuliensis, Concordiensis, Aquilajensis XII. 20. Comensis II. 35. Catanensis III. 49. Parmensis VIII. 29.

2) Spoletinum II. 21, 37; nolanum IV. 50; faventinum VIII. 17; neapolitanum IV. 50; scyllatinum VIII. 32; vgl. VI. 23, 24.

3) Tridentina V. 9.

4) Ille z. B. hostiliensis oder Benedicti.

5) Juris proprii agellum, qui Fabricula nominatur VIII. 28. I. 36.

6) II. 11.

7) V. 12; über casa vgl. noch III. 52. IV. 14.

8) V. 12; häufig von verpachteten Krongütern: massa nostra rusticiana in Bruttiorum provincia IX. 3.

9) s. unten „Amtshoheit". Mit Recht bemerkt Manso S. 91: es lasse sich nicht entscheiden, ob die geringen Aenderungen in der Competenz einzelner Aemter aus der Zeit Theoderich's oder seiner kaiserlichen Vorgänger herrühren.

10) Var. VII. 3.

und officielle Schönfärberei man nie vergessen darf, es folgt mehr noch aus den übereinstimmenden Berichten aller unabhängigen Quellen über Theoderich's ganzes System, dessen Härte oder Milde gleich bei dieser Grundlegung aller künftigen Verhältnisse sich im Princip entscheiden mußte: ermöglicht wurde die Versorgung der Gothen ohne zu harte Bedrückung der Römer durch die arge Ver=
ödung des Landes[1]). Und es war nun das oberste Bestreben der Amaler, ein friedliches und freundliches Verhältniß zwischen den germanischen und römischen consortes herzustellen und zu erhalten. Die beiden Hälften des Reiches sollten, wie sie dem König gleich nah am Herzen lagen[2]), sich als Schützer und Beschützte zusammen schließen, wie Kraft und Bildung sich ergänzen. Beide sollen nicht nach Gewalt, sondern nach Recht und Gesetzlichkeit leben: — das ist die „civilitas", von deren Bedeutung für den Gothenstaat wir noch ausführlich zu handeln haben, — es sollen nicht Furcht und Mißtrauen auf Seite der Römer, nicht Uebermuth und Gewalt= thätigkeit auf Seite der Gothen die gute Nachbarschaft stören. Un= ermüdlich wiederholen die Varien diese Grundgedanken in uner= schöpflichen Wendungen. Aber eben die stete Wiederholung dieser Einschärfungen zeigt, wie wenig Erfolg sie hatten. Wir haben bereits früher[3]) angedeutet und werden bald in fast allen Theilen des Staatslebens bestätigt finden, in wie geringem Maße das Ideal Theoderich's und Cassiodor's erreicht wurde: äußerlich wurden die beiden Reichshälften mit großer Anstrengung in leiblicher Ordnung zusammengehalten, aber die innerliche Gesinnung der beiden Natio= nen war und blieb Antipathie. Die Italiener haßten, verachteten und fürchteten die ketzerischen Barbaren und die Gothen hätten die

---

1) Hierüber Abth. II. S. 127. Manso S. 76. Ennod. epist. IX. 3 illas innumeras Gothorum catervas vix scientibus Romanis larga praediorum collatione ditasti et nulla senserunt damna superati; und Cassiodor. Var. II. 16 juvat referre quemadmodum (Liberius) in tertiarum deputatione Gothorum Romanorumque possessiones junxerit et animos. nam cum se homines soleant de vicinitate collidere, istis praediorum communio causam noscitur praestitisse concordiae. sic enim contigit, ut utraque natio dum communiter vivit ad unum velle convenerit. en factum novum et omnino laudabile: gratia dominorum de cespitis divisione conjuncta est, amicitiae populis per domna crevere.

2) Var. III. 13. quos uno voto volumus vendicare.

3) Abth. II. S. 141 f.

Romanen viel lieber als Besiegte denn als Schützlinge behandelt[1]). So kamen denn fortwährend und überall, am häufigsten aber in den von dem Sitz der Regierung entlegneren Provinzen, Gewaltthätigkeiten und Reibungen zwischen den Germanen und Romanen vor — Gewaltthaten gegen Vermögen, Freiheit, und Leben der Männer und Ehre der Frauen, die wir als die Motive der Gesetzgebung der Amaler kennen lernen werden, — noch mehr aber schwebten diese Dinge als Wunsch der Gothen, als Furcht der Provincialen in der Luft, und bei jedem Regierungswechsel, bei jeder Verschlimmerung des Verhältnisses zu Byzanz wurde sofort von beiden Völkern an die Möglichkeit des Abgehens von Theoderich's milder Gleichstellungspolitik gedacht.

So ergriff namentlich bei dem Tode Theoderich's die Romanen die Besorgniß, die neue Regierung möchte die Gothen auf ihre Kosten begünstigen oder doch deren Neigung zur Gewalt nicht energisch genug begegnen, und Athalarich beeilt sich, Hauptstadt und Provinzen hierüber durch eidliche Zusicherungen zu beruhigen[2]); und ähnlichen Befürchtungen hat mit ähnlichen Mitteln Theodahab zu begegnen, als der Krieg mit Byzanz vor der Thüre steht[3]). Denn das eigenthümliche Verhältniß der Gothenkönige zu Byzanz war natürlich auch vom größten Einfluß auf ihre Stellung zu ihren romanischen Unterthanen: jeder Wechsel der äußern Politik in jener Richtung machte sich auch in der innern Politik fühlbar.

Theoderich wollte gegenüber seinen Romanen nach der Vernichtung Odovakar's einfach in die Stellung der weströmischen Imperatoren getreten sein: alle Unterthanenpflichten, welche sie bis a. 486 gegenüber den Kaisern zu erfüllen gehabt, sollten sie nun ihm gegenüber erfüllen, der alle Herrscherrechte der Imperatoren über die Römer an sich genommen hatte und ausübte.

Das dreizehnjährige Regiment Odovakar's stand diesem Uebergang nicht im Wege. Wir haben gesehen[4]), wie dieser tapfre Abenteurer sich soviel als thunlich an das legitime Kaiserthum hatte

---

1) Bezeichnend ist Var. V. 39; der König legt gothische Besatzungen in die (spanischen) Städte „für deren Freiheit zu fechten" — sie fordern aber von den freien Römern Dienste (servitia) wie von Knechten: non licet ab ingenuis famulatum quaerere.
2) Var. VIII. 2, 3, 4.
3) l. c. X. 13.
4) Abth. II. S. 38 f.

anlehnen wollen. Nach Erledigung des westlichen Throns wurde römischer Staatsdoctrin gemäß, der östliche Kaiser rechtmäßiger Herrscher auch der abendländischen Hälfte des an sich untheilbaren imperium romanum[1]). Dieß zu bestreiten fiel dem Emporkömmling anfangs gar nicht ein: vielmehr erkannte er ausdrücklich den byzantinischen Kaiser Zeno als Herrn des Abendlandes an und erbat sich von diesem, als sein Statthalter Italien unter dem Titel eines Patricius „verwalten" zu dürfen[2]).

Erst als diese Versuche im Wesentlichen dadurch gescheitert waren, daß Zeno den westlichen Thron nicht für erledigt und an Byzanz heimgefallen erklärte, sondern die Wiedereinsetzung des vertriebnen westlichen Kaisers Nepos forderte, nahm Odovakar den Königstitel an, ließ aber während seiner kurzen Regierung alle römischen Einrichtungen fortbestehen, die also Theoderich unverletzt vorfand, und ebenfalls fortbestehen ließ. Aber seine Stellung in Italien und zu den Romanen war doch eine wesentlich andre als die Odovakars: erstens wegen seines gothischen Volkskönigthums, zweitens wegen seiner verschiednen Beziehung zu Byzanz. Der Amaler hatte als Grundlage seiner Macht das alte, nationale Königthum über die Ostgothen; der kühne Söldnerofficier Odovakar hatte sich nicht auf ein nationales Königthum stützen können[3]): deßhalb kann, von den Italienern verlassen, das gothische Königthum zwanzig Jahre, Odovakar nur vier Jahre lang im Kampf bestehen.

Theoderich war im Auftrag des byzantinischen Kaisers in Italien erschienen[4]), an die Stelle des Anmaßers eine legitime

---

1) Abgesehen davon, daß noch ein früher verdrängter, von Byzanz eingesetzter weströmischer Kaiser, Nepos, in Dalmatien gelebt hatte: ob Byzanz diesen noch halten werde, war wenigstens ungewiß.
2) l. c. S. 40.
3) Vgl. hierüber A. II. S. 49.
4) Pallmann's Widerspruch II. S. 428 ist ein Widerspruch gegen die Quellen, welche er allzu oft durch „eigenmächtige Kritik", die ihm Waitz Gött. gel. Anz. 1864 S. 1027 mit bestem Fug zur Last legt, beseitigt; ich kann darauf nicht immer eingehen und nur beklagen, daß sein immer fleißiges und häufig scharfsinniges Forschen durch diese Methode, vorgefaßte Meinungen gegen die Quellen durchzuführen, in sehr vielen Fällen in's Absurde geführt worden ist. Ich erinnere nur an seine Entdeckung der „Knappen" in den deutschen Urwäldern. Auf den Ton, mit dem er mich wie alle Vorgänger, wo er nämlich von ihnen abweicht, behandelt, will ich nicht eingehen und nur noch bemerken, daß ich mir in diesem Werk häufigere Polemik gegen Pallmann schon deßhalb ersparen kann, weil ein Hauptmangel seiner ganzen Darstellung gerade der Mangel hinreichender Rechtskenntniß ist.

Regierung zu setzen. Das heißt, er sollte selbstverständlich als König der Gothen über sein in Italien anzusiedelndes Volk kraft eignen Rechtes herrschen, über die Romanen aber nicht kraft eignen Rechts, sondern als Statthalter und (bezüglich der Romanen) unter Oberhoheit des Kaisers, dessen Patricius und Feldherr er war: durch diese Abrede war namentlich der Titel eines Königs der Italiener oder Italiens ausgeschlossen. Aber nach dem Untergang Odovakar's „wurde Theoderich als König der Gothen und Italier ausgerufen" [1]). Dazu mögen sehr verschiedne Gründe zusammengewirkt haben: vor Allem die Macht der Thatsachen. Theoderich stand schon als König an der Spitze eines Volkes, des Volkes der Sieger und „Befreier", — sollte er nicht auch König der „Befreiten" sein?

Diese große Herrschernatur konnte schwer als Diener eines Andern herrschen. Dazu kam, daß sein Mandant, Zeno, gestorben war, dessen Nachfolger, Anastasius, gegenüber Theoderich sich nicht für persönlich verpflichtet hielt: die byzantinische Arglist, welche ihn ausgesandt hatte, um wo möglich die beiden Barbarenhelden durch einander aufzureiben, hatte er wohl auch von Anfang an durchschaut. Wer zweifelt, daß, wenn Odovakar Sieger und durch seinen Sieg gefährlich geworden wäre, Byzanz unter Glückwünschen für die Vernichtung der Gothen ihm die Hand geboten hätte?

Den Ausschlag aber gab die Macht Theoderich's nach dem Siege: wenn er jetzt, gestützt auf sein Volk, sich König und nicht Statthalter von Italien nennen wollte, — dem Kaiser fehlte jedes Mittel, ihn zu hindern.

Mit diesem andern Namen war aber zugleich ausgesprochen, daß auch im Wesen Theoderich als Beherrscher von Italien viel selbständiger auftreten werde, als man in Byzanz berechnet hatte. Zwar die Zusammengehörigkeit der beiden Reiche wird, namentlich in dem gemeinsamen Gegensatz zu den „gentes", d. h. der Barbarenwelt, (aller Racen, auch der andern Germanen) immer anerkannt und bei Theoderich's schwächern Nachfolgern steigert sie sich bis zur Einräumung einer unbestimmten Schutzhoheit des Kaisers; aber Theoderich und seine kräftigeren Nachfolger betrachten sich als Herrn Italiens zu eignem Recht, als königliche Nachfolger der

---

1) A. II. S. 162. In dem Wortlaut könnte liegen sollen, daß dieß ohne seinen Willen geschehen sei, was dann jedenfalls nur Schein war.

abendländischen Kaiser¹). Ebendeßhalb übten sie einerseits über die Romanen alle Rechte, welche die Imperatoren geübt hatten, ließen aber andererseits auch den ganzen politischen Zustand des weströmischen Kaiserstaats für die römische Hälfte ihres Reiches fortbestehen, soweit dieß irgend mit der Ansiedlung der Gothen in Italien und der Nothwendigkeit, Römer und Gothen neben einander zu beherrschen, vereinbar war²).

Die Regel ist also für die römische Hälfte des Reichs Fortbestand der römischen Verfassung. Darum hat dieß Werk, welches nicht die römische Verfassung des sechsten Jahrhunderts, sondern das germanische Königthum zum Gegenstande hat, die ganze römische Hälfte des Gothenreichs nicht um ihrer selbst willen zu berücksichtigen, sondern nur sofern als die Kenntniß des politischen Zustandes derselben unerläßlich ist für richtige Beurtheilung der Verhältnisse der germanischen Hälfte. Denn die Herrschaft Theoderich's auch über die Gothen hat sehr wesentliche Modificationen dadurch erfahren, daß der Gothenkönig zugleich imperatorische Rechte über die Römer übte: es war ganz unvermeidlich, daß er diese viel weiter gehenden, ja qualitativ andern Rechte auch über seine Gothen auszudehnen trachtete. Beide Hälften bildeten ein Ganzes für den Herrscher in dem Einen Staat: es machte das Königthum nothwendig über die Staatsangehörigen als solche gewisse Rechte geltend: die Folge war die fast vollständige Umwandlung des gothischen Königthums nach dem Muster des römischen Imperiums³).

Auf das Allerbestimmteste läßt sich aber grade bei der Geschichte der Ostgothen die Ansicht v. Sybels widerlegen, daß das germanische Königthum erst durch den Dienstvertrag, welchen Häuptlinge mit dem Kaiser geschlossen, entstanden und nur eine Ausdehnung römischer Gewalten und Rechte auf Germanen sei: wir haben das Königthum bei den Ostgothen als lange vor der Berührung mit den Römern bestehend nachgewiesen und auch nach dieser Berührung den Fortbestand von dessen germanischem Charakter: erst jetzt, in dem in Italien errichteten Reich, in welchem wir aber auch immer noch deutlich die königliche und die imperatorische Gewalt, welche Theoderich in sich vereinigt, unterscheiden können, erst

---

1) Abth. II. S. 160.
2) Ueber die Motive s. u. „Romanisiren", Bewunderung der antiken Cultur, Milde und Klugheit wirkten dabei zusammen, vgl. Leo I. S. 52, Sartor. S. 11.
3) Dieß verkennt Leo I. S. 52.

jetzt beginnt eine Uebertragung der imperatorischen Gewalt auch über die Gothen, ein Versuch, die ursprünglich sehr beschränkten (aber freilich bei den Gothen schon früher durch die Eroberungen und Wanderungen erweiterten) Rechte des alten germanischen Königthums nach dem Maße des Imperiums auszudehnen.

Wir werden bei unserer Darstellung einerseits das Nebeneinander des germanischen und des römischen Elements in der Herrschaft der Amaler und der Verfassung der Gothen, anderseits aber auch die Uebergänge der beiden Elemente ineinander zu beachten haben. Daß diese Uebergänge fast nie eine Germanisirung des Romanischen, fast immer eine Romanisirung des Germanischen waren, ist unvermeidlich gewesen. Dahin führte nicht nur das starke Interesse des Königthums, dahin führte die Ueberlegenheit der römischen Cultur, der höhere und reichere Entwicklungsgrad der römischen Staatsidee in dem vollständig ausgebildeten und vollständig erhaltnen römischen Staatswesen, dahin führte schon die größere Volkszahl der Romanen, ja endlich auch der unwillkürliche Gesammteinfluß von Luft und Land Italiens. Hätte das Reich der Gothen längere Dauer gehabt, das weichere Volk wäre noch früher und vollständiger zu Italienern geworden als die Langobarden[1]).

---

1) Aehnlich Sartor. S. 21.

II. Das Volk. Volksfreiheit. Die Stände.

Die gothischen Gemeinfreien sind in dem in Italien errichteten Reich nicht mehr die eigentlichen Träger des Staatslebens: das politische Schwergewicht ist von der alten Volksfreiheit auf das Königthum hinübergeglitten: wir haben gesehen[1]), wie sich dieser Uebergang schon vor der italischen Periode vorbereitete, und wie nur die Wucht des bewaffneten und vereinten Volksheeres hin und wieder, dann aber freilich sehr energisch, den Willen des Volkes gegen den König durchsetzte.

In Italien sind nun, solange die Amaler herrschen, — denn unter den Wahlkönigen von Vitigis bis Teja gestaltet sich das wieder wesentlich anders — gegenüber dem in Form und Wesen fast überall zum Absolutismus erstarkten Königthum die Rechte der alten Gemeinfreiheit auf einige stolze Erinnerungen des Volkes und einige ehrende Redewendungen des Königs zusammengeschwunden. Denn die Erscheinung und zugleich die bedeutendste Garantie der Volksfreiheit, die große Volksversammlung, ist im italischen Reich der Amaler verschwunden: an ihre Stelle ist der Hof des Königs, ist der gothische und römische Adel in der Umgebung des Königs getreten. Schon aus äußerlichen Gründen war jetzt das Zusammentreten des Volkes in Friedenszeit zu größern Versammlungen unmöglich geworden, da die Gothen als Siedler oder Besatzung über so weite Provinzen dünn gesäet verbreitet waren. Jetzt mochte noch etwa der Graf die Gothen einer Stadt und ihres Territoriums, höchstens einer kleinern Landschaft, zusammenrufen, ihre Tausendschaften zum Heerbann zu führen, oder ihnen andre Befehle und Erlasse des Königs zu verkünden oder, wie bei Athalarich's Thronbesteigung, ihre Zustimmung zu königlichen Erklärungen abzunehmen: größere Versammlungen zu politischen Zwecken waren im Frieden nicht möglich und schienen, da das Königthum mit Beam-

---

1) A. II. S. 131.

tung, Hof und Adel alle Staatsgeschäfte selbst in die Hand genommen, nicht nöthig. Die ganz romanisirende Staatsleitung, welche der Fortbestand der römischen Aemter mit sich brachte, hätte auch von gothischen Versammlungen in der That nicht ausgehen können. Erst da der Krieg gegen Byzanz wieder größere Maßen als Theile des Volksheeres zusammenführt, tritt auch die Volksfreiheit wieder mehr hervor. Das bei Regeta concentrirte Heer, durch die Gefahr des verrathnen Reiches zur Erinnerung an alte Rechte wach geschreckt, hält eine feierliche Versammlung im alten Stil, welche den König anklagt, absetzt und einen andern König wählt. Von da ab bis zum Untergang des Reiches findet sich wieder häufiger eine active Betheiligung der Menge, freilich vorab des Adels, an der Leitung des Staats: diese Wahlkönige hatten im Kriege weder die Ansprüche noch die Mittel der erblichen Amaler mit deren im Frieden ungestört und unwiderstehlich wirkenden römischen Institutionen.

War doch der ganze Gothenstaat zuletzt auf das Volksheer fast allein beschränkt, und das Volk, um dessen Existenz es sich jetzt handelte, mußte mitwirken bei der Entscheidung seines Schicksals. So geht die „Erhebung des Vitigis zu Regeta von Allen" daselbst Versammelten aus und an „alle Gothen" wendet sich sein Antrittsprogramm[1]). „Alle Gothen" befrägt König Ildibad, ob man nicht vor Erneuerung des Kampfes Belisar um Erfüllung seiner Zusagen mahnen soll[2]), „alle Gothen" König Erarich wegen der Friedensanträge an den Kaiser[3]), zum ganzen Heer als seinen „Brüdern" spricht König Totila vor der Schlacht von Faënza[4]). Dieß ist nicht eine bloße Phrase Prokops: auch Vitigis redet officiell die Gothen mit „meine Brüder" an (Stammgenossen, Landsleute)[5]). Und auch unter den Amalern fehlt es nicht ganz an ehrenvoller Anerkennung der alten gothischen Gemeinfreiheit: auch von Athalarich werden die Gothen die „Stammesbrüder" Theoderichs genannt[6]). Besonders bedeutsam aber ist, daß sich auch unter den

---

1) Var. VIII. 31. „universis Gothis", was sonst nie begegnet.
2) Proc. b. G. II. 30. ἅπαντας bedeutet bei Prokop in diesen Fällen immer alle dermalen Befragbaren, d. h. alle Heeres= und Volkstheile im Lager und in der Nähe.
3) l. c. III. 2.
4) l. c. III. 4. ἄνδρες ξυγγενεῖς.
5) Var. X. 31. parentes.
6) Var. VIII. 9. cum parentibus suis imperatori dignabatur obsequium; freilich viel öfter heißen die parentes schlechtweg subjecti, s. u. „Absolutismus".

Amalern der alte stolze nationale¹) Ehrenname der gemeinfreien Gothen „capillati" erhalten hat, und zwar wird derselbe officiell von der Regierung gebraucht²), was ein wohl zu beachtendes Zeichen ehrender Anerkennung des alten Freiheitsstolzes ist, in welchem sich der auch nicht-edle Gothe nicht nur dem gothischen Unfreien, auch dem freien Römer gegenüber als etwas Besseres fühlt.

Eine sehr bezeichnende Andeutung dieser besondern Ehre gothischer Gemeinfreiheit liegt auch darin, daß Theoderich von zwei als Knechte in Anspruch genommenen Männern sagt: „Sie erfreuen sich der Freiheit unserer Gothen", nicht nur der privatrechtlichen Freiheit überhaupt, sondern der „gothischen" Freiheit, d. h. jener Fülle von Recht und Ehre, welche allen freien Gothen als solchen zukömmt; im Privatrecht steht ihm zwar der freigeborne Römer gleich. Aber schon seit Jahrhunderten verband sich mit der ingenuitas des Römers nicht mehr jenes stolze Gefühl auch politischer Rechte und Ehre, welche in der germanischen Gemeinfreiheit lag und deren Empfindung wenigstens auch durch den romanischen Absolutismus Theoderich's noch nicht völlig verdunkelt ist³).

Diese Bezeichnung „unsre Gothen" (Gothi nostri) ist ebenfalls eine ehrende Betonung des nationalen Bandes zwischen dem König und seinem germanischen Volk: sie begegnet vorzugsweise auf dem Gebiet des Heerbanns⁴), des kriegerischen Selbstgefühls, und verbindet hier König und Volk gegen alle Fremden, auch gegen die römische Reichshälfte: „mit dem Blut der Unsern schützen wir die Römer"⁵). Dieß Gefühl war also doch trotz allem Romanisiren und mancher Bevorzugung der Römer auch den Amalern nicht ganz erloschen: als die amalische Prinzessin Amalafrida im Vanda-

---

1) A. II. S. 100.
2) Var. IV. 49 und Ed. §. 145.
3) Var. V. 30. Costula atque Daila cum . . . . Gothorum nostrorum libertate laetentur, onera sibi servilia a vobis causantur injungi, quae nec ipsos decet perpeti nec cuiquam irrationabiliter fas sit imponi; wahrscheinlich Zins und Frohn.
4) s. unten „Heerbann" (exercitus noster) und „Sajonen" (sajo noster).
5) Var. X. 18. nostrorum sanguine Romanos vindicamus; vgl. I. 38 juvenes nostri, d. h. unsere jungen gothischen Krieger; unsere Gothen, unsere Stammesbrüder, Gothi nostri parentes nostri, werden vom König auch den rohen Gepiden als Muster aufgestellt, III. 24, (oft aber bedeutet parentes nostri nur die Verschwägerten des Königshauses, IV. I.).

lenreich ermordet worden¹), droht Athalarich mit dem zornigen Schmerz, welchen „unsre Gothen" über diesen Frevel gegen ihr Königshaus empfinden: die römische Reichshälfte bleibt unerwähnt; in solchen Fällen wird offenbar, was nur zu Leicht vergessen wurde, daß die Amaler eben doch gothische, nicht römische Fürsten waren.

Die wichtigste Rolle im Staat unter dem König spielt, wie bemerkt, nicht mehr der Stand der Gemeinfreien, sondern eine Aristokratie, welche aus Römern und Gothen in gleicher Zusammensetzung bestand, in welcher zwar alter gothischer Volksadel noch unterscheidbar ist, deren Grundlage aber nicht mehr dieser altgermanische Erbadel, sondern Hofamt, Staatsamt, Königsdienst, nähere Beziehung zur Person des Königs bildet. Der Staat der Gothen in Italien hat hier, wie in so manchen andern Gebieten, bereits dieselben Erscheinungen entwickelt, welche in den übrigen Germanenreichen aus ähnlichen Verhältnissen ähnlich erwuchsen und nur bei dem längeren Bestand dieser Reiche weiter ausgebildet wurden.

Wir haben zuerst die gothische, dann die römische Hälfte des Reiches in dieser Gestaltung zu beobachten und werden finden, daß die beiden Nationen in der neuen Dienstaristokratie, abgesehen von wenigen Unterscheidungen, die in der verschiednen Geschichte und Cultur begründet sind, in gleichmäßiger Weise auftreten. — Daß in dem italischen Reich der Gothen noch einzelne Geschlechter des alten gothischen Volksadels bestanden, erhellt schon daraus, daß wir den Bestand eines solchen bis unmittelbar an die italische Einwanderung nachgewiesen haben.

Und es fehlt auch nicht an bestimmten Quellenzeugnissen für gothischen Geburtsadel im italischen Gothenreich.

Manche der alten Adelsgeschlechter mögen in den Wanderungen und Kämpfen untergegangen sein; andre sind übergegangen in die neue Dienstaristokratie, so daß ihre alte Abstammung neben der neuen Dienstehre verschwindet — aber mit Unrecht hat man den Fortbestand des alten Erbadels als solchen geleugnet. Die höchste Stelle in diesem Adel kommt dem königlichen Geschlechte selbst zu²). Aber auch von andern Gothen wird der Adel der Abstammung gerühmt: „Theobegundis, die erlauchte Frau", wird zur Gerechtigkeit ermahnt mit den Worten: „leg' alle Fehler ab, deiner Herkunft

---

1) A. I. S. 164 und Var. IX. 1.
2) Vgl. A. I. S. 30. Var. VIII. 9. nobilitas VIII. 23. Proc. l. c. I. 6.

eingedenk!"¹), und in erwünschter Weise zeigt die Stelle, daß die alte Auszeichnung der frühern Vorfahren dieser Edelfrau sich auch noch in der letzten Generation erhalten hat²). An dem Grafen Vinsivad wird, neben dem persönlichen Verdienst seiner Treue und Tapferkeit, ausdrücklich gerühmt „der ehrenvolle Adel seines Geschlechts"³): in ihm vereinten sich also die Grundlagen der alten und der neuen Aristokratie: Abstammung und Dienst⁴), und dieß mußte häufig geschehen, da die Altedeln in ihrer hergebrachten Stellung besondere factische Erleichterung besaßen, auch die Grundlagen der neuen Aristokratie für sich zu gewinnen. Ausdrücklich hebt es Prokop bei Vitigis hervor, daß er zur Krone gelangte, „obwohl nicht aus einem angesehenen Hause", nur durch kriegerisches Verdienst ausgezeichnet⁵).

Und wenn nun unter Theoderich dieser Adel nur passiv hervorragt, d. h. weil er von der Regierung besonders geehrt wird, so tritt er gegen dessen Nachfolger alsbald energischer hervor. Der alte Volksadel war es, nicht der neue Dienstadel, der ja seinen Vorrang dem engen Anschluß an die Monarchen verdankte und noch nicht genug befestigt war, sich, wie die fränkische Dienstaristokratie, schon gegen die Krone zu erheben, die alten Adelsgeschlechter waren es, dem Königshause schier ebenbürtig, die eifersüchtigen Wächter der alten Volksthümlichkeit, welche der romanisirenden Tochter Theoderich's entgegentraten und die national-gothische Erziehung Athalarich's durchsetzten⁶). Und drei von ihnen, die Häupter dieser Partei⁷), werden von der Regentin verbannt und ermordet. Daß diese Männer nicht blos persönlich, sondern durch Geburtsadel

---

1) Var. IV. 37. Theodegunda illustris femina: memor natalium tuorum abjicias omne vitiosum; ganz wie der habsüchtige Prinz Theobabad erinnert werden muß, l. c. IV. 39. Amali sanguinis virum non decet vulgare desiderium.

2) l. c. proavorum forsitan obliterentur exempla, longi generis minus facta recolantur, similes autem filii patrum praeconia mox sequuntur. Dieß verbietet auch, Theodegundis für eine Amalungin zu halten.

3) l. c. X. 29. cum generis tui honoranda nobilitas et magnae fidei documenta suasissent, ut tibi urbem ticinensem quam per bella defenderas gubernandam pace crederemus.

4) Verdienst, Vertrauen des Königs.

5) l. c. I. 11. οἰκίας μὲν οὐκ ἐπιφανοῦς ὄντα; der Ausdruck οἰκία beweist die Existenz erbadliger Geschlechter noch zu Prokops Zeit.

6) l. c. I. 2. ὅσοι ἐν αὐτοῖς λογιμώτατοι ἦσαν.

7) l. c. ἐν βαρβάροις λογιμώτατοι.

ausgezeichnet sind, erhellt daraus, daß ihre zahlreichen Verwandten ebenfalls „höchst hervorragend" sind¹).

In sehr vielen Fällen ist es nun aber bei der Unbestimmtheit des Sprachgebrauchs Prokops und der Unklarheit Cassiodors und der Gleichgültigkeit beider für diesen Unterschied nicht zu erkennen, ob alter Erbadel oder neuer Dienstadel gemeint sei²). Desto wichtiger ist ein Fall, in welchem wir mit Bestimmtheit einen Gothen nicht durch alten Adel getragen, sondern durch persönliches Verdienst in Krieg und Frieden emporsteigen, zuletzt auf der höchsten Stufe dieses neuen Adels als einen der Hauptlenker des Staates erblicken, dessen Treue das Königshaus selbst durch Verschwägerung zu belohnen zugleich und zu sichern nicht verschmäht: es ist dieß Graf Thulun. Er hatte in früher Jugend mit Auszeichnung gegen die Bulgaren gefochten, dann das hart bedrängte Arles glänzend gegen die Franken vertheidigt und endlich noch einen andern Feldzug in Gallien zu glücklichem Erfolg geführt. Im Frieden hatte er am Hof Theoderichs wichtige Aemter bekleidet und, vor allen andern gothischen Großen, den stärksten Einfluß auf den König gewonnen; Cassiodor wagt sogar zu sagen: er beherrschte den König³) In der

---

1) Λίαν λόγιμοι l. c. I. 4; Amalasuntha weist sich durch die That den λογιμώτατοις verhaßt. I. 3.

2) Ich habe die Redeweise Prokops so genau als irgend möglich geprüft, f. U. II. S. 261. und Dahn, „Prokop", bestimmtere Resultate als die dort gegebnen lassen sich nicht gewinnen; Köpke S. 205 irrt, wenn er ἄριστοι technisch für den engern Rath des Königs gebraucht glaubt; manchmal sind die πρῶτοι καὶ ἄριστοι Adel beiderlei Art und zugleich „die Tapfersten" so b. G. I. 7; I. 18 nur letzteres; ebenso unbestimmt sind die Ausdrücke εἴ τι καθαρόν, δόκιμον, λόγιμον etc. ἦν z. B. IV. 26 oder οὐκ ἀφανὴς ἀνήρ I. 23 der stattliche, streitbare Mann, der mit Helm und Harnisch, als ein Vorkämpfer, vor der Schlachtreihe ficht, ist gewiß ein Edler. ἄρχοντες bezeichnet bald Könige, bald Beamte, bald Heerführer, letzteres I. 23. I. 16., vgl. III. 15. πρῶτοι und ἄριστοι sind oft die Hofleute, die unmittelbare Umgebung des Königs, unter den Amalern, Römer wie Gothen, später meist Gothen, so I. 7. die πρῶτοι Γότθων, welche Justinian gegen Theodahad zu gewinnen sucht, die ἄριστοι mit denen Ildibad tafelt III. 1., beides, doch meist Gothen, die πρῶτοι, durch welche Justinian den zweideutigen Theudis aus Spanien an seinen Hof zu locken sucht. I. 12.

3) Var. III. 10; bes. aber 11; Thulun wird der Rathgeber des Königs: egit locum merito publici secreti. cum ipso proelia, cum ipso negotiorum aequabilia disponebat et in tantam similitudinem ejus cogitationes adjunxerat ut causis recognitis quod ille velle poterat, iste sua sponte peragebat. defensorem omnium suis tractatibus adjuvabat et ministrando consilium regebat ipse rectorum.

gefährlichen Zeit von Athalarichs Regierungsantritt wurde er, schon früher der Verschwägerung mit den Amalern gewürdigt, zum Patricius erhöht und aufgefordert, des Königs Jugend durch seine Kraft und Weisheit zu stützen und zu leiten. Und dieser Mann, nach dem König der erste Gothe im Staat, war nicht von altem Erbadel. Die zwei langen Erlasse, welche alle nur irgend auffindbaren Vorzüge von ihm aussagen, schweigen nicht nur völlig von dem, wo er begründet ist, nie übergangnen Ruhm der Abstammung, sie lassen ihn auch erst durch seine Heirath eine nobilissima conjunctio gewinnen[1]). Es ist bezeichnend, daß gerade dieß Haupt des neuen Gothenadels als Stütze der Regierung dienen muß, welche an den Häuptern des alten Gothenadels ihre Opposition hat.

Diese neue Aristokratie der Gothen, deren Erhebung durch Hofdienst, persönliche Huld[2]) und Gnade des Königs und daher durch Reichthum erst die Darstellung des Absolutismus der Amaler und der alles Andre verdrängenden Bedeutung ihres palatium in's klare Licht stellen kann, hatte ihr Vorbild in dem römischen Adel jener Zeit und dieses Reiches. Nach dem Aussterben des ältern römischen Adels hatte sich ein neuer römischer Adel gebildet aus jenen Geschlechtern, welche seit Jahrhunderten durch Reichthum und Bildung ausgezeichnet, sich im gleichsam erblichen Besitz der höheren Staatsämter erhielten[3]). Diese Geschlechter[4]), vielfach durch Verschwägerung verbunden[5]), bilden einen starken, geschloßnen Stand, dessen Bedeutung im Gothenstaat wir von allen Seiten betrachten

---

1) Er ist nach dem Alles zusammenfassenden Abschluß, bellis, felicitate, prudentia clarus, — von der sonst immer mit gerühmten claritas natalium kein Wort. Die nobilissima stirps Gothorum III. 10 bezeichnet die Nationalität.

2) Man denkt hiebei natürlich zunächst an die Gefolgen des Königs. Aber meine Analyse der δορυφόροι, ἑπόμενοι des Prokop hat die Unbestimmtheit dieser Ausdrücke wohl dargethan, die man nicht wie Köpke technisch auf Gefolgschaft deuten kann. Es frägt sich, ob dieses alte germanische Institut nicht auch wie alle andern bei den Amalern völlig romanisirt wurde. Etwas Aehnliches wie die alte Gefolgschaft war thatsächlich allerdings gegeben in dem Zusammenleben mit den gothischen aber auch römischen Großen des palatium, comitatus f. u.

3) Vergl. über diese römische Aristokratie im Allgemeinen Dahn, Prokop, S. 135 f. und Var. I. 4. 30. 42. II. 1. 2. 3. 15. III. 6. 12. IV. 4. V. 3. 22; über die Quasi=Erblichkeit der Aemter I 4. V. 4. VI. 14. 25. III. 6. 12. V. 40.

4) Bei den Griechen οἱ λόγιμοι, δόκιμοι Proc. I. 8. 10. III. 30. Narses erhält als Geiseln von Lucca οὐ τῶν πολλῶν καὶ ἀγεννῶν, ἀλλ' ἐπίσημοι ἐν τοῖς μάλιστα καὶ εὐπατρίδαι Agathias I. 12.

5) Var. IX. 7.

müssen, weil sich nach seinem Muster auch der neue gothische Adel bildete und mit ihm zu einer herrschenden Macht im Staatsleben zusammenschmolz. Theoderich und die Amaler nach ihm besetzten aus diesen römischen Adelsfamilien regelmäßig die hohen römischen Aemter; die Abkunft von diesen Geschlechtern wird von den Gothenfürsten hoch geehrt[1]). Und doch war dieser Adel das Haupt der national-römischen Opposition gegen die Barbarenherrschaft und, mit der katholischen Geistlichkeit, deren gefährlichster Feind.

Der Uebertritt dieses Adels entscheidet den Sieg der Byzantiner und dieser Adel bildet die Emigration, welche am Hofe zu Byzanz, wo sie Verwandte und Freunde in Menge hatten, unablässig zur Fortführung des Krieges bis zur Vernichtung der Gothen in Italien schürt. Diese Geschlechter waren auch sehr reich: sie besaßen große Latifundien in ganz Italien, welche sie durch Sclaven unter ihren Intendanten (actores, procuratores) bewirthschaften ließen[2]) oder in Pacht gegeben hatten (conductores s. u.). Das Haus Cassiodors hatte so ausgedehnte Pferdezucht, daß es das Heer der Gothen in großem Maß mit Rossen versah, schenkungsweise, wie dieser Adel überhaupt die Verwendung seiner großen Reichthümer für den Staat als Ehrensache ansah[3]). So sehr ist die Besetzung der höhern Aemter aus diesen Kreisen Regel, daß es besonders hervorgehoben und geradezu entschuldigt wird, wenn einmal der Consulat an einen Gallier Felix fällt, dessen Geschlecht aber auch ursprünglich römisch und vielfach mit Aemtern geehrt war[4]). Bei Ernennung eines Abkömmlings der Decier[5]) zum Patricius wird der alte Ruhm dieses Hauses gefeiert und von allen Senatoren heißt es: „schon eure Herkunft ist ein Lob, der Ruhm wird mit edeln Sprößlingen zugleich geboren, mit eurem Leben fängt auch eure Ehre an"[6]).

---

1) So wird von dem Hause Cassiodors gerühmt Var. I. 4. Cassiodoros siquidem praecedentes fama concelebrat, antiqua proles, laudata prosapies, cum togatis clari, inter viros fortes eximii; ein Vorfahr des gothischen Ministers war unter Valerian tribunus und notarius gewesen, ein Freund des Aëtius, Gesandter bei Attila; ein andrer hatte Sicilien und Bruttien gegen die Vandalen vertheidigt; über die verschiednen Cassiodore s. Manso S. 85. 86.

2) Sie schicken ihre procuratores zur Steuerentrichtung. Var. II. 24.

3) Var. II. 2; vergl. noch über den Reichthum des Patricius Felix II. 2; der Decier III. 6. ampla patrimonii cura.

4) II. 1. 2.

5) Das Recht auf solche alte historische Namen legte meist Schmeichelei und Eitelkeit ganz neuen Familien bei.

6) Var. III. 6.

Ueberall wird an die alten Traditionen dieser Geschlechter ange=
knüpft¹), und in immer neuen, bezeichnenden Wendungen wird die
factische Vererbung der höhern Aemter in diesen Familien ausge=
drückt: „Zögerung in der Beförderung wäre möglich, wo nur edle
Abkunft oder nur persönliches Verdienst vorliegt, sie ist unmöglich,
wo sich beides vereint²). Opilio erhält die comitiva sacrarum: sein
Bruder und sein Vater schon bekleideten dasselbe Amt³).

Diese vornehmen Adelsgeschlechter werden selbst der Verschwä=
gerung mit dem Königshause gewürdigt: so die Anicier⁴).

1) l. c. VIII. 22 bei Beförderung des Cyprianus: similes habuistis olim
Decios, similes vetustas praedicat fuisse Corvinos.

2) Var. III. 5; sola perfectio a vobis postulatur, cum multa vobiscum
nascantur; elaboratae sunt longa aetate vestri generis dignitates, qua no-
tissimo quodam habitaculo lares in vestra posuere familia; III. 12 bei
Ernennung eines praefectus urbi: scitis enim saepe ex hac familia viros
enituisse praecipuos; der Vater des Candidaten war comes privatarum, der
Großvater sacrarum largitionum, dann magister; vgl. V. 3. 4. IX. 7.

3) VIII. 16 ipsa quodammodo dignitas in penatibus vestris larum po-
suit et domesticum est foetum publicum decus, vgl. IX. 22. latere potest
forsitan vulgare hominum genus, nesciri non potest proles senatus; so er=
hält Paulinus den Consulat: honorem familiae vestrae domesticum: vos enim
completis paginam saecularem, vos crebro nominati cursus aunorum, vestrum
nomen repetitum semper efficitur gloriosum, curia romana completur pene
vestra familia IX. 23. honorum (consulatus) non miratur Deciorum familia, quia plena eorum sunt atria fascibus: aliis rara dignitas ista contin-
git, in hoc decursu generis pene nascitur consularis, in te antiquos Decios
Roma cognavit, Decios inquam, priscis saeculis honoratam prosapies,
libertatis auxilium, curiae decus, romani nominis singulare praeconium;
über diese „Decier" vgl. noch: III. 6. maximi serenitatis nostrae luminibus
Deciorum sanguis irradiat, qui tot annis continuis simul splendet claritate
virtutis et quamvis rara sit gloria, non agnoscitur in longo stemmate va-
riata. saeculis suis produxit nobilis vena primarios .. nescit inde aliquid
nasci mediocre .. pullulat ex uno germine .. honor civium, gloria generis,
augmentum senatus. II. 1. agnoscat curia .. sanguinis decus, quae non
semel coronam suam nobilitatis ejus flore vestivit. novit inter reliquos
fasces viros iude sumere consulares, qui longo stemmate ducto per tra-
beas lege temporum originarius est honorum.

4) X. 11. considera quod merueris et dignum te nostra affinitate
tractabis. hic honor (primiceriatus, = domesticatus, f. X. 12) quamvis
tantis natalibus videatur inferior, cunctis tamen fascibus tuis videtur esse
felicior, cujus tempore meruisti conjugem regiae stirpis accipere, und vgl.
ihr Lob X. 12. neque enim fas est humile dicere quod gerit Anicius (nicht
amicius wie ältre Ausgaben) familia toto orbe praedicata vero dicitur nobilis etc.; über die Bevorzugung dieses Adels und seinen Voranspruch auf die fast

„Es ist unsere prophetische Weise, aus den Tugenden der Väter die Erfolge der Nachkommen zu bemessen, denn Art läßt nicht von Art"¹). „Nach glänzenden Amtsführungen der Ahnen werden mit Fug den Nachkommen die höchsten Würden verliehen: denn keiner will gern hinter dem Ruhm der Seinen zurückbleiben"²). „Am Liebsten führen wir in die Curie die Sprößlinge der Curie selbst zurück, denen die senatorische Würde angeboren ist"³). „Nach dem Recht der Erblichkeit nimmst du die Wohlthaten des Herrschers in Anspruch, du erlangst die Würde des Bruders, auch an Weisheit sein Bruder, und ein neues Recht haben wir in eurem Fall ge= schaffen, daß die Verwandten sich im Amte folgen"⁴), — es war dieß aber schon lange kein „neues Recht" mehr: „übe die Thätig= keit, die Deiner Abkunft zusteht", heißt es bei der Ernennung des Cyprianus zum comes sacrarum largitionum⁵): „Die Nachkommen sollen sich der Würden erfreuen, die schon ihre Väter besessen"⁶).

---

erblich gewordenen Aemter s. noch Var. II. 2. non enim relinqui inglorios patimur, qui generis claritate praedicantur: curat quinimo honorum gradus per parentes; II. 3. bei der Rückkehr eines durch langen Aufenthalt in Gallien verdunkelten Geschlechts zu römischen Würden: jacebat nobilis origo sub gallicano justitio .. tandem avarum antiquus laurus ab honoratae curiae sylva legerunt. nam quis possit negare generi munus cujus habeatis (nomen ist zu ergänzen) velut in arce depositum? cujus ut antiquam prosapiem satiati veterum copia transeamus, est adhuc in oculis omnium candidati nobilissimus pater, qui .. ita produxit in curia etc.

1) Var. II. 15. vgl. qui es clarus stemmate, splendeas dignitate; III. 12 scitis enim saepe ex hac familia enituisse praecipuos .. accedit (zum Großvater) nobilissimus provecti pater. tot igitur originis argumenta promittens credamus bona de nobili, quia laudabilis vena servat originem et feliciter posteris tradit quae in se gloriosa transmissione promeruit.

2) IX. 7. dudum itaque illustris recordationis genitoris tui respublica sensit romana diligentiam. IX. 22. propositum tuum dilatavit opinio faciens fidem generis morum pondere .. neque enim fas erat, ut quem familia tanta produxerat etc. semen generis morum fructibus reddidisti.

3) III. 6.

4) V. 3. V. 4 wird nicht ohne Geschmack dieses Geschlecht, das seit Alter einen tüchtigen Staatsmann nach dem andern liefert, dem virgilischen sich immer wieder ersetzenden Goldzweig verglichen.

5) V. 40; IV. 25. Petrum parentum luce conspicuum in album sacri ordinis referre.

6) III. 11. vgl. III. 5. und VIII. 16. tam frequens est in vestra familia (Opilio) felicissimus provectus, ut licet aliquis vos eligat ad subitum, nihil fuisse videatur incertum. similitudinem suorum felix vena custodit. qua-

„Wenn es der Ruhm guter Fürsten ist, unbekannte Namen durch Ehren zu verherrlichen, wie viel vorzüglicher ist es, einer hochedeln Familie zu ertheilen, was sie schon durch die Geburt verdient"[1]). Am deutlichsten erhellt die fast ausschließliche Besetzung der höhern Würden aus diesem Abel daraus, daß in den stehenden Amtsformeln[2]) der „Glanz der Abstammung" ebenfalls als stehende Voraussetzung figurirt; man konnte von der Mutter der Decier sagen: „so viele Knaben sie der Familie gebar, so viele Consulare schenkte sie der Curie "[3]), und „in diesen Geschlechtern treten die Söhne eine Erbschaft von Tugenden nicht minder als von Aemtern und von Schätzen an"[4]). Auch in den Provinzen stand ein zahlreicher, in seinen Landschaften durch Abstammung, große Latifundien und den halb erblichen Besitz der städtischen Würden mächtiger Abel an der Spitze der Bevölkerung und oft in feindlichem Gegensatz zu den vom König aus Italien gesendeten obersten Regierungsbeamten der Provinz[5]).

Neben der edeln Abkunft und dem damit thatsächlich verbundenen Reichthum wird bei den Ernennungen von den persönlichen Verdiensten des Candidaten[6]) meistens die hohe Bildung, namentlich

---

propter secure tibi credimus, quod toties tuo generi commissum fuisse gaudemus.

1) XII. f. u.
2) z. B. VI. 14 für Aufnahme in den Senat und oft.
3) Var. III. 6.
4) IX. 21. Vgl. Sartor. S. 43.
5) In der stehenden Formel des Präsidatus heißt es: Var. VII. 3 respice quantis sit provincia plena nobilibus. habes qui et bene loqui de te debeant et derogare praesumant; der conventus der honorati provinciales, tot nobiles stehen dem rector provinciae nach VI. 21. Der conventus nobilium in Neapel VI. 23 besteht aus den Municipalbeamten.
6) Denn diese sollen doch auch nicht fehlen: Var. I. 42 cuncta siquidem unde famam captat humanitas in te conjuncta sederunt: patria, genus, instituta praeclara quorum si unum nobilitatem complet (bezeichnend für den vagen Sinn von nobilitas bei Cassiodor), in te collecta plus facient, qui non minus genitalis soli fortuna (es ist der Byzantiner Artemidor), quam gloria stemmatis (ein Verwandter des Kaisers Zeno) et virtutis ornaris; vgl. V. 4. inter haec stupenda meritorum originis quoque simili claritate resplendet (Senarius comes patrimonii) II. 16; „den v. illuster Venantius, glänzend durch eignes und väterliches Verdienst haben wir zum comes domesticorum befördert, auf daß der angeborne Schimmer seiner Herkunft noch durch erworbne Würden erhöht werde". V. 41. „Cyprian durch sein Verdienst und den Glanz der Abkunft ausgezeichnet".

juristische und rhetorische¹) gerühmt: „außer diesen Vorzügen deines Geschlechts darbst du auch nicht der Empfehlung eigner Verdienste: Bildung und Studien, die aller Würden würdig machen, sprechen für dich und mit dem Glanz deines Geschlechtes verbindest du den Schimmer der Beredsamkeit"²). Neben Herkunft und Reichthum ist Bildung die dritte Grundlage der römischen Aristokratie im Gothenstaat, und auch sie wird von Geschlecht zu Geschlecht in diesen Häusern fortgepflanzt. Sie ist ein Hauptmotiv bei der Ertheilung von Staatsämtern³), und fehlt nicht bei der Zusammenstellung der Machtgrundlagen dieser Aristokratie: „das Alterthum hat die Senatoren für adelig erklärt. Was aber ist herrlicher als zugleich so viele Adlige der Wissenschaft zu Ahnen zu haben? Denn wenn altvererbte und von Geschlecht zu Geschlecht übertragne Reichthümer Adel verleihen, so ist noch vorzüglicher, wessen Familie reich erfunden wird an den Schätzen der Bildung"⁴). Und nun wird der Sprößling dieses Hauses durch das Vertrauen des Königs zur Quästur berufen⁵). Die Rhetorik Cassiodors muß sich freilich manchmal auch in Fällen zu helfen wissen, wo die liberalia studia fehlen⁶). Aber im Ganzen ist der Senat eine „Versammlung von Gelehrten"⁷) und alle Vornehmen soll Bildung empfehlen⁸).

Mit diesem römischen Adel schmolz nun der neue gothische Dienstadel, wenn ihm auch fast immer (aber doch nicht immer) die Bildung des ersteren fehlte, durch den gleichen Reichthum, die gleichen Aemter und Würden (wenn auch mit starkem Uebergewicht der militärischen), und den gleich nahen persönlichen Zusammenhang mit dem König zu Einem Stande zusammen, und da der alte gothische Erbadel thatsächlich meist in die gleichen Verhältnisse des Hof- und Staatsdienstes eingetreten war⁹) erklärt es sich, daß häufig in den Quellen

---

1) Var. XI. 7. Advocatur V. 4.
2) II. 15. vgl. I. 12. V. 4. omnium crederis intelligentiam habere virtutum, qui exercere meruisti militiam literarum.
3) IV. 45. IX. 25.
4) Var. III. 19. vgl. 20. V. 10. „nicht nur Reichthum und Körperkraft, mehr noch Bildung empfiehlt zu den Aemtern des Staats".
5) Vgl. III. b. 11. ad tramitem recti admoneant te tuorum facta majorum, admoneat lectionis auctoritas, deinde judicii nostri electio gloriosa.
6) IX. 7.
7) Var. III. 33.
8) IX. 7. IX. 21. infantiam bonis artibus enutritam.
9) Binsivad, oben S. 28.

nicht zu unterscheiden ist, ob alter oder neuer und ob gothischer oder römischer Adel gemeint ist¹). Römische und gothische Große

---

1) Meist kann nur der Sachzusammenhang aufklären: so sind die proceres, deren einflußreiche Fürbitte beim König gefangenen Römern Amnestie erwirkt, IX. 17., natürlich römische Große. Die Varien brauchen proceres und nobiles für Senatoren, z. B. VIII. 19. antiquitas vos fecit nobiles haberi; ferner IX. 7. IX. 23. inter tot procerum lumina; I. 41. unde melius nobilitati (b. h. dem Senat) collegam quaerimus quam de vena nobilium, qui se promittat abhorrere moribus quam refugit sanguine vilitatem und dann major gloria est dignitatis spectare sententiam procerum post regale judicium; ebenso VIII. 15; herrlich ist es ein procer sein, herrlicher über proceres richten, heißt es VI. 4. vom Stadtpräfecten als Richter der Senatoren. Die proceres sind aber zugleich auch die servientes, b. h. die Hofbeamten, die zugleich die höchsten Staatsbeamten sind, IV. 3. VI. 3.; V. 9. sind die proceres wohl die Finanzbeamten, die Domänenvorstände, vgl. V. 7.: procerum suggestione perclaruit, b. h. tua (arcarii) suggestione mit V. 6. a proceribus nostris frequenter admonitus debita reddere neglexit; (auch oft untechnisch, tropisch: proceres literarum Var. VIII. 15; ebenso nobilis: doctrina ex obscuro nobilem facit und vollends VI. 6. plebs nobilis, b. h. die Bevölkerung Roms; hier bezeichnet generosus den Adelsstand, ebenso IV. 39.); vgl. VIII. 17. IX. 29. 23; einmal nobiles proceres, b. h. die Staats- und Hofbeamten in Byzanz, X. 83, ebenso VI. 12. illustres proceres; über proceres s. I. 41. IV. 3. V. 6. 7. VI. 3. 7. 12. VII. 7. (= consules und patricii) 8. VIII. 1. 19. 2. manu consilioque gloriosi (15. die Senatoren). IX. 7. 16. 21. 23. 24. X. 33. über die nobiles, nobilitas I. 4. 41. 42. 46. II. 1. 15. III. 5. X. 18. 20. nobilissimus civis III. 11. 12. nobilissima familia X. 11. origo II. 3. VIII. 10. stirps Gothorum; nobilis turba III. 11. 22. populi XI. 5. IV. 16. 48. V. 12. 28. VI. 9. 10. 13. 20. 23. pauper nobilis VI. 10. (eine gewiß seltne aber doch mögliche Ausnahme). VII. 35. 37. VIII. 2. 9. 16. 19. 13. 17. XI. 8. XII. 29. nobilis heißt wer die Rangstufe der spectabilitas hat. VII. 37.; VI. 9. sind die nobiles, die Hofbeamten, die aulicae potestates: es ist aber nicht blos die Zugehörigkeit zum Hofe, welche zum nobilis macht; man wird, weil man nobilis ist, zu Hofe gerufen, VII. 35.; man erhält, weil man von Geburt nobilis ist, ein Amt, VIII. 16 ; vgl. VIII. 17. antiqua nobilitas parentum ; das ist die claritas originis, IV. 4. generis II. 15. lux V. 41. splendor natalium II. 10. 16. 39. V. 41. VI. 14; nobilitas ist natürlich auch die königliche Abstammung V. 12.; das königliche Geschlecht ist die glänzende Spitze, das edelste der Adelsgeschlechter; primates VI. 15. VIII. 10. XII. 22. primarii VI. 14. summates II. 4. 14. bezeichnet ebenso unbestimmt den Vorrang durch Geburt wie Amt; den Gegensatz bildet die plebs I. 32.; unwillkürlich verrathen sich des wohlwollenden Cassiodor geringschätzig-aristokratische Ansichten von der Menge: aber die Zeit erklärt sie; die plebs ist innocua I. 27., aber wenn nicht gesättigt, poltert sie VI. 6., vgl. VI. 4. 18. VI. 18. nescit plebs tacere quando interdum et hoc loquitur, quod a nemine perpetratur; I. 20 inania verborum popularium non cogitamus; der König entschuldigt sich vor dem Senat förmlich, daß er auch auf das Geschrei der Menge doch um der Ge-

erfüllten die Aemter des Staats, die Geschäfte des Hofs, die Um=
gebung des Königs in bunter Mischung. So meinen denn die zwei
einzigen Stellen des Edicts, welche von nobiles handeln¹), den
Adel beider Völker, und zwar will die Eine ausdrücklich den Adel,
der auf Abstammung beruht, neben dem der auf Amt und Würde
ruht, bezeichnen²), wie die andre ebenfalls edle Geburt neben Reich=
thum stellt³).

Die Söhne dieser Adelshäuser, Gothen⁴) wie Römer traten
früh, oft schon als Knaben⁵), wie im Frankenreich, in den Dienst
des Palastes, in die persönliche Umgebung des Königs⁶), von wo
sie allmälig zu höhern Aemtern aufstiegen. Und durch ihre ein=
flußreichen Familienverbindungen — denn diese Geschlechter waren
vielfach durch Verschwägerungen verflochten⁷), — gelangten solche junge
Männer, vorab Römer, oft frühe zu bedeutenden Würden⁸), wäh=
rend Andre, auch Gothen, sich durch Verdienste langsam heben muß=
ten⁹). So scheidet sich denn dieser Adel als eine besondre Standes=
gruppe auch social scharf von den geringern Leuten wie im Um=
gang — sie verkehren nur mit ihresgleichen¹⁰) — und in der ganzen
Lebensweise.

---

rechtigkeit willen achten muß (popularis loquacitas I 27.); vgl. IX. 43: vulgi
pectora nefauda imitatio comprehendit — plebis inflammata contentio.

1) Edictum Theoderici §§. 13. 59.

2) §. 13. nobiles et splendidi honoris.

3) §. 59. si domo patrimonio gratulatur et est genere nobilis: wie
die Varien, nach dem Obigen, ersteren Unterschied häufig machen; über genus in
den Varien I. 42. II. 2. 15. III. 5. 6. IV. 39. II. 15. ut qui clarus es stemmate splendeas dignitate.

4) VIII. 10.

5) So die Söhne des Patricius Cyprian. VIII. 22.

6) Var. IV. 4. in ipso .. adolescentiae flore .. palatia nostra intra-
vit; VIII. 21. infantia eorum nota palatio .. ab ipsisque cunabulis regales
oculos pertulere.

7) VIII. 17. quid antiquam parentum repetimus nobilitatem (candidati)
cum vicina resplendeat luce germani? .. his laudibus ductus a conjuge
Basilianae conjunctus (est) familiae, quod plerumque evenit a meritis con-
jungi posse nobilibus. IX. 17. crescit praeclaris meritis tuis, quod in affi-
nitatem de talis elegit, qui se semper . . . fecit laudari.

8) So der Präfectus Urbi Reparatus IX. 7.; der Consul Paulinus IX. 22.;
der comes domesticorum Venantius II. 15: denn providentiae nostrae ratio est, in tenera aetate merita futura tractare (inexplorata posteritas)
VIII. 12. primaevus venisti ad honores; vgl. IX. 23.

9) VIII. 10.

10) Var. IV. 43 und I. 27. popularis loquacitas.

Ebendeßhalb wird aber auch von der edeln Bildung und Sitte dieses Adels ganz besonders patriotischer Sinn und Achtung vor dem Gesetz gefordert: zwischen Senatoren und ihren Leuten einerseits und geringem Volk anderseits war es im Circus wiederholt zu Thätlichkeiten gekommen. Da schreitet die Gerechtigkeit des Königs ein und mahnt die Senatoren der Ehrenpflichten ihres Standes[1]: sie „schulden dem Staat gleiche Opferwilligkeit wie der König"[2]. Aber wir werden uns überzeugen, daß diese Liebe zur Gesetzlichkeit nicht minder der verwilderten und hochfahrenden römischen Aemteraristokratie als dem rohen und trotzigen Gothenadel gebrach: diese Vornehmen, durch Aemter, Einfluß bei Hof, und großen Grundbesitz mächtig und sicher[3], behandelten die Geringern sehr häufig mit Uebermuth und drückender Gewalt, oder sie entzogen sich ihren öffentlichen Pflichten, widersetzten sich den Beamten des Königs und wälzten so die Last der Steuern auf die geringern Leute[4]. Es war dieß eine Wirkung davon, daß sich in dem italischen Gothenstaat, und zwar bei der germanischen Bevölkerung ganz ebenso wie bei der römischen, neben den alten Standesunterschieden der Unfreien, Freigelaßnen, Freien und Edeln, welche mehr juristischer Natur gewesen, ein neuer Standesunterschied von mehr socialer Natur gebildet hatte, der aber auch schon anfängt in bedeutenden juristischen Consequenzen anerkannt zu werden: es ist der Unterschied von Hohen und Niedern, Vornehmen und Geringen, ein Un-

---

1) Var. I. 30. intersit igitur inter splendorem vestrum moresque mediocres. refugite tales familiares qui sunt injuriarum ministri, qui honori vestro nitantur adscribere quod delinquunt .. vos enim quos semper gravitas decet nolite truculenter insequi inania verba populorum. l. 32. si senator civilitatis immemor etc. l. 27. ubi enim quaeratur modestus animus si foedent violenta patricios?
2) Var. II. 24. VIII. 13. „Dein Wandel sei eingedenk deines Adels: nur verächtlichen Abstamms Sprößlinge fallen in die Laster ihrer Herkunft".
3) Var. IV. 4: „es ist etwas unerhörtes, daß ein Günstling des Herrschers nicht ausschreitet, und das Glück hält selten Maß". Der Druck dieses Adels auf die Geringen war so allgemein, daß in jedem Proceß zwischen Gliedern dieser beiden Stände die Vermuthung dafür spricht, dem Geringen sei von dem Vornehmen Unrecht geschehen, IV. 39; wie stolz sich der Amtsadel über die villitas der Gemeinfreien hob, darüber vgl. noch VI. 12. ut amplissimum genium pretiosae libertatis (d. h. der Patriciat) vilissimam conditionem cum subditis non haberet.
4) Var. II. 24; sogar die Pächter der Senatoren theilen deren superbia, zahlen die Steuern mangelhaft und mit Widersetzung l. c. 25.

terschied, der mit dem der Abligen und Gemeinfreien nicht völlig, sondern nur insofern zusammenfällt, als Reichthum Eine der Grundlagen des **neuen Adels** bildet: viel eher fällt er in den meisten Fällen, Ursachen und Wirkungen zusammen mit dem Gegensatz der Reichen und der Besitzlosen.

Bei den Römern unterschied das Strafrecht schon seit langer Zeit zwischen honestiores[1]) und humiliores, viliores[2]) im Sinne von vornehmeren und geringeren Freien, nicht im Sinne von Freien und Freigelassnen oder Unfreien. Jene sind die durch ihre **höhere sociale Gesammtstellung** ausgezeichneten, durch Vermögen mehr noch als durch Würden oder Rangstufen (der spectabilitas etc.), obwohl beide Vorzüge regelmäßig zusammentrafen. Es war dieß eine Unterscheidung, welche aus den römischen Culturzuständen schon lange auch in das Rechtsleben übergegangen war: zumal die sehr häufigen Geldstrafen und die Gesammt- und Theilconfiscationen mußten bei den Armen durch Surrogate, wie Leibesstrafen, Verbannung, Zwangsarbeit in Bergwerken ersetzt werden. Diesen Unterschied in Leben und Recht der Römer fanden die Gothen in Italien vor.

Bei ihnen bestand ursprünglich in Leben und Recht etwas Aehnliches nicht. Wir haben nachgewiesen[3]), daß der alte germanische Adel, wenn auch thatsächlich die Adelsgeschlechter großen Grundbesitz hatten, nicht auf dem Reichthum als Grundlage seines Standesvorzugs beruhte. In den einfachen bäuerlichen Zuständen der Germanen vor der Wanderung konnte der Vermögensunterschied im Rechte keine so große Rolle spielen. Wir haben gesehen, daß jener Adel sich zwar[4]) hohen moralischen Ansehens, auch großen thatsächlichen Einflußes auf das Staatsleben erfreute, aber keine staatsrechtlichen Standesvorrechte besaß. Im Recht, namentlich aber im Strafrecht und Privatrecht, stand der arme, gemeinfreie Bauer, wenn er nur in seinem Allod die Voraussetzung alles Genossenrechts überhaupt besaß, dem reichsten Abligen gleich, und nimmermehr würden es vor der Wanderung die freien gothischen „capillati" ertragen haben, daß der Edle im Strafrecht eine privilegirte

---

1) Und so denn auch das aus römischem Recht geschaffne Edict Theoderichs §§. 75. 83. 89. 91.
2) Ed. §§. 62. 89. 75. 83. 91. 108.
3) A. I. S. 19.
4) A. I. S. 20.

Stellung eingenommen, daß für ein und dasselbe Verbrechen der Gemeinfreie eine härtere, schimpflichere Strafe als der Edle zu tragen gehabt hätte¹). Er hätte darin eine unerträgbare Herabdrückung des Freien zu den Unfreien erblickt: denn diese allerdings wurden vom germanischen Recht härter und schimpflicher gestraft als die Freien.

Diese alten Zustände hatten sich nun aber bei den Ostgothen schon seit der Auflösung des alten Reiches²) und während der langen Wanderungen in byzantinischem Land und Sold wesentlich ändern müssen. Die sichre Basis der stolzen Selbständigkeit des kleinen Freien, der feste Grundbesitz, war verloren und die große Menge des Volkes erscheint in den letzten Jahrzehnten vor der Einwanderung in Italien verarmt³), hülflos, unfähig sich in den schwankenden und schwierigen politischen Verhältnissen selbst zu helfen und zu halten: vom König, von den Führern verlangen sie Land, Brod und Unterhalt — grade der Mangel treibt sie manchmal, in gewaltiger Massenvereinigung den Willen des Königs zu bestürmen und zu zwingen⁴), dem sie regelmäßig die Entscheidung des Verhältnisses zu Byzanz und damit ihres ganzen Schicksals allein überlassen müssen⁵). Schon hiedurch war es gegeben, daß die ärmern unbedeutenderen Gemeinfreien jetzt gegenüber dem König und seiner Umgebung, den einflußreichen Vornehmen, eine viel andere Stellung einnahmen, als nach der alten Verfassung in den alten Zuständen.

Und bei der Niederlassung in Italien wurden diese Verhältnisse nicht mehr beseitigt: die Unterscheidungen waren schon so mächtig, daß sie nur bestätigt werden konnten. Die Dienst-Adligen, die Gefolgen, die nächste Umgebung des Königs, die bedeutenderen Heerführer, oder die alten Adelsgeschlechter, welche für zahlreichere Freigelaßne, Knechte und Herden⁶) größeren Grundbesitz brauchten, forderten und erhielten, nahmen nun im Leben eine ganz andere Stellung ein als der arme Gemeinfreie, der, durch nichts ausge-

---

1) Die Abstufung der Compositionen ist hiegegen natürlich kein Einwand; übrigens fehlt jede Spur, daß das Compositionensystem bei den Ostgothen bestanden habe, s. unten das Edict und den II. Anhang.
2) a. 376. A. II. S. 56.
3) S. A. II. S. 113.
4) A. II. S. 113.
5) l. c. S. 105. 107.
6) A. II. S. 77.

zeichnet, die geringe Scholle empfing, die zu seines Hauses Bedarf ausreichte: die gothische Aristokratie trat der vorgefundnen reichen römischen völlig ebenbürtig zur Seite. Damit waren nun bei den italischen Gothen die Voraussetzungen gegeben, den römischen Unterschied von Vornehm und Gering, Reich und Arm aus dem socialen Leben in bedenklicher Weise wie bei den Römern auch in das Rechtsleben übergehen zu lassen und Theoderich widerstand diesem Zug der Entwicklung nicht völlig. Zwar folgte er ihm nicht sonder Widerstreben: in manchen Fällen hat er in dem Edict, das auch für seine Gothen gelten sollte, das römische Recht, wenn es zwischen honestiores und humiliores unterschied, mit unverkennlicher Absichtlichkeit geändert und gleiches Recht für beide hergestellt: indem er entweder die gelindere Strafe auch für die Geringern aussprach oder, was der ganzen Tendenz seiner Gesetzgebung viel näher lag, die härtere Strafe auch auf die Vornehmen ausdehnte.

Aber es ist ein bedeutsames Zeichen, daß er nicht überall diesen Unterschied wenigstens für die Gothen beseitigte, sondern ihn, wie er im römischen Strafrecht bestand, oft auch im Edict bestehen ließ und dadurch auch auf die Gothen anwandte. Wir heben die bisher nicht beachtete Erscheinung deßhalb nachdrücklich hervor, weil sie zeigt, daß auch in dieser Hinsicht wie in so mancher andern[1]) in dem kurzlebigen Gothenstaat schon sehr frühe die Ansätze und Keime ganz der nämlichen Bildungen sich einstellen, welche später in den andern mehr beachteten und länger bestehenden Reichen, namentlich in dem der Franken, zu reicher Entfaltung gediehen sind[2]).

Wie im Frankenreich die Volksversammlung verschwindet und die kleinen Gemeinfreien von einer neuen Aristokratie in den Hintergrund geschoben werden, ganz ebenso gestalten sich diese Verhältnisse anfangsweise bei den Gothen. Und wie dreihundert Jahre später Karl der Große, so hat schon Theoderich der Große im richtigen Instinct des Königthums die kleinen Freien vor dieser Bewegung der Zeit zu schützen versucht — beide gleich vergeblich. Die Vornehmen, potentes, praepotentes, eben diese römische und gothische Aristokratie factischer Ueberlegenheit von Amt und Reichthum, machen fortwährend das Eingreifen des Königs zum Schutz der geringen Freien nöthig.

Wenn die gothischen Großen gern Gewalt gegen die Römer

---

1) Z. B. in der tuitio regis, s. unten „Gerichtshoheit".
2) Vgl. oben S. 27.

übten, so waren doch auch die römischen Adelsgeschlechter in den unruhigen und auf Selbsthülfe anweisenden unsichern Zuständen in den letzten Generationen arg verwildert. Zumal wenn die große Mobeleidenschaft der Circusparteiung auflobert, greifen sie so rasch wie die Barbaren zur Gewalt¹). Besonders aber unterdrückten die vornehmen Römer ihre geringern Nachbarn gerne unter dem Scheine des Rechts mit chicanösen Civil= und Strafprocessen²), und ange= sehne Gothen wie Römer verachteten häufig, auf ihre mächtige Stellung pochend, die Amtsgewalt der gewöhnlichen Richter und Behörden, so daß die Autorität des Königs selbst in außergewöhn= lichem Eingreifen seinen Beamten gegen solchen Trotz zu Hülfe kommen muß. Diese Großen mischen sich in fremde Prozesse³); sie protegiren wer ihre Gunst erkauft und unterdrücken die Gegner ihrer Schützlinge⁴). Und der König muß, bei allem Bestreben, den Mißbrauch dieser bevorzugten Stellung zu hindern, die bevor= zugte Stellung selbst anerkennen: die socialen Unterschiede sind be= reits so stark, daß des Königs Gesetzgebung sie nicht mehr um der alten Rechtsgleichheit willen ignoriren kann, sondern vielfach be= stätigen muß.

Dabei sehen wir deutlich in einigen der entscheidenden Stellen des Edicts, worauf denn der Vorzug dieser Vornehmen beruht, nicht⁵) auf juristischen Standesprivilegien, sondern auf dem Reichthum⁶).

---

1) Zwei der vornehmsten Würdenträger, ein Patricius und ein Consul, Rö= mer, überfallen, wie es scheint, durch höhnischen Zuruf gereizt, eine Deputation der „Grünen", auf dem Wege zum Hof des Königs selbst, unter solchen Mißhand= lungen, daß Einer der Grünen auf dem Platze bleibt. Var. I. 27. 32; caedes ingenui per senatores.
2) „Calumniae", s. unten „tuitio" und das Edict.
3) Edictum Theoderici §. 44; (s. den Text für alle Citate aus dem Edict im Anhang L); hier ist das militantes der römischen Quelle ganz allgemein zu potentes erweitert.
4) §. 45.
5) Wie Sartor. S. 84 meint.
6) Der substantia Ed. epil., die auch in den Varien eine wichtige Rolle spielt: (Var. III. 18. 37. V. 6. 7. XII. 22.: die primates genießen die deliciae der Provinz, die mediocres haben nur nothwendige expensae; den Gegensatz zu dem idoneus bildet der tenuis: Ed. §. 97. Var. I. 19. ne tenuis de proprio cogatur exsolvere quod constat idoneos indebite retinere; minor fortuna und mediocritas wird völlig identificirt IV. 40. vgl. IV. 39 und XII. 11 die potiores, generosi, potentes, gegenüber dem fortuna minor. Die mediocres stehen zwischen divites und pauperes in der Mitte: paupertatem fugere et di-

In sehr vielen Fällen, in welchen das römische Recht in Geld strafte oder eine Geldentschädigung zuließ, kamen die Vornehmen, weil sie eben zahlen, entschädigen konnten, verhältnißmäßig sehr glimpflich ab, während die Geringern, d. h. die Aermern, bei denen nichts zu pfänden und zu confisciren war, der körperlichen Züchtigung, der Verbannung und ähnlichen harten Strafen verfielen.

Hatte man aber einer solchen an sich nicht ungerechten Unterscheidung einmal Raum gegeben, — denn straflos konnte doch die Armuth nicht machen¹), — so lag es nahe genug, auch in andern Beziehungen den humilis schärfer zu behandeln als den honestus²).

Besonders klar wird dieser Zusammenhang bei der Strafe für Vergewaltigung einer freien Jungfrau³). Hier will das Gesetz vor Allem für die Geschädigte sorgen und zwingt deßhalb den vornehmen und reichen Verbrecher sie zu heirathen und ihr einen großen Theil seines Vermögens zuzuwenden, unter der Voraussetzung, dadurch für die Gekränkte am Besten zu sorgen. Ist aber der Verbrecher niedrig und arm, so würde in der Verbindung mit ihm keine Versorgung liegen und jene Vermögenszuwendung unmöglich oder unbefriedigend sein. Deßhalb muß in diesem Fall der Beleidigten statt der Versorgung die Rache genügen und der besitzlose Niedrige wird — getödtet. Man sieht hier, wie diese unser Rechtsgefühl verletzende enorme Rechtsungleichheit nicht absichtlich von dem Raugunterschied ausgeht, sondern ganz andre Motive jenen Raugunterschied auch im Strafmaß wirksam machen. Die „nobili-

---

vitias non amare: vivunt fortuna mediocrium et conscientia divitum. V. 14. vires mediocrium consurgere sinantur — ebenda expensae pauperes gravare suggeruntur.

1) Diesen Gedankengang zeigen die Barien deutlich IV. 10. quem vero ab hoc redimitione foedum patrocinium tenuitatis excusat, pro amissi (l. commissi) qualitate facinoris in eum fustuario supplicio vindicetur. non enim patimur impunitum quod nolumus esse permissum. IX. 2. aut decem librarum auri dispendio ferietur aut si facultas vindictae non sufficit per fustuaria supplicia laceretur et reddat debitum poenis quod non potuit compensare pecuniis. X. 28 si ad hoc damnum idoneus non potuerit inveniri corporali supplicio poenam luat. III. 20. si quis autem in hac praesumtione medius invenitur ut ad ea quae jussa sunt idoneus non possit inveniri ad nos reducite vinculis religatum, ut poena possit satisfieri, cujus facinoris facultas non sufficit ultioni.

2) Schon ist pauper und humilis synonym mit vilis L. 41; die paupertas ist eine Schande IV. 10; vgl. oben S. 36 die Geringschätzung der plebs.

3) Ed. §. 59.

tas" im Text der Stelle will nicht etwa „Adel" im strengen staats=
rechtlichen Sinn, sondern dasselbe, was sonst honestiores bezeichnen,
und nur weil die Vermögenszuwendung (idoneum patrimonium)
in diesem Fall die besondere Erörterung der Einen Basis dieser
„Vornehmen" ohnehin nöthig macht, wird die andre hohe Amts=
stellung oder Abkunft dießmal ebenfalls besonders ausgedrückt,
während in den honestiores Abkunft, Rang und Reichthum zu=
sammengefaßt werden. Mit dieser Motivirung der Unterscheidung
stimmt ganz genau, daß bei der Vergewaltigung einer Wittwe, weil
hier der Gesichtspunkt der Versorgung durch künftige Heirath zu=
rücktritt, der Verbrecher, welchen Standes er sei, getödtet wird[1]).

Da nun bei den „Geringern" in Ermanglung von Vermögen
an die Stelle der Confiscation die Verbannung tritt, aber auch die
Reichen mit und neben der Confiscation häufig Verbannung traf[2]),
so mußte in solchen Fällen das Edict, um nicht die Armen zu ge=
lind abkommen zu lassen, zu der Verbannung noch eine Steigerung
fügen, und diese besteht nun regelmäßig in der Lebenslänglichkeit
des Exils, während die Reichen neben dem Verlust ihres Vermö=
gens nur fünf= oder fünfzehnjährige Verbannung trifft. Weil nun
aber auch bei den Reichen manchmal lebenslängliches Exil eintrat
oder auch weil jene Steigerung im Vergleich mit dem Vermögens=
verlust der Reichen noch immer zu gelinde schien, schärfte das Edict
für die Armen die Verbannung bei schweren Verbrechen häufig
noch durch Prügelstrafen, welche es für viele Reate neu einführt.
Dieß ist nun aber ein bedeutsames Zeichen davon, wie nahe bereits
dem Knecht der kleine Gemeinfreie in der Empfindungsweise jener
Zeit und jenes Reiches gerückt ist. Denn nach ältestem germa=
nischem Recht ist die schimpfliche Prügelstrafe recht eigentlich Merkmal
eines Knechts, und wenn auch in manchen Stammrechten ganz wie
in unserm Edict kleine Freie derselben, meist eventuell, unterwor=
fen werden, so zeigt das eben nur, daß in allen diesen auf römi=
schem Boden erbauten Germanenstaaten ähnliche Ursachen ähnliche
Umgestaltungen der alten Standesrechte erzeugten. Andersseits aber
mußte eine solche Herabdrückung der kleinen Freien zu den Knech=
ten im Gesetz auch wieder zurückwirken auf ihre sociale Annäherung

---

1) Ed. §. 60; daß unter cujus libet loci doch nur Freie (nicht auch Unfreie) aber Vornehme wie Geringe zu verstehen sind, erhellt aus §. 63.

2) Confiscationen und Geldstrafen werden im Edict sehr häufig ausgesprochen
§§. 22. 43. 46. 75. 83. 84. 90. 93. 104. 108. 111. 112.

im Leben, wie sie aus dieser thatsächlichen Annäherung in das Gesetz übergegangen war, und dann wieder im Recht härtere Behandlung der Geringern herbeiführen. So wird die gewaltsame Behinderung eines Begräbnisses bei honestiores nur mit Drittelsconfiscation und fünfjähriger Verbannung geahndet: bei humiliores wird die Confiscation durch Lebenslänglichkeit des Exils und Prügelstrafe ersetzt[1]. Genau mit derselben Strafabstufung wird bei Verkauf eines Freien in Sclaverei zwischen Vornehmen und Geringen unterschieden[2]. Lebenswierige Verbannung mit Prügelstrafe ist ein stehendes Strafmaß des Edicts für die humiliores[3]. Aber auch schon in der Behandlung des Angeschuldigten während des Processes finden sich bedeutende Unterschiede: der kleine Gemeinfreie wird bei der Criminalanklage einfach verhaftet, während der reus nobilis et splendidi honoris von der Haft befreit bleibt[4].

Wenn in solcher Weise der König die Unterscheidung zwischen honestiores und humiliores, in vielen Fällen, wo er ihn im römischen Recht vorfand, auch für die Gothen beibehielt, so hat er doch in andern Fällen darauf hingearbeitet, diese Ungleichheit nicht gelten zu lassen. Und zwar offenbar nicht um der Römer willen, welche lange daran gewöhnt waren, sondern um der Gothen willen, bei denen der neue sociale Zustand erst noch im Werden begriffen und noch nicht völlig befestigt war. So fand er für das eigenthümliche Verbrechen des §. 89 (betrügliche Anmaßung von Amtsgewalt zum Zwecke der Erpressung) im römischen Recht den Unterschied in schroffster Steigerung vor, indem die humiliores getödtet, die honestiores nur mit deportatio in insulam gestraft wurden. Diese Ungleichheit war dem König zu stark und nicht wie bei der Nothzucht motivirt: im Gegentheil, dieß Reat kam bei Vornehmen häufiger und mit größerer Gefährlichkeit vor als bei Geringen. Deßhalb rückt der König die beiden Stände einander näher: die Geringen werden nicht mehr mit dem Tode, sondern nur mit der in dem Edict auf sie regelmäßig angewandten Strafart, lebenslänglicher

---

1) Ed. §. 75.
2) §. 83.
3) §. 89.
4) Ed. §. 13 heißt es von ihm suae committi debet dignitati, aber auch dieß hat seinen Grund darin, daß der Reiche Caution stellen kann, oder auch ohne solche in seinem (meist liegenden) Vermögen für den Fall der Flucht ein Strafobject zurückläßt.

Verbannung und Prügelstrafe bedroht: die Vornehmern nicht mehr mit der leichtern, aber im Gothenstaat unpraktisch gewordnen deportatio, sondern ebenfalls mit lebenslänglichem Exil gestraft, nur ohne Prügelstrafe — ein charakteristischer Unterschied[1]). Dazu kömmt nun, daß an dieser Stelle wie an vielen, in welchen exilium den Reichen ausdrücklich lebenslänglich oder ohne bestimmte Zeitgrenze gedroht ist, höchst wahrscheinlich Confiscation des gesammten Vermögens stillschweigend inbegriffen ist[2]). Denn exilium ist im Gothenstaat an die Stelle der vier andern römischen Verbannungsstrafformen (deportatio, in insulam relegatio, in perpetuum relegatio, in tempus relegatio), so auch der in insulam deportatio getreten[3]). Diese aber war immer lebenslänglich und mit Verlust der Civität und mit Confiscation verbunden. In den Fällen also, wo im Edict exilium an die Stelle der deportatio getreten ist (nicht auch wo an die Stelle der relegatio) — und das ist hier der Fall — dürfen wir Gesammtconfiscation mit dem Exil verbunden annehmen und bei dieser Annahme ist dann der Unterschied zwischen Armen und Reichen vom König im Fall unsres Paragraphen in dem Quantum des Strafleidens in der That aufgehoben[4]).

Sehr deutlich zeigen auch die Bestimmungen über Brandstiftung, daß der Unterschied von honestiores und humiliores aus dem Vermögensunterschied hervorgegangen war und daß das Edict keineswegs mit Absicht diesen Standesunterschied verschärfen wollte, sondern ihn nur bei Geldstrafen sanctioniren mußte, daß der König gerne die humiliores wie die Vornehmen bestrafte, wo es anging, und nur aus Noth sie manchmal mit andern und dann freilich schwerern Strafen heimsuchen mußte. Zugleich zeigt

---

1) Darüber daß zwischen relegatio und exilium nicht mehr technisch unterschieden wird, s. im ersten Anhang zu §. 89.
2) Wo nicht Theilconfiscation ausdrücklich beigefügt wird.
3) S. unten Anhang I.
4) Vielleicht erklärt sich auch aus der engen Verbindung von Confiscation und Exil (Deportation), daß bei der Bestrafung der Bestechung, verübt von Vornehmen, §. 91 des Edicts nur Confiscation, nicht, wie die benützte römische Quelle, auch Verbannung ausspricht. Es ist hier das Weglassen der Verbannung eher aus Versehen, — dem Gesetzgeber schwebte die Verbindung beider Strafen wie in seiner Quelle vor, — denn aus Absicht zu erklären, da der Sprung zu der schweren Bestrafung der humiliores — für sie ist die Todesstrafe der römischen Quelle beibehalten, — zu groß erscheint und da Confiscation ohne Verbannung im Edict nur noch einmal begegnet.

die Stelle auf's Klarste, daß der König vielmehr jene Unterscheidung wiewohl mit geringem Erfolg zu bekämpfen und die altgermanische Haupttheilung zwischen Freien und Unfreien wieder zur Hauptsache machen wollte.

Die römischen Quellen, welche das Edict benützt¹), gehen aus von dem Unterschied zwischen honestiores und humiliores und strafen diese viel schwerer.

Der König geht nicht von diesem römischen, sondern von dem altgermanischen Unterschied der Freien und Unfreien aus und wendet auf diese die schwere Strafe an, welche das römische Recht auf die kleinen Freien anwandte, nämlich den Feuertod. Der König will sämmtliche Freie gleich behandeln: sie sollen alle mit dem doppelten Ersatz des Schadens abkommen, also auch die kleinen Freien, wenn der Schade nicht so groß ist, daß jener Ersatz ihr Vermögen übersteigt. Nur eventuell freilich, das heißt, wenn sie jenen doppelten Ersatz nicht erschwingen können, muß, da sie doch nicht straflos ausgehn können, für sie eine andre Strafe als die der Reichen eintreten: es trifft sie dann ihr gewöhnliches Schicksal und das constante Surrogat der Vermögensstrafen: Verbannung mit Prügel. Das ist aber doch eine bedeutende Strafminderung statt des Feuertodes, welchen der gothische König seinen kleinfreien Gothen denn doch nicht bieten will, vielmehr nur den Knechten droht: dieses ist die stärkste Aenderung des römischen Rechts, welche der König, der sonst überhaupt sehr selten und sehr leise ändert, in seinem ganzen Gesetz vorgenommen hat, und sie ist für die Stellung der Gothen und Römer im höchsten Grade characteristisch und für die Richtigkeit unserer Auffassungen des ganzen Reichs im höchsten Grade beweisend.

Nicht minder lehrreich ist, — wenn man versteht den Zusammenhang zwischen den Gestaltungen der Rechtsbildung und den politischen und socialen Zuständen zu erfassen und zur gegenseitigen Erläuterung zu verwerthen — die Behandlung der Grenzverrückung im Edict²). Die römische Quelle geht aus von den Unterschieden der Freien und Unfreien und dem der Vornehmen und Geringen. Was thut nun der König? Er verschärft erstens die Strafe der Unfreien, macht zweitens den Gegensatz zwischen den Unfreien und der niebersten Schicht der Freien viel größer und hebt drittens den zwischen

---

1) S. den Anhang I. zu §. 97.
2) §. 104.

vornehmen und geringen Freien ganz auf, was alles germanisch gedacht und im Interesse der Germanen gethan ist.

Das römische Recht hatte die Unfreien nur zur Zwangsarbeit in den Bergwerken verurtheilt. Der König verurtheilt sie zum Tode.

Das römische Recht hatte die geringen Freien zu öffentlicher Zwangsarbeit (nicht in den Bergwerken), die Vornehmen nur zu Drittelconfiscation verurtheilt. Der König hebt diesen Unterschied auf: er läßt die den Kleinfreien gedrohte öffentliche Zwangsarbeit ganz fallen und wendet die mildere Strafe, die das römische Recht den Vornehmen vorbehalten, auf alle Freien an¹).

Metalla und opus publicum kommen im Gothenstaat nicht mehr vor, das nöthigte allerdings den König zu einer Aenderung, aber das ändert nichts an der Bedeutsamkeit der Art und Weise dieser Aenderung: Erhöhung der Sclavenstrafe, Ausgleichung und Milderung der Strafe für die Freien. Wenn es nun räthselhaft erscheint, weßhalb hier der König die sonst nie vergeßne eventuelle Verbannungs- und Prügelstrafe für den Fall der Vermögenslosigkeit der Kleinfreien weglassen mochte, so erklärt sich das doch aus der Art unseres Reats. Die Grenzverrückung im Sinne des Paragraphen kann immer nur verübt werden von einem großen (honestus) oder kleinen (humilis) Grundbesitzer (eigenhändig oder in seinem Auftrag), es liegt also jedenfalls in dem Grundstück ein Object der Confiscation vor und sowie dieß gegeben, will der König von dem Unterschied des römischen Rechts zwischen Vornehmen und Geringen nichts mehr wissen, den er nur, wo ihn die Noth zwingt, statuirt. Bei der Brandstiftung hat er den Unterschied nur relativ, hier hat er ihn absolut aufheben können. Wenn nicht wie in den oben erörterten Fällen besondere Gründe ihn aufrecht erhalten, sucht der König offensichtlich jenen Unterschied im Recht nicht gelten zu lassen: es ist ganz dieser aus dem germanischen Rechtsgefühl stammenden Tendenz gemäß, wenn er denselben bei der Gräberzerstörung, wo sie Valentinian erst neu eingeführt hatte, wieder beseitigt und Vornehme und Geringe mit dem Tode straft²).

Also nur der Reichthum, nicht der Rang ist die Basis des Unterschiedes und nur das Vermögen bewirkt die unvermeidlichen Unterscheidungen im Recht.

---

1) Die Verbannung ist nicht wie §. 89 aus Versehen, sondern absichtlich weggelassen: denn es tritt nicht Gesammt-, sondern nur Theilconfiscation ein.
2) §. 110.

Das erhellt auch aus den Strafen für Rückfall in's Heiden=
thum¹) und für Zauberei; ersteren straft das Edict ohne Unterschied
mit dem Tode. Letztere bei honestiores mit Gesammtconfiscation
und lebenslänglicher Verbannung: da genügt ihm bei humiliores
die Prügelstrafe als Surrogat der Gesammtconfiscation nicht und
es straft sie mit dem Tode. Diese Strenge war vielleicht mit ver=
anlaßt durch die Aeußerung der römischen Quelle, eigentlich seien
Zauberer allerwege des Todes würdig. Bezeichnend ist, daß nur
bei honestiores die Confiscation eine schwere Strafe ist: den hu=
miliores kann man meist nur das Leben nehmen; den schlagendsten
Beweis für die blos pecuniäre Bedeutung der Unterscheidung ge=
währt aber der §. 111 des Edicts, welcher bei dem Begraben von
Leichen in Rom die constante Standesunterscheidung und ihr gemäß
Vermögens= oder Prügelstrafe aufstellt, aber dießmal den Gegensatz
von honestiores und humiliores nicht mit diesen Namen, sondern
geradezu folgendermaßen ausdrückt: „wer in der Stadt Rom Leichen
begräbt, soll den vierten Theil seines Vermögens an den Fiscus
verlieren, wenn er aber nichts hat, soll er geprügelt und aus der
Stadt getrieben werden"²).

Dieser gesammte Adel nun, römischer und gothischer, altgothi=
scher und neugothischer, wie er, auf Abstammung, Amt, Königsgunst
und Reichthum gegründet, sich über die Gemeinfreien erhebt, nimmt
jetzt die erste Stelle im Staat nach dem König ein — die Gemein=
freien bedeutend in den Hintergrund drängend: in der Friedenszeit
der Amaler überwiegt sogar der römische Adel, weil er die Mehr=
zahl der römischen Aemter füllt an Bedeutung im Staat, in dem
zwanzigjährigen Krieg mit Byzanz aber waren nur äußerst wenige
römische Edle auf Seite der Barbaren und die Aristokratie, welche
wir auch in dieser Periode noch von größtem Einfluß und stets
in der Umgebung des Königs finden, ist also gothischer Adel³).

Wie dieser römisch=gothische Adel unter Theoderichs ganzer Re=
gierung die erste Rolle spielt und seine stete einflußreiche Umgebung
bildet⁴), wird ihm auch vor Allen die Designation Athalarichs zum

---

1) Ed. §. 108.
2) Vgl. Var. IV. 10. III. 20.
3) Wie denn Prokop hier immer von λόγιμοι, δόκιμοι τῶν βαρβάρων,
Γότθων spricht und die italienischen λόγιμοι wohl von ihnen unterscheidet.
4) Bei der Tafel wie bei Spazierritten und Reisen, Var. V. 40, Römer wie
Gothen; aber es ist doch ein Gothe (Graf Thulun), nicht ein Römer, für den der

Nachfolger zur Huldigung angezeigt: sie sind jene „Grafen der Gothen und Ersten des Volks", welche Jordanis nennt[1]) die proceres manu consilioque gloriosi[2]), ihre Zustimmung entscheidet: ihrem Vorgang folgt ohne Bedenken die Menge der Gemeinfreien: erst nach ihnen wird die Bevölkerung der Königsstadt vereidigt und nach diesen vollendeten Thatsachen die Gesammtheit der Gothen und Römer in Italien und den Provinzen in Pflicht genommen.

Unter den Wahlkönigen tritt dann der Einfluß wie der Volksversammlung, so der des gothischen Adels noch viel mächtiger hervor. Erst nach eingeholter Zustimmung der Spitzen des Volkes[3]) gibt Vitigis den Frankenkönigen gothisches Reichsland Preis. Aus dem Adel vorab sind jene „Aeltesten" genommen, deren Rath der König einzuholen pflegt[4]); sie erscheinen neben dem König als die Führer und Leiter der Menge in Gefecht und Berathung[5]). Ja, zuletzt wendet sich dieser Adel gegen den König selbst: sie geben ihn seiner Mißerfolge wegen auf und nehmen, ohne daß er ihnen zu widerstehen wagt, die Leitung der Dinge allein in die eigne Hand[6]). Sie tragen insgeheim, ohne vorerst die Menge der Gemeinfreien zu fragen, die Gothenkrone dem Belisar an — unter ihnen Ilbibad, der spätere König[7]). Als der Verrath des Byzantiners offenbar wird, ist es der Rest dieser hervorragenden Männer — denn Viele waren in Belisars Gewalt gefallen und gefangen nach Byzanz geführt worden[8]), — welcher sich nach einem neuen König umsieht, denselben aus der eignen Mitte kürt und seine allgemeine Wahl durchsetzt[9]). Auch gegen Totila sind diese Edeln die Wortführer des Volksheers in sehr freimüthiger Rede[10]): sie haben vor-

---

König, da sie bei einer Meerfahrt beide in Todesgefahr schweben, das eigne Leben wagen will. VIII. 11.

1) c. 59.
2) Var. VIII. 2.
3) Proc. l. c. L. 13. εἴ τι ἐν Γότϑοις καϑαρὸν ἦν — Γότϑων οἱ λόγιμοι.
4) l. c. II. 22; sie heißen Γότϑων ἄριστοι II. 28.
5) l. c.
6) Unter den wechselnden Bezeichnungen εἴ τι ἐν Γότϑοις καϑαρὸν ἦν, λόγιμοι, λογιμώτατοι δόκιμοι, δοκιμώτατοι, ἄριστοι πρῶτοι, (s. Dahn, Prokop), sind immer die nämlichen Personen gemeint.
7) l. c. 29 ἀνὴρ δόκιμος.
8) l. c. 29. 30. III. 1.
9) l. c.
10) l. c. III. 24.

zugsweise die Heerführerstellen und den Befehl in den wichtigsten Städten und Festungen⁴). Das ganze Volksheer wehklagt, wenn viele dieser Edeln im Kampfe fallen²); schwer fällt ihre Fürsprache bei dem König in's Gewicht³), und um des Volkes Treue fest zu sichern, werden diese Edeln als Geiseln verlangt⁴).

Eine bedeutende Kluft trennt von diesem Adel die kleinen ärmern Gemeinfreien; weil dieser Gegensatz der potentes, honesti und der tenues, humiles zumeist auf dem Vermögen beruht, hängt er auch mit Beruf und Beschäftigung zusammen. Wer eine Wittwe verführt, sagt das Edict⁵), wird um stuprum gestraft: „es sei denn eine geringe, gewöhnliche Frau: denn an solchen Wittwen, welche ein Gewerke oder Lohnarbeit betreiben, wird dieß Verbrechen nicht begangen": — man sieht, wie hier der sociale Unterschied von Vornehm und Gering, Reich und Arm auf die sittliche Werthschätzung des Individuums und dadurch selbst auf die juristische Behandlung von Einfluß ist. In gewisser Hinsicht fällt die Unterscheidung von honestiores und humiles, bei der römischen Bevölkerung wenigstens, mit dem Gegensatz der Städter und der rustici zusammen. Denn da die Aristokratie in Ravenna, Rom und in den Städten der Provinzen die Hof=, Staats= und Stadtämter füllte, lebte dauernd kein Vornehmer auf dem flachen Lande. — Sondern, da ein freier Bauernstand in Italien schon lange völlig verschwunden und auch in den übrigen jetzt zum Gothenreich gehörigen Provinzen sehr schwach vertreten war, traf man als Leute, die dauernd auf dem Lande lebten, nur Sclaven, Halbfreie (Colonen) und Freigelaßne, welche die großen Latifundien des städtischen Adels bewirthschafteten: außerdem nur noch etwa eine zwar ökonomisch sehr wichtige aber sehr gering geachtete Classe von Freien, die Intendanten und Pächter der königlichen und adeligen Güter, die actores, procuratores⁶), villici und conductores⁷), — sehr oft waren aber auch

---

1) Ilbibad in Verona II. 24. 25. Albila ἀνὴρ ἐν Γότϑοις μάλιστα δόκιμος in Orvieto II. 20; als Belisar über die Vertheidigung von Auximum Auskunft braucht, sucht er einen der δόκιμοι zu fangen II. 26 u. f. w.

2) l. c. II. 2. ἄνδρας δοκίμους ἐς τὰ μάλιστα τοῦ στρατοπέδου (es sind die Tapfersten und die Edelsten gemeint) II. 30. τεϑνάναι ἐν τῷ πολέμῳ Γότϑων πλείστους καὶ ἀρίστους.

3) l. c. III. 8.

4) l. c. τῶν τινας ἐπισήμων — Οὐλίαν, οὐκ ἀφανῆ ἄνδρα.

5) §. 62.

6) Ed. §§. 69. 121. epil.

7) Ed. §§. 22. 69. 121. 136. 150. epil.

diese Unfreie, Freigelaßne, Halbfreie. Deßhalb ist rusticus meist so viel als famulus, servus, Unfreier: genau wird aber diese Bedeutung nicht eingehalten und oft ist rusticus dann der ungebildete, rohe, arme, wenn auch freie Bewohner[1]) des flachen Landes im Gegensatz zu dem gebildeten, vornehmen, reichen Städter, welcher die Geschäfte der städtischen Interessen in den städtischen Aemtern besorgt und sonst, im antiken Sinn, ein Leben gebildeter und genießender Muße lebt. Diesen Gegensatz bringt deutlich zur Anschauung ein Erlaß des Königs, welcher die Possessoren und Curialen Bruttiens vom flachen Lande in die Städte zurückruft[2]). Es war bei ihnen die Unsitte eingerissen, daß sie den größten Theil des Jahres nicht in ihren Städten, sondern auf dem Lande zubrachten und auch ihre Söhne nicht städtisch erziehen, sondern auf ihren Gütern verbauern ließen. Da ruft ihnen der König die Vorzüge des gebildeten bürgerlich städtischen Lebens vor der rusticitas in's Gedächtniß: nur jenes sei ein menschenwürdiges[3]).

Unerachtet nun aber dieses starken Uebergewichts der neuen Aristokratie des Hofamts und des Reichthums über die kleinen Gemeinfreien ist doch der ursprünglich wichtigste Standesunterschied

---

1) §. 142.
2) Und dabei die Tagesordnung und Lebensweise eines solchen städtischen Vornehmen in echt römischer Empfindungsweise schildert.
3) Var. VIII. 31. feris datum est agros sylvasque quaerere, hominibus autem focos patrios supra cuncta diligere ... redeant possessores et curiales Bruttii in civitates (statt civitatibus) suas (statt suis): coloni sunt qui agros jugiter colunt: sie aber, welchen der König die honores und die actiones publicas verliehen, sollen sich von der rusticitas abheben. Das Land sei so fruchtbar, daß dort die rustici wie die urbani, die mediocres wie die praepotentes leben: daß diese Steigerung wesentlich eine pecuniäre, zeigt der Schluß: ut nec minima ibi fortuna copiis probetur excepta ... redeant igitur civitates in pristinum decus: nullus amoenitatem ruris praeponat moenibus antiquarum; folgt eine anschauliche Schilderung des damaligen städtischen Lebens: cum enim minus grata nobilium videatur occursio, an non affectnosum sit cum paribus miscere sermonem, forum petere, honestas artes interserere, causas proprias legibus expedire, interdum palmediacis calculis occupari, ad balnea ire cum sociis, prandia mutuis apparatibus exhibere? caret profecto his omnibus qui vitam suam vult semper habere cum famulis. Auf dem Lande leben also fast nur famuli. Die mediocres bilden eine Schicht unter den hervorragendsten angesehensten reichsten Stadtbürgern, den curiales, IX. 2. praedia curialium, unde maxime mediocribus parantur insidiae ... wie über diesen die potiores, der Amtsadel, stehen. l. c. nolite gravare mediocres, ne vos (i. e. curiales) merito opprimere possent potiores.

von freier und unfreier Geburt¹) immerhin noch in sehr vielen und sehr wichtigen Beziehungen von ganz entscheidender Bedeutung und wir haben gesehen, wie Theoderich bestrebt war, auch die Geringern seiner capillati von der Gleichstellung mit Knechten zu beschützen, denn „Unfreiheit ist der unglücklichste Zustand"²). Im Strafrecht ist Freiheit oder Unfreiheit des Geschädigten vor Allem entscheidend³), und auch bei der Strafzumeßung ist Freiheit oder Unfreiheit des Verbrechers der Hauptcanon⁴), erst in zweiter Reihe kömmt Reichthum und Armuth in Betracht.

Mit Eifer wird dafür gesorgt, daß der Freigeborne im Genuß seiner Freiheit nicht durch widerrechtliche Gewalt gestört⁵) oder derselben durch Härte der eignen Eltern⁶) oder fremde Gewalt und List völlig beraubt werde⁷). Denn sehr häufig müssen die Versuche der Vornehmen und Mächtigen, kleine Freie zu ihren Knechten zu machen, abgewehrt werden⁸). In moralischer Hinsicht kömmt freie Geburt noch in wichtigsten Betracht, z. B. für Glaubwürdigkeit der Zeugen⁹). Besonders aber hat sich bei den freien Gothen das stolzeste und wichtigste Attribut der Volksfreiheit noch erhalten: das Waffenrecht. Freiheit und Waffenrecht und Heerbannpflicht stehen noch immer in so wesentlichem Zusammenhang, daß, wenn ein Gothe als Knecht in Anspruch genommen wird, der Beweis, daß er dem Heerbann gefolgt sei, zugleich den Beweis seiner Freiheit einschließt¹⁰). Daher legen denn auch Nichtadlige stolzes Gewicht

---

1) Ingenuitas, ingenui Ed. §§. 8. 21. 59. 65. 78. 79. 81. 94. 95. 97. Var. I. 30. 32. II 18. V. 29. 30. VI. 8. im Gegensatz zu famulatus V. 39.
2) Var. II. 8. conditio suprema, vgl. VIII. 28. ultima servitus.
3) Z. B. bei Nothzucht §§. 59. 63; Todtschlag Var. I. 30. 32.
4) Z. B. bei Brandstiftung Ed §. 97. Entführung §. 21.
5) Ed. §. 8.
6) §§. 94. 95.
7) Ed. §§. 78. 79. 83.
8) Römer (Geistliche, die Bürger von Sarsena, Var. II. 18, Curialen IX. 2), wie Gothen, V. 29 Gudila den Ochar. V. 30 Gubuin den Kostula und Daila. VIII. 28 Tanfa den Constantius und Venerius; s. weiteres im Anhang I.
9) Ed. §. 145; servilis ist ein moralischer Makel. Var. IV. 43 servilis audacia I. 30 furor.
10) Var. V. 29. Ocharus clamat .. sibi Gudila incognitam suo generi conditionem servitutis imponere, °cum pridem sub libertate nostros fuerit secutus exercitus. Auf der Flotte dienten nur wenige Gothen: noch zu Ende des großen Krieges sind sie sehr ungeschickt zur See; auf der Flotte begegnen auch Unfreie, aber nur als Ruderknechte, nicht als Seesoldaten Var. V. 16. (libertatis *genus* est servire rectori) meint exproprierte Privatsclaven, welche nunmehr Staatssclaven sind.

auf ihr Geschlecht und die von jeher in demselben fortgepflanzte Vollfreiheit¹). Die Freiheit der Römer dagegen war längst herabgesunken zu der trotzigen Forderung von Brot und Spielen, zu Tumulten im Circus und vor den Bäckerläden²). Dieß Recht auf Spenden und Speisung ist das letzte Vorrecht der kleinfreien Römer vor den Unfreien, und die gothische Regierung hat es anerkannt und gegen die Einmengung von Freigelaßnen und Sclaven geschützt: sonst ist von freien Römern, abgesehen vom Adel, nicht viel im Leben des Staates zu verspüren.

Auch bei den Unfreien und Minderfreien müssen wir die beiden Nationalitäten auseinander halten. An der Lage und den Rechten³) der römischen Sclaven und Colonen wurde durch die Einwanderung nicht viel geändert, abgesehen von der Zutheilung einer großen Zahl von ihnen an die gothischen Herrn als Pertinenzen der Gothenlose, und von einigen alsbald zu besprechenden Aenderungen durch das Edict. Es begreift sich aus vielen Gründen, daß in dem großen Kriege die Sclaven und Colonen der römischen Abligen, welche zu Byzanz hielten, in Menge zu den Gothen übertraten oder entliefen: dieß war in solcher Häufigkeit der Fall, daß Totila deren Rückforderung als eine Friedensbedingung voraus sieht und voraus abschlägt — aus Gründen der Klugheit wie der Menschlichkeit. Die Gothen brachten ihre Knechte mit nach Italien, wie sich von selbst versteht, da sie den werthvollsten Theil ihres Vermögens ausmachten, wie ferner ausdrücklich aus der Schilderung ihres Zuges und endlich daraus hervorgeht, daß die Gesetzgebung Theoderichs Sclaven „verschiedner Nation" kennt⁴), was offenbar auf den Unterschied der gothischen (d. h. von gothischen Herrn importirten) und römischen (d. h. von den Gothen in Italien vorgefundnen) Knechte geht. Im Uebrigen aber macht das Gesetz zwischen diesen beiden Gruppen keinen Unterschied, sondern faßet beide unter die Ausdrücke servus⁵) mancipium⁶), weiblich ancilla⁷) zusammen, letztere im Gegensatz zu der originaria⁸).

1) l. c. incognitam suo generi servitutem.
2) s. hierüber unter „Romanisiren" und „Absolutismus".
3) s. Leo I. S. 49.
4) Ed. §. 70.
5) §§. 19. 48. 54. 63 65. 66. 69. 70. 77. 80. 81. 85. 86. 87. 97. 98. 100. 101. 102. 103. 104. 109. 117 118. 120. 121. 128. 148 152. Var. II. 19. V. 16. 29. 30. VI. 8. I. 30. IV. 43. VIII. 33. 17.
6) §§. 51. 54. 70. 80. 84. 142 150. 152. vgl. Var. I. 11. III. 18. 31. 43.
7) §§. 21. 64. 65. 97.
8) §§. 21. 64. 67. 68.

Daß neben den eigentlichen Knechten auch Halbfreie und Frei-
gelaßne¹) bei den Gothen vorkamen, versteht sich, auch abgesehen
von einer ausdrücklichen Bemerkung von Tacitus, aus allgemeinen
Analogien von selbst, und mehrere Eigenthümlichkeiten des Edicts
hängen mit der Sorge für die mitgebrachten Unfreien zusammen.

Auch bei den Römern jener Zeit gab es bekanntlich neben den
eigentlichen servis günstiger gestellte Halbfreie, die coloni²) origi-
narii³), welche vor jenen den großen Vorzug voraus hatten, nicht
von der Scholle entfernt, weder ohne dieselbe veräußert noch auch
nur auf ein anderes Landgut oder in das Stadthaus ihrer Herrn
versetzt werden zu dürfen⁴).

Diese coloni, originarii bildeten eine sehr zahlreiche und sehr
wichtige hörige ländliche Bevölkerung⁵): freie „Bauern" gab es in
dem in große Latifundien der Vornehmen, der „Gutsbesitzer" ge-
theilten Lande nicht mehr: diese Vornehmen lebten in der Stadt
und ließen ihre Güter durch einen procurator verwalten, von dem
sie nur die Einkünfte bezogen, oder sie vergaben sie gegen einen
Pacht-Zins an einen conductor: daher traf diese vornehmen abligen
Grundbesitzer, welche fast alle zu Byzanz hielten, die kluge Maaßregel Totila's so schwer, von der Prokop erzählt: er befahl den
colonis neben der (erleichterten) Grundsteuer, die Zinse statt an
ihre emigrirten Herrn an die gothische Staatscasse zu bezahlen⁶).

Es ist mir sehr wahrscheinlich, daß die Gothen regelmäßig
ihre mitgebrachten roheren, nur zum Feldbau passenden und zugleich
verläßigeren Knechte an die Stelle der auf ihren Landlosen vorgefundnen italienischen servi, coloni, originarii, rustici treten ließen,
da von jeher die germanischen Knechte also verwendet wurden; die
italienischen suchten sie dann zu verkaufen oder die Reicheren,
welche auch städtische Häuser hatten, in diesen zu verwenden.

Einem solchen Losreißen des glebae adscriptus stand nun aber

---

1) Neben den liberti Ed. §§. 30. 48. 102. 103. 120 begegnen noch familiares. Ed. §. 49.
2) Ed. §. 84. 97. 98. 104. 108. 121. 128. 146. 147. Sart. S. 173 verwechselt sie mit conductores.
3) §§. 48. 56. 63. 65. 66. 67. 80. 97. 142.
4) Sie heißen deßhalb auch rustici §. 150, §. 152, im Gegensatz zu den
famulis ministerii urbani §. 142; oft heißt es servus aut rusticus.
5) Die städtische, niedre Bevölkerung bestand meist aus artifices; die Marmorarbeiter Var. III. 19 sind frei; die Uhrmacher I. 45 vielleicht unfrei.
6) Dahn, Prokop S. 403.

das bisher geltende Recht, auf welches sich derselbe berufen konnte, im Wege, und ebendeßhalb hob der König in einer ausdrücklichen Bestimmung dieß bisherige Recht auf[1]).

Ferner erwähnt das Edict in sehr vielen Fällen, in welchen seine Quellen nur den servus nennen, ausdrücklich auch des colonus, originarius, rusticus, entweder sie jenem gleichstellend oder nach Umständen für sie besondre Bestimmungen treffend. Dieß scheint darauf hinzuweisen, daß der Colonat damals praktisch eine besondere Wichtigkeit erlangt hatte und zwar wahrscheinlich deßhalb, weil die gothischen ländlichen Knechte und Halbfreien im Verhältniß zu ihrem Herrn nach den in der That sehr nahe verwandten Grundsätzen dieses Instituts behandelt wurden, und daß im Allgemeinen die Puncte, in welchen Halbfreie den servis gleichgestellt, in welchen sie ihnen vorgezogen werden sollten, bei der gewaltigen Veränderung der Besitzverhältnisse einer festen Regelung bedurften.

Wir haben uns also die gothischen Knechte, Hörigen, Freigelaßnen theils als zur unmittelbaren Umgebung und Bedienung ihrer Herrn verwendet, theils als bäuerliche Hintersassen auf vertheilten Leihgütern siedelnd zu denken; während die servi, coloni, originarii, liberti, rustici, famuli, die den Römern verblieben, in ihren alten Verhältnissen beharrten, die den Gothen zugefallenen aber wohl sehr häufig von der Scholle, auf der sie durch gothische Knechte ersetzt wurden, entfernt, veräußert oder in die Stadt verpflanzt wurden[2]).

Erst nachdem wir im Bisherigen die allgemeinen Grundlagen des italischen Gothenstaates, die Ansiedlungsweise der Germanen und ihr Verhältniß zu den Römern, sowie die ständischen Verhältnisse beider Nationen kennen gelernt, können wir das Königthum richtig würdigen, welches die einheitliche Spitze dieses aus Gegensätzen combinirten Staates bilden sollte. Zuerst müssen wir die einzelnen Hoheitsrechte des Königthums auf den verschiednen Gebieten des Staatslebens untersuchen: als Ergebniß dieser Untersuchung werden wir dann den romanisirenden und absolutistischen Charakter dieses Königthums begreifen.

---

1) s. unten zu Ed. §. 142.
2) s. den Anhang I. §. 70.

III. Die einzelnen Hoheitsrechte des Königthums.

1. Heerbann. Militärische Einrichtungen und Zustände.

Der König hat den Heerbann, die Kriegshoheit[1]). Schon das älteste germanische Königthum hat gerade auf diesem Gebiet die stärksten Rechte — nur in Kriegserklärung und Friedensschluß wirkte die Volksversammlung mit — und wir haben erörtert[2]), aus welchen Gründen und in welchem Maaß dieß Recht bei den Ostgothen-Königen schon seit Hermanarich sehr erweitert worden war. Hier bedurfte Theoderich, um dieß Recht absolut zu üben, nicht, wie auf andern Gebieten, der Herübernahme römisch-imperatorischer Gewalt. Von allen Einrichtungen im italischen Gothenreich trägt daher das Heer und das Kriegswesen am Meisten noch das alte germanische Gepräge[3]): die Eigenart des Volkes wie die Sicherheit seiner Herrschaft mitten in der römischen Welt erforderten das und der König brauchte, wie bemerkt, hier die Vollgewalt nicht erst durch Romanisiren zu erstreben. So bereitwillig er die Italiener in allen andern Gebieten des Staatslebens seinen Gothen gleich und oft voranstellte, das Kriegswesen ruht auf den Gothen allein: sie allein bilden das Heer des Staats. Dieß wird von der Regierung lediglich als ein lästiges Vorrecht, als eine Pflicht und

---

1) Vgl. im Allgemeinen I. 17. Die A. II. S. 271 angeführten Stellen der Varien und dazu I. 16. 24. 38. II. 5. 8. 38. V. 24. VII. 1. 3. VIII. 2. 21. 26. IX. 14; von „Geleiten" (Leo I. S. 53) ist im gothischen Heerwesen keine Spur.

2) A. II. S. 108.

3) Der exercitus Gothorum ist das Volk in Waffen, ist das Volksheer, das Volk = populus bei Jord. und sogar bei Cassiodor, s. A. II. S. 243 f.; v. Sybel dagegen wird durch seine ganze Anschauung zu dem Satz geführt: „diese gothischen Völker sind zu römischen Heeren geworden". S. 237 und S. 242; „die Heergewalt des Königs ist aus dem römischen foedus herzuleiten"; aber die Gothenkönige haben sie 300 Jahre vor dem foedus geübt und nach „Tausendschaften" war nie ein Römerheer gegliedert; irrig auch du Roure I. S. 306.

Mühwaltung dargestellt, die nur die Schonung der Romanen bezwecke. Es ist dieß ein in mannchfaltigen Wendungen wiederholter Grundgedanke Theoderichs: Italiener und Gothen sollen sich wie Bildung und Kraft ergänzen¹). Die Gothen fechten für die „Freiheit"²), sie sind die „Vertheidiger" Italiens, der Gesammtheit und zumal der Römer³), sie sind der Schild, der den Römern Ruhe und friedlich=sichres Leben gewährt⁴). Die Italiener sollen ihnen dankbar sein dafür, daß sie „im Krieg den ganzen Staat allein beschützen und im Frieden euch die Bevölkerung mehren"⁵). Die Gothen vertheidigen die Verfassung mit den Waffen, die Römer streiten nur im Proceß⁶); „wer immer euch Römer anzugreifen wagen wird, die Schaaren der Gothen werden sich ihm entgegen werfen"⁷); sie schützen Rom und den Senat, „während das Heer der Gothen den Krieg besteht, lebe der Römer im Frieden"⁸). „Durch Abtretung eines Theils des Bodens habt ihr euch Vertheidiger erworben"⁹), und Ennodius¹⁰) rühmt: „Du wachest, daß unsre, der Römer, Muße nicht gestört werde, deßhalb rüstest und übst und erhältst Du schneidig das Werkzeug gothischer Kraft (in Waffenübungen) und läßt Deine heldenkühne Jugend schon im Frieden den künftigen Krieg spielen".

In Wahrheit aber waren Vorsicht und Mißtrauen¹¹) und wohl auch die geringere Kriegstüchtigkeit der Italiener die Gründe dieser „Schonung".

Regelmäßig also wurden in die Reihen des Heeres gar keine Römer, zumal nicht als Gemeine, aufgenommen¹²). „Wir ließen

---

1) A. II. S. 130. barbari quos certum est reipublicae militare. Ed. §. 32.
2) V. 39 die eigne und die der Provinzialen.
3) IV. 36. exercitus noster-defensores Italiae pro generali securitate, pro defensione cunctorum; die Gothen heißen defensores III. 38. 41.
4) Var. VII. 4. clypeus ille exercitus nostri quietem debet dare Romanis.
5) Ein wichtiges Verdienst in dem veröbeten Land und bei der Ehe abgeneigten Nation VII 3. Gothi qui et in paci numerosos vobis populos faciunt et universam rempublicam per bella defendunt.
6) IX. 14.
7) IX. 18.
8) XII. 5.
9) II. 16.
10) pan. p. 483.
11) Das sich in Zeiten der Gährung (nicht regelmäßig wie Balbo sagt I. S. 54) bis zur Entwaffnung der Römer steigert (A. II. S. 173. An Val. p. 625) und von den Römern wohl erkannt und reichlich erwiedert wurde. X. 18.
12) Var. I. 38. juvenes nostri, (d. h. immer Gothen), qui ad exercitum

den Gothen und Römern versprechen, daß sie vor uns gleich berechtigt sein sollen und kein andrer Unterschied zwischen ihnen bestehe, als daß jene für das gemeinsame Interesse die Lasten des Krieges auf sich nehmen, diese aber die friedliche Bewohnung der Stadt (Rom) vermehre"[1] Ausdrücklich wird den römischen Bauern[2] bei dem Durchmarsch eines gothischen Heeres verboten, sich ebenfalls zu bewaffnen und an dem Feldzug Theil zu nehmen, während jeder waffenfähige Gothe nur durch besondere königliche Befreiung sich der Heerbannpflicht entziehen kann[3]. Jedoch nur die Italiener werden durch die obigen Stellen von der allgemeinen Kriegspflicht ausgeschlossen: abhängige Barbaren aber an den Marken des Reiches werden allerdings aufgeboten, dem gothischen Heerbann mit Waffenhülfe zu folgen, so die Gepiden[4]; und die Breonen in Rhätien werden als in fortwährendem Waffendienst stehend geschildert[5]: sie hatten wohl ihre viel gefährdete Grenzprovinz zunächst selbst, wenn auch mit Hülfe gothischer Besatzungen in den Castellen, zu schützen gegen die häufigen räuberischen Einfälle der benachbarten Barbaren. Mit Unrecht hat man in einigen Stellen auch Römer ganz allgemein als heerpflichtig bezeichnet sehen wollen. Wenn[6] universis Gothis et Romanis Dertonae consistentibus befohlen wird eine benachbarte Burg zu befestigen, so sind, wie der Ausdruck consistentes beweist, darunter nicht bloß Soldaten, sondern die ganze umwohnende Bevölkerung, die possessores, gemeint: ganz ebenso[7], wenn alle Gothi et Romani circa Verucam castellum *commorantes* in diesem Castell sich Wohnungen bauen sollen: zu solchen Schanzarbeiten und Frohnden wird eben die römische wie die gothische Bevölkerung aufgeboten: dieß beweist Var. XII. 17, wo

probantur idonei, III. 38, es lebe unser Heer friedlich mit den Römern, das sind also Gegensätze, die man aber nicht wie v. Glöben und v. Syb. S. 208 deuten darf; s. hierüber Anhang II. und Köpke S. 199.

1) VIII. 3. VII. 25 sic .. Gothos nostros perduximus, ut et armis sint instructi et aequitate compositi.
2) Var. XII. 5 rustici, agreste hominum genus, possessores.
3) Var. V. 36, die meisten Soldaten tragen deßhalb gothische Namen. l. c. und 32. 33.
4) V. 10; selbstverständlich auch die Reste der Rugier, vgl. Ennod. vita Epiph. p. 10, wo die rugische Besatzung von Pavia nach dem Ende des Krieges ad parentes et familias abzieht; dieß bestätigt unsre Ausführung oben S. 3.
5) l. c. I. 11.
6) Var. I. 17.
7) III. 48 l. c.

alle „possessores" bei Ravenna angehalten werden, Gräben um
diese Festung zu ziehen¹). Dagegen begegnen manchmal römische
Vornehme als Heerführer und Officiere: in diesen seltnen Fällen
wissen wir meist, daß diese Römer im Vertrauen des Königs hoch
standen wie Cassiodor oder Cyprian²): es begreift sich, daß man
sich in solchen Fällen der Vortheile der Bildung und Talente solcher
Männer nicht um ihrer Abstammung willen entgehen lassen wollte³).

In andern Fällen waren mit Civilämtern, zu denen die Rö=
mer sogar vorzugsweise befördert wurden, auch einzelne militärische
Functionen verbunden, die dann dem Römer nicht entzogen wurden⁴).

Bei dieser Reinerhaltung des Heeres fehlt denn auch den
Gothen keineswegs das stolze Bewußtsein germanischen Helden=
thums und kräftiger Waffentüchtigkeit: war es doch, abgesehn von
der gleichen Nationalität, das Einzige, was in dem Vergleich mit
den Romanen bei der unendlichen Ueberlegenheit der römischen
Cultur und der großen Empfänglichkeit der Amaler für dieselbe
in die Wagschale der Barbaren fiel. Zwar vermeidet Cassiodor
jede Ueberhebung der Gothen über die Römer: aber es geht doch
nicht minder auf Kosten der Italiener und Byzantiner als der
Barbaren, mit denen Theoderich gekämpft, daß er die unvergleich=
liche Ueberlegenheit der gothischen Waffen rühmt: und es ist selt=
sam genug, dieß Lob in der Sprache der Römer aus dem Munde
eines der letzten Träger der antiken Cultur zu vernehmen⁵). In

1) Daß in den außerordentlichen Zuständen des großen Krieges auch Italiener
gern in die Reihen der bedrängten Gothenheere aufgenommen werden, ist kein Be=
weis für die normalen Zeiten.
2) Var. X. I. VIII. 21. 25; solchen Großen konnte auch nicht verwehrt
werden, ihre Söhne in den Waffen unterrichten zu lassen.
3) Es sind aber immer Ausnahmen; vgl. Sartor. S. 22, Köpke S. 200,
Balbo I. S. 54; irrig du Roure I. S. 305.
4) So der ducatus Rhaetiarum, den Servatus bekleidet, Var. I. 11. Euse=
bius ist Präfect von Pavia An Val. p. 626, zahlreiche Römer sind Präfecten von
Rom; anders und irrig Manso 115; auch Köpke l. c übersieht dieß. Uebrigens
muß ein für allemal bezüglich des Schlusses aus den Namen auf die Nationalität
bemerkt werden, daß zwar schwerlich Römer gothische, häufig aber Gothen römische,
griechische oder biblisch=christliche Namen führten: letzteres namentlich die gothischen
Bischöfe und Priester: gothische Namen wie Versilla, Butilin sind bei ihnen selten,
aber auch der Hilarius in Var. I. 38 ist trotz seines Namens unstreitig ein Gothe:
„Gothis nostris aetatem legitimam virtus facit" sagt der König von ihm,
und auch Pabst Bonifacius II. war der Sohn eines Gothen Sigisvult, f. u.
„Kirchenhoheit".
5) Var. III. 10. tales mittunt cunabula nostra bellatores! und bei dem

dieser Hinsicht wird dann auch das engere, nationale Band zwischen dem König und seinen Gothen fühlbar: „unsere Gothen" heißt es oft emphatisch⁴): niemals „unsere Römer". Der Ausdruck „exercitus noster", „mein Heer", oder „Gothorum exercitus"²) soll aber zugleich besagen, daß der König die Kriegshoheit ganz unbeschränkt übt: wie die Entscheidung über Krieg und Frieden unter den Amalern wenigstens bei dem König allein steht³). Ganz wie ein römischer Imperator in eignem Namen mit alleinigem Entscheid hat er beschlossen, „sein Heer nach Gallien zu schicken": zwar fügt er bei „zum allgemeinen Nutzen⁴); aber eben die Entscheidung, ob „der allgemeine Nutzen" Krieg oder Friede verlange, unterliegt seiner Erwägung allein. Und für seinen Ruhm kämpfen seine Gothen⁵). „Unweigerlich" (modis omnibus) haben sie auszurücken, und stärkste Anspornung zur Tapferkeit ist neben dem Ruhm der Ahnen der Ruhm glücklichen Vollzugs des königlichen Befehls⁶). Wie in den Provinzen werden in Italien Truppenabtheilungen vom König beliebig zusammengezogen und vertheilt⁷), auch wohl um die Städte gelagert: so legt Theobahad ein gothisches Heer um Rom, und schwerlich war es ganz ohne Grund, daß der Senat diese Maßregel als nicht bloß gegen Byzanz gerichtet ansah⁸).

Aufgebot des Heerbanns nach Gallien: „unsern Gothen braucht man nicht einzuschärfen, daß sie kämpfen sollen, nur anzuzeigen, daß sie kämpfen dürfen: denn das kriegerische Geschlecht freut sich, seine Kraft zu bewähren" I. 24; er fordert sie auf, zu zeigen, daß die Tapferkeit der Ahnen noch in ihnen lebe; der ganze Erlaß athmet kriegerisches Selbstgefühl und nationalen Waffenstolz; ähnliche Stellen I. 24. IV. 2. 36 fremens adunatio; auch bei Ennod. p. 473. Jord. c. 59.
1) Var. III. 43. VII. 25; vgl. IX. 1. VII. 39. VIII. 2. 5. X. 14. 21.
2) Var. IV. 36. III. 43. der Heereszug heißt officiell expeditio felicissima. V. 32. 36. VIII. 10, auch exercitus felicissimus V. 10 wie bei den Kaisern. Ueber exercitus vgl. noch I. 24. 37. II. 15. 38. 42. 43.
3) S. A. II. S. 108 und unten „Repräsentationsgewalt".
4) Das ist stehende Formel hiebei Var. I. 17 generalitatis consilio, pro generali defensione V. 10. 29. 36. X. 18. XI. 19; die expeditiones haben den Zweck ut universitas composita legibus vivat; causa generalitatis X. 18. laborantes pro salute cunctorum V. 11. pro generali securitate IV. 36; geflissentlich wird dadurch auch die römische, beschützte Hälfte bezeichnet.
5) Ennod. p. 473.
6) I. 17. ut nostram peragatis feliciter jussionem. Ennod. l. c. meministis cujus imperio ad hacc loca commeastis.
7) Technisch Gothi deputati IX. 25, auch dirigere V. 23, destinare III. 38. V. 11. X. 18.
8) X. 18. defensio vos obsidet; wiederholt beschwichtigt der König.

Die Eintheilung des ostgothischen Volksheeres ist noch ganz die altgothische in Tausendschaften (und wahrscheinlich Hundertschaften), wie zwar nur durch ein Wort und doch unzweifelhaft bewiesen wird. Es ist der Ausdruck „millenarii"[1]): also ganz wie bei andern Völkern der gothischen Gruppe, den Westgothen[2]) und Vandalen[3]). Wenn nun auch die alten Grundlagen der Heerverfassung beibehalten blieben, so führten doch die systematische Regelung aller Functionen des Staatslebens, dieses neue römische Princip des eigentlichen Regierens, welches der König überall zur Geltung brachte, sowie die erweiterten Kenntnisse und Bedürfnisse des Kriegswesens im italischen Reiche zu einer viel strafferen Handhabung der Heergewalt einerseits und zu einer ganzen Reihe von neuen Einrichtungen anderseits, welche die alten einfachen Zustände germanischen Heerwesens nicht gekannt und nicht gebraucht hatten. Und alle solche Neuerungen mußten den monarchischen und römischen Charakter tragen: denn nur die Regierung, ausgerüstet mit allen Mitteln des römischen Staats, nicht das Volk, konnte sie schaffen. Und wie jede solche Neuerung vom Königthum ausging vermehrte sie formell, meist aber auch materiell seine Macht.

Der Heerbann ergreift alle Freien, waffenreifen Gothen, nicht nur die Hausväter[4]), und wird streng gehandhabt. Ein verdienter Veteran, der die Waffen nicht mehr zu führen vermag, muß erst eine besondre Bitte um Befreiung vom Heerbann einreichen[5]). Erst nach langer und genauer Untersuchung seiner Entschuldigungsgründe wird durch königliche jussio dem Gesuch stattgegeben, zugleich aber das jährliche Geschenk entzogen[6]).

---

1) Var. V. 26, wie man ihn auch heute, s. unten „Donativa", das Uebersehn von Syb., du Roure und A. oben S. 57), dem entspricht, daß ein gothisches Heer einmal Jord. c. 58 aus zwei Tausendschaften Fußvolk und fünf Hundertschaften Reitern besteht; auch sonst lassen sich diese Eintheilungen wahrnehmen, namentlich bei Prokop b. G.

2) A. IV.

3) A. I. S. 211.

4) Ein junger Gothe wird durch die Waffenfähigkeit ohne Weiteres heerbannpflichtig I. 38; vgl. I. 24 universis Gothis; Köpke S. 193 „Freiheit und Waffenrecht (wir setzen hinzu: und Waffenpflicht) sind untrennlich; die beides haben sind der exercitus".

5) Var. V. 36. expetens ut ad expeditiones felicissimas nou cogaris.

6) s. hierüber unten „Donativa"; über Unfreie auf der Flotte s. oben S. 53, es sind Staatssclaven; aber auch freie Italiener werden zum Ruderdienst gepreßt:

Im alten Germanenstaat hatte der Heerbannpflichtige seine Waffen selbst mitgebracht¹), nicht vom König erhalten²). Im Gothenreich aber gab es große, ursprünglich römische Arsenale und Waffenmagazine, und wenn die Truppen zu Salona aufgeboten werden, hat der Gothengraf die Einzelnen, wie sie bei ihm eintreffen, mit Waffen zu versehen³). Eine Neuerung waren ferner die ständigen Garnisonen, welche nunmehr in den Castellen, den Schanzen der Grenzpässe⁴), wie in den wichtigern Städten aller Landschaften lagen⁵). Die große administrative Sorgfalt der Regierung ist auch auf dem militärischen Gebiete voll thätigen Eifers. An den Thoren der Städte, an den Mündungen der Häfen sind Wächter aufgestellt⁶), Waffenschmiede arbeiten unausgesetzt für das Heer⁷), in den Castellen werden neue Wohnräume für die Besatzung hergestellt, die Befestigungen an der Durance wie an der Etsch und auf Sicilien werden verstärkt und verproviantirt⁸); wenn die Bürger von Catania die Trümmer ihres Amphitheaters zur Herstellung ihrer Wälle verwenden zu dürfen bitten, ist solcher

---

sie erhalten Vergütung, dürfen aber ihren Dienst nicht weigern; das ist wohl der Sinn von Var. V. 16.

1) Vgl. z. B: noch Gregor. Tur. II. 27. „nullus tam inutilis ut tu detulit arma".

2) Anders die Gefolgen Tac. Germ. c. 13.

3) Var. I. 40. Assio comiti . . illustris sublimitas tua salonitanis militibus, ut cuicunque se expediendi facultas obtulerit, pro nostra jussione arma necessaria procurabit; zu eng. Sart. S. 66. S. 68 überschätzt er die Bewaffnung der Gothen. Sie stand der der Byzantiner weit nach; volle Rüstung ist seltne Ausnahme.

4) In augustanis clausuris (schwerlich Turin, schwerlicher Augsburg, eher Aosta) II. 5; in der rhätischen Mark VII. 4 munimina Italiae et claustra provinciae; in den Marken standen die besten Truppen, (Proc.) und Führer. Var. VII. 4; vgl. Manso S. 123.

5) In Spanien V. 39 wie in Gallien (Avignon III. 38 Arles), in Dalmatien (Salona Var. I. 40. Proc. I.), wie auf Sicilien (Syrakus, Jord. c. 60, Palermo Proc. I.) und in Italien (Rom, Ravenna, Neapel l. c., Reate und Nursia Var. VIII. 26). Gothische Truppen lagen wahrscheinlich in jeder Stadt, in welcher ein Gothengraf seinen Sitz hatte: die milites aber, welche römischen comites zugetheilt erscheinen, sind keine Soldaten, sondern Amtspersonal, Executoren, Gerichtsdiener, Steuereinheber ꝛc.

6) Var. VII. 29.

7) l. c. VII. 18. 19. formula de armorum factoribus.

8) Var. III. 41. 48. IX. 14. I. 17. Ennod. p. 469. Cassiod. Chron. ad a. 500.

Eifer ganz im Sinne der Regierung¹). Die Mauern von Arles, vom Sturmbock der Franken erschüttert, werden geflickt und selbst an dem sichern Ravenna werden Thore vermauert und Gräben erweitert²). Auch eine Kriegsflotte schuf sich der König, die schutzlos vorgefundnen Küsten Italiens gegen die beiden Seemächte, Byzanz und Karthago, zu decken. Das Unternehmen³) ward in großem Styl in Angriff genommen — tausend Dromonen auf einmal — und der König war mit der Raschheit und Vollständigkeit der Ausführung sehr zufrieden⁴). Die Landtruppen werden auch im Frieden in häufigen Waffenspielen geübt⁵) und förmliche Schulen für Fechten und gymnastische Uebungen unterhalten⁶). Und wir erfahren, daß der Heldenkönig den Waffenübungen⁷) der gothischen Jugend mit Lanze, Wurfspeer und Bogen oft in Person prüfend und belohnend beiwohnte⁸), wie er auch die den Truppen gelieferten Waffen prüfte⁹). Aber an den Kriegen hat er seit der Besiegung Odovakars nicht mehr persönlich Theil genommen¹⁰). Er überträgt den Heerbefehl an seine Feldherrn, welche selbstverständlich er allein ernennt¹¹). Die regelmäßigen gothischen Heerführer

---

1) III. 49.
2) XII. 17.
3) A. II. S. 134; Manso S. 121; Sart. S. 72; es sollte auch dem Getreidetransport dienen, V. 17 et armatis aptam et commercio congruam.
4) Var. V. 17—20; gleichwohl hat es der Gothenstaat im Seewesen nicht weit gebracht: in dem großen Krieg macht sich der Mangel einer der kaiserlichen gewachsenen Flotte in empfindlichster Weise fühlbar, und als Totila eine solche aus den Feinden abgenommenen Kauffahrern und im Hafen überrumpelten Kriegsschiffen zusammengebracht, zeigen sich seine Gothen, deren Ahnen vor dreihundert Jahren auf kleinen Raubkähnen die kühnsten Fahrten gewagt, sehr ungeschickt in deren Behandlung. Proc. b. G. IV. 23. Dahn, Prof. S. 413.
5) Ennod. p. 483. Var. I. 40.
6) l. c. V. 23; ostentent juvenes nostri bellis, quod in gymnasiis didicere virtutis: schola martia mittat examina pugnatura ludo, quae se exercere consueverunt in ocio (so ist wohl statt pugnaturus und des Singulars zu emendiren).
7) In denen Neumann S. 159 Aehnlichkeit mit den „späteren Tournieren" (!) findet.
8) Ennod. l. c.
9) VII. 18. 19.
10) Er hat Italien vielleicht nie mehr verlassen; daß er in Spanien war, ist späte Sage; und daß er das Gothenheer in Gallien a. 508 befehligte, nicht anzunehmen. S. A. II. S. 150.
11) Ebensowenig erscheint Theodahad beim Heere: die Wahlkönige dagegen haben

sind die duces, die Gothengrafen¹), die Sajonen²): da aber alle diese zugleich in der Rechtspflege und der Administration thätig, d. h. zugleich Civilämter sind, können wir erst in anderm Zusammenhang ihre gesammte Stellung richtig würdigen³).

Neben diesen gothischen Officieren stehen nun aber auch römische, aus den römischen Einrichtungen beibehaltne Beamte, die praepositi, für das Verpflegungs-, Cassa- und das gesammte Verwaltungswesen des Heeres und hiefür werden, wie für alle römischen Aemter, überwiegend Römer verwendet⁴). Solchen praepositis wird Geld geschickt, um für die Truppen Vorräthe zu kaufen⁵), sie haben „nach hergebrachter Weise" für ein ausrückendes Verstärkungsheer Schiffe und Vorräthe aller Art herbeizuschaffen⁶). — Der König war nun aber keineswegs an die duces, comites, sajones als nothwendige Heerführer gebunden: wie er im Civildienst jedem Gothen oder Römer ohne Amt einen außerordentlichen Auftrag geben kann, welcher ordentlicher Weise von einem der bestehenden Aemter auszuführen wäre, so kann er auch ein Commando an wen er will, übertragen, ganz absehend von den heerverfassungsmäßigen Officieren. So stellt Theoderich einmal einen Sajo einem Grafen gleich, so ernennt Theodahad seinen major domus zum

---

mit Ausnahme Totila's fast nur für den großen Krieg und politische Verhandlungen Zeit und Kraft.

1) z. B. Pitza et Herdvin, Gothorum nobilissimi Ennod. p. 471. Schon vor der Begründung des italischen Reiches heißen Heerführer Theoderichs comites An. Val. p. 619; ein gothischer Name wurde später mit „comes" übersetzt und der Beamte hieß dann den Römern comes Gothorum, den Gothen mit dem alten gothischen Namen (vielleicht faths. R. A. S. 754).

2) Und die Führer der Tausendschaften.

3) s. unten „Amtshoheit" und Anhang II.; die armigeri sind wenn auch nur einfach „Waffenträger", vielleicht manchmal Gefolgen, jedenfalls persönlich hochstehend (und die capillati natürlich keine Truppengattung, wie Sartor. S. 67 meint). Proc. b. G. I. 12: Theudis, der armiger Theoderichs, wird von ihm zum Statthalter in Spanien gemacht. Jord. c. 58 und Vitigis war armiger Theodahads c. 60, den er tödten läßt; er war gewiß nicht Gefolgsmann desselben.

4) z. B. der Vater des Venantius, der neben der Präfectur: exercitus nostri curas disposuit II. 15.

5) Var. III. 42.

6) Var. V. 23; auch in andern Zweigen haben die praepositi die Verwaltung und Vertheilung von Geldern II. 9, Lebensmitteln I. 34 und Material aller Art: praepositus armorum factoribus VII. 18, calcis VII. 17; vgl. V. 15. 16. 17. 23. dromonariorum Marini N. 114; cursorum N. 115.

Anführer der um Rom zusammengezogenen Truppen¹), und seinen Schwiegersohn Evermud zum Feldherrn gegen Belisar²).

Interessant ist die Frage, ob und wiefern die gothischen Krieger vom Staat Verpflegung, Sold und andern Entgelt für ihre Dienste erhielten. Ursprünglich konnte natürlich nach der germanischen Heerverfassung von dergleichen, abgesehen von dem Antheil an der Beute, keine Rede sein: die Kriegspflicht ruhte auf jedem freien waffenfähigen Mann, vielleicht mit besonderer Belastung der Grundbesitzer: sie war die fast einzige politische Last und Pflicht und zugleich das stolzeste Recht des freien Germanen³). Gewiß ruhte nun auch in dem italienischen Gothenreich die Verpflichtung, dem Heerbann des Königs zu folgen, auf jedem freien gothischen Grundbesitzer: an sich ist nicht anzunehmen, daß derselbe für Erfüllung dieser Hauptpflicht vom König eine besondere Vergütung zu fordern gehabt habe⁴). Gleichwohl wird diese Regel durch sehr zahlreiche Modificationen fast aufgehoben. Es ist deutlich erkennbar, wie sich allmälig auf allen Seiten Uebergänge, erste Ansätze zu-, oder Surrogate von einem Soldsystem bilden.

Einmal hatte der König eine stehende Leibwache, Fußvolk und Reiter, die in seinem Palaste selbst lagerte und wachte: und diese Leibwache wurde in Geld besoldet. Denn eine Abtheilung derselben beschwert sich bei dem König, daß der Arcarius Praefectorum ihnen erstens zu wenige und zweitens unterwichtige Solidi ausbezahle⁵). Diese Leibwache hat römische Namen und Formen (do-

---

1) Daß ein solcher nicht regelmäßig Heerführer war, erhellt aus X. 18 his praefecimus majorem domus nostrae Vaccenem (Wachis?) qui pro suarum qualitate virtutum bellatoribus esset jure reverendus, cujus exemplo et excessus vitarent et fortitudinis instrumenta perquirerent; auch Theoderich hat zwei Hausmeier, Cubila und Bedeulf, mit militärischen und executiven Functionen (s. u. „Kirchenhoheit"), sie schützen mit den Waffen die öffentliche Ruhe in Rom; über den spatarius Unigis III. 43 und den prior Gudila VIII. 26 f. u.
2) Jord. c. 60.
3) Daß der Gefolgsherr seine Gefolgen unterhalten und — wenn auch mehr in der Form von Ehrengaben — gewissermaßen auch besolden mußte, — hat damit natürlich nichts zu schaffen.
4) Falsch Neumann S. 155.
5) Var. I. 10. Domestici partis (die andere Lesart patres ist gewiß falsch; die Emendation Manso S. 116 protectores ist kühn und nicht unerläßlich), equitum et peditum qui nostrae aulae videntur jugiter excubare . . . . adunata nobis supplicatione conquesti sunt, ab illo arcario praefectorum

mestici, aula, excubare) und war ihrem Ursprung und auch ihrer formalen Einrichtung nach nichts anders als die civilen und militärischen Palastwachen des weströmischen Kaisers. Diese Verhältnisse werden in merkwürdiger Weise beleuchtet durch eine Stelle der Geheimgeschichte. Prokop sagt: „Nachdem Theoderich Italien gewonnen, ließ er die in dem Palast zu Rom dienten daselbst, (um damit eine Spur der alten Verfassung zu erhalten), indem er ihnen Tagegelder auszahlen ließ. Es war aber ihrer eine große Zahl, denn es waren darunter begriffen die sogenannten Silentiarii und die *Domestici* und die Scholarii. Es war ihnen aber nichts Andres übergeblieben als der bloße Name der „Militia" (des Dienstes) und diese Besoldung, die ihnen knapp zum Leben=können ausreichte, welche jedoch Theoderich auch noch auf ihre Kinder und Enkel übergehen ließ"[1]).

Aber man würde doch irren, wenn man die von Prokop genannten domestici für genau dieselben hielte, von denen Cassiodorus spricht. Einmal sind die prokopischen die im Palast zu Rom Dienenden: Cassiodor aber spricht offenbar von dem Palast zu Ravenna, wo die eigentliche Hofhaltung war. Damit stimmt auch ferner zusammen, daß die Begünstigung der domestici in Rom offenbar eine Art Ruhegehalt, eine Pensionirung war: nur der Name (nicht die Mühe) der Militia war ihnen geblieben — unmittelbar darauf spricht Prokop von reinen Almosen an Bettler. Dagegen Cassiodor gibt als den Grund seiner Maaßregel die wirkliche Arbeit, die Mühen und Verdienste dieser domestici an[2]). Es werden dieselben domestici geradezu den otiosis entgegen gesetzt[3]) und ihre Mühe und Thätigkeit betont[4]).

---

pro emolumentis sollennibus nec integri ponderis solidos percipere et in numero gravia se dispendia sustinere.

1) Arc. ed. bonn. 26 p. 146. Ἰταλίαν γὰρ Θευδέριχος ἑλὼν τοὺς ἐν τῷ Ῥώμης παλατίῳ στρατευομένους αὐτοῦ εἴασεν, ὅπως τι διασώζοιτο πολιτείας τῆς παλαιᾶς ἴχνος μίαν ἀπολιπὼν σύνταξιν ἐς ἡμέραν ἑκάστῳ. ἦσαν δὲ οὗτοι παμπληθεῖς ἄγαν. οἵ τε γὰρ σιλεντιάριοι καλούμενοι καὶ δομέστικοι καὶ σχολάριοι ἐν αὐτοῖς ἦσαν, οἷς δὴ ἄλλο οὐδὲν ὑπελέλειπτο ἢ τὸ τῆς στρατείας ὄνομα μόνον καὶ ἡ σύνταξις αὕτη ἐς τὸ ἀποζῆν ἀποχρῶσα μόλις αὐτοῖς, ἅπερ ἔς τε παῖδας καὶ ἀπογόνους Θευδέριχος αὐτοὺς παραπέμπειν ἐκέλευσε.

2) l. c. quod benemeritis impendimus — non recedant a palatii militia.

3) Otioso enim gratuite praestatur aliquid munificentia principali, consuetudo autem quodam delicto (l. debito) redditur fideliter obsequenti ....

4) Mutilari certe non debet *quod laborantibus datur*. sed a quo *fidelis actus* exigitur, compensatio imminuta praestetur; über die domestici, welche die comites destinati in provincias begleiten, Var. IX. 13; anders Manso S. 118.

Die beiden Stellen handeln also nicht von denselben Personen. Aber immerhin ist anzunehmen, daß das aufrecht erhaltne Institut der domestici eben in Ravenna zu activem Dienst verwendet wurde. Die civilen und militärischen Diener, welche diesen römischen[1]) Rahmen füllten, waren aber gewiß nicht ausschließlich oder überwiegend oder auch nur zu großem Theile Römer. Schon unter den Kaisern war dieß ja nicht der Fall gewesen: wenn aus den alten domesticis von Romulus Augustulus und deren Fortsetzung in die Leibwachen Odovakars noch zu Anfang von Theoderichs Regierung kleine Reste übrigten — viele werden es nicht gewesen sein, da die nächsten Anhänger des Besiegten mit ihm erschlagen wurden, — so mußten diese im Laufe von Theoderichs langer Regierung nothwendig von Nachrückenden ersetzt werden, und diese Diener und Wächter des königlichen Hauses wurden gewiß nicht aus Römern genommen, sondern vorzugsweise aus Gothen, dann auch aus andern Barbaren, wie sie damals an allen Höfen sich umtrieben[2]). Diese in besondrem Ehrendienst ständig im Palast zu Ravenna versammelten Schaaren wurden also sonder Zweifel in Geld besoldet.

Ferner: das germanische Volksheer, das zur Vertheidigung oder zum Angriff auszog, verpflegte sich ursprünglich selbst, in Feindesland auf Kosten des Feindes, im Inland wohl durch vom Einzelnen mitgenommene Vorräthe oder durch freiwillige Unterstützung. Das mußte natürlich anders werden im Gothenreich, wo in den Städten und Vesten ständige Garnisonen lagen und die Kriegsheere von Italien an die Rhone oder an die Drave marschirten. Es wurden nun alle in activem Dienst als Besatzungen oder als Feldheere verwendeten Truppen vom Staat verpflegt[3]); auf die Motive und Methode dieser Maßregel müssen wir näher eingehen.

---

1) Manso S. 116, Sartor. S. 67 halten sie zu überwiegend für Soldaten; wohl waren alle protectores domestici, aber nicht umgekehrt, am wenigsten können sie die germanische Gefolgschaft sein oder ersetzen. Die comitatenses excubiae IX. 13 gehen nicht auf das Heer, sondern den comitatus.

2) Es war wohl dasselbe Material — abgesehen von den Gothen — wie die δορυφόροι des Kaisers und der byzantinischen Großen; vgl. über die praetorianae cohortes VI. 6 in andrem Sinne; zu den scholae, deren insolentes mores beklagt werden, zählen neben den domestici alle Palastdiener VI. 6. XI. 26; die domestici im weiteren Sinne sind alle Diener, Verwalter ꝛc., der domus regia X. 5 über den domesticatus = primiceriatus X. 11.

3) Vgl. Sart. S. 65.

Es wirkte nämlich eine der hauptsächlichsten Befürchtungen und Bestrebungen der Regierung auf die sorgfältigste Behandlung der Heerverpflegung ein.

Die Gefahr einer Verletzung der „civilitas" durch Gewaltthat, der Conflicte der beiden grollenden Nationalitäten[1]), der Mißhandlung der Provinzialen durch die Gothen war begreiflicherweise am Größten, wo eine größere Anzahl der Letzteren[2]) unter den Waffen beisammen war: auf den Märschen der gothischen Heere, zumal in den entlegeneren Provinzen. Zahlreich sind die Fälle solcher Excesse der gothischen Truppen[3]) und manchmal wurde die Stimmung der Provinzialen durch dieselben so schwer gereizt, daß sie Miene machten, gegen diese Beschützer die Waffen zu ergreifen[4]).

So hatte das gothische Heer auf dem Durchmarsch (wohl nach Gallien) in den cottischen Alpen die Provinzialen geplündert[5]).

---

1) Die Meisten stellen sich das Verhältniß der Gothen und Romanen doch zu sehr nach dem Wunsch Cassiodors vor, wie ihn dessen Mahnungen aussprechen und übersehn die Thatsachen, die zu steter Wiederholung dieser Mahnungen führten; so Sartor. S. 18.

2) Denn Var. V. 10. non potest imperari multis quod nequeant custodire paucissimi.

3) Var. I., 5. (aber freilich reichten sie lange nicht an die Frevel der byzantinischen Truppen, vgl. Sart. S. 71); auch wenn man von der Zeit des Kampfes mit Odovakar absieht, über die damaligen Zustände z. B. in Pavia s. Ennod. v. Epiph. pag. 1011.

4) Dieß ist zum Theil der Sachverhalt, welcher Var. XII. 5 zu Grunde liegt: die römischen rustici und possessores wollen sich bewaffnen, gewiß auch gegen die Ausschreitungen der Gothen, denn „das starke Heer, zur Vertheidigung des Staates ausgesandt, hat die Ländereien der Lucanier und Bruttier verheert und durch Räubereien den Reichthum dieser Landschaften erschöpft"; (sie waren sehr erbittert: labor est illud regere, quod relictum non se potest continere). daher die scharfe Zurückweisung dieses scheinbar gegen äußere Feinde gerichteten Eifers, daher heißen die römischen possessores, welche sonst immer als schutzbedürftige Unterdrückte erscheinen, jetzt auf einmal leidenschaftlich und gefährlich: continete ergo *possessorum intemperantes motus*, dum belligerat Gothorum exercitus, sit in pace Romanus. ne rustici, agreste hominum genus, dum laborandi taedia fugiunt, *illicitis ausibus efferantur* (oder effrenentur?) *et contra vos incipiant erigi*, quos vix poteratis in pace moderari. quapropter regia jussione conductores massarum et possessores validos admonete, ut nullam contrahant in concertatione barbariem: *ne non tantum festinent bellis prodesse*, quantum quieta confundere: arripiant ferrum, sed unde agros colant; sumant cuspides, boum stimulos, non furoris.

5) „Wie ein aus seinen Ufern schwellender Strom". IV. 36. quos transiens noster exercitus dum irrigat oppressit: nam licet pro generali securitate

„Wir haben erfahren, daß unser Heer auf dem Durchmarsch die Provinzialen geschädigt habe", heißt es ein andermal[1]), „und die Verpflegungsbeamten müssen die Truppen ihrer „barbarischen Sitten" erst entwöhnen[2]). Sind solche Excesse vorgekommen, so fehlt es Cassiodor nie an Entschuldigungen[3]) in Worten, aber auch nie an Entschädigungen in Thaten.

Aus diesen Verhältnissen begreift sich, daß die Regierung Alles aufbietet, solche Ausschreitungen des Heeres durch möglichst reichliche Verpflegung von Staatswegen zu verhüten, die freilich besser als alle die häufigen Ermahnungen[4]) wirkten; und wenn den Truppen diese Maßregeln als lediglich in ihrem Interesse getroffen dargestellt werden, so zeigt sich in den Erlassen an die römischen Beamten die Sorge für die Provinzialen als mindestens gleich wichtiges Motiv[5]).

Zwar hält die Regierung daran fest, daß die einzelnen Provinzen, in denen gothische Heere marschiren und fechten, zu deren

---

frementi adunatione proruperit, praeteriens tamen istorum culta vastavit. unde necesse fuit civica vastatione dejectis porrigere dextram salutarem, ne (statt nec) ingrati dicant se perisse solos pro defensione cunctorum. misceantur potuis laetitiae, qui viam Italiae defensoribus praestiterunt.

1) II. 8.
2) II. 16.
3) III. 38. IV. 13.
4) V. 10. sub omni moderatione sollen sie marschiren; vgl. XII. 5. V. 11. 13.
5) V. 10. ne aut ipsi penuria inconsulta fatigentur aut, quod dici nefas est, vastationem nostrae videantur provinciae sustinere ... ne aliqua excedendi praeberetur occasio. IV. 13. locus injustis praesumtionibus abrogetur. disciplinam .. non potest servare jejunus exercitus; dum, quod deest, semper praesumit armatus. habeat, quod emat, ne cogatur cogitare quod auferat. necessitas moderamen non diligit. II. 16 es ist sehr schwer, die Empfänger zu befriedigen, ohne die Geber zu belästigen, seufzt Cassiodor. Die Wahrheit enthält die Verbindung beider Motive. Var. V. 13 praesenti jussione vos credidimus admonendos, ut annonas constitutas exercitui nostro praebere debeatis. quatenus nec illi negligantur adverso voto nec provinciales debeat perniciosa vastare direptio. commodius enim sub expensarum lege tenetur exercitus, quam si cuncta fuerit vastare permissus; auch aus dem Lob des Ennod. p. 485 geht hervor, wie schwer es war, „daß die indomita inter arma ingenia lex coercet, und daß sie sich von Decreten beherrschen lassen sollen"; nur der großen Persönlichkeit Theoderichs gehorchen diese „Hochgemuthen" solus es meritis et natura compositus, cujus magnanimi jussa sectentur; vgl. vita Epiph. p. 1011. Hier ist zu lesen: Rugi qui parere regibus (statt parcere) vix dignantur (timuisse episcopum).

Unterhalt beizutragen haben¹) und ermahnt die Pflichtigen, die Truppen nicht durch Verweigerung der gesetzlichen Reichnisse zu widergesetzlicher Selbsthülfe zu treiben, „auf daß die Bewaffneten die Disciplin der civilitas nicht durch Gewaltthat zu verletzen Anlaß haben"²); die Bürger der civitates concordiensis, forejuliensis und aquilejensis sollten zur Ausrüstung des Heeres (apparatus exercitus) Waizen und Wein liefern: dieß wird wegen Mißwachs in Fleischlieferungen verwandelt³); und oft werden die Provinzialen ermahnt, diese Last nicht als ungerechte Bedrückung, sondern als nöthige Leistung für die Gesammtheit anzusehen⁴). Aber diese Belastung mit dem Unterhalt und der Einquartierung des Heeres wurde, vielleicht grade weil es nur aus Gothen bestand, von den Römern immer sehr übel empfunden⁵) und deßhalb in schwierigen Lagen, wo man sie nicht reizen durfte, sorgfältig vermieden⁶).

In einem lehrreichen Erlaß wird einmal eine solche Maßregel zurückgenommen. Ein starkes Heer war zur Vertheidigung der gothischen Besitzungen nach Gallien gesendet worden. Zuerst hatte Theoderich angeordnet, daß die Provinzialen in den vom Kriege nicht verheerten Landstrichen diese zu ihrem Schutz aufgestellten Truppen erhalten sollten. Das wäre nur gerecht, meint der König⁷). Später aber „aus Großmuth" und auf daß die Grundbesitzer nicht zu sehr in Anspruch genommen würden, schickt er die exercituales expensas aus Italien⁸). Daß dieß lediglich „Großmuth" sei, wird

---

1) So werden die Ligurier beauftragt ad apparatum florentissimi exercitus vota convertite. Var. XII. 16. Diese Beiträge, ebenfalls annonae genannt (nicht genau die Auffassung bei Sart. S. 203, du Roure I. S. 308), werden nach dem Vermögen repartirt. Manso meint S. 120 bleß bei: in annonis reputandis ne aliquem possit cujusquam fraudare versutia; doch erklärt sich dieß besser anders f. u.

2) V. 26.

3) XII. 26. Aehnlich werden den gallischen Provinzialen wegen Kriegsnoth drei Viertel der Steuern erlassen, aber von den unversehrten Ländereien sollen sie zu dem Unterhalt des Heeres beitragen. I. III. 40 ita tamen, ut de illis, quae constat intacta, exercituales juventur expensae.

4) XI. 16. sine querela vel tarditate universa ad apparatum exercitus ... convertite. quod pro rerum necessitate praecipitur, inde prudentium animus non gravatur.

5) XII. 5.

6) IX. 25.

7) Var. III. 42. nuper siquidem moti justitia jusseramus, ut pars aliqua illaesa provinciae Gothis nostris alimonia reperta praestaret.

8) l. c. ut ad defensionem vestram directus exercitus nostris humani-

auch bei andern solchen Fällen erklärt: „nicht einmal das wollen wir den Provinzialen auferlegen, was sie, wie wir meinen, selbst hätten anbieten sollen"¹). Deutlich sieht man hier das Schwanken bezüglich eines Princips, das die Regierung für gerecht hält²), dessen Durchführung aber von den Römern, wie sie fürchtet, übel aufgenommen wird und zu bösen Folgen führen kann.

Deßhalb entschließt sich die Regierung, die Verpflegung des Heeres den Provinzialen ganz abzunehmen.

Die Art und Weise, wie der König diese Staatsverpflegung³) ordnet, ist verschieden. Bald hat der comes rerum privatarum dafür zu sorgen, daß der Graf Colosseus bei Sirmium „nach dem alten Herkommen" Lebensmittel erhalte: es wird also das alte, d. h. römische Verpflegungswesen beibehalten und der Bedarf an Lebensmitteln aus den königlichen Magazinen zugeschickt⁴). Ebenso werden den 60 Kriegern „in augustanis clausuris" die annonae „wie sie auch den Uebrigen zugewiesen sind" gewährt⁵). Diese exercituales expensae sind Getreide, z. B. Waizen, welcher aus Italien nach Marseille geschafft und von dort in die Castelle an der Durance vertheilt wird⁶). Bald werden anstatt dieser Naturalien oder auch neben ihnen⁷) den duces und praepositi des Heeres noch Geldsummen geschickt, um im Lande selbst zu kaufen, was die Truppen brauchen. So läßt Theobahab die

---

tatibus aleretur solumque auxilium provinciae de tam magna congregatione sentirent.

1) l. c. nec illa voluimus imponere, quae vos potuistis, ut arbitramur, offerre.

2) III. 40. quia illos (statt illa) in totum devotio non debet deserere, quos pro se laborare cognoscit.

3) Annonae bezeichnen außer den Reichnissen an Soldaten Var. II. 5. V. 10. 13 (alimonia) und Matrosen V. 16, auch dergleichen an Beamte außerordentlicher Weise, z. B. einen auriga III. 51, Quellenentdecker III. 53, an Gesandte IV. 45; ebenso heißen Almosen IV. 45, Speisungen der Städte VI. 18; vgl. noch unten „Ausgaben" und Var. V. 14. 16. 23. VI. 3. 18. 22. VII. 25. IX. 12. 21. X. 18. XI. 10. XII. 15. 18. exercituales expensae III. 41 sind eben militärische annonae aller Art.

4) Var. IV. 13; daß es sich um ein Heer handelt, zeigt der Wortlaut: jejunus exercitus u. s. w.

5) Var. II. 5.

6) III. 41; der praefectus praetorio bildet die oberste Behörde hiefür. Var. praef. V. 10. 11.

7) III. 42.

annonae für das Heer bei Rom zur Beruhigung der Senatoren einfach auf dem Markte kaufen, um die Römer mit Verpflegung und Einquartierung zu verschonen und doch die Truppen nicht Mangel leiden zu lassen¹).

Dabei werden aber, nach römischer Sitte, die Preise der Lebensmittel von Amtswegen bestimmt und den Provinzialen nicht baar bezahlt, sondern bei den Steuern gut gerechnet²); ganz ebenso müssen die Provinzialen Lebensmittel an die via flaminia schaffen, auf welcher der König mit großem Gefolge nach Rom reist, und sich deren Werth an den Steuern in Abzug bringen lassen³).

In der Zusendung von baarem Geld, um die Bedürfnisse auf dem Marsch selbst zu kaufen, liegt auch die richtige Erklärung einer Stelle, welche man irrig als Beweis der Besoldung der gothischen Truppen betrachtet hat. Sie erweist sich als eine Ausnahme, welche das regelmäßige System der Nicht=Besoldung nur bestätigt. Der König schickt eine Schaar Gepiden zur Beschützung von Gallien und diese erhalten wöchentlich drei Solidi⁴).

Man hat diese Ausnahme dadurch erklären wollen, daß diese Truppen eben nicht Gothen waren, die an sich zum Heerbann verpflichtet gewesen, sondern fremde, geworbne Miethtruppen, und die drei solidi seien eben der ihnen zugewiesene Sold⁵).

Allein unsere Stelle wenigstens sagt nicht dieß, sondern etwas Anders. Der Erlaß fällt offenbar in die Zeit des Krieges gegen Franken und Burgunden a. 508: nun waren aber die Gepiden im Jahre 504 unterworfen worden und ich habe keinen Zweifel, daß diese abhängigen Nachbaren dem Heerbann des Königs zu folgen verpflichtet waren, so gut wie die Gothen⁶), halte also diese Gepiden nicht für geworbne Söldner⁷). Wie dem aber sei, unsere

---

1) X. 18; ebenso V. 11.
2) XII. 5. und hierauf geht die versutia in reputandis annonis, (s. oben S. 71 und XII. 16); vielleicht soll III. 40 dasselbe geschehen.
3) XII. 18: in diesem Sinne heißt es: „mit unserem Nachtheil (d. h. Steuerausfall) haben wir dieß Wohlbefinden des Heeres erkauft und haben selbst das Nöthige beigeschafft, auf daß der Feind (d. h. die jetzt gewonnene altrömische Provinz Gallien) ohne Schaden erobert werde"; d. h. in Cassiodors Sprache: ut hostis vinceretur illaesus.
4) Var. V. 10. 11.
5) Manso, S. 114. 119; Pavir. I. S. 217.
6) s. Abth. II. S. 133. 150.
7) Es lauten auch die Worte des Erlasses ganz wie bei dem Aufgebot des gothischen Heerbannes.

Stelle spricht nicht von regelmäßiger Besoldung, sondern von einer Ausnahms-Maßregel. „Wir hatten zwar beschlossen, sagt der König, euch auf dem Marsch in natura verpflegen zu lassen (das war die Regel), aber, damit ihr nicht die Vorräthe verdorben oder sonst mit Schwierigkeit erhaltet, haben wir nun vorgezogen, euch in Gold drei solidi für die Woche zu schicken, so daß ihr euch die Rast-Quartiere, so wie der hinreichende Reichthum der Gegend an Futter veranlaßt, auswählen und euch kaufen könnt, was ihr grade besonders braucht. Denn das wird auch die Grundbesitzer mit ihren Vorräthen heranziehen, wenn sie erfahren, daß ihr kaufet, was ihr braucht"[1]. Während den Truppen selbst die Sorge für ihre bessere Verpflegung als Grund dieser Ausnahme bezeichnet wird, gibt der König in seinem Erlaß an den Sajo Veranus in gleichem Betreff als Hauptgrund an die Besorgniß, die Gepiden möchten sonst, unbefriedigt mit der Verpflegung, die Provinzialen plündern[2].

Man sieht, wie die Verhältnisse von den alten Einrichtungen zu neuen drängen: aber die Regel war noch Verpflegung in Naturalien, ohne Geldsold[3].

Am nächsten kömmt einem eigentlichen Soldsystem, obwohl es sich auch wieder wesentlich davon unterscheidet, die Institution der „Jahr-Geschenke" an das Heer, welche in sehr bezeichnender Weise die eigenthümliche Mischung von Römischem und Germanischem im Gothenreich charakterisirt und deutlich lehrt, wie unwillkürlich beide Elemente sich zu neuen Bildungen vereinten: es zeigt dieß Beispiel zugleich, daß auch die beibehaltnen römischen Einrichtungen manchmal germanische Färbung annehmen konnten.

Daß die römischen Imperatoren seit Jahrhunderten ihren Heeren Geschenke, welche in gewissen Perioden wiederkehrten, ent-

---

1) Var. V. 11. fuerat quidem dispositionis nostrae, ut vobis iter agentibus annonas juberemus expendi, sed ne species ipsae aut corruptae aut difficile praeberentur, in auro vobis tres solidos per hebdomadam eligimus destinare, etc.

2) Var. V. 10.

3) Für Bogenschützen, welche zur Verstärkung eines Heeres entsendet werden, sollen annonae wie Fahrzeuge secundum consuetudinem von dem Präpositus beschafft werden. Var. V. 23. In der Bestallung für den Grafen von Syrakus heißt es: „auf unsre, des Königs Kosten, dient dir eine Schaar milites", das sind Civilpersonal und Krieger. Diese sollen aber nicht gegen die Grundbesitzer Gewalt brauchen, sondern ihre annonae mit Begnügung empfangen. VI. 22. militum tibi numerus nostris servit expensis .... non permittas milites esse possessoribus insolentes: annonas suas sub moderatione percipiant.

richteten, ist bekannt. Diese Gaben, ursprünglich reine Liberalitäten, wiewohl aus halber Furcht und um die gute Laune der Prätorianer zu erhalten, gegeben, wurden alsbald als ein Recht von dem Trotz der Soldaten gefordert und konnten von den Kaisern nicht mehr wohl geweigert werden: der Versuch weigernder Sparsamkeit hatte schon Manchem Purpur und Leben gekostet. Man kann diese Gelder factisch als eine Art, d. h. als einen Bestandtheil des Soldes ansehen: denn nur unter Voraussetzung ihrer Gewährung begnügten sich die Heere mit dem eigentlichen Solde. In diesem Mischcharacter zwischen Geschenken und Sold hatten sich die donativa im oströmischen Reich bis Justinian erhalten: die Versuche dieses Kaisers, sie abzuschaffen oder zu beschränken, wurden mit großer Erbitterung bekämpft [1]).

Es ist nicht zu zweifeln, daß diese donativa auch im westlichen Reich bis zu dessen Erlöschen fortbestanden hatten: sie brauchten keineswegs immer in Geld, sie konnten auch in Ländereien bestehen, und wenn Odovakar in seiner unsichern Stellung massenhaft an seine Anhänger die Schätze des Aerars und die confiscirten Güter der Italiener vergabte, so waren diese Geschenke im Wesentlichen nichts Andres als die alten römischen donativa.

Theoderich fand also diese Jahrgeschenke an das Heer vor und er schaffte sie nicht ab, aber er modificirte sie, er verband damit einige Dinge, welche theils uralte germanische Sitte waren zwischen dem Heerführer und dem Heer, theils aus den neuen Zuständen seines Reiches, aber in germanischem Geist, erwuchsen [2]).

Er verband erstens die Austheilung der donativa gern mit Musterung und Heerschau über die einzelnen Theile des Volksheeres. Solche Waffenschau und Heerversammlung war ursprünglich bei den Germanen zusammengefallen mit den großen Opferfesten und allgemeinen Volksversammlungen. Beides gab es nicht mehr im italienischen Reiche, wenn auch Grafen und Sajonen kleinere Abtheilungen des Heerbanns bei den öfter im Jahre wiederkehrenden Versammlungen in den Grafschaftsstädten inspiciren mochten.

Theoderich wollte den persönlichen Zusammenhang des Königs mit dem Kriegsleben des Volkes nicht aufgeben: es sollte, so gut dieß anging, das Heer den Kriegsherrn als obersten Richter und Verleiher kriegerischer Ehren erkennen. Deßhalb entbietet er die

---

1) Dahn, Prokop.
2) Anders und irrig Manso S. 120; Sartor. S. 68. 288, Hurter II. S. 30.

sämmtlichen Gothen im Picentinischen und in Samnium zu sich, damit er persönlich die Jahrgeschenke unter sie vertheile¹).

Es werden gerade die Gothen in diesen beiden Landschaften entboten, offenbar weil sie hier in größerer Dichte saßen und nicht allzu entlegen: denn das war nicht möglich, daß regelmäßig auch aus den ferneren Provinzen die Mannschaften nach Rom oder Ravenna wären geführt worden: an diese wurden wohl die Donativen in des Königs Namen von den Grafen in den Hauptstädten der Provinzen vertheilt.

Daß die Maaßregel keine ganz gewöhnliche war, erhellt aus der besondern Einschärfung der Mannszucht auf dem Marsche, dessen Kosten ebenfalls der König trägt²); daß aber anderseits dieß nicht der einzige Fall war, geht aus den angeführten Worten des Erlasses hervor³): unmöglich konnten die Gothen dieser Landschaften so sehr den Andern vorgezogen werden, daß diese Andern „als niemals das Antlitz des Königs sehend und daher als todt" zurückgesetzt würden. Zweitens aber sollte das Jahrgeschenk nicht, wie bei den römischen Soldaten, eine ohne Unterschied an alle Empfänger gleich vertheilte Summe sein: sondern der König will Jedem nach Maß seiner Tapferkeit, seiner Würdigkeit größere und kleinere Gaben, will dabei zugleich Lob und Tadel zumessen. „Die sich verdient gemacht, sollen sich größerer Beschenkung erfreuen. Wer da weiß, daß er vor dem Herrscher erscheinen soll, der wird sich nichts zu schulden kommen lassen. Die Guten wird Lob, die Schlechten Tadel begleiten. Auch steht es uns an, bei dieser Gelegenheit das Verhalten der Einzelnen zu untersuchen, so daß für Keinen unbe-

---

1) Var. V. 26. quamvis munificentia nostra sit omnibus ubique gratissima, multo tamen acceptiora credimus, quae nostri praesentia conferuntur. quia majora de conspectu principis populi sumunt quam de largitate beneficia consequuntur. nam pene similis est mortuo qui a suo dominante nescitur. nec sub aliquo honore vivit, quem regis sui notitia non defendit. et ideo praesente jussione mandamus, ut octavo Iduum Juniarum die Deo auxiliante ad praesentiam nostram venire debeatis, qui solenniter regalia bona suscipitis, si venire protinus festinatis.

2) l. c. ideo exercituales gratanter subimus expensas, ut ab armatis custodiatur intacta civilitas.

3) Ferner aus Wendungen wie *consuetudine* liberalitatis regiae commonemur, ut Gothis nostris debeamus solennia dona largiri-eos, qui *annis singulis* premia consequuntur; vgl. die entscheidende Stelle von Prokop B. G. I. 12 unten.

kannt verloren geht, was er im Kampf geleistet. Denn, wenn Jeder im Heer immer nur die gleiche, gewöhnte Summe zu erwarten hat, so kann der hiedurch zurückgesetzte Tapfere die Tapferkeit nicht mehr lieben. Vielmehr lerne, wer sich nicht bewußt ist einer tapfern That, nur mit Zagen vor uns, seinem Richter, erscheinen. Wer die Wunden, die unser Tadel schlägt, vermeiden will, der lerne sich mit Macht im Ansturm auf den Feind werfen" [1]).

Also eine individuelle Würdigung individueller Würdigkeit, wohl nach dem Zeugniß der Officiere, nicht Vertheilung der Summe nach der Kopfzahl[2]). Es erinnert der Geist dieser durch Tapferkeit zu verdienenden Ehrengaben unwillkürlich an des Tacitus Bericht von den Ehrengeschenken des Gefolgsherrn an die Gefolgen[3]). Wer sind nun aber die Empfänger dieser Gaben? Offenbar nicht in besonderem Verhältniß zum König stehende Männer, etwa dessen Gefolgschaft. An alle Gothen per Picenum et Samnium constituti ist der Erlaß gerichtet[4]), es sind Gothi nostri[5]), d. h. immer das Heer. Allein unter diesen universi soll doch wieder eine Auswahl stattfinden, denn der Sajo Guduin soll die Millenarii (d. h. die Anführer der Tausendschaften, so auch Sartor. S. 67) der Provinz Picenum und Samnium ermahnen, „daß sie diejenigen, welche jährlich die Belohnungen unserer Milde empfangen, um das Donativum zu erhalten, sofort nach unsrem Hofe aufbrechen lassen"[6]). Welche Leute sollen nun die millenarii

---

1) Var. V. 27. quatenus, qui bene nobis meriti fuerint, majore munificentia gratulentur. inculpabiliter enim necesse est vivat, qui suam praesentiam novit principibus offerendam. bonos enim laus, malos querela comitatur. decet etiam nos sub hac occasione singulorum facta perquirere, ut nulli possit perire quod fecit in acie: nam si semper consuetudinarias res exspectet exercitus, virtutem non potest amare neglectus. trepidus discat ad judicem venire, qui se non meminit audacter aliquid egisse. ut melius possit hostibus violentus insurgere, qui nostrae mavult imputationis vulnera declinare.

2) Dadurch unterscheidet es sich auf das bestimmteste von Sold: es wird nur bei Wohlverhalten bezahlt, durch Mißverhalten verwirkt, wie Var. VII. 40 deutlich zeigt.

3) Germ. c. 14.
4) Var. V. 26.
5) Var. V. 27.
6) Var. V. 27. Devotio tua millenarios provinciae Piceni et Samnii sine aliqua dilatione commoneat, ut eos qui annis singulis nostrae mansuetu-

aus den universis auswählen? und wie kann der Erlaß doch an' die universi gerichtet sein? Man kann nicht annehmen: die Tapfern, die es besonders verdienen: das will der König selbst entscheiden, und es soll ja auch der Verdienstlose, wenn auch mit Zagen, vor seinem königlichen Richter erscheinen.

Die millenarii sollen also wählen[1]) nicht qualitativ, sondern quantitativ, und dieß führt uns im Zusammenhalt mit den singulis annis gewiß auf das Richtige: nicht alle Gothen, die in einer Provinz lebten, wurden also beschenkt, sondern gewisse Classen. Man könnte denken, ein Turnus, wie sie in den einzelnen Jahresclassen, nicht jedes Jahr alle, zum Heerbann entboten wurden: diese Erklärung würde zu allen begegnenden Ausdrücken passen, auch dazu, daß es allen Gothen der Provinz angekündigt wird, wenn auch nur Eine Classe für dießmal zum Zuge kömmt. Wir werden aber unten noch eine andere, wahrscheinlichere Erklärung finden.

Diese Gabenvertheilung geschah durch den König in Person und in feierlicher Weise[2]). Aber noch eine dritte Stelle der Varien beleuchtet in sehr willkommner Weise diese Institution. Der Sajo Gesila wird beauftragt[3]), die Gothen in Picenum und Tuscien anzuhalten, die rückständige Grundsteuer abzuführen. „Sehr mit Unrecht, sagt der König, weigern gerade die Gothen sich dieser Pflicht: denn wer sollte bereitwilliger an unsern Fiscus zahlen als diejenigen, welche sich des Vortheils des donativum erfreuen, da sie ja Reichlicheres von unserer Güte erhalten, als unter der Rechtsform von Sold (wenn sie Sold zu fordern hätten), ihnen gewährt würde"[4]).

Die wichtige Stelle bestätigt einmal, daß die Donativa eine ganz regelmäßige Leistung von Seite des Königs waren, ebenso

---

dinis premia consequantur, pro accipiendo donativo ad comitatum faciat (l. faciant, über Rechtfertigung dieser Lesart s. unten), incunctanter occurere. Danach erklärt sich auch das Subject im Relativsatz des vorhergehenden Erlasses: praesenti jussione mandamus, ut octavo Iduum Juniarum die.... ad praesentiam nostram venire debeatis, qui solenniter regalia dona suscipitis.

1) Oder, wenn man nicht faciant lesen will, der Satz selbst: für diese Anwendung unserer Stelle ist beides gleich brauchbar.
2) Solennia dona und solenniter heißt es immer wieder.
3) Var. IV. 14.
4) l. c. qui enim debent ad fiscum celerius esse devoti, nisi qui capiunt commoda donativi? quando amplius de nostra humanitate recipiunt quam stipendii jure praestetur.

bestimmt zu erwarten, wie die Leistung der Grundsteuer von Seite der Unterthanen. Ferner beweist sie auf's bündigste, daß die Gothen eigentlichen Sold nicht erhielten, vielmehr die Jahrgeschenke gewissermaßen ein Surrogat dafür bildeten. Der König sagt: die Gothen sollen sich nicht weigern, an den Fiscus zu zahlen: denn sie erhalten ja aus demselben durch unsre Freigebigkeit die Donativa und dabei befinden sie sich besser, als wenn ihnen ein förmlicher Sold ausbezahlt würde[1]).

Endlich gibt uns aber die Stelle auch noch für eine weitere wichtige Frage eine fast zweifellose Antwort: nämlich, welche Gothen eigentlich zum Kriegsdienst verpflichtet waren? Nicht alle, so scheint es, sondern nur die possessores, die Grundbesitzer: wenigstens erhielten nur diese die Jahrgeschenke. Denn die rückständige Steuer ist die Grundsteuer: „der soll die Steuer zahlen, der den Vortheil des Grundbesitzes hat"[2]). Und diese nämlichen sind es, d. h. also die Gothischen Grundbesitzer, welche die Donativen erhalten, nicht alle Gothen[3]); und diejenigen Gothen, welche „statt des Soldes"[4])

---

1) Dieß ist unzweifelhaft der Sinn der Stelle; Manso meint, er könne auch besagen: die Gothen empfangen mehr durch das Jahrgeschenk, als der Sold beträgt, den sie erhalten, und dann wäre hier vielmehr der (einzige) Beweis für die Besoldung gefunden. Aber dieser Sinn wird ausgeschlossen nicht nur durch den Conjunctiv praestetur, „als ihnen gewährt würde", — es müßte sonst nothwendig praestatur heißen „als ihnen gewährt wird", (was auch Manso, obwohl zweifelnd, hervorhebt), — noch mehr durch den ganzen Zusammenhang der Stelle. Denn unmittelbar fährt der König fort: „prüft man nämlich den Umfang meiner Freigebigkeit, so bin eigentlich ich, der König, es, der (freiwillige) Steuern zahlt, indem ich das Vermögen Aller bereichere". Der König will also den Gothen sagen: Was ihr empfangt, ist mehr als ihr gebt: er weiß aber nur Eines zu nennen, was sie empfangen, eben das Jahrgeld. Er kann nicht sagen, was sich Cassiodor nicht hätte entgehen lassen: „nachdem ihr für euren Waffendienst durch den Sold befriedigt seid, erhaltet ihr obenein das Geschenk".

2) l. c. is solvat tributum qui possessionis noscitur habere compendium.

3) Dazu kommt auch das universis Gothis constitutis. Gothi constituti heißen bei Cassiodor immer: 1) Militärbesatzungen; 2) die vom König (auf Loose) angewiesenen Grundbesitzer.

4) Wie regelmäßig das Donativum gereicht wird, erhellt daraus, daß es einem verdienten Krieger, welcher wegen Alters von dem Heerbann enthoben wird, entzogen wird, da er selbst Vermögen hat, d. h. eben Grundbesitz. Var. V. 36. sicut tibi remissam vitam concedimus, ita te donativo praesenti auctoritate privamus. Quia non est aequum, ut, cum de tuo cognoscaris idoneus, rem laborantium occupare debeas ociosus. Also nur die wirklich dienstpflichtigen, aber diese auch Alle, erhalten das Donativum. Auch alle Sajonen erhalten — es wird das als selbstverständlich angesehen, — das Donativum. Var. VII. 42.

die Donativen erhielten, sind eben auch diejenigen, welche heerbann=
pflichtig sind: also die Grundbesitzer.

Wenn man Var. V. 26 nicht faciant lesen will, so muß man
millenarii als den technischen Ausdruck für diese heerbannpflichti=
gen Grundbesitzer fassen: sie sind es, welche die jedenfalls nach
Hundertschaften und Tausendschaften gegliederten Schaaren des
gothischen Heerbanns füllen und eben daher ihren Namen führen,
der dann ähnlich gebildet ist wie legionarii, welche eben die Legionen
ausmachen[1]).

Daß die Einrichtung sich über das ganze Heer ausdehnte, geht
aus einer Stelle Prokops hervor, welche besagt[2]), der König habe
den Tribut, welchen er von dem westgothischen Reich, so lang es
unter seiner vormundschaftlichen Verwaltung oder sonstiger Ab=
hängigkeit stand[3]), jährlich erhob, als jährliches Geschenk unter
das Heer der Ostgothen und Westgothen vertheilt.

Man sieht, alle Jahre wurde das Donativum an den ganzen
Heerbann des Reiches vertheilt: die in den entlegneren Landschaften
Stehenden konnten natürlich nicht nach Ravenna zum König ent=
boten werden: aber bei den näher gelegnen Abtheilungen liebte er,
das zu thun, mit der Vertheilung zugleich eine Musterung zu ver=
binden und die Gabe nach Verdienst abzustufen. Es war kein Sold,
aber es war ein Surrogat des Soldes. Es war eine alte römische
Einrichtung, aber wesentlich modificirt. Damit stimmt es völlig
überein, wenn der König die Matrosen seiner Kriegsflotte, welche
doch gewiß analog wie die Soldaten bezahlt wurden, nur an=
zuwerben sucht durch das Versprechen von annonae und von einem
Donativum, das jährlich je auf fünf Solidi gestellt wird (hier
kam wohl jene individuelle Abstufung nach dem Verdienst, wie bei
den gothischen Heermännern, nicht vor), einen „Sold" stellt er
ihnen daneben nicht in Aussicht[4]), nur anzuwerben sucht durch
das Versprechen von Naturalverpflegung (annonae).

Die obigen Sätze über Sold und Donativum und Beschrän=
kung der Heerbannpflicht auf die Inhaber der sortes werden nun
auf das Bestimmteste bekräftigt durch einen Erlaß, in welchem
Athalarich die Gothen zu Reate und Nursia auffordert, friedlich

---

1) Das Wort millenarii beweist jedenfalls, mag man es von den Führern
oder der Mannschaft verstehen, die Eintheilung des Heeres in Tausendschaften.
2) B. G. I. 12.
3) Abth. II. S. 151.
4) Var. V. 16; von „Lehen" als Sold (Hurter II. S. 23) ist natürlich keine Rede.

und ohne Gewaltthätigkeit mit den Römern zu leben¹). Dabei spricht er deutlich aus, daß alle Gothen, welche Lose haben, d. h. also alle gothischen possessores, die heerbannpflichtigen Krieger und daß diese zugleich es sind, welche die Donativen erhalten. Er redet von und zu den gothischen Heermännern und sagt ihnen, sie könnten ja auch gar keinen Grund haben, die Römer zu berauben: „denn einmal gewähren Euch Eure eignen Landlose hinreichenden Unterhalt, und zweitens bereichern Euch unsre Donativa. Und wenn einer von Euch einen Wunsch hat, hoffe er seine Erfüllung von der Freigebigkeit des Fürsten, nicht von den Uebergriffen eigner Gewalt. Und es kommt auch Euch zu Statten, wenn die Römer in Ruhe leben: denn alsdann bereichern sie unsere königlichen Einnahmen und erhöhen dadurch auch Eure Donativen"²).

Daraus folgt, daß sortes und donativa die einzigen Einnahmsquellen der gothischen Heermänner sind (neben der Naturalverpflegung der annonae), daß sie der König nicht neben beiden noch auf ihre Besoldung verweisen kann, daß die Inhaber der sortes zugleich die Empfänger der Donativen, also auch eben die Heerbannpflichtigen sind, — denn daß das Donativum eben für den Waffendienst gegeben wird, steht fest — und endlich, daß dieß Donativum zwar als selbstverständlich allgemein vorausgesetzt, aber nicht als fixer Sold angesehen, sondern nach dem Bestand der königlichen Kasse bemessen, bald erhöht, bald vermindert wird. — Außer den annonae und dem donativum haben die Heermänner nichts, insbesondere keine Dienste von den Provinzialen zu fordern, in deren Städten sie als Besatzung lagen³). Die Donativa waren bedeutend, oft beruft sich der König darauf und fordert, daß man sie durch Tapferkeit verdiene. —

Die Kriegshoheit des Königs ruht ganz auf germanischem Boden: sie ist der alte Heerbann: die Aufnahme römischer Elemente ist ganz unwesentlich. In dem nächst zu betretenden Gebiet des

---

1) Var. VIII. 26. Universis Reatinis et Nursinis Athalaricus rex lautet die Ueberschrift, aber der letzte Theil des Decrets spricht nur zu den Gothen.

2) l. c. nam quae necessitas ad injusta compellat, cum vos et sortes alant propriae et munera nostra domino adjuvante ditificent? nam et si cui aliquid expetendum est, speret de munificentia principis quam de praesumtione virtutis. quia vobis proficit, quando Romani quieti sunt, qui dum aeraria nostra ditant, vestra donativa multiplicant.

3) Var. V. 39. servitia igitur, quae Gothis in civitate positis superflue praestabantur, decernimus amoveri.

Staatslebens, in der Rechtspflege, vereint der König den germanischen Gerichtsbann über die Gothen mit der Justizhoheit der Imperatoren über die Römer: und hier überwiegt bereits das römische Element.

2. Gerichtsbann. Rechtszustände.

Der König hat den Gerichtsbann, die Gerichtshoheit[1]). In seinem Namen, in seinem Auftrag wird die Civil- und Strafrechtspflege im ganzen Reich ausgeübt: von ihm leiten alle Richter ihre Gerichtsgewalt, ihr Recht, Gericht zu halten, zu urtheilen und zu exequiren ab: er ernennt alle römischen und gothischen Richter kraft seiner Gerichtshoheit und Amtshoheit. Er ist der Hort des Rechtsfriedens im Lande: er und sein Hofgericht (comitatus) bildet die oberste Instanz ordentlicherweise: aber auch außerordentlicherweise kann der in seinen Rechten Gekränkte, der Unterdrückte und Verfolgte die Hülfe des Königs anrufen. Er hat das Recht, im gesammten Rechtsleben Urtheile, Verbote und Gebote zu erlassen mit Zwangswirkung, insbesondre mit der Ahndung der Ueberschreitung durch Geldstrafen[2]); zur Begründung dieses Rechts trafen römisches und deutsches Recht, imperium und bannus, zusammen: die Imperatoren übten es in sehr ausgedehntem Maaß und den Germanen-Königen kam es, wenn auch ursprünglich durch die Volksversammlung beschränkt, ebenfalls zu. Das gothische Wort für bannus begegnet nicht, aber lateinische Ausdrücke werden technisch mit dem entsprechenden Sinne gebraucht[3]).

---

1) Vgl. im Allgemeinen die A. II. S. 270 angeführten Stellen der Varien.
2) Var. I. 19 u. oft. s. u.
3) Hieher gehören folgende Bezeichnungen der Erlasse des Königs, welche in Justiz, Administration, Finanz- und Militärwesen in gleicher Weise gebraucht werden: auctoritas Var. IV. 48. nostra VIII. 24. III. 52. II. 23. I. 36. 44. IV. 41. 6. praesens III. 9. IV. 39 in Civilproceß IV. 14. Steuerwesen II. 28. X. 5. jussio (praesens, nostra, regia) Var. I. 7. 8. 13. 15. 19. 23. 27. 28. 29. 39. 44. 37. 30. 25. 24. II. 6. 9. 10, 19. 20. 35. 4. 21. 26. 32. 33. III. 18. 26. 38. 48. 6. IV. 21. 4. 5. 6. 9. 19. 27. 28. 45. 48. V. 20. 29. 36. 7. 27. 5. 14. 18. 23. 41. VI. 17. VII. 4. X. 29. (I. 30. 32. V. 14 in Polizei, Strafrecht, Steuerwesen, in Civilrecht II. 11). praesens I. 19. (I 7. II. 19 Strafrecht). (VIII. 10 Administration). III. 18. IV. 27. I. 23. 28. 29. V. 7. 20. jussa nostra I. 8. - 19. 25. V. 41. VII. 42. IV. 14. VIII. 24 (tua IX. 14). IV. 15. (praesentia IX. 17. II. 6. V. III. 28. 9. (IX. 10 repetita). 14. II. 11. 15. 17. III. 48 ite-

Kürzere Erlasse, welche sich zur jussio etc. verhalten als Anhänge oder Vollzugsinstructionen, heißen breves, brevia¹); ebenso heißen Einsendungen von Beamten, Vollzugsberichte²), Anträge³), manchmal auch notitiae, z. B. Rechnungsstellungen⁴).

Fälle, in welchen der König auf Ueberschreitung seiner Befehle Geldstrafen setzt, sind häufig⁵). Die Verletzung königlicher Befehle wird viel schwerer gestraft als die der untern Stellen, und nur ausnahmsweise wird einmal angeordnet, daß Ungehorsam gegen einen der nächsten Vertrauten des Königs, den Stadtpräfecten Artemidor, wie Ungehorsam gegen den König selbst angesehen werden solle: es wird also diesem die auctoritas regis unmittelbar übertragen, im Interesse sicherer und strenger Aufrechthaltung der Gerechtigkeit⁶).

---

rata. admonitio praesens III. 11. IV. 40. affatus praesentes III. 8. IV. 6. II. 29. nostri IV. 6. VIII. 24. oracula praesentia I. 11. nostra I. 32. V. 15. 24. VII. 41. decreta X. 6. (praesentia VIII. 32. V. 31. 32). II. 32. sententia nostra VI. 7. remedia nostrae pietatis IV. 41. VII. 42. IX. 10. ordinatio nostra XII. 2. 27. vom König VIII. 6. 14. III. 10. 17. 25. 30. 31. 34. 50. 31. II. 33. IV. 3. 21. 26. 11. 42. 46. I. 29. 40 (ebenso von Beamten VI. 7). V. 8. 5. 20. 23. VI. 7. 16. ordinatio praesens II. 20. definita IX. 16. definitio praesens I. 30. IX. 15. constituta IX. 16. IV. 45. V. 39. constitutio nostra IX. 15. praesenti tenore I. 9. praesens humanitas IV. 24. praeceptio I. 31. praecepta nostra IV. 40.

1) XII. 5, super conscripta XII. 8. V. 31. Aufzählung der Namen XII. 8. annona I. 6. infra scripta IV. 21.

2) XII. 7.

3) II. 39.

4) XII. 5. 16; vgl. noch I. 6. X. 31. XII. 18. 22. XI. 7.

5) Var. I. 30. zehn Pfund Gold für Weigerung der Vorgerichtstellung eines Sclaven; IX. 12 dieselbe Summe für Erpressungen gegen Curialen. X. 28 dreißig Pfund für Verletzung königlicher Privilegien; VIII. 24 ebensoviel bezüglich der vom König der Kirche verliehenen Rechte (diese Summe soll zum Theil den Armen zu Gute kommen, nicht, wie die Regel, das Ganze dem Fiscus); II. 26 ebensoviel für Verletzung der Accisenfreiheit der negotiatores bei Ankäufen für öffentliche Rechnung; III. 46 drei Pfund für Vorwurf der infamia gegen einen vom König begnadigten Verbrecher; IV. 47 hundert (oder 50) Solidi für Verletzung der Postordnung; VIII. 25 eine Geldstrafe für Anfechtung königlicher Schenkungen.

6) Var. I. 43. „Dem Präfect von Rom, unsrem Freund Artemidor, haben wir solche Gewalt verliehen, daß, wer gegen das Recht handelt, sofort die Strafe unsres Befehls verwirkt, (d. h. gleiche Strafe wie für Verletzung unsres Befehls). Und obwohl schon die Gesetze der Stadtpräfectur solche Gewalt gegeben, so haben wir selbe doch noch speciell delegirt, auf daß desto zuversichtlicher geschehe, was zwi-

Es ist bekannt, daß Theoderich seinen Ruhm und seinen Beinamen „der Große" mehr noch seiner Gerechtigkeit als seinem Heldenthum verdankt; gerechtes Gericht war das eifrigste Streben und der größte Stolz des Königs[1]); seinen Ausspruch: „wer die Gerechtigkeit beleidigt, beleidigt mich"[2]), könnte man sein Motto nennen[3]). Diese reine, strenge, unparteiliche Rechtspflege[4]), zumal die Enthaltung von allem Mißbrauch fiscalischer Rechte, machte Römern und Griechen im Gegensatz zu der grausam willkürlichen Justiz der Imperatoren schon in seinen ersten Regierungsjahren großen Eindruck und seine weise Strenge in Verhütung oder Bestrafung aller Gewaltthat der Gothen gegen die Provinzialen hat schon bei seinen Lebzeiten seinen Namen bei allen Völkern verbreitet: sie hat Verherrlichung in der Sage und auch bei den Geschichtschreibern feindlicher Nationalität ehrenvolles Zeugniß gefunden[5]).

---

sache Autorität anordnet. Er wird also wagen dürfen, Tumultuanten und Ueberschreiter der öffentlichen Ordnung mit unserer Autorität niederzuschlagen".

1) I. 9; f. unten „Selbstgefühl".
2) Var.° II. 15.
3) Aehnliche characteristische und nicht lediglich rhetorische Worte: „Unrecht kann nur geschehen, solange ich nicht davon weiß". IV. 12 propositi nostri est, ut provincias nobis .. subjectas, sicut armis defendimus, ita legibus ordinemus, quia semper auget (l. augetur) princeps observata justitia; IV. 22 cordi nobis est, in omnibus moderatam tenere justitiam; IV. 32 regni decus aequitatis affectus (d. h. affectatio); er mochte von sich sagen: „mühevoll ist es, aber doch nicht unerreichbar, den Sterblichen Gerechtigkeit schaffen". VII. 26.
4) Var. I. 22. IV. 4; f. unten „Finanzhoheit".
5) Vgl. Proc. b. G. I. 1; daß auch die einzige Ausnahme, welche Prokop macht, die Verurtheilung des Boëthius und Symmachus nicht, wie Prokop behauptet, ohne Gehör, Vertheidigung und Richterspruch (des Senats!) erfolgte, darüber f. A. II. S. 173; ganz sagenhaft bereits der anon. vales; (die Dicta Theoderichs p. 621 können zum Theil echt sein; jedenfalls sind sie characteristisch für ihn). p. 623: „tantae disciplinae fuit, ut si quis voluit in agro suo argentum vel aurum dimittere, ac si intra muros civitatis esset, ita existimaretur et hoc per totam Italiam augurium habebat, ut nulli civitati portas faceret nec in civitate portae claudebantur; quis quod opus habebat faciebat qua hora vellet ac si in die etc."; auch die Erzählung von der Wittwe, welche drei Jahre gegen einen Senator kein Urtheil erlangen kann, endlich den König anruft, auf dessen Befehl dann über Nacht die Richter Recht finden und die Köpfe verlieren, weil sie drei Jahre verzögert, was sie in Einem Tag entscheiden konnten — auch diese Erzählung ist, gerade weil sie echte Sage, (für Pavirani I. S. 103 ist sie buchstäbliche Wahrheit, wie S. 245 die vorstehende Schilderung des An. Val.; aber auch Balbo I. S. 90 verkennt das Sagenhafte) höchst bezeichnend für Theoderichs Wesen und seine Spiegelung in der Meinung der nächsten Nachwelt. f. S. 90.

Das letzte Ziel aller Bemühung um die Rechtspflege ist dem König immer, die möglichste materielle Gerechtigkeit¹) zu verwirklichen²); diese fordert aber bei den eigenthümlichen Verhältnissen des Gothenreiches vor allem Andern möglichste Unparteilichkeit, gleiches, gleichmäßiges Recht, ohne Ansehn der Person, der Nationalität, der Religion, ohne Bevorzugung des Reichthums, des Ranges, der Abkunft, der Macht: das ist die „aequitas": sie ist das Hauptbestreben des Königs³). „Es ist uns eigen, daß wir bei Ungleichen (an Rang ꝛc.) die gleiche Gerechtigkeit gewahrt wissen wollen"⁴). Darin liegt die „aequabilitas", daß man auch die Geringen aufkommen läßt⁵). „Nur dann verdient die Gerechtigkeit ihren ehrenvollen Namen, wenn sie sich mit gleichem Maaße über Vornehme und Geringe verbreitet"⁶). Deßhalb geht auch Gliedern des Königshauses kein Unrecht hin: dem habsüchtigen Theobahab wird seine königliche Abstammung von Theoderich gerade als Grund besonderer Gesetzlichkeit vorgerückt⁷). Derselbe muß gestehen, — denn Cassiodor führte nach Theoderichs Tod die gleichen Tendenzen fort — daß er öfter die „Gerechtigkeit Amalasunthens zu erfahren gehabt, welche ihn gezwungen, mit Privaten nach gleichem Recht zu leben: das ist die rechte aequitas, von der die ganze Welt reden mag; sie stand nicht an, dem Recht des Staates selbst ihren

---

1) VIII. 18.
2) Var. I. 10. 11. 18. 22. 23. 42. II. 8. 9. 13. 18. 24. 28, 29. III. 4. 5. 7. 8. 9 13. (besonders) 15. 18. 23. 31. 34. 37. 42. 43. 45. 46. (besonders) IV. 3. 12. (besonders) 16. V. 12. 29. 37. VI. 5. 23. VII. 3. VIII. 2. IX. 8. 14. 19 u. s. f.
3) Var. IV. 6. quid est enim dignius, quod die noctuque assidua deliberatione volvamus, nisi ut rempublicam nostram, sicut arma protegunt, aequitas quoque inviolata custodiat.
4) V. 29.
5) V. 14. I. 10. X. 5.
6) Er will überall defensio aequabilis I. 37. III. 36. VII. 14. III. 13. nescit personas respicere qui solam cogitat aequitatem; deßhalb heißt es so oft: cujus libet nationis fuerit vel honoris — nullum Gothorum vel Romanorum IV. 47; wie in der Rechtspflege IX. 19 soll auch in allen übrigen Staatsgebieten die aequitas leitendes Princip sein: die billige Vertheilung erleichtert die Lasten des Staates III. 41. aequabili ordinatione divisum onus sub communione subjectos certum est non gravare .. omnia aequabili moderatione praestentur; vgl. II. 24; diese Rechtsgleichheit soll sich bis in die geringsten Sachen, z. B. die Circusparteiung erstrecken. IV. 4.
7) Var. IV. 39. V. 12.

Vetter zu unterwerfen, den sie alsbald zum König machen wollte: sie bezweckt eben das Gewissen des Mannes zu prüfen, dem sie die Zügel des Reiches zu übergeben gedachte, auf daß sie einerseits als Herrin Aller (auch meiner) erkannt würde und ich erst nach gehöriger Prüfung zur Krone gelangen solle"¹).

Diese aequitas wird nun auch allen Beamten als oberste Pflicht eingeschärft²); sie sollen erstens in ihren Entscheidungen wie der König der aequitas folgen, und zweitens im Leben sich nicht über die Nicht=Beamten im stolzen Gefühl hinwegsetzen³), sondern gleiches Recht mit den Andern halten⁴).

Den Richtern vor Allen wird gesagt: „Ihr, die ihr es auf euch genommen, dem Volke Recht zu sprechen, ihr müßt selbst Gerechtigkeit halten, die ihr Andere an das Maaß der aequitas halten sollt"⁵). Wenn daher auch besondre Privilegien und besondrer Schutz verliehen wird, geschieht dieß doch nur unter Vorbehalt allgemeiner Rechtsgleichheit⁶) im Uebrigen; jede Rechtskränkung verletzt die allgemeine aequitas⁷) Und das waren nicht bloße Worte. Wie den Prinzen seines Hauses, wehrt der König auch den sonst so gehätschelten Senatoren jede Unbill⁸) und selbst einem der höchsten Beamten, die sich oft für geringen Leuten unerreichbar halten, dem Präfectus Prätorio Faustus, wird in seinen Bedrückungen eines humilis sehr streng begegnet⁹).

---

1) Var. X. 4. Cassiodor hat hier die üble Aufgabe, des Landräubers Vergangenheit zu entschuldigen und es ist ihm übel gelungen: die Abnahme des Raubes soll eine Prüfung sein! er muß, um in dieses Königs wie in der frühern Namen, die aequitas predigen zu können, demselben erst eine Sinnesänderung in den Mund legen: mutavimus cum dignitate propositum X. 5.
2) Var. III. 23. 2. 34. 37. 39. 45. VII. 14.
3) Das ist die superbia III. 27.
4) IV. 4. vgl. namentlich VI. 15: si humilium privatorum placet aequalitas, quanto magis grata est in potestatis culmine custodita, *quae difficilem modum servat, dum ad suum velle festinat.*
5) I. 18.
6) Aequitate salva II. 4.
7) I. 7., welche übrigens nicht nur in der formalen Gleichheit, sondern in der Verhältnißmäßigkeit besteht I. 36.
8) Var. I. 32.
9) III. 20. Eu factum, quod cunctos protinus temperet ac corrigat potestates: praetorii praefecto non est bacchari in humili laesione permissum, et cui a nobis assurgitur, officiendi miseris potestas abrogatur. hinc omnes intelligant, quo amore delectamur aequitatis, ut et potentiam nostro-

Selbstverständlich unterwirft der König auch die Vertretung von seinen und des Staates Vermögens-Rechten und Interessen der strengsten Gerechtigkeit und wehrt den in der römischen Welt altherkömmlichen Uebergriffen des Fiscus. Seine Ansprüche müssen, wenn bestritten, wie die andrer Kläger in ordentlichem Proceß bewiesen werden[1]) und „im Interesse der Gerechtigkeit darf man auch uns selbst widersprechen"[2]). Bei Bestallung eines advocatus fisci wird eingeschärft, nicht wie oft, sondern mit welchem Recht (quemadmodum) er Processe gewinne, darauf werde der König sehen: nicht durch die Macht, nur durch das Recht der Krone solle er zu siegen suchen. Denn mit Ruhm verliere der Fiscus, wenn er im Unrecht sei, und grade sein Erliegen zeige die Trefflichkeit des Fürsten[3]). „Am Allermeisten in Sachen des Fiscus soll Gerechtigkeit walten, auf daß keinem Unterthan der König durch unbegründete Forderungen verhaßt werde: wir wollen uns durch die Gesetze von unsern Unterthanen besiegen lassen, um (dadurch Gottes Wohlgefallen zu gewinnen und so) durch die Waffen unsere Feinde zu besiegen"[4]). Auch der Verwalter der königlichen Domänen soll gleich allen Andern Recht geben und nehmen, „wie wir das an unsern Dienern lieben"[5]), und der comes patrimonii soll das unbewegliche Gut des Königs nicht beweglich machen, d. h. widerrechtlich ausdehnen[6]). Die Rechte des Fiscus auf erbloses Gut werden genau beschränkt[7]).

Deßhalb soll der Staat Gegenstände, die im Eigenthum von Privaten stehen und deren er bedarf, nur gegen volle Entschädigung sich aneignen dürfen: das Wesen des Expropriationsverfahrens ist hier bereits in allen Grundgedanken ausgesprochen. So

---

rum judicum velimus imminuere, quatenus bona conscientiae possimus augere.

1) V. 31.
2) VI. 5.
3) Var. I. 22.
4) Dieser Gedanke, daß die gerechte Behandlung der Italiener Gottes Gnade und den Sieg der gothischen Waffen verdienen werde, findet sich wiederholt bei Cassiodor ganz wie bei Procop. (s. Dahn, Procop S. 402). Var. IV. 32. vgl IV. 4. V. 24. VI. 9. VIII. 13: „nicht einmal uns selbst erlauben wir eine Ungerechtigkeit".
5) l. c.
6) Var. VI. 9.
7) Anhang L.

werden Cypressen und Pinienstämme zum Bau, und seekundige Sclaven zur Bedienung der Flotte den Eigenthümern durch Zwangsabtretung, aber gegen angemeßne Entschädigung, entzogen¹).

Der Expropriationsgedanke liegt auch vor, wenn die possessores von forum julii gegen pretium competens Balken abtreten und nach Ravenna schaffen müssen²), oder wenn die Landleute genöthigt werden, die durch den Marsch beschädigten Wagen und erschöpften Rinder durchziehender Truppen diesen gegen frische abzunehmen: ein Sajo soll darüber wachen, daß die Bauern nicht zu kurz kommen³), oder wenn die Winzer in Istrien ihren Wein zu amtlich auferlegten Preisen nach Venetien zu Steuer des dortigen Nothstandes verkaufen müssen⁴). Die Scheu des Königs, das Privateigenthum anzutasten, geht soweit, daß er sogar in Fällen, in welchen die fraglichen Privatrechte gar nicht als bona fide und justo titulo erworben bezeichnet werden können, aber der Besitzstand durch außerordentliche Verjährung geschützt erscheinen kann, sie nur gegen volle Entschädigung ablöst. Private hatten die öffentlichen Wasserleitungen zu Rom seit langer Zeit zu Privatzwecken mißbraucht und für ihre Mühlen und Gärten geradezu abgebaut. Diese Anmassung wird zwar im öffentlichen Interesse abgestellt, aber, wo dreißigjähriger Besitzstand vorliegt, gegen volle Entschädigung: „auf daß wir nicht, indem wir Wasserbauten herstellen wollen, den Grundbau alles Rechts zerstören"⁵).

---

1) V. 16. dato pretio competenti dominis; — et si is, qui nobis necessarius aestimatur, servus fuerit alienus aut conducat (Dienstmiethe) eum classibus serviturum aut, si hoc ipse (d. h. der Eigenthümer des Sclaven) magis delegerit (dieses Wahlrecht hat also der Private, nicht der Staat), accepto pretio rationabili publico cedat sua jura dominii (das pretium rationabile, competens wird in Ermanglung vertragsmäßiger Verständigung wahrscheinlich einseitig vom Beamten festgesetzt), auch V. 17 sine praejudicio dominorum, V. 19. 20 ist Zwangsabtretung von Schiffsbauholz gegen Entschädigung angeordnet; das non gravare V. 20 geht aber auf die Qualität der zu exproprierenden Objecte.

2) IV. 8.

3) V. 10. illud pro cunctorum quiete laborantibus indulgentia nostra concedit, ut si aut eorum carpenta itinere longiore quassantur aut animalia attrita languescunt, te custode atque mediante cum possessoribus sine aliqua oppressione mutentur, ut, qui (d. h. die Soldaten) daturi sunt corpore aut quantitate meliora, quamvis parvis sanis animalibus acquiescant.

4) XII. 26; doch hängt dieß mit andern Gesichtspunkten der Nahrungspolizei zusammen, s. u. „Administration".

5) Auch hier wird der Gedanke des Expropriationsrechts klar ausgesprochen III. 31. quia non possumus admissi qualitatem ultra jura corrigere, (ne,

So sehr nun aber auch der König die willkürliche Verletzung des Eigenthums und der Privatrechte überhaupt scheute, so wenig enthielt er sich, im Interesse der materiellen Gerechtigkeit, starker Eingriffe und eigenmächtiger Hinwegsetzung über die Schranken des formalen Rechts. Er hat die sehr bedenkliche Neigung, in verwickelten Fällen mit einem außerordentlichen Machtspruch persönlich einzugreifen, wenn auch gewiß immer im Interesse des materiellen Rechts — oder doch dessen, was er dafür hielt — und sehr früh hat die Sage diesen Zug seines Wesens, wie bei Salomo und Harun al Raschid, ergriffen und ausgeschmückt. Sagenhaft, aber deßhalb nicht minder, sondern desto mehr bezeichnend ist die Erzählung[1]), wie der König eine Wittwe, welche sich wieder verlobt und ihren aus der Fremde heimgekehrten Sohn erster Ehe auf Anstiften ihres Bräutigams verleugnet, dadurch zum Geständniß und zur Herausgabe des Vatergutes zwingt, daß er schwört, sie müsse sonst diesen Fremdling, wenn er nach ihrer Behauptung ihr Sohn nicht sei, heirathen. Ganz denselben Charakter trägt die sehr bezeichnende Sage, welche an des Königs Aufenthalt in Rom anknüpfend, zugleich die Verderbniß der von ihm vorgefundnen Rechts-

---

dum fabricis prodesse volumus, legum culmina destruamus) si hujus nefandissimae rei dominus tricennii praesumtione munitur, (so ist statt dominis — munitur zu lesen) accepto pretio competenti suum vendat errorem, ut, quod laesionem publicis praestat fabricis, non praesumatur ulterius, ne, quod nunc sub largitate corrigimus, postea severissime vindicemus. si vero haec aliquid moderna praesumtione tentatum est, sine dubitatione tollatur. unius enim desiderio pravo generalis debet utilitas anteferri, cui vel in causis justis raro poterit obviari, d. h. auch besser begründetes Privatrecht muß gegen Entschädigung dem öffentlichen Interesse geopfert werden. — Diese Achtung vor dem Privateigenthum spricht auch sehr für die Richtigkeit unserer (unten „Finanzhoheit") gegebnen Erklärung von Var. II. 17, welche Stelle man gewöhnlich so deutet, als ob der König eine der Stadtgemeinde Trient gehörige sors ohne Entschädigung verschenke. Das hätte Theoderich, abgesehn von der ersten Landtheilung, welche hier nicht vorliegt, nicht gethan. Vielmehr gehörte die sors zu dem Drittel, das primär abzutreten gewesen wäre, für das aber bis dahin statt der realen Abtretung die „Drittelabgabe" erhoben wurde: jetzt verfügt der König die reale Abtretung und ebendeßhalb das Aufhören der „Drittelabgabe" für diese sors.

1) Des Anon. Vales. p. 624; vgl. Manso S. 173. Uhland, „Dietrich von Bern" in Pfeiffer's „Germania" I. S. 339. Paulmanns Polemik gegen Uhland II. S. 518 hat kein Verständniß von Sage und Sagenbildung; vgl. noch Manso S. 172 v. der Hagen „Heldenbilder" I. S. 105. Raßmann, „deutsche Heldensage" II. p. V. (über die Thidrekssaga) u. S. 454 f.

pflege und seine energische Reform derselben spiegelt. Eine senatorische Wittwe klagt dem König, daß sie seit drei Jahren in einem Rechtsstreit mit einem vornehmen Römer nicht zur Urtheilfällung gelangen könne. Ergrimmt läßt der König die saumseligen pflichtvergeßnen Richter kommen und spricht: „Ist das Urtheil nicht bis in zwei Tagen gefällt, so laß ich euch köpfen". Als aber nun das Urtheil wirklich in zwei Tagen fertig wird, spricht der König: „Also in zwei Tagen konnte der Spruch geschehn, den ihr drei Jahre verzögert habt?" Und läßt die Richter jetzt erst recht köpfen[1]).

Geschichte und Rechtsgeschichte bestätigen den der Sage zu Grunde liegenden Charakter der Rechtspflege Dieterichs von Bern. Die überkommen imperatorischen Traditionen unterstützten diese Neigung, rasch und energisch in außerordentlicher Weise persönlich in die Rechtspflege einzugreifen: zumal bei Hochverrath und Verschwörung wider seine Person. Einen Gothen-Grafen Odoin, der ihm nachstellt, und einem Römer Theodor läßt er ohne Weitres im Palast Sissorium köpfen[2]), wie er der (angeblichen) Nachstellung Odovakars blutig zuvorgekommen war. Und wenn bei Theoderich solche Eigenmacht doch noch meist der Gerechtigkeit, nicht bloß seiner Person dient, so üben seine Nachfolger Amalasuntha, Theodahad,

---

1) s. chron. paschale ed. Raderi p. 757. Dindorf p. 604; vgl. auch Joh. Malala. 15. ed. bonn. p. 384. Θεοδορίχῳ, τῷ γενομένῳ Ῥηγὶ Ῥώμης, προσῆλθεν μία γυνὴ συγκλητικὴ Ῥώμης, ὀνόματι Ἰουβεναλία διδάσκουσα αὐτόν· „ὅτι τρία ἔτη ἔχω δικαζομένη μετὰ τοῦ Πατρικίου Φόρμου, καὶ εὐλόγισόν με". καὶ ἐνεγκὼν τοὺς δικολόγους αὐτῶν ἀμφοτέρων μερῶν εἶπεν αὐτοῖς· „ὅτι εἰ μὴ διὰ τῆς αὔριον δώσετε αὐτοῖς ὅρον καὶ ἀπαλλάξετε αὐτοὺς, ἀποκεφαλίζω ὑμᾶς". καὶ καθίσαντες διὰ τῶν δύο ἡμερῶν εἶπαν τὰ δοκοῦντα τοῖς νόμοις, δεδωκότες αὐτοῖς ὅρον καὶ ἀπηλλάξαντες αὐτούς. καὶ ἄψασα κηροὺς ἡ Ἰουβεναλία προσῆλθεν αὐτῷ εὐχαριστοῦσα ὅτι ἐλύτρωθη ἡ δίκη αὐτῶν. καὶ ἠγανάκτησεν ὁ αὐτὸς Ῥὴξ κατὰ τῶν δικολόγων, καὶ ἀγαγὼν αὐτοὺς εἶπεν αὐτοῖς· „διὰ τί, ὃ ἐποιήσατε εἰς δύο ἡμέρας καὶ ἀπηλλάξατε αὐτοὺς, εἰς τρία ἔτη οὐκ ἐποιήσατε"; καὶ ἀπεκεφάλισεν τοὺς δύο δικολόγους ἐξ ἀμφοτέρων τῶν μερῶν. καὶ ἐγένετο φόβος.
v. Glöden S. 6 s. verkennt den sagenhaften Character der Erzählung. Die δικόλογοι sind doch eher Richter als Advocaten, (vielleicht nach Wahl der Parteien) vom König oder einem hohen Beamten delegirte Richter (kaum Schiedsrichter); vgl. Du Cange p. 436, bei v. Glöden S. 7 und dazu Hollweg Handbuch I. §. 7. Die Quelle ist sich wohl selbst nicht ganz klar: sie meint eben schuldige Juristen; andre Anekdoten und Sagen, welche Theoderich als Vertheidiger der Moral und des materiellen Rechts durch Gewaltsprüche verherrlichen, s. unter „Kirchenhoheit"

2) Anon. Vales. p. 622. Irrig hierüber du Roure.

Ilbibad diese sultanische Praxis in schlimmerer Weise. Auch Vitigis zwingt Matasuntha zur Ehe¹).

Aber auch abgesehen von solchen, in die Politik verflochtnen Fällen, ist es doch starke, den Imperatoren nachgeahmte Willkür, wenn die Diebe einer Statue, falls sie nicht reuig restituiren, für welchen Fall sie straflos ausgehn sollen „wegen Verschmähung solcher Gnade" mit dem Tode bestraft werden²). Diese Maßregel stammt aus einer speciellen Liebhaberei des Königs³). Ebenso wird in einem andern Fall, weil der König es sehr gerne sieht, wenn Römer, die unter Odovakar aus Italien flüchtig gegangen, unter seiner Herrschaft zurückkehren⁴), zu Gunsten eines solchen Zurückgekehrten der Verjährung ihre sonst immer anerkannte⁵) Wirkung ausnahmsweise entzogen⁶).

Endlich ist es eine weitere in seinem besondern Interesse an dem Schutz der Ehen⁷) und der Geringern⁸) begründete Willkürmaßregel, wenn alle von einer Frau, die vorübergehend ihren Mann verlassen hatte, in dieser Abwesenheit geschloßnen Contracte für nichtig erklärt werden⁹). Der König war hier allzu eifrig vorgegangen und mußte später diese Maßregel nicht ohne leise Entschuldigung zurücknehmen oder doch modificiren¹⁰). Bei dieser Neigung

---

1) Jord. c. 60.
2) Var. II. 36. gegen das Edict, das römische und das germanische Recht.
3) s. u. „Bauten".
4) s. unten „Romanisiren" und „Selbstgefühl".
5) s. oben S. 88 und Var. I. 18.
6) Var. III. 18. von jus postliminii oder von Mangel einer Voraussetzung der Verjährung kann hier keine Rede sein. III. 18. hostium conversatione damnata kann man nicht von einem Kriegsgefangnen sagen und weiter heißt es: quidquid sibi competens quolibet modo nunc amissum poterit probare, sine aliqua tarditate recuperet: retinens *ex nostra auctoritate* (diese brauchte er nicht, falls nach dem Gesetz keine Verjährung eintreten konnte) dominii jus omne, quod habuit, nec quaestionem eum de rebus sibi antiqua possessione competentibus volumus sustinere, cui propositi nostri est, etiam nova praestare; an Aufhebung einer odovakrischen Confiscation zu denken, verbietet der Wortlaut.
7) s. unten Anhang I.
8) s. unten „Obervormundschaft".
9) Für eine in integrum restitutio wird in sehr ungenügender Weise argumentirt. Var. II. 10. 11.
10) III. 40. (districtius jubere) .. salva probatione heißt es nachträglich: daran hatte es gefehlt; s. u., Moratorien ertheilt er wie die Kaiser, II. 38; ein starkes Mittel ist auch die Androhung von Geldstrafen nicht im Allgemeinen, im

und Möglichkeit der Könige, in Civil= und Strafproceſſe in außer=
ordentlicher Weiſe einzugreifen, iſt es in vielen Fällen ſchwierig,
zu beſtimmen, ob in Folge von Appellation oder in Folge unmittel=
baren primären Anrufens einer Partei oder unter welch' andern
Vorausſetzungen der König ſein Hofgericht einſchreiten läßt. Jeden=
falls bildet dieſer comitatus regis die abſchließende Krone der gan=
zen Gerichtsverfaſſung des italiſchen Gothenſtaats, welche bekanntlich[1])
den beſtrittenſten Punkt in der ganzen Geſchichte deſſelben bildet.
Dieſe Controverſen können nur entſchieden und die richtige Anſicht
nur bewieſen werden durch eine ſehr eingehende Erörterung des
Edicts; wir geben deßhalb hier nur die für das Verſtändniß des
Folgenden unerläßlichen einfachen Grundſätze jener Gerichtsver=
faſſung, den ausführlichen Beweis dem zweiten Anhang, nach vor=
ausgeſandter Zergliederung des Edicts, überlaſſend.

In Proceſſen zwiſchen zwei Römern („rein römiſchen Fällen"
wollen wir ſagen) richteten die nach römiſcher Gerichtsverfaſſung
zuſtändigen Gerichte, primär nach den Edicten Theoderichs und
Athalarichs, ſecundär nach dem römiſchen Recht und Civilproceß.
In Proceſſen zwiſchen zwei Gothen („rein gothiſchen Fällen")
richtete der Gothengraf (comes Gothorum) primär nach den Edic=
ten Theoderichs und Athalarichs, ſecundär nach gothiſchem Recht
und gothiſchem Civilproceß. Lücken deſſelben werden aus dem
römiſchen Recht ergänzt. In Proceſſen zwiſchen Römern und
Gothen („gemiſchten Fällen") richtete der Gothengraf mit Zu=
ziehung eines römiſchen Juriſten, primär nach den Edicten Theo=
derichs und Athalarichs, ſecundär bald nach gothiſchem, bald
nach römiſchem Recht, je nach der Lage der Verhältniſſe, jedoch
mit Uebergewicht des römiſchen Rechts in Civilrecht und Proceß=
recht. Im Strafrecht und Strafproceß richten in römiſchen Fäl=
len die römiſchen Gerichte nach den Edicten, ſecundär nach dem
römiſchen Recht. In gothiſchen Fällen der Gothengraf nach
den Edicten, ſecundär ebenfalls nach römiſchem Strafrecht und
Strafproceß mit geringen Einflüſſen des gothiſchen Rechts. In
gemiſchten Fällen deßgleichen, nach faſt ausſchließlich römiſchem
Recht. Die Zuziehung eines römiſchen Juriſten ſtand dem Gothen=
grafen zu ſeiner Belehrung in jedem Fall des Bedürfniſſes frei.

Geſetz= oder Verordnungswege,' ſondern ſpeciell zum Vortheil eines Einzelnen: ſo
wird den Verfolgern eines gewiſſen Caſtorius mit einer Strafe von 50, denen
eines andern Schützlings des Königs von 3 Pfund Gold gedroht. III. 20. 46.

1) A. II. S. 125 f.

Durch Vertrag konnte auch in rein gothischen Fällen die Anwendung römischen Rechts von den Parteien vereinbart werden und die Gothen durften sich bei einseitigen Rechtsgeschäften und in der freiwilligen Gerichtsbarkeit auch des römischen Rechts und der römischen Anstalten bedienen, sofern dadurch nicht Rechte andrer Gothen verletzt werden. —

Alle gothische und römische Rechtspflege wurzelt in dem Gerichtsbann und der Gerichtshoheit und gipfelt in dem Pfalzgericht und comitatus des Königs. Die Thätigkeit dieses comitatus ist eine sehr manchfaltige.

Einmal bildet derselbe die Appellationsinstanz nach den Grundsätzen des römischen Processes: oft wendet sich eine Partei von dem Ausspruch eines Untergerichts mit Beschwerde an den König[1]) und er cassirt das angefochtne Urtheil[2]). Meist werden dann in solchen Fällen beide Parteien in Person vor den „comitatus noster" beschieden oder, sie sollen gehörig bevollmächtigte, unterrichtete und rechtskundige Vertreter[3]) dorthin senden, zumal der Appellat, wenn der Appellant schon an den Hof gereist oder durch einen Andern daselbst vertreten ist. Dasselbe findet statt, wenn zwar nicht ein Urtheil, aber eine Vorladung erfolgt und eine Partei hartnäckig ausgeblieben oder wenn ein Urtheil wegen Widersetzung der Partei nicht zu vollziehen ist. Manchmal sichert der König ausdrücklich das Recht der Berufung an seinen Comitat auch von einem von ihm bestellten außerordentlichen Gericht oder Schiedsgericht zu[4]). In vielen Fällen hat sich aber eine Partei gleich unmittelbar an den König gewendet[5]) mit Uebergehung der Untergerichte, und darauf hin kann der König sehr verschiedne Verfahrensarten einschlagen. Häufig ist zudem nicht zu erkennen, ob der König primär oder erst secundär angegangen worden[6]).

Manchmal verweist er die Sache einfach an das ordentliche

---

1) Var. IV. 46. nur gegen Urtheile des Präfectus Prätorio sollte nicht an den König appellirt werden können, VI. 3. (irrig Sart. S. 105).
2) IV. 46.
3) Instructa persona, III. 36. instructam legibus personam, IV. 44.
4) Var. IV. 46.
5) Das ist die Voraussetzung der Sage. An. Val. p. 623. filius rogavit regem adversus matrem.
6) Zu wenig unterscheiden die nicht-juristischen Darstellungen, z. B. bei Sartor. S. 106. 300.

Untergericht¹); doch lag auch schon hierin ein Vortheil für die Partei, denn der Richter wird scharf zur Gerechtigkeit ermahnt und wird sie üben, denn er weiß jetzt, daß der König auf den Fall aufmerksam ist; manchmal liegt auch darin der Befehl, die Justiz nicht wie bisher zu verweigern oder zu verzögern; oder es wird der Beklagte, der sich bisher vor dem ordentlichen Gericht zu stellen verschmäht hatte, direct beauftragt, sich vor demselben zu verantworten, und wenn auch dieser Befehl verachtet wird, „was der höchste Frevel", so zieht der König die Sache an sein Gericht²), oder er beauftragt jetzt einen Sajo³) oder bestellt einen außerordentlichen Beamten, der im Auftrag des Königs den Widerspänstigen zur Verantwortung vor dem ordentlichen Richter zwingen⁴) oder auch manchmal den Streit selbst erledigen soll⁵). Aber auch wenn nur der ordentliche Richter, z. B. der Gothengraf, auf jenen Auftrag hin thätig wird, hat dieß den weitern Vortheil, daß derselbe den Beklagten, der seinem „Grafenbann" nicht folgen wollte, nun unter „Königsbann" vorladen kann: so mögen wir den Unterschied bezeichnen, der in der Anweisung an den Grafen von Syrakus aufgestellt wird: die Kosten, die Ladungsgebühren, die Sponsionen, Conventionalstrafen und Cautionen für das Nichterscheinen sind in letzterem Fall viel größer⁶).

Bezeichnend ist, daß besonders römische Kläger gegen gothische Dränger jenen Weg unmittelbar zum König einschlagen. So beauftragt der König, von Römern um außerordentlichen Rechtsschutz gegen einen Gothen angerufen, einen Gothengrafen, den Beklagten (und die Kläger) vor sein ordentliches Gericht zu laden (suo jubeat adesse judicio) und schärft ihm im Interesse der Römer die Zuziehung eines römischen Juristen, die sich ohnehin von selbst versteht⁷), nochmals ein⁸). Manchmal befiehlt der König nicht auf Antrag einer Partei, sondern, durch die besondre Schwere des Ver=

---

1) Ad . . . ejus remisisse judicium. VIII. 11.
2) Das thut er in obiger Sage gleich l. c. quam rex jussit in conspectu suo sisti.
3) II. 13.
4) Var. I. 27.
5) Var. II. 15; ob der hier genannte Theodahad der gleichnamige Prinz?
6) VIII. 28.
7) VII. 3.
8) VIII. 28.

brechens bewogen, von sich aus, dem ordentlichen Richter, thätig zu werden, z. B. wegen Vatermord[1]).

Von dieser Verweisung an das ordentliche Gericht oder Aufforderung an dasselbe, thätig zu werden, sind nun zweitens jene Fälle nicht leicht zu unterscheiden, in welchen der König ein ordentliches oder auch ein außerordentliches Gericht aus einem oder mehreren Richtern bestellt: denn nach damaliger römischer Verfassung kann der König auch die ordentlichen Richter für einen Einzelfall bestellen. Erstere Deutung, Anregung der Thätigkeit des ordentlicherweise ohnehin zuständigen Gerichts, liegt am Nächsten, wenn wir den Beauftragten als einen Richterbeamten kennen. So werden zwei vornehme Römer angehalten, sich vor dem Gericht der viri illustres Celianus und Agapetus wegen in Circusunruhen verübten Todtschlags zu verantworten[2]). Agapetus ist nun aber Präfect von Rom, wo die That geschah, Celianus ist auch sonst mit ihm zu einem judicium verbunden[3]) und der Stadtpräfect ist die competente Behörde für Circusunruhen[4]). Wenn, im Gebiet der freiwilligen Gerichtsbarkeit, der Graf Thulun beauftragt wird, eine königliche Schenkung zu verbriefen, so ist dieß nur seines Amtes, als Vorstandes des königlichen Hauses[5]). Auch der Consular Dalmatiens wird nur angewiesen, amtsgemäß zu untersuchen, ob im gegebnen Fall das Recht des Fiscus auf erbloses Gut begründet sei. Aehnliche Aufträge innerhalb der ordentlichen Competenz ergehen an den comes rerum privatarum[6]), an den dux Ibba in Gallien[7]).

Die Uebertragung außerordentlicher Gerichtsbarkeit liegt aber immer in der häufig vorkommenden Absendung außerordentlicher Commissäre („Sendboten") zur Herstellung der Ordnung in ganzen Provinzen, die in Zerrüttung gerathen[8]). Ein solcher Commissär hat immer auch ganz im Allgemeinen Civil- und Straf-

---

1) II. 14. Symmachus ist doch wohl ordentlicher Richter.
2) Var. I. 27.
3) Var. I. 23.
4) Var. I. 30. 32. Vgl. auch Pavir. I. S. 191. Dasselbe gilt von dem Proceß des Festus und Symmachus gegen Paulinus (f. Boëth. 1. 4.) unter denselben Richtern; der Ausdruck arbitri ist hier so wenig technisch wie I. 27.
5) Var. VIII. 25.
6) IV. 11. cujus ordinationi subjacere videtur provincia.
7) IV. 5. Vielleicht auch an den Gothengrafen Duda; Sunivad III. 13 wird einfach Gothengraf in Samnium.
8) s. unten „Amtshoheit".

Jurisdiction neben und über den ordentlichen Provinzialbehörden und manchmal werden ihm einzelne schwebende Processe noch besonders in seiner Instruction empfohlen. Das Motiv der Bestellung außerordentlicher Richter ist die Verhütung aller Erschleichung, aller unrichtigen Darstellung der Sachlage durch den regelmäßigen Beamten¹).

Zweifelhaft ist in vielen Civil-, Straf- und Administrativfällen, ob der Senat zu Rom innerhalb hergebrachter Competenz oder außerordentlicherweise thätig zu werden beauftragt wird²).

Sehr häufig wird aber vom König für Processe der Vornehmen unter einander³), zumal wenn sie politische (hochverrätherische) Anklagen enthalten, ein besonderes außerordentliches Gericht aus den Großen seines Hofes und der Beamtung bestellt⁴): es werden also die gesetzlichen Gerichte in ihrer Competenz von der Willkür des Königs durchbrochen. Dieß starke, auch wieder von dem Imperatorenthum herübergenommene Recht wird jetzt gegen Gothen wie gegen Römer angewendet und zeigt deutlicher als alles Andre die exorbitante Erstarkung des gothischen Königthums und zugleich die Art und Weise, in welcher diese Erstarkung vor sich ging: durch Ausdehnung der Rechte, welche der König als Nachfolger der Imperatoren über die Römer hatte, auf die Germanen, wie dieß die Einheit des Staats so nahe legte.

Sehr deutlich sehen wir die Functionen der verschiednen Beamten in dem Fall, da zwei Römer, Basilius und Prätertatus, der Zauberei angeklagt sind. Der Praefectus Urbi Romae Argolicus hat die Anklage durchgeführt und erwartet den Entscheid des Königs. Dieser aber, qui nescimus a legibus discrepare, bestellt anstatt selbst zu urtheilen, ein judicium quinquevirale aus 4 senatorischen und patricischen Männern: Symmachus, Decius, Volusia-

---

1) Var. IV. 18. consuetudo est nostrae clementiae, probatae nobis fidei agenda committere, ut cum judices delegamus tractatu maturo locum prava nequeat invenire subreptio.

2) H. B. IV. 43. ebenso frägt sich, ob der comes Arigern in Rom als comes urbis romanae oder außerordentlicherweise in einem Streit zwischen der römischen Kirche und Juden zu richten hat. Judenverfolgungen waren der Grund seiner Berufung nach Rom gewesen. III. 45.

3) Denn die Spaltungen unter diesen beizulegen ist ihm aus Gründen des innern Friedens sehr wichtig: diese Großen griffen gerne zu Gewalt und gaben den Kleinen ein böses Beispiel. I. 23.

4) Wenn er die Entscheidung nicht gleich vor sein Hofgericht zieht.

nus, Celianus und dem vir illuster Maximianus. Diese sollen mit dem Präfecten den Fall genau nach allen processualischen Formen untersuchen und nach Befund die gesetzliche Strafe aussprechen.

Aber in merkwürdiger Weise tritt zu diesen sechs römischen Richtern, die über zwei Römer urtheilen sollen, noch der Graf Arigern hinzu, dem die disciplina romanae civitatis vertraut ist. Zwar daß dieser gothische Wächter der Sicherheit die beiden Angeschuldigten, wenn sie sich widersetzen oder verbergen, verhaften und vor die Richter stellen soll, begreift sich, — obwohl es befremdet, daß der Römer, der praefectus urbi ist, dieß nicht selbst besorgen darf; nachdem dieselben in Folge einer Geistesstörung ihrer Wächter aus dem Gefängniß entsprungen sind, erhält der Graf den Auftrag, sie zu ergreifen und vor das Fünfmännergericht zu führen[1]). Jedenfalls auffallend ist es aber, daß der König diesen Gothen, obwohl es sich nicht um Gothen handelt, sondern um zwei Römer, dem römischen Gericht nicht nur als Beisitzer wie die Andern beiordnet, sondern überordnet: er soll controllirend die Verhandlungen überwachen, alle Gewaltsamkeit verhindern und dafür sorgen, daß die Angeschuldigten weder, wenn sich ihre Schuld herausstellt, entrinnen, noch auch ohne Ueberführung verurtheilt werden.

Warum wird den sechs vornehmen Römern[2]), die über Römer urtheilen, ein Gothe zur Controlle beigegeben? Ich erkläre mir das aus den besondern Verhältnissen des Falles: die Angeklagten wurden vom Präfecten als schuldig angesehen: er möchte sie lieber gleich, ohne weitere Gerichtsverhandlung, vom König verurtheilt haben, es besteht gegen sie allgemeine Aufregung (impeti accusatione multorum). Der König hielt es aber für möglich, daß sie unschuldigerweise von abscheulicher Gehäßigkeit verfolgt werden (si innocentia eorum detestabili pulsetur invidia): er besorgt also eine tumultuarische, gegen die Angeklagten voreingenommene Procedur. Gewiß hat er deßhalb schon unter jene Fünfmänner zwei von ihm wegen ihrer Weisheit hochgeehrten Römer aufgenommen: den Symmachus und Decius. Da nun aber der Graf Arigern, der ihm längst wegen seiner integritas theuer, doch einmal wegen der nöthig gewordnen Verhaftung[3]) bei der Sache thätig werden muß, so

---

1) Var. IV. 22. 23. Spuren dieses Processes bei Gregor. dial. L 4.
2) Die Mehrzahl der Richter soll die Unparteilichkeit garantiren. V. 34.
3) Solche energische Maßregeln werden am Liebsten Gothen übertragen.

soll er, der Gothe, der unbetheiligte, über ein unbefangnes unparteiisches Verfahren der Römer wachen¹).

Es ist übrigens sehr wahrscheinlich, daß die beiden Angeschuldigten, obwohl sie ohne allen Titel, ohne alle Rangbezeichnung genannt werden, Senatoren sind und daß hier eine freilich in bezeichnender Weise modificirte Anwendung des alten Gesetzes vorliegt, wonach Senatoren in Criminalprocessen von fünf Standesgenossen gerichtet werden sollen. Hiefür spricht das „nescimus a legibus discrepare". Aber eine Abweichung liegt nicht nur darin, daß der König die fünf Richter ernennt, während sie nach dem Gesetz das Loos bestimmen sollte, mehr noch darin, daß ein sechster Richter und noch dazu ein Gothe, wenn dieser auch als comes urbis senatorischen Rang hat, oder vom König in den Senat eingeführt ist, bestellt wird²).

Häufig ernennt der König auch außerordentlicherweise einen Beamten, z. B. einen Grafen als Vorstand eines Gerichts, dessen andre Beisitzer die Parteien selbst wählen dürfen. Einmal bestellt er so einen comes Microbab und den vir sublimis Gemellus zu

---

1) Namentlich aus dem an ihn gerichteten Schreiben erhellt dieser Gedankenzusammenhang: er hat gewöhnlich nur als comes urbis die disciplina civitatis romanae: es wird ihm hier der außergewöhnliche Auftrag, für die Gerechtigkeit zu sorgen und darin soll er sich besonders eifrig zeigen: tamen in eis maxime studiosius esse debes, quae nostra tibi auctoritate delegata cognoscis, ut circa te augeat gratiam *justitia custodita*, et augmenta sumas nostri judicii, qui nobis hactenus integritate placuisti. Zweimal heißt es *omnium* violenta defensione summota, d. h. weder Kläger noch Beklagte sollen ihre causa mit .violentia führen (defensio muß hier auch auf den Kläger gehen): vielmehr soll die Sache nicht nach Leidenschaft entschieden werden, sondern legibus facias discuti et finiri. „Sind sie überführt, so soll sie die im Gesetz bestimmte Strafe treffen, nicht eine willkürliche; wird aber ihre Unschuld gehässig verfolgt, dann dulde auf keine Weise, daß ihnen Unrecht geschehe". Man sieht aus dem ganzen Erlaß, der König, der auch die Juden gegen den Fanatismus des christlichen Pöbels schützt, mißtraut der allgemeinen Aufregung bei einer so bedenklichen Anklage. — Merkwürdig ist es, wie die beiden in demselben Betreff an zwei verschiedne Personen erlassnen Schreiben den vorliegenden Fall nach verschiednen Gesichtspunkten erörtern: es begegnet dieß in den Varien vermöge ihrer rhetorischen Natur häufig: aber manchmal, z. B. in den Steuer- und Militärmaßregeln werden ganz abweichende Motive für Einen Erlaß angegeben, je nachdem zu den Gothen oder den Römern gesprochen wird: den (Gothen z. B. sagt er: die Verpflegung geschehe in dieser Weise um ihretwillen, den Römern, sie sei um der Römer willen so geordnet. Und das ist oft mehr als Rhetorik: es ist Politik.

2) Vgl. über jenes Gesetz Sartor. S. 43.

Vorständen eines aus drei Rechtsverständigen (und zu vereidigenden, von den Parteien zu wählenden) bestehenden Schiedsgerichts¹). Es schienen aber diese Vorstände ohne die Schiedsrichter entschieden zu haben: denn später ordnet der König, nachdem die Beklagten appellirt, nochmals mit denselben Worten ein Schiedsgericht an und gestattet, falls auch deren Ausspruch angefochten wird, Berufung an das Hofgericht²).

Nicht das Urtheil, aber der sofortige Vollzug des königlichen decretum oder auch eines Urtheils erster Instanz wird manchmal außerordentlicherweise einem Sajo³) übertragen, der nöthigenfalls mit seiner Waffe Gehorsam erzwingt. Diese Maßregel wird besonders angewandt, wenn Rang, Macht oder Character des Verurtheilten befürchten lassen, er werde dem bloßen schriftlichen Befehle des Königs oder dem Executor des gewöhnlichen Gerichts nicht Folge leisten⁴). So sollen Sajonen einen Stadtpräfecten anhalten, mit Gewalt angemaßte Grundstücke zu restituiren⁵).

An seinen Comitat zieht der König die Sache, abgesehen von der Berufung gegen eine niedre Instanz, wenn wegen der hohen Wichtigkeit oder der besondern Schwierigkeit des Falls oder wegen besonderer Schutzbedürftigkeit der einen oder besonderer Uebermacht der andern Partei⁶) bei dem ordentlichen Richter Mangel an Einsicht oder gutem Willen oder — bei Widerstand des Verurtheilten — an der erforderlichen Energie und Macht in Findung und Vollzug des gerechten Urtheils zu befürchten steht. Insbesondre, wenn der beklagte Vornehme sich nicht vor dem ordentlichen Richter stellen wollte, erhält der Graf Auftrag, ihm Sponsion abzunehmen, daß er sich vor dem Hofgericht stellen werde⁷).

Fast noch häufiger aber sind die Fälle, in welchen der König nicht bloß das ordentliche oder außerordentliche Gericht bildet oder

---

1) Var. IV. 12.
2) Var. IV. 46; wenn es hier apud alios arbitros hieße, wäre die Sache klarer.
3) s. über diese „Amtshoheit".
4) Z. B. Prinz Theodahab Var. IV. 39; alsdann wird der bezeichnende Ausdruck imminere gebraucht: imminente Sajone nostro l. c. s. Ed. Alb. §. 1. (VI.).
5) III. 20. Doch wird auch hier vorgängige Untersuchung vorbehalten; auch der Geberich IV. 20, der der Kirche zu ihrem Recht verhelfen soll, ist wohl ein Sajo.
6) III. 36; nam in causis semper suspecta potentia.
7) III. 36.

die Sache an seinen Comitat zieht oder die Richter nur im Allgemeinen anweist, nach eignem Ermeſſen thätig zu werden, ſondern ſelbſt einen materiellen Entſcheid in der Sache erläßt. Dieſe Entſcheide werden entweder an die Behörde oder an eine Partei gerichtet.

Dieſe Behörde iſt bald der ordentliche Richter, der ſchon früher mit der Sache befaßt war, bald ein erſt jetzt vom König beſtellter Beamter, welcher die Sache nun nach dem Entſcheid des Königs erledigen ſoll, — auch dieſe Fälle ſind nicht leicht auseinander zu halten.

In der Regel ſind die an Richter erlaßnen Entſcheide (analog den epistolae) der Kaiſer bedingt gehalten und binden die Gültigkeit des königlichen Entſcheids an die Ergebniſſe einer vom Richter noch vorzunehmenden Prüfung. Dieß erklärt ſich aus der Entſtehungsweiſe der Entſcheide: eine Partei hat ſich in erſter oder in ſpäterer Inſtanz an den König gewendet, ihm die Sachlage vorgetragen und ſeine Hülfe angerufen; ſelten hat der König ſchon beide Parteien vernommen und wenn auch, ſo hat er doch kein Beweisverfahren eingeleitet. Wenn er nun in manchen dieſer Fälle die Gegenpartei zur Verantwortung vor ſeinem Comitat auffordert und ſo ſich ſelber mit der Sache befaßt, ſo beauftragt er doch viel häufiger den ordentlichen oder außerordentlichen Richter der Sache oder auch einen erſt jetzt hiezu beſtellten Beamten, die dem Vorbringen des Klägers zu Grund liegenden Thatſachen zu unterſuchen und, wenn ſie ſich bewahrheiten, nach der für dieſen Fall ſchon gegebnen Entſcheidung des Königs zu handeln — genaue oder analoge Anwendung des römiſchen Reſcriptsproceßes.

So ſoll in einem Freiheitsproceß der Gothengraf conſtatiren, ob res judicata vorliege, wie der als Knecht Beanſpruchte behauptet, und in dieſem Fall dem Kläger Stillſchweigen auferlegen[1]).

Seltner als an die Richter werden die Entſcheide des Königs an die Parteien ſelbſt gerichtet (oft analog den subscriptiones) und

---

1) Var. V. 29; ähnliche Weiſungen an den ordentlichen Richter mit Vorbehalt der causae cognitio I. 5. 11. IV. 48; dadurch ſoll alle Erſchleichung (subreptio) verhütet werden: beßhalb ſo oft die Clauſel IV. 41. si nullis impugnationibus enervantur asserta oder III. 39 si nullo mendacio asserta vitiantur; V. 3. 5 si apud vos veritas facti innotescit; andere Beiſpiele von Aufträgen und Weiſungen an Beamte, geknüpft an die Bedingung, daß ihre causae cognitio den vom König vorgetragnen Sachverhalt beſtätige. Var. I. 8. 37. II. 14. III. 14. 20. 45. IV. 22. 23. 32. 43. 46. V. 6. 24. 31. 33. VII. 46; ebenſo im Gebiet der Adminiſtration und Finanz V. 31.

zwar regelmäßig als bedingte, ausnahmsweise als unbedingte Mandate: d. h. die Partei erhält den Auftrag, dem zu Gunsten des Gegners erlaßnen Urtheil des Königs entweder nachzukommen oder vor dem Comitat den Ungrund der Klage zu behaupten oder etwaige Einreden zu beweisen: manchmal aber, namentlich wo Gefahr im Verzug, bei Streit um den Besitz, soll der Beklagte vorerst unbedingt dem Urtheil des Königs nachkommen, z. B. Besitz restituiren und erst nachträglich etwaige Einreden in petitorio vor dem Comitat vorbringen. In beiden Arten von Mandaten wird der Comitat das eventuell competente Gericht. Ein bedingtes Mandat erhält Prinz Theobahad einmal: entweder soll er restituiren, was seine Leute an Liegenschaften zwei benachbarten Römern entrissen haben oder, falls er Ansprüche zu haben glaubt, dieselben durch einen Vertreter vor dem Comitat geltend machen[1]), ebenso der Bischof von Pola[2]); und ein andrer Bischof, dessen Leute beschuldigt werden, Bürger von Sarsenna verknechtet zu haben, erhält ebenso den alternativen Auftrag, entweder die in Freiheit Vindicirten herauszugeben oder den Proceß vor dem Hofgericht zu führen[3]). Einmal werden unbedingte und bedingte Mandate in der Weise verbunden, daß, was der Beklagte durch Veräußerung eines unvertretnen Pupillen erworben hat, ohne Weitres an den königlichen Executor für den Pupillen zurückzustellen ist: was er durch Erbtheilung erworben zu haben behauptet, soll er vor dem Hofgericht geltend machen[4]). Ein Gothe erhält den al-

---

1) Var. V. 12.

2) IV. 44; restituite supplicanti . . verum tamen si partibus vestris in tam momentaria vel principali justitia adesse cognoscitis, instructam legibus ad comitatum nostrum destinate personam, ubi qualitas negotii agnosci debeat et finiri.

3) II. 18; in der Mitte zwischen Mandaten an Parteien und Anweisungen an Beamte, sowie zwischen bedingten und unbedingten Mandaten steht gewissermaßen V. 30: der Vornehme, welcher Knechtsdienste von Freien forderte, wird beauftragt, hievon abzustehen, — da dem König die Freiheit der Betreffenden außer Zweifel steht; er fordert aber die Dienste vielleicht nicht für sich, sondern als Beamter; behauptet er nicht knechtische, sondern andre (vielleicht staatsbürgerliche) Dienste zu fordern, so mag er hierin fortfahren: im Fall des Ungehorsams würde abermals Klage an den König erfolgen. Auch in integrum restitutio wird bedingtermaßen, d. h. wenn die gesetzlichen Voraussetzungen gegeben und die angeführten Thatsachen begründet seien, der Partei verkündet: sie muß dann vor dem ordentlichen Richter jene Thatsachen, wenn sie der Gegner bestreitet, beweisen. Var. IV. 35.

4) I. 7.

ternativen Auftrag gegen seine Frau, welche eine andere mißhandelt hat, mit seiner eheherrlichen Gewalt einzuschreiten oder, wenn er sie für unschuldig hält, sie gegen die Klägerin vor dem Hofgericht zu verantworten[1]). Die Depositare von angeblich zu einem confiscirten Vermögen gehöriger Fahrniß sollen dieselbe dem Fiscus herausgeben oder sich vor Gericht vertheidigen[2]). Bedingte Mandate werden namentlich häufig den Bischöfen ertheilt[3]), sie sollen die Begründetheit der Forderungen und Rechtshandlungen ihrer Leute selbst prüfen und dann nach Befund restituiren oder vor dem Hofgericht sich verantworten. Letztere Alternative wird als selbstverständlich manchmal unterdrückt[4]).

Ein unbedingtes Mandat erhält der notorische Landräuber Prinz Theobahab, der die Grundstücke aller seiner Nachbarn mit Gewalt oder eiteln Rechtsvorwänden an sich zu reißen nicht müde wird: er wird beauftragt, die Aecker, welche seine Verwalter einem Römer Domitius entrißen haben, mit aller Zubehör sofort zurückzustellen. „Und wenn ihr glaubt, etwas davon mit Rechtsgründen für euch in Anspruch nehmen zu können, so schickt einen Vertreter an unsern Comitat, auf daß nach unparteiischer Prüfung der Angaben beider Parteien dasjenige Urtheil gefällt werde, welches das Recht vorschreibt"[5]); hier wird also vor Allem der durch Gewalt veränderte Besitz wieder hergestellt. Ebenso unbedingt wird der Gothe Goio beauftragt, seinem bisherigen Mündel, der bereits mündig sei, die Erbschaft des Vaters herauszugeben[6]). Oft ergeht in solchen Fällen zugleich an einen Executionsbeamten (miles noster, d. h. Sajo, Executor, Apparitor) der Auftrag, die Restitution ꝛc. entgegen zu nehmen[7]). Interessant in mehr als einer Hinsicht ist der Proceß des Basilius und der Agapita gegen Probinus, in welchem nicht weniger als vier Mandate des Königs ergehn. Agapita hatte ihren Gatten Basilius verlassen und in dem Asyl einer Kirche dem Probinus ein Landgut verkauft. Später, zu ihrem Manne zurückgekehrt, hatte sie das Geschäft angefochten und

---

1) V. 23.
2) IV. 32; ein andrer alternativer Auftrag II. 21.
3) Z. B. II. 13. 18. III. 7. 37. IV. 44.
4) Vgl. IV. 44. III. 7 und unten „Kirchenhoheit"; andere Fälle bedingter Mandate an Parteien IV. 37. 39. VI. 12. V. 32 an Gothen, IV. 40 an Römer.
5) Var. IV. 39.
6) I. 38; s. Anhang II.
7) I. 8.

der König dem Probinus das bedingte Mandat ertheilt, zu restituiren oder sich zu verantworten. Da keines von beiden geschieht, erfolgt ein unbedingtes Mandat der Restitution. Jetzt aber wird dem Probinus nachträglich, nachdem er restituirt hat, auf seine Vorstellungen gestattet, sein Recht in petitorio vor dem Comitat nachzuweisen. Probinus hat dieß gethan, aber nun ist Basilius (mit Agapita) ausgeblieben und muß durch ein weiteres Mandat angehalten werden, wenn er im Rechte zu sein glaube, sich zu verantworten, d. h. er darf sich nicht mehr auf jenes unbedingte Mandat berufen, das nur den Besitzstreit soll erledigt haben¹).

Es gibt also sonder Zweifel Fälle, in welchen eine Partei genöthigt wird, gegen ihren Willen, anstatt vor dem gewöhnlichen Gericht vor dem Comitat Recht zu nehmen. Nur manchmal wird der Partei zwischen dem forum ordinarium und dem Hofgericht die Wahl gelassen und nur von Fällen dieser Art, nicht absolut, ist der zu allgemein gehaltne Ausspruch zu verstehen: „wir haben den Basilius angehalten euch Rede zu stehen vor unserem Königsgericht oder vor dem gewöhnlichen Gericht, wenn er will. Denn wir legen den Zwang solcher Weiterung nur denen auf, welche dieß für vortheilhaft halten. Als eine Wohlthat gewähren wir unsre Gegenwart und beßhalb soll nicht, was nur Gegenstand des Wunsches sein soll, Widerstrebenden auferlegt werden"²). Solche facultative Zulassung zum Hofgericht begegnet bei der Appellation von dem ordentlichen Gericht, falls auch der Entscheid des vom König bestellten außerordentlichen Schiedsgerichts nicht befriedigen sollte³).

Da Justiz und Verwaltung völlig unausgeschieden waren, so wandte man sich keineswegs bloß in Rechtssachen an den comitatus, sondern ebenso in allen Fällen der Administration und des Finanzwesens: denn in fast allen Fällen bildeten die großen Hof-

---

1) Dieß ist der wahrscheinlichste Zusammenhang von Var. II. 11 und IV. 40; der König hat Mühe den Basilius nach jenem Restitutionsmandat nochmal zur Prozeßeinlassung zu bringen.

2) IV. 40; daß dieser Satz in solcher Ausdehnung nicht richtig ist, zeigen alle obigen S. 99 f Stellen der Varien; übrigens beweist praesentia nostra, daß comitatus nicht wie man irrig angenommen, das Gericht eines comes, sondern des Königs selbst ist. („comitatus, ubi rerum domini" C. Th. gloss. nom. s. h. v.).

3) IV. 46. nostro comitatui concurrendi licentiam partibus non denegamus.

beamten die vorletzte und der König die letzte Instanz. Es ist deßhalb oft unklar, ob der König um Rechtshülfe oder außerartige Hülfe angegangen wird¹); auch die sehr verschiednen Ausdrücke für die Bitten und Anrufen der Unterthanen an den Comitat gewähren keine Auskunft, denn sie werden ohne Unterschied in Justiz, Administration, Finanz gebraucht²).

In allen diesen verschiednen Functionen aber erweist sich das Königsgericht als die durch keinen Verdacht anzutastende Verwirklichung der höchsten Gerechtigkeit, welche der König anstrebt: von hier fließt alle Gerechtigkeit aus: hier erfüllt der König seine höchste Pflicht, der Hort des Rechts zu sein. „Was Du braußen in der Provinz selber thust", sagt er einem Prinzen, „gereicht Dir zur Gehässigkeit und zum Schaden Deines Rufes: aber an meinem Hofgerichte, da streiten nicht die Personen, sondern die beiden Sachlagen selbst mit ihren Rechtsgründen³) und ohne Verdacht der Parteilichkeit wird hier ein Geringerer (und Römer auch einem Gothen und Prinzen gegenüber) verurtheilt, wenn er eben nach Zeugniß der Gerechtigkeit verurtheilt werden muß"⁴). „Anderwärts vielleicht mag man ungerechte Richter fürchten, hier, wo die Rechtshülfe in unserer Gegenwart verlangt wird, ist ein erkauftes Urtheil nicht zu fürchten"⁵). Dieß Tribunal ist über allen Verdacht erhaben⁶).

---

1) Z. B. wenn der „populus prasinus", die grüne Circuspartei, I. 27, von dem comitatus consueta remedia fordert, kann dieß fast ebenso gut „herkömmliche financielle ꝛc. Unterstützung" als, was aber doch nach dem Sprachgebrauch der Varien wahrscheinlicher, die „gewohnte Gerechtigkeit" bedeuten.

2) Die häufigsten technischen Bezeichnungen sind: allegatio V. 36. XII. 26. IX. 15. II. 30. flebilis III. 7. IX. 15. supplicatio I. 11. IV. 20. 33. 35. 41. II. 9. adunata I. 10. aditio III. 37. IV. 37. 43. supplex V. 12 flebilis IV. 44. VIII. 24. dolenda IV. 46. frequens V. 15. lacrimabilis III. 14. petitio (flebilis II. 13). II. 29. 21. suggestio III. 52. IV. 6. 10. 18. 28. 29. 43. 47. V. 6. 7. 41. lacrimabilis I. 7. & conquestio II. 32. 33. preces II. 1. querela I. 30. V. 6. insinuatio I. 2. I. 19. relatio III. 46. IV. 22. 32.

3) d. h. legali positione intercedente Var. I. 7.

4) Var. V. 12.

5) VI. 9.

6) IV. 46. ubi nec redemptio sit forte suspecta nec insidiosa possit nocere calumnia. Die Beschuldigung widerrechtlicher Bereicherung kann diesen König, dessen Ruhm die Gerechtigkeit, nicht treffen: also mag der Fiscus einen wirklich begründeten Anspruch ohne Besorgniß vor falschen Klagen geltend machen. V. 24.

An dem Comitat hielten sich fortwährend eine hinreichende Zahl von des römischen und des gothischen Rechtes kundigen vornehmen Römern und Gothen auf, aus welchen der König seine außerordentlichen und ordentlichen Richter, Schiedsrichter und Vollzugsmandatare wählte, auch abgesehen von denjenigen Beamten, welche wie der Referendar und der Quästor¹) officiell der Rechtspflege des Comitats zu walten, an den König zu berichten und in seinem Namen und Auftrag, in seiner Gegenwart oder als seine Vertreter in seiner Abwesenheit, die Urtheile des königlichen Hofgerichts zu verkünden oder schriftlich zu versenden hatten²).

Und auch in den übrigen sehr zahlreichen Anwendungen der königlichen Gerichtshoheit, in welchen der Comitat nicht ausdrücklich genannt wird, müssen wir uns doch die Thätigkeit des Königs als durch denselben vermittelt denken: er handelt, auch wenn er persönlich Gericht hält³), dabei auf Bericht und Antrag seiner Räthe.

Häufig ertheilt auch der König als oberster Richter Rechtsbelehrungen („epistolae") auf Anfragen von Untergerichten, wenn diese in verwickelten Fällen nicht selbst zu entscheiden wagen. So namentlich, wenn die Frage ein principielles Präjudiz für die politischen Verhältnisse, für die Umgestaltung Italiens durch die gothische Einwanderung enthält⁴), oder wenn, wie bei der Anklage wegen Zauberei, die Gesinnung des Königs oder die Begründetheit der Schuld zweifelhaft ist: er verweist dann wohl von seiner individuellen Ansicht auf die Gesetze⁵).

Als oberster Schützer des Rechts bekräftigt der König auch durch besondre Urkundung noch sicherer ohnehin schon bestehende

---

1) VIII. 14. Sein Amt ist daher eines der wichtigsten. Var. praef. I. 12. 13. V. 3. ihm ist anvertraut der Ruhm unsrer Rechtspflege V. 4. VI. 5. VIII. 13. 18. 19. IX. 24 X. 6. 7. Deßhalb ist es gerade der Quästor, der im Namen Athalarichs unparteiische Gerechtigkeit eidlich verspricht VIII. 14. — (Sartor. S. 48. Manso S. 350). Der Quästor Urbicus beseitigte halb gegen des Königs Willen die letzten Beschränkungen der Amnestie. Vita Epiphanii pag. 1012 seq.

2) Der Comitat bedient sich schriftlicher Form. Var. XII. 21. Sart. S. 108; vgl. über die scriniarii VII. 21. XI. 22. 24.

3) VI. 5.

4) Z. B. bezüglich der Rechtstitel bei Grunderwerb, Verjährung neben Anweisung I. 18 ad interrogationem vestram curavimus praebere responsum, ne per dubitationem possitis errare.

5) IV. 22. 23.

Rechte, womit sich aber gewöhnlich noch weitere Rechtsverleihungen zur Sicherung des erstverliehenen Rechts verbinden: eine Schenkung des Königs steht bereits abgeschlossen und gültig da: aber die auctoritas regis gewährt noch weitere Sicherung des Besitzes durch Erlaß einer königlichen Urkunde, in welcher jede Anfechtung mit einer Geldstrafe bedroht wird¹). Als oberster Schützer des Rechts cassirt er ungerechte, erschlichne Urtheile seiner Richter und abolirt die verhängte Strafe. Der Archiater Johannes war in Folge einer Erschleichung vom vicarius urbis Romae ohne Gehör verurtheilt worden: da aber später der Gegner reuig sein Unrecht eingesteht, wird die ausgesprochne Confiscation und Verbannung aufgehoben²). Anderseits wird aber die Rechtskraft eines rite gefällten Urtheils gegen spätere Wiedererhebung desselben Anspruchs aufrecht erhalten³) und der König sorgt für stracke Execution der Urtheile, namentlich seiner eignen Mandate, wenn keine Berufung ergriffen worden⁴). Er schickt gleich einen „executor", dem „ohne alle Weiterung" herauszugeben ist⁵). Aber auch dem etwa muthwilligen Kläger wird mit Strafe gedroht⁶).

Der König übt auch das Recht der Begnadigung im Criminalrecht wie ein römischer Kaiser — doch liegt es in der Natur der Verhältnisse und in dem Geist des germanischen Rechts, daß auch dem Germanischen König diese Befugniß nicht ganz fehlte

---

1) Var. VIII. 25. serenitas nostra vel inchoatae voluntatis desiderium vel . . plenissimae donationis effectum praesenti auctoritate corroboramus, ut saepe dicta domus . . cum omnibus ad se pertinentibus in tua vel heredum tuorum possessione permaneat et quidquid de hac facere malueris, habebis liberam potestatem, cujus libet vel privati nominis vel publici posthac inquietudinem summoventes. ubi, si quid esset quolibet casu qualibet inquisitione forte ambiguum, hujus auctoritatis nostrae judicio constat explosum. fruere . . rebus propriis et nostra . . auctoritate solidatis. alii enim tibi jura legitima praestiterunt (d. h. der vorige König), nos possessionis quietem et cunctis saeculis conferimus firmitatem; ähnliche Urkunden finden sich, aus römischen Formeln übergegangen, auch in andern Germanenstaaten gleichzeitig und später, früher kaum.
2) Var. IV. 41 . .
3) Var. IV. 37. V. 29.
4) Var. I. 5. IV. 15. 37. si controversia est decisa nec aliqua probatur appellatione suspensa.
5) I. 7. 8. militi nostro sine aliqua dilatione restituas — devotio tua faciat sine dilatione restitui.
6) Var. III. 36.

und es ist wohl nur in der Form Anlehnung an das römische Recht anzunehmen. Einem wegen Entführung angeschuldigten Römer, den man zum Geständniß gezwungen und in der Vertheidigung verkürzt hatte, setzt er die Strafe auf sechs Monate Verbannung herab und erläßt ihm ausdrücklich die infamia, welche mit diesem Recht verbunden ist¹): freilich ein sonderbarer Mittelweg statt für den Fall der Schuld ganz zu verurtheilen, oder für den Fall wesentlicher Formfehler im Verfahren ganz freizusprechen oder dasselbe wieder aufzunehmen. Den Versuch zum Brudermord oder Körperverletzung straft er mit Verbannung, wohl auch im Wege der Strafmilderung²). Ein Todtschläger, der das Asyl einer Kirche gesucht, wird zur Relegation auf die vulcanischen Inseln begnadigt³). Ebenso wird wohl aus Rücksicht auf die Kirche einem Priester, der aus Gräbern Gold entwendet, die Strafe erlassen und nur die Beute abgenommen⁴).

Bei feierlichen Anlässen, bei wichtigen politischen Festen sowohl wie bei den großen Kirchenfesten, z. B. Ostern⁵), werden umfassende, aber nicht ausnahmslose Amnestien (indulgentiae) erlassen und viele Gefangene aus der Untersuchungs= oder Strafhaft befreit⁶); auch Fürbitten von geistlichen und weltlichen Großen erwirken Begnadigung oder Niederschlagung der Untersuchung⁷). Keine eigentliche Begnadigung ist die Strafloserklärung des Ehemanns, der den auf handhafter That ergriffnen Ehebrecher erschlagen hat: die schon ausgesprochne Strafe der Verbannung wird auf Berufung aufgehoben⁸). Zweifelhaft ist, ob die Schiffsführer,

---

1) Var. III. 46. itaque asperitatem poenae nostra lenitate mollimus.
2) Var. I. 18. de percussore tantummodo non etiam peremtore fratris, quanquam omnium communi lege damnetur solumque sit parricidium quod totius tragoediam reatus exsuperet, tamen *humanitas nostra, quae sibi et in sceleratis locum pietatis inquirit*, praesenti auctoritate definit, ut hujus modi portenta provinciae finibus abigantur.
3) III. 47; über die Wirkung des kirchlichen Asyls s. unten „Kirchenhoheit" und Anhang 1.
4) Var. IV. 18. scelus pro sacerdotali honore relinquimus impunitum; s. u. „Kirchenhoheit".
5) Var. X. 17. XI. 40.
6) Var. XI. 40.
7) Var. IX. 17.
8) I. 37. aestimetur potius vindicta quam culpa; ab exilio tibi inflicto te praecipimus esse alienum; auch IV. 41 liegt keine eigentliche Begnadigung, sondern Abolition vor: in abolitum missa sententia.

welche spanisches Getraide nach Rom bringen sollten, aber dasselbe, „den Aufschub nicht ertragend", zuvor in Afrika verkauften, sich eigentlicher Unterschlagung oder nur des Vertragsbruchs schuldig gemacht haben: jedenfalls wird ihnen nur die Strafe, nicht der Schadenersatz erlassen¹). Klar dagegen ist der Fall des Gothen Tanca, der, unter gnadenweiser Befreiung vor der Strafe der violentia, nur zur Restitution angehalten wird²).

Auch im Civilrecht gewährt der König außerordentliche Rechtshülfe, z. B. ertheilt er legitimatio per rescriptum principis³), in integrum restitutio⁴).

Von allen Bethätigungen der Gerichtshoheit des Königs sind nun aber für uns die wichtigsten jene, welche wir, trotz der bunten Verschiedenheit ihrer Erscheinungsformen und Richtungen, unter den einheitlichen Begriff der Obervormundschaft zusammenfassen dürfen.

Diese Obervormundschaft knüpft zwar vielfach an Rechte, welche die Imperatoren bereits übten, aber die Auffassung dieser Rechte als Pflichten, einige eigenthümliche Richtungen, welche diese Thätigkeit nimmt, und endlich die Ansätze zu neuen, bestimmten Rechtsinstitutionen, welche aus jenen Auffassungen und diesen Richtungen erwuchsen, stellen auch im Ostgothenstaat und zwar schon ziemlich ausgebildet, jene germanische Rechtsidee des Königsschutzes dar, welche sich in den Staaten von längerem Bestand reicher und voller, aber zum Theil erst später entwickelt hat.

Der Ostgothenkönig hat nicht nur, wie schon der Träger der römischen Gerichtshoheit bezüglich der römischen tutela und cura, Recht und Pflicht der Fürsorge und Controlle, er wird auch ganz im germanischen Sinn als der oberste Mundwalt gedacht und als der eventuelle allgemeine Mundwalt Aller, die eines andern Mund-

---

1) Var. V. 35; vielleicht muß zwischen den contractbrüchigen Getraideverkäufern und den naucleri unterschieden werden: quod quamvis inultum minime transire debuisset, ut amor proprii commodi tot populorum jejuna vota suspenderet, tamen, quia nobis insitum est, culpas remittere, quas possumus cauta ordinatione corrigere etc. qui vindictam remisimus damna minimo sentiamus. Die betreffende Summe macht 1038 sol., von diesen werden 38 eingefordert.
2) Var. VIII. 28. sufficit quod ei relaxamus poenam, qui facere praesumpsit injuriam.
3) VII. 40.
4) IV. 35. VIII. 41.

walts barben: er hat Pflicht und Recht, alle Schutzbedürftigen mit seinem allgemeinen Königsschutz zu schützen und er kann auch in besondern Fällen gewissen Personen diesen seinen Königsschutz ganz besonders zuwenden.

Im Gebiet römischer tutela und cura befiehlt er z. B. auf die Klage des Tutors eines pupillus dem Executor Amabilis, von dem Schwager und Bruder des pupillus zurückzufordern, was dieser dem unbedachten Knaben abgelistet: etwaige Einreden sind vor dem Comitat geltend zu machen¹), er ertheilt venia aetatis²) und restitutio ex capite minoris aetatis³); für die Verwaltung des Vermögens eines Abwesenden oder die minderjährigen Söhne eines treuen Dieners sorgt er durch außerordentliche Mittel⁴), ebenso für andre verwaiste römische Minderjährige⁵).

Im Gebiet deutschrechtlicher Altersmundschaft macht er den Satz des deutschen Vormundschaftsrechts geltend, daß die individuelle Waffenmündigkeit, nicht ein abstractes Altersjahr, die Mundschaft des Altersmundwalts aufhebe und verhilft dem bisherigen Mündel zum Besitz seines väterlichen Erbguts⁶). Und auf's deutlichste wird ganz allgemein Pflicht und Recht des Königs ausgesprochen, Alle zu schützen, die sich selbst nicht schützen können und keinen andern Schützer haben.

Die Thronbesteigung eines neuen Königs ist deßhalb so erfreulich, „weil nun wieder ein Beschirmer Aller vorhanden ist"⁷). Denn „der König ist der allgemeine Beschützer Aller"⁸), er, als der Träger der gesetzlichen Ordnung⁹), hat sich Aller in gleicher Weise anzunehmen¹⁰), aber doch am Meisten der Schutzbedürftigen:

---

1) Var. I. 7. 8. Nectherius, der Bruder des Plutianus, scheint dessen Güter an den gemeinsamen Schwager Felix vergeudet zu haben.
2) Var. VII. 41.
3) Var. IV. 35. VIII. 41.
4) I. 15. I. 36. IV. 42 f. unten „tuitio".
5) IV. 9. 42.
6) Var. I. 38; f. über diese Stelle den 11. Anhang.
7) Var. VIII. 2. plenissimum gaudium constat esse, cognoscere dominantis exortum, ut, qui creditur universos posse protegere, audiatur ad regni culmina pervenisse.
8) IX. 5. generalis dominus custos factus sum cunctorum; vgl. „custos libertatis" Inschrift von Terracina bei Manso 392.
9) Auctor civilitatis VIII. 2.
10) VII. 39.

„Wohl liegt es uns am Herzen, Alle im Allgemeinen zu schützen, aber am Meisten diejenigen, welche sich selbst nicht schützen können. Dadurch wird die Wage der Gleichheit gewahrt, daß wir den Hülflosen unsere Hülfe leihen und die Furcht vor uns zwischen die Frevler und die Unmündigen stellen"[1]). „Mit Fug nimmt sich des Königs Milde derer an, welche der Fürsorge des Vaters beraubt sind. Denn, unter seinem, des allgemeinen Vaters Schutz, soll man den Verlust des eigenen Erzeugers nicht verspüren. Mit Recht sucht die entblößte Kindheit ihre Zuflucht bei uns": so wird den Waisen des Volusian, denen man in der Zeit der Trauer um den Vater Stücke von dessen Erbschaft entrissen, Restitution gewährt[2]). Auch die Waisen Maurentius und Paula, von vielen Seiten verfolgt und des Vatersschutzes beraubt, werden nun in Königsschutz genommen[3]). Ein Vornehmer hat dem armen Castorius ein Gut entrissen, da verordnet der König außerordentliche Untersuchung durch zwei Sajonen und eventuell doppelte Rückerstattung des Raubes nebst einer Buße von fünfzig Pfund Gold für den Wiederholungsfall; und dieses energische Einschreiten wird mit folgenden Worten gerechtfertigt, welche auf's Schärfste Pflicht und Recht und Tendenz der Krone zeichnen: „Unter den ruhmreichen Sorgen für den Staat, die wir fortwährend im Herzen tragen, liegt uns vor Allem Andern an, zur Beschirmung der Geringen gegen die Macht der hochmüthigen Großen die Schutzwehr unsrer Huld emporzurichten. Es ist unser Vorsatz, solch hochfahrend Wesen niederzutreten: mit übermüthiger Keckheit soll nichts ausgerichtet sein. Mehr als die Ungerechtigkeit und Schlauheit der Frevler soll die Hülfe unsrer Huld vermögen: denn durch solche Thaten verletzt man nicht so fast einen Castorius, als unsern königlichen Willen"[4]).

---

1) l. c. I. 8. cordi nobis est, cunctos in commune protegere, sed eos maxime, quos sibi novimus defuisse. sic enim aequitatis libra servabitur, si auxilium largiamur imparibus et metum nostri pro parvulis insolentibus opponamus.

2) IV. 42. Bene principales clementia suscipit, quos pietas paterna destituit, quia *sub parente publico* genitores minime sentiri debet amissio.

3) V. 9. f. unten „tuitio"; vgl. VII. 39.

4) Var. III. 20; so gewinnt es neue Bedeutung, daß die justitia seine Hauptsorge ist: oben S. 84 f. und Var. VIII. 2. IX. 14. 19. I. 39 jede Rechtskränkung den König trifft II. 24 und man deßhalb sicher „geschützt" unter seinem Scepter lebt I. 9. tuta est conditio subjectorum etc.; vgl. XII. 15. I. 37. III. 36. IV. 32.

Es sind nun aber, was noch ganz unbemerkt und doch sehr merkwürdig, jene „Hülfsbedürftigen", denen der besondere Schutz des Königs sich zuwendet, die nämlichen Kategorien, welche später im deutschen Staatsrecht sich der besondern Beschützung des Königs erfreuen: nämlich außer den Unmündigen[1]) die Waisen[2]), die Frauen[3]), zumal Wittwen[4]) und die Hochbetagten[5]), die Fremden[6]), die Blinden[7]), die Kirchen[8]), die Juden[9]) und; entsprechend den früher geschilderten socialen und politischen Entwicklungen und Krisen im Gothenstaat, die armen geringen Gemeinfreien gegenüber dem Druck der reichen, mächtigen gothischen und römischen Aristokratie.

In bedeutsamer Weise ergänzt sich hier unsere obige Darstellung jener socialen und politischen Krisen durch den Nachweis, wie die beschützende obervormundschaftliche Thätigkeit des Königs nach allen möglichen Richtungen sich dieser Armen und Geringen gegen die Unterdrückung der Reichen und Mächtigen annehmen muß: bereits ist dieser ganze Stand, obgleich frei, nicht mehr fähig sich selbst zu schützen, sondern, wie Unmündige und Waisen, auf den Schutz des Königs angewiesen.

„Der Zustand der kleinen Leute ruft die Hülfe des Königs an"[10]). Sehr zahlreich sind die Beschützungen der minores[11]) gegen

---

1) Oben S. 84.
2) IV. 9. IV. 42.
3) II. 10. propositum regale est gravatis per injuriam subvenire etc.
4) Oben S. 90.
5) V. 25. fessos annos munificentia nostra corroborat, sogar durch neue Einrichtungen.
6) Ad nos jure recurrit infantia destituta.
7) V. 29.
8) II. 29. IX. 15.
9) V. 37. defensione tuitionis nostrae muniti
10) I. 27. conditio minorum (das sind nicht etwa Unmündige) regnantis implorat auxilium.
11) Potior minori non sit infestus VIII. 7. (auch bei andern Zeitgenossen in diesem Sinn. Ennod. ep. I. 2.) minor fortuna IV. 40. VIII. 7. pauperes IX. 15. 7. XII. 13. II. 9. IV. 20. mediocres IX. 2. 5. (d. h. Arme XII. 22). V. 3. 12. 14. 22. 44. VII. 14. 45. mediocribus justitiam servare contendas IV. 5. 17. 20. 40. II. 24. III. 27. VI. 2. 20. VIII. 13. 31. mediocritas VI. 21. infirmi I. 15. II. 24. III. 17. 5. 9. infirmorum auxilium I. 15. defensio XII. 1. humiles (privati VI. 14. gegenüber dem Amtsadel I. 15. erigat humiles) levamen humilium II. 20. humilitas XII. 3. (vgl. Ennod. epist. I. 2.)

die potentes, potentia, potentiores, praepotentes[1]), potiores, idonei. Denn sie sind zugleich die superbi, insolentes, persequentes, pervasores[2]).

Diese vielnamigen Geringen werden geschützt wie gegen den Kornwucher der Reichen[3]), so gegen die nimietas der Steuereinnehmer, welche von den Armen fordern, was die reichen Senatoren schuldig bleiben[4]). Die Beschützung dieser Schutzbedürftigen wird ausdrücklich als Pflicht anerkannt und energisch betrieben[5]). „Das

III. 21. 27. 40. fortuna V. 22. im Gegensatz zum Senat: indigentes (nullus opprimat XII. 5). tenuis IV. 37. VII. 14. IX. 5. tenuissima plebs IX. 15, tenuitas I. 19. 29. II. 24. 25. IV. 10. 37. V. 14. 41. VI. 20. fessi IV. 36. II. 26. VI. 20. consule fessis. fatigati IV. 26; sie sind die opprimendi, d. h. denen oppressio droht I. 15. oppressi IX. 7. refugium XII. 1. miseri IV. 41. lacerati IV. 49. laborantes V. 15.

1) II. 24. IV. 39. 42. III. 5. VII. 42. 17. 20. 36. IV. 40. VIII. 31. II. 25 (d. h. Senatoren) vgl. dazu im Edict §§. 43. 44. 45. 46. 122. epilog. potiores VIII. 7. idonei VII. 14; diese Belege verglichen mit S. 40 f. und dem Edict Anhang I. zeigen, daß der Gegensatz von potentiores und minores wesentlich auf dem Vermögen beruht und für die Gothen erst neu entstanden ist. Köpke (der K. Maurer folgt), irrt entschieden mit dem Satz S. 202, „ohne Zweifel gehörte der Gegensatz schon der ältesten Zeit an"; hier hat v. Sybel S. 208 gewiß das Richtige. Maurer hat fast nur das Ed. Th. benützt.

2) III. 20. XII. 5; man streitet, ob in dem Dictum Theoderichs An Val. p. 621 „Romanus miser imitatur Gothum, et utilis Gothus imitatur Romanum" miser und utilis moralisch oder pecuniär gemeint sei; in der Anschauung der Zeit fällt beides bereits zusammen: der utilis ist der Reiche und Tüchtige; welches Moment aber in jenem Dictum überwog, ist schwer zu sagen: eher das pecuniäre Gibbon c. 39, Balbo I. S. 89, Sart. S. 20.

3) IX. 5.

4) II. 24. 25.

5) l c. per hanc difficultatem *tenues* deprimi, quos magis decuerat sublevari. fiet enim, ut exactorum nimietas, tum a *potentibus* contemnitur, in tenues conversa grassetur .... ut qui functionem propriam vix poterat sustinere devotus, alienis oneribus prematur infirmus . . . hoc etiam edictali programmate in cunctorum noveritis . . notitiam pertulisse, ut libere prorumpat in publicum, qui se alienae functionis pondere novit oppressum, relaturi a nobis justitiae fructum, qui *fessis* novimus dare praesidium . . detestamur *miseros* premi, commovemur et non querentium malis . . . cunctorum nos respiciunt laesiones . . illud pietati nostrae perire credimus, quod per *mediocrium* damna sentimus . . quisquis possessorum sive curialium gravatum se sensit . . ad nostrae serenitatis audientiam deproperet, sciturus nobis priores excessus omnino displicuisse, cum viderit profutura succedere. patuit ergo vobis arbitrium justi principis etc. Ueber diese Beschirmung der Geringen durch den König vgl. noch I. 30. II. 23.

Recht soll deßhalb den Mächtigen ein Zügel, ein Schild den Schwachen sein"¹); die sich selbst nicht helfen können, wie die Blinden, sind an die Hülfe des Königs gewiesen²). „Manchmal erlassen wir nothgedrungen etwas scharfe Befehle, aus Liebe zur Gerechtigkeit, indem wir besondere Milde den Armen zuwenden. Denn wer leicht zu bedrücken ist, zieht unser Mitleid besonders an und hat von seiner Geringheit den Vortheil, uns leichter zum Erbarmen zu gewinnen. Denn wir glauben leicht den Kleinen und mißtrauen den Mächtigen"³). „Adlige Männer müssen besonders vorsichtig die Gesetzlichkeit einhalten, denn leicht glaubt man vom Mächtigen, daß er Unrecht thue, vom Schwachen, daß er Unrecht leide"⁴) Auch der mächtige Präfectus Prätorio muß ein einem Geringen entrißnes Landgut herausgeben: „dieses Exempel möge alle Gewalten in Zaum und Schranke halten, nicht einmal jenem geht es hin, in Unterdrückung eines Armen auszuschweifen und sogar ihm, vor dem wir selber uns vom Sitz erheben, wird die Macht genommen, dem Hülflosen zu schaden⁵)". „Denn es ist Aufgabe des Königs, die Bedrängten durch Huld und Milde aufzurichten⁶), „wir verabscheuen die Bedrückung der Schwachen"⁷), „jede Kränkung der Geringen trifft uns selbst"⁸). „Empfindlich schmerzt der Druck der Vornehmen die Geringen, und wenn die Großen ihre Rache an den Kleinen kühlen, so fällt dieß schwer auf des Königs Ruhm zurück"⁹). So mannichfaltig die Formen und Wege der Bedrückung der Kleinen durch die Großen¹⁰), so mannichfaltig sind die Mittel des Schutzes durch den König. Gläubiger treten schlecht begründete Forderungen zum Schaden der Schuldner an Mächtige ab, welche sie dann mit Selbsthülfe oder vor Gericht mit großer Ungleichheit der Stellung eintreiben, oder solche potentes mischen sich auch

---

24. 25. 38. III. 20. 27. 34. 36. 37. IV. 39. 40. 41. V. 14. 15. 29. 39. VI. 20. VII. 14. VIII. 1. XII. 5. 13.

1) III. 17.
2) V. 29.
3) IV. 40.
4) IV. 39.
5) III. 20; f. oben S. 86.
6) IV. 9.
7) II: 25.
8) l. c.
9) III. 27.
10) I. 15. II. 13. Vgl. besonders auch über den Mißbrauch der *patrocinia* Libanius (bei Roth, Feudal. S. 283).

ohne allen Schein des Rechts in fremde Processe¹), oder lassen ihre Namen auf fremde Häuser schreiben²), oder nehmen einfach mit Gewalt ihren Nachbarn Aecker und Sclaven³). Auch von den hohen Beamten wird das „harmlose geringe Volk" statt mit „wohlwollendem Bürgersinn" mit Dünkel und Härte behandelt und mit den Waffen überfallen⁴). Die fröhliche Circusfreiheit des Volks, das Recht, sich über Sieg und Niederlage durch Zuruf zu äußern, muß gegen die Empfindlichkeit der Senatoren wiederholt vom König gewahrt werden⁵); die Kräfte der kleinen Leute soll man schützen und aufkommen lassen⁶), gegen sie besonders soll sich der Beamte, der sich überhaupt nur durch Gerechtigkeit empfiehlt⁷), der billigsten Milde befleißen. „Je mehr dein Amt mit den kleinen Leuten zu thun hat (es ist der comes von Ravenna, der den negotiatores die Normalpreise und Accisen der Lebensmittel zu bestimmen hat), besto sorgfältiger mußt du die Billigkeit abwägen: am Meisten schonend muß man mit den geringen Vermögensclassen verfahren, der Reiche (idoneus) spürt einen Schaden kaum, der dem Armen (tenuis) wehe thut, und wer wenig hat, kann durch kleine Einbuße sein Alles verlieren"⁸). Deßhalb fordert der König die kleinen Freien selber auf, ihre reichen Dränger, die Senatoren, muthig zu verklagen⁹). Wenn sich diese „Mächtigen" weigern, den Geringen vor Gericht Rede zu stehn, läßt ihnen der König durch seine Grafen Sponsion abnehmen, sich vor dem Hofgericht zu stellen¹⁰). In den entlegnern Landschaften widersetzen sich die „senatorischen Häuser"¹¹), die vornehmen großen Grundbesitzer mit ihrem starken Anhang von Pächtern, Freigelaßnen, Colonen und Knechten ganz regelmäßig der schwachen Executionsgewalt des ordentlichen Richters. Wiederholt muß diesen der König einschärfen, sich dadurch nicht einschüchtern zu lassen, sondern sofort, wenn sie nicht durchbringen, ihn

---

1) §§. 23. 44. 122.
2) §§. 45. 46.
3) Var. IV. 39.
4) I. 27.
5) I. 27. 30. 32.
6) V. 14.
7) IV. 22.
8) VII. 14.
9) Var. II. 24. 25.
10) III. 36.
11) II. 24.

selbst zu Hülfe zu rufen¹). In diesem Sinne wird dem tapfern Herzog Ibba, der einen Rechtsspruch ausführen soll, gesagt: „Du würdest nicht (wie andre Richter) die Ausrede haben, du habest die Frevler nicht zwingen können: denn dir, dem als glorreichen Helden Bekannten, werden Alle nachgeben. Ein Schwacher vielleicht kann den Vermeßnen nichts gebieten, aber Niemand zwingt leichter die Verbrecher, als wen der Ruhm des Heldenthums begleitet"²). Und der Epilog des Edicts hält die ausdrückliche Warnung für nöthig, „daß weder Würde noch Reichthum, noch Macht noch Amt über das Gesetz hinaus heben solle", und nochmal schärft er den Richtern ein, „wenn sie gegen einen Mächtigen, Barbaren oder Römer, oder dessen Leute (Intendanten, Verwalter, Pächter) die Autorität des Gesetzes nicht aufrecht halten könnten, sollen sie sofort das Einschreiten des Königs veranlassen, ohne sich durch die Furcht vor der Rache des Mächtigen abhalten zu lassen: denn nur durch solches Anrufen des Königs entgeht der Richter der schweren Strafe für Nichtdurchführung des Edicts".

So wenden sich denn alle Geringen, die gegen Mächtige zu klagen haben, vom König selbst eingeladen³), oft aus weitester Ferne⁴) an den Comitat. Der König zwingt dann durch die Beamten dieses Centralorgans und deren milites auch die Hochfahrendsten „zu dem bescheidnen Maß der Rechtsgleichheit herunter"⁵). Und so gewinnt nun der Comitat die Bedeutung, nicht nur der Hort und Ausfluß aller Gerechtigkeit im Allgemeinen zu sein, sondern besonders der Gerechtigkeit im Sinne des Schutzes für alle Verfolgten, der Zuflucht für alle Bedrängten; der Königshof ist das Organ des Königsschutzes, der allgemeinen obervormundschaftlichen Sorge des Königs für alle Schutzbedürftigen⁶). „Von hier aus

---

1) Ed. §. 10. Ed. Ath. §. 1. (VI.).
2) V. 4.
3) Var. II. 24. 25.
4) Aus Sicilien VI. 22.
5) d. h. VI. 13. superbis modestiam aequalitatis imponere.
6) Hier an den fontes justitiae IV. 40 suchen wegen mangelnder Rechtshülfe (inopia justitiae IX. 20) in den Provinzen II. 11. 18. III. 36. 52. IV. 40 die oppressi die remedia nostrae pietatis III. 42, VII. 42, die justitia solita V. 6; „den Comitat aufsuchen ist ein Beweis guten Gewissens, denn hier findet weder Gewalt noch Bestechung Spielraum, hier findet die Unschuld sichre milde Hülfe, der falsche Ankläger sichre strenge Strafe". IV. 9.

strömen wie von einem lebendigen Brunnen die Heilmittel unserer Gerechtigkeit den Hülfsbedürftigen in allen Theilen des Reiches zu" 1).

Aber aus dieser allgemeinen obervormundschaftlichen Schutz=pflicht des Königs ist bereits ein merkwürdiges Institut erwachsen, welches den Zweck der Zuwendung besondern königlichen Schutzes für gewisse Personen mit verschiednen Mitteln erstrebt, eine Institution, ähnlich denjenigen, welche später bei den Franken eine so reiche Ausbildung und wichtige politische Bedeutung er=langten. Es ist dieß der besonders verliehene „Schutz durch den königlichen Namen" „tuitio regii nominis".

Wir müssen dieß Institut, das bisher in seiner Bedeutung noch gar nicht erkannt, ja so gut wie ganz übersehen worden ist, ausführlich darstellen. Das ist ja das Wichtigste in der Unter=suchung dieser neben dem Frankenreich bestehenden, wenn auch bald untergegangnen Staatenbildungen der Germanen, daß sie uns zei=gen, wie überall aus den ähnlichen Factoren, d. h. dem germani=schen und römischen Nationalcharacter und den ähnlichen Zeitbedürf=nissen, die ähnlichen Rechtsbildungen erwachsen.

Ich glaube es nämlich außer Zweifel stellen zu können, daß außer und über dem allgemeinen Verhältniß von Schutz und Treue, welches zwischen dem König und dem einzelnen Unterthan bestand, ausnahmsweise der König einzelnen Personen in besonderer Weise seinen Schutz in Rechtsform zuwandte, ohne daß eine besondere Ge=genleistung von dem so Begünstigten verlangt wird, wie aber auch keine Landleihe, keine Vergabung von königlichem Gut an denselben stattfindet. Die Verleihung des Schutzes hat vielmehr ihr Motiv in einer besondern Schutzbedürftigkeit oder Schutzwürdigkeit des Schützlings oder auch lediglich in der wohlwollenden Gnade des Herrschers, deren Gründe wir in manchen Fällen kennen, in manchen nicht. Dieser besondere Schutz heißt technisch tuitio 2). Die Wir=kung des besondern Schutzes besteht erstens manchmal in einem privilegirten Gerichtsstand vor dem comitatus, mit Befreiung von allen andern gewöhnlichen Gerichten; er kann aber zweitens auch bestehen in der Empfehlung des Schützlings durch den König an einen Beamten, der den König vertritt und der dem Schützling

---

1) V. 15.
2) I. 15. 36. 37. II. 4. 29. III. 27. IV. 27. 28. 41. 9. V. 37. 39. VI. 13. untechnisch VIII. 1.

auch unmittelbar zur persönlichen Deckung (als „Sauvegarde")[1]) beigegeben werden kann, oder auch drittens in Androhung einer Geldstrafe für Verfolgung des Schützlings.

Suchen wir aus den von Cassiodor mitgetheilten Fällen uns alle drei Formen klar zu machen: alle drei haben den Zweck besondern Schutzes gemein: nur wird der Zweck mit verschiednen Mitteln angestrebt. Sehr bezeichnend ist, daß die Schützlinge in beiden Richtungen fast immer Römer sind: sie eben, nicht die Gothen, bedurften des besondern Schutzes. Zunächst der befreite Gerichtsstand: er schließt sich vielfach an die Obervormundschaft und allgemeine eventuelle Mundschaft des Königs an.

Ein verwaistes Geschwisterpaar (Römer) klagt über vielfache Verfolgung durch ungerechte Ansprüche. Da ertheilt ihnen der König das Recht, daß sie fortan nur vor seinem Hofgericht, bei welchem rechtswidrige Bedrückung am Wenigsten vorkommen kann, zu Recht zu stehen brauchen[2]). Es sind aber die Verfolger offenbar meist Gothen: es sind Klagen von Gothen gegen die Geschwister gemeint: deßhalb erhält der Gothengraf Osunes (Osvin) Auftrag, diese Klagen, für die er sonst (mit Beiziehung eines Römers) competent wäre, an den Hof zu verweisen[3]).

Die tuitio zweitens, in welcher der Schützling vom Könige zu seiner persönlichen Deckung einen Beamten zugewiesen erhält,

---

1) Auch diese Form reducirt Sart. S. 300 irrig das ganze Institut; ähnlich du Roure I. S. 318. 323, und die Meisten.

2) Vorkommenden Falls sollen sie und der Kläger dann persönlich vor ihm erscheinen; mit zweifelhaftem Recht versteht es Manso S. 377 als eine Erlaubniß, dauernd am Hof zu leben. Var. IV. 9. Osuni viro illustri comiti Theodericus rex. innocentiae professio est, nostram elegisse praesentiam, ubi nec violentiae locus datur nec avaritiae vitia formidantur. Maurentius atque Paula, patris auxilio nudati, multorum se injuriis testantur exponi quorum adolescentia pervia videtur incommodis, cum facile possit surripi vel juvenibus destitutis; et ideo nostrum merentur praesidium, a quibus se calliditas non abstinet improborum. proinde sublimitas vestra tenorem praesentis jussionis agnoscens supra memoratos adultos, si quis jurgantium pulsare maluerit, ad nostrum comitatum noverit *dirigendos*, (d. h. die Kläger (Manso) oder auch die Beklagten, dann leben sie nicht immer daselbst); ubi et innocentia perfugium et calumniatores jus possunt invenire destrictum.

3) Ganz ebenso hat nach Ennod. ep. III. 23, als ein Gothe Torisa einer römischen Waise ihr mütterliches Erbe entrissen, der Gothengraf Taukila zunächst Competenz.

entstand offenbar zunächst aus der steten Besorgniß der italienischen possessores vor Gewaltthätigkeiten ihrer gothischen Nachbarn. Daraus erklärt sich einmal, daß es immer Römer sind, die sich diese tuitio erbitten: es erklärt sich ferner hieraus, daß für diesen Fall regelmäßig die tapfern, waffenkundigen und der gothischen Nationalität angehörigen Sajonen¹) vom König zugetheilt werden: solche gothische Sauvegarde war am Meisten geeignet in Güte oder nöthigenfalls mit Gewalt die von ihren Stammgenossen drohenden Angriffe abzuwehren. Die Sajonen erhielten dafür von dem Schützling Verpflegung und unstreitig auch anderweitige Gaben: wir wissen nur nicht, ob mehr in Form fest bedungnen Soldes oder halb freiwilliger Geschenke. Alle diese Züge des Instituts erkennen wir deutlich aus einem Fall, in welchem ein solcher Schutzmann seinen Schützling selbst mit dem Schwert angegriffen und beraubt hatte. Er wird abgesetzt, gestraft und ein andrer Sajo mit der tuitio betraut²).

---

1) Oder gar Gothengrafen II. 29.?
2) V. IV. 27. Teruthar Sajoni Theod. rex. detestabilis est quidem omnis injuria et quicquid contra leges admittitur, justa execratione damnatur. sed malorum omnium probatur extremum, inde detrimenta suscipere, unde credebantur auxilia provenire. exaggerat enim culpam in contrarium versa crudelitas et majus reatui pondus est inopinata deceptio. vir spectabilis itaque Petrus (ein Römer) admiranda nobis sorte conquestus est, *Sajonis* Amarae *tuitionem*, quam *si contra violentos induximus*, in se potius fuisse crassatam. ita ut ictum gladii in se demersum aliquis post vim retardaret objectio. subjecta est vulneri manus, quae, ut in totum truncata non caderet, januarum percussa robora praestiterunt, ubi lassato impetu corusca ferri acies corporis extrema peratrinxit. O execrabilem casum! impugnavit hominem *auxilium suum*, ut *solatii prosperitate* substracta crevit *ex defensione* necessitas. his multo acerbiora subjungens, et quasi laesio veniret ad pretium, ita scelus proprium enormi exactione taxatum est; atque ideo juste in illos pietatis nostrae ira consurgit, qui *benigna jussa* in truculenta ministeria mutaverunt. nam quae erant refugia supplicantibus, si et *nostra beneficia* vulnerabunt? proinde praesenti jussione censemus, ut quicquid suprascriptus Amara „*commodi*" *nomine* de causis memorati supplicantis accepit, quasi oppugnator ingratus a te constrictus in duplo ei cogatur exsolvere. quia sub poena restitui dignum est, quod improba temeritate constat extortum; de plaga vero, quam educto gladio temerarius praesumptor inflixit, ad judicium comitis Dudae saepe dictus sajo te compellente veniat audiendus, ut secundum edictorum seriem, quae male commissa claruerint, sine aliqua dilatione componat. *tuitionem vero postulanti contra civiles* (l. *inciviles*) *impetus ex nostra jussione* salva civilitate

Der Römer hat sich den Schutz besonders erbeten *(supplicantibus)* und zwar vom König selbst *(nostra* beneficia, *indulsimus)*. Der König sendet darauf den sajo zu ihm *(directus)*¹), um bei ihm zu wohnen und ihn zu schützen gegen gewaltsame Angriffe *(violentos)* seiner Mitbürger *(inciviles impetus, inimicus)*, d. h. eben der Gothen. Das ist eine besondere königliche Vergünstigung *(beneficia)*, und es ist der königliche Schutz, welchen der Sajo zu realisiren hat. Der allgemeine Schutz der persönlichen Sicherheit, welcher des Königs Pflicht und Recht ist, wird hier einem Einzelnen besonders gewährt. Insofern liegt in dieser zunächst ganz einfachen Sauvegardebestellung doch auch weiter eine besondere Begünstigung durch den König und eine besondere Beziehung zu dem König über das allgemeine Unterthanenverhältniß hinaus: denn des Königs Schutz hat der Sajo zu gewähren, in des Königs Namen vertheidigt er ihn, vom König muß er erbeten und entsendet sein.

Es kann ein Sajo auch einem Nicht=Grundbesitzer zum Schutz bestellt werden: ein Römer Ecdicius erhält vom König die Nutzung der einträglichen tituli siliquatici et monopolii²); darin soll ihn keine Chicane stören: „und du sollst auch die Hülfe eines Sajo haben, welche dir unsere Autorität zur Ausübung besagter Rechte gewährt. So jedoch, daß diese deine Vertheidigung (der Sajo) sich mit nichten in private Rechtsverhältnisse mische. Denn was wir zur Unterstützung gegeben haben, soll in keiner Weise zum Nachtheil der Gerechtigkeit ausschlagen. Mit Recht würde die Schuld eines Andern (des Sajo) (auch) dir angerechnet, wenn ein Dritter durch ein Mittel, das du dir zum Nutzen erbeten, geschädigt würde"³).

---

praestabis, non exemplo accusati, sed consideratione decenter electi. Und an den Gothen=Grafen Duda: Var. IV. 28 ... Petrus .. vir spectabilis Amaram sajonem nostrum, qui contrario omine *pro ejus tuitione directus* est, educto gladio se asserit vulnerasse *defensoremque* fecisse quod vix *inimicus* potuisset audere. hoc te et legitima volumus disceptatione cognoscere et probabili sententia terminare.

1) Vgl. Var. IV. 28.
2) f. darüber unten „Finanzhoheit".
3) Var. II. 4. contra omnium calumniantium insidias salva aequitate praesenti auctoritate munitum; habiturum etiam adminicula sajonis, quae pro vindicandis titulis antefatis nostra tibi solenniter auctoritas deputavit (l. deputabit.); ita tamen, ut privatis minime negotiis misceatur defensio tua. nam quod ad auxilium dedimus, contrarium nullo modo justitiae sen-

Hier wird der Sajo nicht zum Schutz aller Rechte des Ecbi=
cius angewiesen, sondern nur der aus der Verleihung des siliqua=
ticum und monopolium fließenden: alle Anfechtungen oder Wider=
setzungen gegen diese Rechte von halb öffentlichem Character (es
ist die pachtweise Verleihung eines Regals) wird der Sajo nöthi=
genfalls mit Gewalt ohne Anrufen des Richters beseitigen. Aber
Ecbicius soll nun nicht auch in andern Fällen, in welchen er einen
Anspruch zu haben glaubt, denselben ohne Weiteres durch Hülfe
des Sajo mit Zwangübung gegen Dritte und Umgehung des Rich=
ters durchsetzen wollen, sondern in allen andern Fällen wie andre
Private die Gerichte anrufen; ein Mißbrauch des Sajo würde
(auch) dem Ecbicius zur Schuld gerechnet.

Aber nicht immer begegnet das Institut der tuitio als ein so
bestimmt ausgebildetes. Das verschiedenartige Bedürfniß nach be=
sondrem Schutz der Verfolgten führte zu verschiedenartigen Er=
scheinungen. So wird in Einem Fall die tuitio nicht erbeten, son=
dern unerbeten vom König verliehen und hier wird nicht ein gothi=
scher Sajo zur persönlichen Bedeckung dem Schützling beigegeben,
sondern ein vornehmer Römer, der Patricius Albinus, erhält diese
tuitio deputata, denn das Bedürfniß des Falls ist ganz anderer
Art. Der Schützling, ein Oberarzt, Johannes (ein Römer), war
auf falsche Anklage hin mit Verbannung und Confiscation bestraft
worden. Das Urtheil wird in Folge der Selbstanklage des frühern
Gegners cassirt und der Archiater kehrt zurück: er soll wegen der
früheren Anklage keine Anfechtung mehr zu befahren haben, aber,
auf daß überhaupt die hülflose Lage eines solchen früheren Sträf=
lings nicht zur Unterdrückung mißbraucht werde, soll ihm die tuitio des Patricius Albinus zur Seite stehen[1]). Auch hier wird der
Schützling besondern königlichen Schutzes versichert[2]); aber dieser
Schutz diesmal in andrer Form gewährt, wie es das Bedürfniß des
Falls erheischt: jener Petrus[3]) war offenbar ein römischer posses-

---

tiatur. quia rationabiliter aliena culpa te respicit, si quae tibi petis prodesse, per te sibi alter sentiat obfuisse.

1) Var. IV. 41. sed ne cujusquam forsitan plectenda temeritas in te
impetus reparare possit audacia, Patritii Albini salvis legibus tuitio te
deputata communiet.

2) l. c. quia nihil fieri volumus incivile, cujus quotidianus labor est,
pro generali quiete tractare.

3) in Var. IV. 27. 28.

sor (er hat sich wohl in sein eigen Haus geflüchtet), und zu ihm wird der Sajo auf's Land hinausgeschickt, bei ihm zu wohnen: der Archiater aber lebt offenbar in einer Stadt, vielleicht zu Rom, und ein vornehmer Römer, den sein Amt dort hält, wird mit seinem Schutze im Namen des Königs (tuitio *deputata*) betraut.

Ganz ebenso wird einem andern Hülfsbedürftigen, der einem begnadigten Sträfling fast gleich steht, dem Römer Crispian, welchem der König das von dem Gericht wegen Todtschlags auferlegte Exil nachläßt, weil er nur seine ehebrecherische Frau sammt dem Buhlen auf handhafter That erschlagen, gegen die impetus incivilium die tuitio eines Gothen Candax, gewiß eines Sajonen, ertheilt, welcher ihm „gesetzliche Vertheidigung" gewähre, d. h. ihn einerseits zwar keiner begründeten Klage vor Gericht entziehe, anderseits aber ihn nicht gegen Gesetz und Recht leiden lasse[1]).

Dieses ganze Institut ging nun offenbar hervor aus der Obervormundschaft und allgemeinen eventuellen Mundschaft und allgemeinen Sicherheitssorge des Königs: das Recht aller Unterthanen auf seinen Schutz verschärft sich in Fällen besonderer Schutzbedürftigkeit zur Bestellung eines besonderen Organs dieses Schutzes. Insofern allerdings wird eine besondere Beziehung zwischen dem Schützling und dem König hergestellt: weiter entwickelt hat sich jedoch dieß Verhältniß nicht: daß es weder mit Landleihe noch mit Gefolgschaft (Antrustionen) irgend etwas zu thun hat, ist klar.

In einem Fall wird die tuitio, zum deutlichen Zeichen ihrer Entstehung aus der Obervormundschaft[2]), geradezu wie eine cura bonorum absentis, zunächst nicht für eine Person, sondern für eine „domus" für das „Haus" bestellt, was allerdings nicht bloß Vermögen, auch die Familie und das Gesinde umfaßt; und wieder ist es ein Römer, der Patricius Angelus (der als Gesandter des Königs an den vandalischen Hof nach Afrika gehen soll), für welchen

---

1) I. 37. die widerrechtlich erpreßte Caution soll das Gericht herausgeben, das sind conventionalia detrimenta, *civiles* impetus: nolumus enim in cujusquam praedam cadere, quos nostra visa est sententia liberare. pari modo contra *incivilium* impetus Candacis tibi tuitionem sub aequabili defensione praestamus, ut nec legibus te subtrahat nec iterum contra jura publica laborare permittat; im Schlußsatz heißt nicht etwa laborare soviel als praesumere, sondern opprimi.

2) Denn der König ist der generalis dominus, der custos cunctorum. Var. X. 12. s. oben S. 109.

die tuitio und zwar einem vornehmen Römer, dem Patricius Festus, übertragen wird. Es hat sich aber Angelus gerade diesen zur tuitio erbeten (der sein Nachbar war), wie aus der Stelle hervorgeht. Und daraus ergibt sich nun, daß das Verhältniß nicht bloß ein factisches, sondern ein rechtlich geregeltes und vom König speciell zu gestattendes war: sonst hätten die beiden römischen Patricier dieß Mandat unter sich abmachen können, ohne den König zu bemühen. Der Träger der tuitio muß auch ganz bestimmte Rechte der Vertretung haben, denn zweimal schärft der König ein, die Beschützung dürfe jedoch nicht so weit gehen, daß die Gesetze, d. h. die Rechte Dritter dadurch verletzt würden (salvis legibus). Gerichtet soll der Schutz wieder sein gegen die violentos impetus, offenbar gegen das Gelüsten der Nachbaren, sich an dem Gut des Abwesenden mit Gewalt zu vergreifen. Eine ganz gewöhnliche römische cura bonorum absentis liegt aber doch nicht vor, sonst würde der hiefür technische Ausdruck, nicht das für ein andres Verhältniß technische Wort tuitio gebraucht[1]).

Der sprechendste Beweis dafür, daß diese tuitio der Sajonen häufig rechtsförmlich nachgesucht und ertheilt und daß sie als eine Rechtsinstitution, nicht als ein bloß factisches Verhältniß angesehen wurde, liegt nun aber offenbar darin, daß Cassiodor nöthig fand, eine eigne Formel für die Verleihung zu verfassen und damit zugleich eine neue Rechtsordnung zu verbinden zur Abstellung von Mißbräuchen, welche sich bei dem Institut eingeschlichen.

Der Erlaß lautet: „Häufig werden die Sajonen, welche wir in gütiger Absicht verleihen, mit den größten Anschuldigungen belastet. Vergiftet ach! ist unsre Wohlthat und durch die Arznei stieg das Leiden, indem durch die Bösartigkeit der Vornehmen die Sajonen zu andern Zwecken übertragen werden als wozu unsre heil-

---

1) Var. I. 15. Festo viro illustri atque patricio Theod. rex. gratum nobis est, quoties de magnitudinis tuae meritis aestimatio talis procedit, ut et infirmorum auxilium et absentium credaris esse tuitio (hier ist natürlich das Wort noch nicht technisch) .... unde fit, ut bona nobis de te crescat opinio .... nulli enim propria res a discedente *committitur*, *nisi de cujus bene conscientia judicatur*. id circo praesenti jussione decrevimus, ut *domus* patritii Angeli ad Africam discedentis, qui regnum petens alterius nostris est utilitatibus serviturus, *salvis legibus tua tuitione* valletur, ne violentos cujusquam impetus subtracta domini defensione patiatur .... ideoque celsitudo vestra, quam notum est habere *vicinam*, erigat humiles, eripiat opprimendos et, quod potestatibus rarum est, proficies cunctis qui universis celsior inveniris.

same Absicht sie bestellte. Deßhalb ist es nöthig geworden, mit
heilendem Mittel verderblichen Bestrebungen entgegen zu treten,
auf daß wir nicht, während der Eifer unsres Wohlwollens billige
Wohlthaten bezweckt, durch Täuschung verruchten Mißbrauch erlei-
ben. Und daher bestimmen wir in gesetzlichem Ausschreiben, daß
jeder, der in unabwendbarem Bedürfniß zum Schutz gegen Gewalt
und Nachstellung einen tapfern Sajo zu erhalten wünscht, sich vor
unsrem Gericht mit einer Conventionalstrafe als Caution dahin
verpflichte, daß, wenn der Sajo, welchen er erhält, die Vorschriften
unseres Banngebotes mit strafbaren Uebergriffen verletzt, daß in
diesem Fall erstens er (d. h. der Schützling) als Strafe so und so
viel Pfund Gold (an den Fiscus) entrichte, und zweitens Alles zu
leisten verspreche, was der Gegner an unmittelbarem Schaden, sowie als Vergütung für die Reise zu fordern hat. Denn wir dürfen
nicht, indem wir rechtswidrige Gelüste abwehren wollen, die Un-
schuldigen dadurch belasten. Der Sajo aber, welcher absichtlich das
Maß unsrer Instruction überschritten hat, der wisse, daß ihm die
Donativen entzogen werden und daß er unsere Ungnade befahre, was
schwerer ist als jeder andre Nachtheil. Und daß man ihm fortan
nicht mehr vertrauen wird, wenn er unsern Bann, den er vollziehen sollte, statt dessen gebrochen hat"[1].

---

[1] Var. VII. 42. Formula edicti ad quaestorem, ut ipse spondere debeat, qui sajonem meretur. frequenter sajones, quos a nobis credidimus
pia voluntate concedi, querelis maximis cognovimus ingravatos. corruptum
est proh dolor! beneficium nostrum crevitque potius de medicina cala-
mitas, dum ad alios usus potentium malignitate translati sunt, quam eos
nostra remedia transtulerunt. unde nobis necesse fuit remedio salubri vo-
tis pestiferis obviare, ne, dum pietatis studium ad aequalia beneficia trahitur, surreptionum iniquissima patiamur. Atque ideo edictali programmate definimus, ut quicunque contra violentas insidias propter ineluctabiles
necessitates suas mereri desiderat fortem sajonem, officio nostro poenali
se vinculo cautionis astringat, ut si praecepta nostrae jussionis immissione
plectibili sajus, quem meretur, excesserit, et ipse poenae nomine det auri
libras tot et satisfacere promittat quaecunque ejus adversarius potuerit
tam commodi quam itineris sustinere detrimenta. nos enim, cum repri-
mere inciviles animos volumus, praegravare innocentiam non debemus.
sajus autem, qui sua voluntate modum praeceptionis excesserit, donativis
se noverit exuendum et gratiae nostrae, quod est damnis omnibus gravius, incurrere posse periculum nec sibi ulterius esse credendum, si
jussionis nostrae, cujus executor esse debuit, temerator extiterit. Vgl.
namentlich noch II. 29.

Es geht aus dieser Verordnung abermals hervor, daß die Sajonen reichen (römischen) Grundbesitzern (das sind die *praepotentes*) zum Schutz gegen Gewalt und Nachstellung verliehen wurden, wohl erst, wenn sie das Bedürfniß solchen Schutzes dargethan (propter ineluctabiles necessitates). Dieselben sollten auf deren Gütern wohnen und jede Gefährdung abhalten. Oft aber kam es vor, daß diese kriegerischen Leute von denen, die sie erbeten hatten, selbst zur Verübung von Gewaltthätigkeiten gegen Nachbaren, gegen welche die Schützlinge Ansprüche zu haben glaubten oder vorgaben, mißbraucht wurden, daß sie sich derselben bedienten, um mit gewaltsamer Selbsthülfe oder reiner Anmaßung Grundstücke und Habe ihrer Nachbaren in Besitz zu nehmen (immissio plectibilis), daß also die „tapfern Sajonen" ihre Instruction, nur salvis legibus dem Schützling beizustehen, überschritten[1]): die Sajonen hatten natürlich wegen ihrer Verpflegung und Belohnung ein Interesse, sich den Beifall ihrer Wirthe möglichst zu verdienen durch energische Wahrung und Erzwingung aller Forderungen derselben: an Widerstand gegen diese gothischen Officiere war nicht zu denken und ein solcher Sajo konnte die Geißel aller Nachbaren seines Wirthes werden. Daß der Sajo übrigens zum eigentlichen und zwar zum stehenden Heere zählt, erhellt daraus, daß er als solcher zum Donativum berechtigt ist. Gegen diesen Mißbrauch soll nun eine Caution für Strafe und Schadensersatz sichern. Der Quästor verleiht im Auftrag des Königs den Sajo, denn der Quästor ist das Organ der Gerichtsfunctionen des Comitats.

Aber noch eine andere Rechtswirkung der tuitio scheint aus der Verordnung hervorzugehen, nämlich ein befreiter Gerichtsstand vor dem König. Denn wenn neben dem sonstigen durch den Wirth mittelst des Sajo verursachten Schadens als ganz selbstverständlich „die Kosten der Reise" vorausgesetzt werden, so läßt sich dieß am Einfachsten von den Kosten der Reise zu dem Hofgericht des Königs verstehen. Daraus folgt aber, daß man einen unter der tuitio des Königs Stehenden nur vor des Königs Hofgericht belangen konnte, nicht etwa nur den Sajo, das Werkzeug, dessen Strafe später besprochen wird, sondern den Anstifter, den Schützling. Wenigstens hat, wie

---

[1]) Daher wird die ausdrückliche Clausel salvis legibus fast bei jedem Fall der tuitio beigefügt. I. 15. IV. 41; nur eine civilis tuitio soll gewahrt werden. I. 36; salva civilitate IV. 27. II. 29; die modestia wird eingeschärft. III. 27. I. 37; sub aequabili defensione.

jene Erklärung so diese Folgerung die größte Wahrscheinlichkeit für
sich: weßhalb sollte als selbstverständlich eine „Reise" des Klägers
vorausgesetzt werden, wenn er den Beklagten einfach an dem nächsten
Gericht der belegnen Sache oder des verübten Vergehens oder an
dessen Domicil belangen könnte? Und andere Stellen zeigen, wie
der Kläger, der Jemand vor dem Hofgericht belangen will, in Per=
son oder durch einen Vertreter sich dorthin begeben muß¹).

Wir dürfen also annehmen, daß die tuitio durch einen Saso
einen befreiten Gerichtsstand vor dem König in sich schloß, wenn
auch ein solcher für sich allein, ohne Sauvegarde, häufig verliehen
wurde und dann ebenfalls tuitio hieß. Das Wesen der tuitio als
eines festen Rechtsinstituts erhält aber weitere Beleuchtung in eini=
gen, wenn auch leider nicht in allen Punkten, durch die wichtigste
weil officiellste und absichtlichste Quelle, nämlich die für Verleihung
derselben verfaßte Formel, welche folgendermassen lautet: „Zwar
scheint es überflüssig, von einem Fürsten, dessen Absicht es ist, Aller
in gleicher Weise sich anzunehmen, Beschützung (tuitionem) beson=
ders zu erbitten. Aber da die abscheuliche Verwegenheit gewaltthä=
tiger Menschen deine Sicherheit beunruhigt, widerstrebt es uns
nicht, durch die Klagen der Leidenden zu solcher Bethätigung der
Güte gebracht zu werden, daß, was wir Allen zu verleihen wünschen,
wir dem Bittsteller ganz besonders ertheilen, und daher nehmen wir
dich, weil du dich als durch vielfache Beschädigung verletzt beklagst,
gütig in die Lagerburg unseres Schutzes auf. Auf daß du fortan
mit deinen Gegnern nicht wie bisher im freien Feld, sondern wie
von einem Walle gedeckt, zu kämpfen habest. So wirst du durch
Hülfe des Königs der ungestümen Gewalt, die dich bedrängt, ge=
wachsen. Deßwegen verleiht dir unsre Hoheit den Schutz unse=
res Namens (tuitionem nostri nominis) als den stärksten Thurm
gegen rechtswidrige Angriffe wie gegen Schaden aus Rechtsgeschäf=
ten; jedoch mit dem Vorbehalt, daß du nicht etwa, dieses Vorzugs
dich überhebend, dich weigerst, auf Rechtsansprüche dich mit Ant=
wort einzulassen, so daß jetzt du etwa hochfahrend das Recht des
Staats mit Füßen tretest, der du selbst früher von abscheulicher
Frechheit bedrängt wurdest. Und weil unser Befehl wirksame Diener
finden muß und der Schein nicht ziemt, daß ein Fürst Worte spreche,
die er dann nicht erfüllen kann, so wird nach der Autorität vor=

---

1) Oben S. 101; verschieden von solchem Königsschutz ist natürlich das ältere
patrocinium privatorum bei Roth l. c.

stehender Rechtsvergünstigung dich die Treue und Sorgfalt dieses Mannes (der Name ist zu ergänzen) gegen die Gothen, jenes Mannes (ebenso zu ergänzen) gegen die Römer leicht beschützen. Denn es trachtet ja Niemand nach Schutz, als wer Verletzung fürchtet, und ein guter Herrscher besorgt, unbeliebt zu werden. Genieße mithin unserer Güte, freue dich der erhaltnen Vergünstigung. Denn wenn du fortan von irgend wem mit Bruch des Rechts angegriffen wirst, dann werden sich vielmehr, anstatt daß du leidest, deine Wünsche zum Schaden deiner Feinde erfüllen"[1]).

Aus dieser officiellen Darstellung der tuitio geht wieder hervor, daß sie aus der allgemeinen Schutzgewalt des Königs und zwar als eine besondere Potenzirung derselben zu Gunsten eines Einzelnen erwachsen ist: es ist die Steigerung und persönliche Zuwendung einer allgemeinen Königspflicht und Königsbefugniß. Sehr bezeichnend ist das Bild, welches Cassiodor gebraucht: der Schützling, der bisher gegen eine Mehrzahl von Feinden auf freiem Felde zu fechten hatte, wird nun in den „Thurm", das „feste Lager" königlichen Schutzes aufgenommen, so daß er fortan gedeckt kämpft und dadurch der Ueberzahl der Gegner gewachsen wird. Dieß ist ein besonderes beneficium, eine Vergünstigung. Gegenstand derselben ist die ausdrückliche förmliche Verleihung des Schutzes des

---

[1] Var. VII. 39. formula tuitionis. superfluum quidem videtur, tuitionem specialiter a principe petere, cujus est propositi, universos communiter vindicare. sed quia securitatem tuam quorundam violentorum execranda temeritas inquietat, non piget dolentium querelis ad hanc partem pietatis adduci, ut, quod omnibus praestare cupimus, supplicanti potissimum conferamus. atque ideo diversorum te, quemadmodum quereris, dispendiis sauciatum in castra defensionis nostrae clementer excipimus. ut cum adversariis tuis non ut hactenus campestri certamine, sed murali videaris protectione contendere. ita fiet, ut truculentis viribus pressus reddaris auxiliis regalibus exaequatus. quapropter tuitionem tibi nostri nominis quasi validissimam turrem contra inciviles impetus et conventionalia detrimenta nostra concedit auctoritas. ita tamen, ne his praesumtionibus sublevatus civile respuas praebere responsum, et tu videaris insolens calcare jura publica, quem primitus detestanda premebat audacia. et quia ministros efficaces nostra debet habere praeceptio, nec decet principem loqui, quod non videatur posse compleri, praesentis beneficii jussione adversus Gothos illa, adversus Romanos illa facile te fides et diligentia custodivit. (l. custodiet) quia nemo laborat defendere, nisi qui timetur offendi. dum praestans dominus fieri formidatur ingratus. fruere igitur nostra clementia, beneficio laetare suscepto. nam si ulterius a quoquam sub incivilitate tentaris, tua de inimicis potius vota complebis.

Königs, des königlichen Namens: die tuitio nostri nominis erinnert sofort an ganz ähnliche Ausdrücke der fränkischen Rechtsquellen; (s. Waitz III. S. 142, sermo, *tuitio*, mundeburdis regis), d. h. der Unterthan darf sich fortan gegen alle Angriffe jeder Art auf den besondern Schutz des Königs berufen.

Nur ein Mittel, eine Realisirungsform, eine Anwendung, eine Erscheinung, eine Folge dieser Rechtsvergünstigung, nicht der Kern des Rechtes selbst, ist es nun, daß zur Durchführung dieses königlichen Wortes königliche Diener speciell mit der Beschirmung des Schützlings betraut werden. Die tuitio besteht bereits nach der Verleihung: nur zu ihrer Bethätigung werden noch weitere Maßregeln ergriffen. Diese können nach dem Bedürfniß des Falles verschieden sein. Die Formel stellt zusammen, was oft auch vereinzelt vorkam: der Schützling erhält eine doppelte defensio, eine gegen die Gothen, eine zweite gegen die Römer. Wir werden nicht fehlgreifen in der Annahme, daß die defensio gegen die inciviles impetus der Gothen bestand in der Verleihung eines fortis sajo zur persönlichen Deckung, die defensio gegen (gerichtliche) Verfolgungen und chicanöse Anfechtungen von Seite der Römer[1]) in der Bekleidung eines vornehmen Römers mit der tuitio, wie eine solche für den Archiater Johannes dem Patricius Festus übertragen wird. Hier soll also der Schützling zwei Vertreter des Königsschutzes erhalten, wenigstens gewährt die Formel diese Möglichkeit: nach Bedürfniß kann sie leicht auch auf einen defensor beschränkt werden.

Der Sajo soll die inciviles impetus, d. h. Gewaltthätigkeiten, nöthigen Falls mit den Waffen abwehren[2]). Was sind aber die

---

[1]) Der violentia barbarorum steht hierin die calliditas, invidia improborum litigatorum Var. II. 20 gleich, welche sehr häufig waren IV. 37, und gerade die tenues besonders verfolgten, s. Ed. Th. §. 79. Ed. Ath. §§. 2. 3. 9. Var. IV. 41 (Vivianum) legum artificio, quo callet, elatum personam tuam objectis criminibus insecutum et eo usque perventum, ut indefensus . . contra juris ordinem damnareris; auch Mißbrauch der Amtsgewalt in dieser Richtung gehört hieher, III. 27; die obscuri doli II. 23 insidiosa calumnia IV. 46; über die Häufigkeit dieser calumnia s. noch I. 7. IV. 4. 9. 37. V. 29. 31. 39. VIII. 16. 20. IX. 2. XI. 8. — Sartor. S. 60 sagt kaum zu viel mit den Worten: „Die Reichen, die Großen, die Beamten, welche Römer von Geburt waren (er übersieht nur, daß es auch gothische Reiche, Große, Beamte gab), drückten das Volk weit mehr als die Gothen; denn jene waren die verdorbensten, sie hatten die Macht und am häufigsten dazu die Gelegenheit in Händen". Das sind die civiles impetus, die conventionalia detrimenta.

[2]) Darauf und die hieraus für den Angreifer folgende Gefahr geht das „tua de inimicis vota complebis".

conventionalia detrimenta? ich verstehe den allerdings dunkeln Ausdruck als den Gegensatz zu den inciviles impetus, also civiles impetus, d. h. Nachtheile, welche aus Verträgen und Rechtsver=
hältnissen mittelst chicanöser Processe zu fürchten sind: auch gegen solche Anfechtung soll der Schützling geschirmt werden und zwar wird diese Seite der Beschirmung (der Schützling ist thatsächlich gewöhnlich ein Römer), nicht zunächst von dem Sajo, sondern von dem zweiten defensor, wenn ein solcher besteht (und zwar thatsäch=
lich und vorzugsweise durch wie gegen Römer), ausgeübt werden.

Diese Auslegung wird sehr stark unterstützt durch die unmit=
telbar an den Schutz gegen die conventionalia detrimenta, d. h. Proceßchicane, geknüpfte Einschärfung. Der Schützling solle sich aber nicht einbilden, er brauche jetzt gar nicht mehr vor Ge=
richt Recht zu geben und Rede zu stehen. Der Schutz gegen die gerichtliche Bedrängung besteht nun einmal gewiß darin, daß der defensor den Schützling vor Gericht zu vertreten und ihm mit seinem Rath und Ansehen beizustehen habe und zwar ist wahrschein=
lich, daß in einem Proceß mit einem Gothen der Sajo, in einem Proceß mit einem Römer der römische defensor dieß zu thun hatte.

Mit dieser Vertheidigung vor Gericht scheint sich nun die An=
nahme nicht recht vereinen lassen zu wollen, daß die tuitio befreiten Gerichtsstand vor dem Hofgericht gewährt habe: auch ist einzuräu=
men, daß diese formula tuitionis nichts davon sagt, der Schützling habe sich fortan nur vor diesem obersten Gericht einzulassen. Es ist daher denkbar, daß auch diese Wirkung nicht nothwendig mit der tuitio sich verband, sondern, je nach Umständen, wie die Ver=
leihung des Sajo, dabei vorkommen oder fehlen konnte. Indessen, auch vor dem Hofgericht, bedurfte der Schützling des Vertreters[1]), was auch starke innere Gründe für sich hat.

In einem Falle, in welchem gegen den Mißbrauch der Amts=
gewalt eines Präfectus Prätorio die Hülfe des Königs angerufen und ertheilt wird, erfahren wir nicht, in welcher der erörterten For=
men die tuitio gewährt wird. Es ist dießmal der Bittsteller selbst ein Beamter, der Consular von Campanien: „Es ist die Absicht der königlichen Huld, ungerechten Gehäßigkeiten den Spielraum zu

---

1) Und wahrscheinlich ist auch, daß das civile praebere responsum eben das Hofgericht meint. Wenigstens läßt die andere Formel (VII. 42) bestimmt annehmen, daß der Schützling für Klagen wegen Mißbrauch der tuitio nur vor dem König Rede stehen muß.

nehmen und der bewaffneten Gewalt die stolze Willkür durch die Scheu vor unsern Geboten einzuschränken. Den Geringern ist die Feindschaft eines Ueberlegnen sehr bedrohlich. Dagegen gereicht es uns zum Ruhme, wenn jene auch an Vornehmeren zu ihrer Rechtsgenugthuung gelangen. (?) So bist du denn nicht vergeblich, von langer und mannichfaltiger Verfolgung umgetrieben, zu den Schutzmitteln unsrer Huld geflüchtet. Du behauptest, du fürchtest die Präfectur: es möchte der Haß von Privatfeinden sich der öffentlichen Amtsgewalt gegen dich bedienen. Aber wir, die wir die Aemter verleihen, daß sie der Gerechtigkeit, nicht der Mißhandlung, dienen, umschanzen dich gegen jene unerlaubten Uebergriffe durch unsern Schutz (tuitione), so daß die Leidenschaft der glühenden Geister an dem Widerstand der königlichen Majestät abpralle und die Ueberhebung, verhindert, Schaden zu stiften, vielmehr selbst zu Schaden komme. Denn nur so lang heißt man Richter, als man für gerecht gilt: ein Name, von dem Recht genommen, wird nicht durch Willkür bewährt. An dir ist es nun .... in dem Maaß der Bescheidenheit dich zu befleißen, als du unsern Schutz erworben. Denn, wenn du mit Freuden einen Präfectus Prätorio abgehalten siehst, dir zu schaden, wie wirst du dich unter dessen (d. h. unsrem) Schutz benehmen müssen, der, wie du weißt, dir keine Uebelthat gestatten wird?"[1]).

Man könnte bei diesem Erlaß die Unbestimmtheit des eigentlichen Wesens der tuitio daraus erklären, daß ein zweiter, ergänzender Erlaß, der uns nicht vorliegt, die betreffende Maßregel also z. B. eine Verwarnung des Präfecten enthalten habe; so daß alsdann tuitio hier gar nicht technisch, nicht als eine feste Institution genommen wäre, sondern nur „Beschirmung" im Allgemeinen bedeutete. Allein viel wahrscheinlicher ist doch die technische Bedeutung des Wortes, da, wie die constante Formel zeigt, das Institut als solches bestand und da der ganze Gedankengang, sogar der Wort-Ausdruck dieser Zuwendung der tuitio, mit der technischen tuitio-Formel übereinstimmt[2]). Es geht daher aus der Stelle her-

---

1) Var. III. 27. Vgl. Kraut I. S. 70—84. Roth, Ben. S. 146.
2) Var. III. 27. Joanni v. s. consulari Campaniae Theodericus rex. propositum est *pietatis* regiae, locum injustis odiis amputare et potestatis armatae *supercilium* cohibere reverentia jussionum. infesta est siquidem *humilibus* superioris offensa, cum ad nostram laudem trahitur, si vindicta de mediocribus acquiratur. (Schwer verständlich). Proinde diu et varia persecutione jactatus ad *pietatis* nostrae *remedia* haud irrita convolasti,

vor, daß das Institut der tuitio in seinen Rechts=Wirkungen so bekannt war, daß ein weiteres Aussprechen derselben nicht mehr erforderlich war, wenn einmal der König erklärt hatte, er gewähre seine „tuitio". Im vorliegenden Fall scheint der Schützling der Competenz des Präfectus Prätorio, dessen Feindschaft Mißbrauch der Amtsgewalt gewärtigen ließ, entzogen und unmittelbar dem Gericht des Königs unterstellt worden zu sein¹).

Die dritte Hauptform der tuitio ist die Bedrohung der Bedränger mit einer Geldstrafe. In dieser Form wird als eine besondere, über den allgemeinen Schutz der Gesetze hinausgehende Beschirmung die „tuitio nostri nominis" auch einer ganzen Amtsclasse wegen besonderer Würdigkeit verliehen, nämlich dem mit der comitiva primii ordinis belohnten Veteranus: „Diese (die Comitiva) erhältst du vermöge der Wohlthat der alten Kaiser; aber gegen widerrechtliche Angriffe und Schaden aus Rechtsgeschäften sollst du durch den immerwährenden Schutz unsres Namens geschirmt sein, auf daß man sehe, wie ein Amt, welches unsern Befehlen mit besondrem Eifer gedient hat, auch etwas Besonderes vor dem übrigen Amtspersonal erlangen kann. Und wenn jemand unsre Bestimmungen irgendwie verletzen zu dürfen meint, so verordnen wir, daß ihn eine Geldstrafe von so und so viel Pfund Gold treffen solle. Denn nichts, was mit böswilligem Treiben gegen dich versucht wird, soll gegen dich Wirkung haben"²).

---

asserens, emminentissimam praefecturam tibimet esse terrori, ne privata in te odia sociarentur per publicam disciplinam. sed nos, qui donatas dignitates justitiae parere cupimus, non dolori, *contra illicitas praesumptiones nostra te tuitione vallamus, ut regiae majestatis objectu ferventium* furor animorum in suis cautibus elidatur et *de se magis sumat poenas protervis*, dum cohibetur innoxia. tam diu enim judex dicitur, quam diu et justus putatur; quia nomen, quod ab aequitate sumitur, per superbiam non tenetur. restat nunc ut .... quantum ... a nobis protegeris, tantum modestiae parere festinos (er soll das Privileg nicht hochfahrend mißbrauchen, ganz wie oben S. 128). nam si gaudio perfrueris, quod a laesione tua praefectos praetorio remotos esse cognoscis, qui sub illo esse monstraris, qui te male agentem *non* (dieß muß eingeschaltet werden, soll die Stelle Sinn haben) passurus esse cognoscis.

1) Arg. l. c. privata odia per publicam disciplinam . . . . praefectos praetorio (der Plural bezeichnet die Befreiung von der Competenz des Amts als solchen) remotos . . sub illo esse monstraris.

2) VI. 13. haec quidem priscorum beneficio consequeris, sed *nostri nominis contra inciviles impetus et conventionalia detrimenta perenni tuitione valla-*

Hier wird der Schutz also durch Geldstrafen, vielleicht auch durch Gerichtsstandsprivilegien bethätigt. Daß es sich um dasselbe Institut handelt, zeigt die Wiederholung der beiden Ausdrücke inciviles impetus, et conventionalia detrimenta wie in der Formel der Tuitionsverleihung[1])

Es gibt nun eine feine Grenze zwischen der technischen und der untechnischen Anwendung des Ausdrucks: wir werden nämlich wenigstens Eine bestimmte äußerlich greifbare juristische Wirkung der „tuitio" fordern müssen (Sauvegarde oder befreiten Gerichtsstand oder Geldbuße) um das Institut als Institut angewendet zu erachten. Nicht mehr als technische Anwendung des Instituts können wir es ansehen, wenn die Juden von Mailand, obwohl in ganz ähnlichen Ausdrücken, gegen Uebergriffe der Kirche durch einen königlichen Erlaß geschützt werden[2]). Hier werden jene Uebergriffe einfach verboten, ohne Gewährung eines Sajo oder eines forum privilegiatum oder einer schützenden Bann-Straf-Summe, es besteht also hier das beneficium principalis auxilii, die defensio pietatis nostrae lediglich in Zustellung dieser Urkunde, dieses Schutzbriefs, dessen Vorzeigung erneuten Angriffe gegenüber zwar auch eine gewisse Sicherung gewähren mag, aber doch nur die allgemeine civilitas wie sie ohnehin besteht ohne ein besonderes Realisirungsmittel aufrecht hält. So ist auch in der Zustellung eines königlichen Schutzbriefes an die mit einer königlichen Töpferei Betrauten eine gewisse Sicherung gewährt, eben durch Vorweis der Urkunde bei Verletzungen der darin bestätigten Rechte, es fällt dieß aber nicht mehr in den Bereich des technischen Institutes der tuitio[3]).

Das Wort tuitio begegnet auch im Zusammenhang mit dem Institut der villici in Spanien, aber offenbar nicht im technischen Sinn, obwohl ein ähnlicher Zweck vorliegt. Die villici sollen eben-

---

ris. ut officium, quod nostris jussionibus speciali solicitudine famulatum est, amplius aliquid a militibus caeteris promereri potuisse videatur. mulcta quoque tot librarum auri percellendum esse censemus, si quis statuta nostra qualibet occasione crediderit violanda. nec tamen aliquid contra te valere permittimus, quod dolosa fuerit machinatione tentatum.

1) VII. 39.
2) V. 37. quoniam nonnullorum vos frequenter causamini praesumtione laceratos et, quae ad synagogam vestram juri pertinere perhibetis, rescindi, opitulabitur vobis mansuetudinis nostrae postulata tuitio.
3) II. 23. cessabit (statt cessuvit) contra vos improborum nefanda praesumtio et obscuris dolis effectum nostra tollit auctoritas: incassum enim

falls Schutz gewähren, und man erbat denselben: aber sie gewähren ihn für eine ganze Ortschaft, nicht für eine einzelne Person: es ist eine außerordentliche Local = Polizei = Gewalt, welche die Verwalter königlicher oder auch adeliger Güter üben: diese Leute waren mit ihren bewaffneten Knechten rascher zur Hand als der Graf und sein Personal. Der König hebt aber das ganze Institut auf Klagen der Beschützten selbst wegen Mißbrauchs auf¹).

Besonders auffallend ist, daß einmal der persönliche Schutz des Königs mit einer Landleihe des Königs in Verbindung zu stehen scheint. Der König hatte einem treuen, römischen Diener, Benedictus, ein Grundstück in pedonensi civitate zu lebenslänglichem Nießbrauch gegeben, vielleicht verpachtet. Nach dessen Tod leiht der König dasselbe einem andern Römer, dem Theoriolus, diesem überträgt er zugleich die civilis tuitio über die verwaisten Kinder des Benedict mit folgender Motivirung: „der Nutzen, den uns Diener bringen, muß durch Wiederholung der Wohlthaten erneut werden, auf daß nicht aus Mangel an Dienenden die unversorgte Sache Schaden anrichte²). Und deßhalb befehlen wir, daß du das Grundstück des verstorbenen Benedict kraft unserer Verleihung übernehmest, so daß du Alles sorgfältig verwaltest und dir dadurch unsre Gnade mehrst. Du kannst nämlich schon daraus ersehen, welche Belohnung wir den Lebenden zudenken, daß wir nicht einmal der Verstorbenen treue Dienste vergessen. Unsre gewöhnte Huld und Milde bewegt uns, da uns das Gedächtniß treuer Ergebenheit nie entschwindet, daß wir dir die Kinder des besagten weiland Benedict, der uns mit aufrichtiger Ergebenheit gedient hat, zur Beschirmung in gesetzlicher tuitio übertragen; so daß sie, erleichtert durch den Vortheil unmittelbar gegenwärtiger Vertheidigung, freudig erkennen, wie ihnen die väterlichen Dienste Sicherheit verdient haben. Dem ganzen Geschlecht komme zu Statten, was eines Einzigen Erge-

---

odit, cui se principalis clementia objecerit; wenn hier auch tuitio stünde, wäre es doch keine technische tuitio; manchmal begegnet das Wort in noch weiter von dem Technischen entferntem Sinn: z. B. wenn Athalarich seine Jugend der tuitio des Kaisers befiehlt VIII. 1., oder Pabst Gelasius zwei Priester dem bloß gesetzlichen Schutz des Grafen Ezechia.

1) Var. V. 39; s. u. über römisches patrocinium vicorum „Amtshoheit."
2) Dieser echt cassiodorische Satz will besagen: man kann nicht ohne Schaden ausgeliehene durch den Tod erledigte Güter lange leer stehen lassen: man muß sie an Andre ausleihen, womit ihnen eine Wohlthat geschieht und für uns die Unterbrechung des Dienstes verhütet wird.

benheit geleistet hat. Denn uns ziemt es Höheres zu verleihen, als
wir von unsern Dienern empfangen. Hier wäre Gleichheit nicht
Gerechtigkeit, sondern wir vergelten dann am Gerechtesten, wenn
wir uns bei der Vergeltung stärker belasten"[1]).

Es ist aber diese Verbindung von tuitio und Königsland doch
nur eine zufällige und an bekannte Erscheinungen im Frankenreich
dabei nicht zu denken.

Benedict war wohl nur ein durch treuen Fleiß in der Be-
wirthschaftung ausgezeichneter conductor der domus regia, die Kinder können vielleicht wegen Minderjährigkeit das väterliche Gut
nicht erhalten. Doch wird nicht etwa Theoriolus zum tutor oder
curator der Kinder bestellt; eine so gewöhnliche und selbstverständ-
liche Maßregel könnte nicht als außerordentliche Gnadenbelohnung
der Kinder für außerordentliche Verdienste des Vaters hingestellt
werden: Theoriolus, der in der Nähe wohnt, vielleicht die Kinder
auf dem Gute belassen muß, ist Sauvegarde und wohl auch Vertheidiger der Kinder vor Gericht in Folge besondern Auftrags des
Königs, dessen tuitio er bethätigen soll.

Bezeichnend für die Abstammung der tuitio aus der obersten
(obervormundschaftlichen) Schutzpflicht des Königs ist es, daß unter
den mit der tuitio geehrten Schützlingen die Kirchen oben an stehen,
wie später der König vor allem advocatus ecclesiae ist: „An den
Grafen Abila König Theoderich. Obwohl wir wünschen, daß keiner
von Allen, welche unsre Huld und Milde beschützt (d. h. von
unsern Unterthanen) Bedrückung zu tragen habe — denn ungestörte
Ruhe der Unterthanen ist des Herrschers Ruhm — so wollen wir
doch besonders von aller Unbill sicher die Kirchen wissen, durch
deren gerechte Behandlung man die Gnade des Himmels erwirkt.
Und deßhalb bewogen durch die Bitten des vir beatissimus, des
Bischofs Eustorgius von Mailand, tragen wir dir in gegenwärtiger
Ansprache auf, daß du den Gütern und Leuten jener Kirche auf
Sicilien mit Vorbehalt der Gesetzlichkeit tuitio gewährest. Und
von Niemand, welcher Nation er sei, laß jene wider das Recht
unterdrücken, welche man aus Ehrfurcht vor dem Himmel unterstützen soll. Jedoch in der Weise, daß sie (d. h. fundi et homines)
gegen Ansprüche des Staats oder der Privaten, die begründeter-
maßen gegen sie erhoben werden, sich zu verantworten nicht an-
stehn. Denn wie wir nicht wollen, daß sie von irgend jemand be-

---

[1] Var. I. 38.

schwert werden, so dulden wir auch nicht, daß sie sich vom Pfad der Gerechtigkeit entfernen"¹).

Die erbetne tuitio wird hier nicht einem bloßen Sajo, sondern einem Gothengrafen übertragen, dem Ansehen des Schützlings entsprechend: er, der ohnehin den allgemeinen königlichen Bann trägt, soll den besondern Schutz des Königs verwirklichen: vorbehaltlich der allgemeinen Pflicht, vor Gericht Recht zu geben; auch Gothen bedrängten die Kirche, deßhalb wird ein angesehener Gothe gewählt: besondrer Sauvegarde bedarf es nicht, denn der Graf hat der milites genug unter sich. —

Man sieht, dieß Schutzverhältniß ist in manchen Fällen noch ein rein thatsächliches. Aber es ist doch nicht immer nur dieß. Schon ist es zu einem bestimmten Rechtsinstitut mit bestimmten, wenn auch nicht immer denselben, Formen und Wirkungen erwachsen. Und es ist nicht Zufall, daß die beiden durchaus festgestellten Formeln, in dem siebenten Buch der Varien, der Formelsammlung Cassiodors (welches nicht wie die übrigen systemlos zusammengestellt, sondern systematisch geordnet ist), ihren Platz finden zwischen den Formeln für die Rangstufen der Spectabilitas, des Clarissimats einerseits und den Formeln für persönliche Gnadenverleihungen (Venia Aetatis, Legitimation einer Ehe ꝛc.): andererseits: die Schützlinge des Königs werden durch diese persönliche Gnadenverleihung zu einer eignen Gruppe ausgezeichneter Personen²). —

---

1) Var. II. 29; die Motivirung ist schon ganz im Geist und Ton späterer Königsprivilegien für Kirchen.

2) Außer von Cassiodor und außer von königlichem Schutz gebraucht, habe ich das Wort tuitio nur noch einmal (in juristischem Sinn) in dem Italien jener Zeit gefunden: Marini Nr. 86. erkauft sich a. 553 in Ravenna die Gothin Rundo durch eine beträchtliche Schenkung die tuitio des Erzbischofs von Ravenna contra violentos impetus. Uebrigens ohne allen vorgefundenen römischen Ausgangspunkt hat sich auch dieß Institut nicht im Gothenstaat entwickelt: der römische Ausgangspunkt ist offenbar die tuitio vel executio militaris, eine Art Sauvegarde, welche Theodosius Arkadius und Honorius a. 393 verboten. l. c. Cod. Th. I. 9. nunquam omnino tuitio militaris vel executio negotiis privatorum tribuatur; vgl. den Commentar des Gothofr., der aber seine Definition aus den cassiodorischen Fällen schöpft und zu l. 36. C. Th. 13. 5. tuitionis praesidium für die navicularii. Ferner l. 1. 11. 24 de patrociniis vicorum, woran namentlich bei der tuitio der villici zu denken ist; vgl. die höchst merkwürdige Stelle des Salvianus hiezu: die Steuerpflichtigen ut vim exactionis evadant .. tradunt se ad tuendum protegendumque majoribus et quasi in jus eorum ditionemque transcendunt: aber diese Schützer: hac lege defendunt miseros ut mise-

3. Gesetzgebende Gewalt.

Der König hat die gesetzgebende Gewalt und zwar übt er sie völlig unbeschränkt und ohne Mitwirkung von Adel oder Volksversammlung aus, ganz wie die Imperatoren, von denen er sie überkommen hat. Im altgermanischen Staat hatte es neben der Fortbildung des Rechts durch die Gewohnheit einer eigentlichen Gesetzgebung wohl nur selten bedurft: wo sie aber nöthig wurde, war die Mitwirkung, wenigstens die Genehmigung, von Adel und Volk unerläßlich.

Die Gothenkönige in Italien aber erlassen Gesetze mit auch für die Gothen verbindlicher Kraft, ohne daß irgend einer Mitwirkung des Volkes gedacht würde, was bei den Aufzeichnungen der Stammrechte bei andern Germanen so oft geschieht.

Wir begnügen uns hier, die formale Unbeschränktheit des Königthums auch in diesem wichtigen Gebiet hervorzuheben: eine genaue Untersuchung der „Edicte" Theoderichs und Athalarichs (welche übrigens keineswegs die einzigen von den Gothenkönigen erlaßnen Gesetze sind) nach allen Seiten wird der Anhang bringen, auf welchen wir verweisen¹).

---

riores faciant defendendo; nur an diese Form denkt Marini ad N. 86: (die executio militaris wird gewährt, wenn die Execution des Civilrichters nicht durchbringt, entspricht also dem imminere des Sajo, (s. unten „Amtshoheit"). Alle diese „tuitiones" nun aber unterscheiden sich, wenn sie auch, neben der germanischen Wurzel der allgemeinen Idee des Königsschutzes, die römischen Wurzeln unserer tuitio regii nominis sind, in allem Wesentlichen von dieser: sie gehen nie vom Herrscher, immer nur von judices, comites etc. aus, werden nie durch die allgemeine Schutzpflicht des Königs motivirt, und jedenfalls sind diese römischen Formen unter den neuen Bedürfnissen und den germanischen Einflüssen des Gothenstaats zu etwas ganz anderem geworden; vgl. auch die von Gothofr. zu lex 36 angeführten Briefe des Symmachus IX. 22. X. 30.

1) Für die Darstellung des Königthums hat der Inhalt des Edicts in seinem privatrechtlichen, strafrechtlichen Detail ꝛc. an sich keine entscheidende Bedeutung: wir haben es hier nur mit dem öffentlichen Recht und auch mit diesem zunächst nur nach der Einen Seite hin zu thun, soweit es eben mit der königlichen Gewalt zusammenhängt. Es ist daher das Meiste, was in der Streitfrage über die Geltung des römischen oder gothischen Rechts und über die Bedeutung des Edicts verhandelt wird (bekanntlich hat von Glöden in einer scharfsinnigen Schrift die Geltung des gothischen Rechts im gothischen Reich bestritten s. Abth. II. S. 125) an sich von nur mittelbarem Interesse für unsern Zweck. Wir werden deßhalb in der Darstellung selbst die hier auftauchenden Fragen nur soweit sie eben mit dem Thema der Darstellung wesentlich zusammenhängen, zu berühren haben. Da aber allerdings die Frage, ob die Gothen nach gothischem oder nach römischem Recht

4. Finanzhoheit. Finanzzustände.

Der König hat die Finanzhoheit: das ganze römische Finanzwesen, zumal das Steuersystem, blieb bestehn, und der Gothenkönig übt die volle Finanzgewalt des Imperators wie über die Römer so über seine Germanen. Wie in dem römischen Imperatorenstaat jener Zeit ist das Privatvermögen des Königs (patrimonium regis, domus regia) und das öffentliche Vermögen des Staates im Wesentlichen nicht mehr getrennt: die Person des Königs ist das Subject aller einschlägigen Rechte, er hat über beide Vermögensgruppen gleich unbeschränkte Disposition, wenn auch, zum Theil aus alter Tradition, zum Theil um der bequemern und geordnetern Verwaltung willen, besondere Cassen und Rechnungen und Beamtungen für die einzelnen Vermögenstheile bestehen.

Der Fiscus behält wie seinen Namen, so alle Rechte und Privilegien, die ihm das römische Recht gewährte: ja, der Fiscus ist als juristische Person selbst ein Römer, lebt also nach römischem Rechte, und bedient sich römischer Institutionen[1]).

---

lebten, für unsere ganze Auffassung von dem Reich und Königthum der Gothen mittelbar von Wichtigkeit ist, — waren die Gothen ein Volk und ihr König mehr als ein bloßer Beamter des Kaisers, so lebten sie schwerlich nach römischem Recht und, umgekehrt, lebten sie nach ihrem nationalen Recht, so waren sie gewiß auch eine Nation mit einem nationalen Haupt — da, können wir kurz sagen, die Ansicht von Sybels in der Ansicht von Glöbens eine starke Stütze fände, so wird der Anhang letztere ausdrücklich widerlegen: das sehr kunstvolle, aber auch sehr complicirte Gefüge der v. Glöben'schen Beweisführung läßt sich nur verstehen und deßhalb auch nur widerlegen, wenn man Glied für Glied in der Kette seiner Schlüsse verfolgt und auflöst, dieß aber setzt wieder eine so genaue Erörterung eines großen Theiles des Edicts voraus, daß ich mich entschlossen habe, lieber gleich das Ganze, in Text und Commentar zu geben, was vielleicht, (da der bisher einzige und seiner Zeit sehr verdienstvolle Commentar von Rhon in fast allem Wesentlichen überholt, ohne Berücksichtigung des ganzen politischen Zustandes der Gothen gearbeitet ist, und, abgesehen von der falschen Grundauffassung, auch sehr zahlreiche Irrthümer im Detail, d. h. in der Ableitung der Edictssätze aus den römischen Quellen enthält), als nicht unwillkommene Gabe aufgenommen werden wird.

1) Theoderich hat eine Schenkung von offenbar mehr als 500 solidi ausgesprochen, Athalarich läßt die nöthige Insinuation vornehmen VIII. 25. Der Fiscus klagt gegen römische Depositare confiscirter Güter bei dem consularis campaniae als forum domicilii und der Proceß wird nach der forma divalium sanctionum geführt; über das Verhältniß von fiscus, aerarium nostrum, domus nostra, patrimonium nostrum vgl. V. 6. 7: die *domus nostra* hat Grundstücke im contractus libellarius einem Römer ausgethan: die Schuldsumme von

Im Uebrigen gliedert sich der hier vorliegende Stoff am Einfachsten nach Einnahmen (Activa) und Ausgaben (Passiva) des Königs oder des Staates. Die erwähnte Vermischung vom Privatvermögen des Königs und dem Staatsvermögen bringt es mit sich, daß die Ausgaben des Staats von beiden Vermögen unausgeschieben bestritten werden.

Der domus regia gehören[1]) vor allem ausgedehnte Liegenschaften in Italien und allen Provinzen[2]). Das waren Landgüter mit aller Zubehör, namentlich Sclaven[3]), Ackerland, Weinberge[4]), dann Wälder[5]) und Bergwerke[6]). Alle diese Krongüter dienten den Staatsausgaben: die Wälder liefern Schiffsbauholz für die Flotte[7]), die Landgüter werden zur Verpflegung des Heeres wie andere possessores beigezogen[8]). Das sind die praedia nostra[9]).

Wenn auch Odovakar einen großen Theil dieser (römischen, kaiserlichen) Krongüter an seine Anhänger verschenkt hatte[10]), so waren ja gerade die Angesehensten und Reichsten derselben gefallen oder ermordet worden und die Confiscation brachte all' ihr Vermögen in Theoderichs Hand zurück[11]). Außerdem erhielt aber Theo-

---

10,000 solidi wird eingetrieben für — den *fiscus*. VI. 8 wird fiscus und aerarium nostrum als identisch gebraucht: Das aerarium nostrum ist die Cassa, in welche die Steuern fließen V 14. VII. 22. VIII. 14. 20. 26. VII. 22. Z. B. das siliquaticum III. 25; ungenügend hierüber Manso S. 97, Sartor. S. 194.

1) Domus nostra IV. 3. V. 6. 18. regia V. 19. 20. VI. 9. VIII. 10. X. 5.

2) In Italien VIII. 25; bei Trient II. 17. XII. 5; in Apulien V. 7. in pedonensi civitate domus pinciana; in Bruttien IX. 23. III. 10; in Spanien V. 39. conductores domus regiae . . tantum decernimus solvere, quantum nostra praedia constiterit pensitare; am Po V. 18. 20. in Gallien.

3) Neben diesen Sclaven auf königlichen (per domum nostram navigandi artifices V. 18. 19) Besitzungen, z. B. IV. 14 gab es noch eigentliche Staatssclaven: so die expropriirten Privatsclaven, welche als Ruderknechte verwendet werden: diese waren nicht freigelassen worden arg. *genus* libertatis V. 16; ebenso die mancipia formarum servitio deputata III. 31.

4) An. Val. p. 622.

5) Var. V. 18. 20.

6) Var. III. 25. 26. IX. 3.

7) Oben S. 88 und V. 18 f. 20.

8) IV. 14.

9) Var. V. 39. regia V. 6. 7. 18. die χωρία τῆς βασιλέως οἰκίας, ἣν δὴ πατριμώνιον καλοῦσι Proc. I. 6. I. 4. τὴν βασίλειαν οἰκίαν, ἣν πατριμώνιον καλεῖν νενομίκασιν.

10) A. II. S. 47.

11) Auch später noch wurden Landgüter für den Fiscus eingezogen. IV. 14. s. unten Anhang I.

berich, wie die Asbingen¹), auch sonst noch einen großen Theil des vertheilten Landes, nach dem Bedürfniß seines Hauses²), die größte aller „sortes barbarorum", und es ist gewiß, daß des Königs Landbesitz ein sehr ausgedehnter war, wenn schon ein Prinz seines Hauses fast ganz Tuscien besaß³).

Die Landgüter⁴) wurden entweder auf Rechnung des Königs selbst durch königliche Intendanten (actores, procuratores) mittelst der Sclaven und Colonen bewirthschaftet, oder noch häufiger an Pächter (conductores, conducentes domus regiae) vergeben, Römer und Germanen⁵), gegen einen Pachtzins, canon, dessen Minimum die königlichen Beamten, der comes patrimonii⁶) und seine arcarii, festsetzten und die Pächter nicht willkürlich verringern durften: „sonst würden ja die Güter in ihrem, nicht in unsrem Eigenthum zu stehen scheinen"⁷). Jedoch erhalten die conductores auch ihrerseits, wenigstens manchmal, eine Art festen Gehalts (salaria), entweder in Folge einer Doppelstellung von Pächtern und Verwaltern oder, was noch wahrscheinlicher, weil sie für locale Polizei (Sicherheit), und niedre Gerichtsbarkeit auch öffentliche Functionen hatten⁸). Einen besonders werthvollen und eng an Person und Haus des Königs geknüpften Theil seines Vermögens bildet der Schatz, deßgleichen die Germanenkönige auch schon vor der Wanderung besaßen.

Dieser Schatz aus Geräth⁹), Geschirr, Waffen¹⁰) Gewändern

---

1) A. I. S. 204.
2) Oben S. 13.
3) Proc. L 3; über die reichen Erträgnisse der Domänen XI. 7 XII. 12. du Roure L S. 330.
4) Massae: massa juris nostri rusticiana in Brutticrum provincia IX. 3. s. oben S. 17.
5) V. 39. qualicunque gente sint editi; s. Ennod. ep. VII. 1. den Gothen Bauto als conductor domus regiae.
6) VI. 9.
7) l. c. V. 39.
8) Die dunkle Stelle V. 39 spricht von Spanien, wo wenigstens bei den Westgothen die königlichen Domänenverwalter auch polizeiliche zc. Verrichtungen haben; Gleiches bei Franken und Langobarden; vielleicht hängt die oben S. 131 besprochne tuitio der villici damit zusammen. Ueber den contractus libellarius f. V. 7. Unklar ist, wie die Erben des Amandianus für die verlorne (pro amissione) casa arbitana vom König die massa palentiana umgetauscht erhalten (transfundere), vielleicht Expropriation?
9) Var. V. 2.
10) Var. V. 2.

von besonderer Kostbarkeit und auch¹) aus baarem Gelbe bestehend, wurde fortwährend durch Geschenke fremder Völker und Fürsten bereichert, wie anderseits aus ihm reiche Ehrengaben an fremde Könige und Gesandte gespendet werden²). Freilich werden auch die Reichthümer der kaiserlichen Paläste diesem Königsschatze einverleibt³). Auch den Königsschatz der Westgothen hatte Theoderich von Carcassonne nach Ravenna bringen lassen⁴); außer vielen andern Kostbarkeiten nimmt Amalasuntha 40,000 Pfund Gold aus diesem Schatz⁵). Hienach begreift man die Wichtigkeit, welche demselben beigelegt wird, begreift, daß Justinian die Theilung dieses Schatzes Vitigis zur ersten Friedensbedingung macht und daß die Byzantiner Belisar die Erbeutung desselben besonders hoch anrechnen⁶). So ging er denn für König Ildibad verloren, aber unter Totilas elfjähriger Regierung hat sich unerachtet des ununterbrochenen Krieges bereits wieder ein bedeutender Schatz angesammelt, wichtig genug, um Teja zu bestimmen, zu dessen Deckung seinen ganzen Kriegsplan⁷) einzurichten, und die Alamannen zu ihrem Einfall in Italien anzulocken, so daß Narses hofft, sie würden umkehren, wenn sie dessen Erbeutung durch die Byzantiner erfahren⁸). Bei diesem Schatz sind auch die Abzeichen der königlichen Würde, auf welche großes Gewicht gelegt wird⁹).

Ferner die directen Steuern¹⁰), vor Allem die Grundsteuer¹¹). Sie

---

1) Var. V. 44.
2) V. 1. Vom König der Warnen picel (was ist das?) tymbra, pueri gentili candore lucentes, spathae, V. 2. Von den Esthen Bernstein, vom König der Thüringen weiße Rosse, vom König der Vandalen kostbare Waffen u. s. w.
3) Jord. de regn. succ. Belisarius cum opibus palatii.
4) Proc. b. G. I. 12. natürlich nicht bloß „Staatskleider", Bower S. 332.
5) l. c. 2. nach den Berechnungen bei du Roure I. S. 327 über 30 Millionen Gulden.
6) II. 29. III. 1. l. c.; auch Jord. c. 60 de regn. succ. p. 241 vergißt der „regiae opes" (opes palatii) nicht; der Kaiser stellt sie im Palast den Senatoren zur Schau.
7) Proc. IV. 34. Agath. I. 8. Vict. tun. p. 375.
8) Agath. II. 10.
9) s. unten „Romanisiren".
10) Ueber Steuerwesen im Gothenstaat im Allgemeinen: I. 14. 19. II. 13. 16. 24. 25. 26. 38. III. 8. IV. 1. 14. 38. V. 14. 15. 31. 34. 39. VI. 24. VII. 21. 22.
11) Ihre mannigfaltigen Namen sind census IV. 16. IX. 9. 10. V. 14. stipendia XII. 16. assis publicus IV. 36. III. 8. V. 14. 39. XII. 15. tributarius XII. 16. publica pecunia I. 26. XII. 2. functio publica II. 24. 25. III. 32.

wurde in hergebrachter Weise nach dem alten[1]) römischen System nach Indictionen und in dreimaligen Jahresraten erhoben[2]) und zwar von allen Grundeigenthümern, possessores[3]). Wie die Römer waren auch die königlichen Domänen[4]) und die Kirchen (arianische[5]) wie römische) der Grundsteuer unterworfen; letzteres konnte man nur aus schwerbegreiflichem Mißverständniß leugnen; nur ausnahmsweise und theilweise erhalten einzelne Kirchen von der

XII. 28. VIII. 2. XI. 2. 10. 7. V. 39. I. 26. fiscalis calculi II. 17. 26. XII. 28. functio debita IV. 14. XII. 8. functio tributaria III. 40. V. 14. 40. IV. 50 36. XII. 22. tributum IX. 43. XI. 7. 2. (fiscale XI. 35. IV. 38. VI. 60) IV. 14. 36. 38. V. 13. 14. XII. 2. 28. I. 26. II. 16. III. 32. VI. 24. VII. 45. tributarius solidus V. 14. IX. 12. XII. 23. illatio III. 42. XII. 16. Auch schlechthin fiscus V. 14. 1 24. 31. VI. 3. 8. IV. 14. 20. 32. III. 29. II. 16 38. 33. I. 19. 22. 26. IX. 14. 25. XII. 7. 18. fiscalis ratio II. 26. illatio XII. 16. auch pensio; aber pensio bezeichnet auch den Pachtzins der conductores I. 16. und des Unterpächters des siliquatarius II. 16, sowie die als siliquaticum, aurarium, monopolium bekannten Abgaben selbst II. 30; wie denn fast alle obigen Ausdrücke außer der Grundsteuer noch andere Abgaben bezeichnen können; (auch die von tres abgeleiteten, denn auch andre Abgaben wurden dreimal jährlich erhoben; vgl. Sart. S. 343); vgl. Waitz III. S. 154. 506. 558. 568. Sav. Zeitschr. VI. u. XI.
1) prisca legum auctoritas III. 42. XII. 16.
2) daher trina, (Sart. S. 200) terna illatio hierüber und über die Fortdauer der Indictionen XII. 2. trinae illationis .. tributa indictionis XIII. — XII. 16. per indictionem I. possessor trina illatione assem tributarium persolvat XI. 33. in illatione tertia solidos tot XIII. indictionis; vgl. I. 16. III. 40. XI. 7. 35. 36. 38.
3) possessores technisch für den Stand der Grundsteuerpflichtigen. Var. I. 14. 26. II. 17. III. 9. 10. 42. 44. 49. 52. IV. 8. 11. 39. V. 14. VI. 9. 22. VIII. 6. 27. 31. 33. IX. 4. 5. 7. XII. 2 4. 5. 8. 16. 17. 18. (vgl. Leo I. S. 49); tridentinae civitatis I. 14. VI. 9. 22. volienses IV. 11. forojuliensis IV. 8. catanensis III. 49. arelatensis III. 44. feltrini V. 9, da das Land meist an conductores ausgegeben war, stehen neben den possessores oft die conductores I. 16. VIII. 33. von diesen Pächtern königlicher und privater Güter conductores massarum (über die massae und zu Vervollständigung v. S. 17. s. namentlich Marini im II. Anhang) VIII. 33. V. 39. XII. 5) muß man die Pächter der Steuern (conductores titulorum, z. B. siliquatici II. 25. V. 31) unterscheiden; neben beiden werden dann noch die defensores und curiales genannt, die für die Erhebung haften; z. B. III. 9; einen Gegensatz zu den possessores bilden die andern Abgaben unterworfnen negotiatores XII. 23. X. 26. II. 30. 38. VII. 14. VI. 7. VIII. 33.
4) XII. 5; es könnte dieß zwar, wie von Syb. und vor ihm schon Manso S. 94 mit Recht bemerken, vielleicht nur Ausnahmen für diesen Fall sein, die kaiserlichen Domainen aber steuerten Sart. S. 194, beßhalb gewiß auch Theoderich.
5) Var. I. 26.

frommen Milde des Königs Befreiung¹). Am Wichtigsten ist nun aber für uns, daß auch die Gothen der Grundsteuer unterworfen²) waren, wie die Römer. Sehr bezeichnend ist hiebei, daß alle drei Stellen, welche diese Steuerpflicht erwähnen, zugleich das heftigste Widerstreben der Gothen gegen deren Erfüllung aufzeigen. Schon bei den Vandalen haben wir erörtert, daß der alte Staat der Volks= freiheit keine Besteuerung freier Männer kannte, daß die Zu= muthung derselben mit Ingrimm als ein Ansinnen privatrechtlicher Knechtschaft aufgenommen wurde und bei den Franken werden wir wiederholt diese Stimmung in offnen Aufstand ausbrechen sehen.

Auch die Ostgothen wollen nicht steuern. Die drei Stellen handeln von den Gothen im Picentinischen, zumal der Stadt Habria, und in Tuscien und von „frühern Barbaren"³) in Savien.

Die Gothen bei Habria müssen mit Geldstrafen, die im übrigen picentinischen und im tuscischen Lande sogar mit der fast aller=

---

1) L. 26. praefata ecclesia superindictorum onera tributorum in ea summa non sentiat, quae a .. Cassiodori .. temporibus est soluta. Aber für andere Grundstücke, die sie erwirbt, commune cum universis possessionibus onus solutionis agnoscat et illius subjaceat functioni, cujus est nacta jura dominii: „sonst können wir uns ihrer Gütervermehrung nicht freuen, wenn damit für den Fiscus eine Steuerverminderung verbunden ist." Die Kirche hatte Steuer= freiheit für alle ihre Grundstücke beansprucht, aber der König beschränkt diese auf gewisse von ihm selbst der Kirche geschenkte Güter; ausnahmsweise Befreiung eines Klosters auf Verwendung des Kaisers X. 26. Ebenso ausnahmsweise wird einmal einem Laien Befreiung von der Steuer für ein von ihm erst der Cultur ge= wonnenes Stück bisherigen Sumpflands gewährt (II. 33 ut paludibus .. siccatis sine fisco in solum rura revocata possidean nec ullam metuas liberatis rebus exhibere culturam, quas sub generalitatis testimonio absolvimus. Die Steuerpflichtigkeit der arianischen Kirchen Ravenna's erhellt auch daraus, daß, als deren Güter der katholischen Kirche daselbst geschenkt werden, der Kaiser die bisherigen Leistungen derselben an den Fiscus vorbehält. Mar. Nr. 87.

2) Sart. S. 65. 149; mit Unrecht bestritten von Gibbon c. 39.

3) Var. V. 14; antiqui barbari qui romanis mulieribus elegerint nup- tiali foedere sociari quolibet titulo praedia quaesiverint, fiscum possessi cespitis persolvere ac superindictis oneribus parere cogantur; es sind offen= bar alle vor den Ostgothen eingewanderten Germanen gemeint, also namentlich die Leute Odovakars (aber auch alle andern, s. oben S. 1). Ob diese bisher steuerfrei waren (Manso S. 102) ist nicht auszumachen; aber die Stelle, welche das Maaß der Grundsteuer zu Odovakars Zeit erwähnt, spricht nicht von Bar= baren. Pallmann II. S. 331 schwankt; aus Mar. Nr. 83 folgt nichts, da alle Betheiligten Römer sind.

äußersten Maßregel, der Confiscation ihrer Lose, bedroht werden. Die Härte dieser Strafe wie die ganze Ausdrucksweise der Stelle zeigt, daß die Widersetzung sehr energisch, des bösen Beispiels und der allgemeinen Stimmung der Gothen wegen sehr gefährlich war und mit schleunigster Energie unterdrückt werden zu müssen schien. Die gleiche Belastung der Gothen wie der Italiener war, wie wir nach unserer Auffassung sehr wohl einsehen, eine für Theoderich unerläßliche Consequenz seines ganzen Systems: die Gleichstellung der beiden Nationalitäten und die Erziehung der Gothen zur römischen Staatsidee (civilitas s. u. „Romanisiren" und Anhang I u. II) forderten das, wie der Wortlaut der einschlägigen Stellen deutlich besagt; den Ausfall durch Ueberwälzung auf die Römer zu decken, wie die Vandalen thaten, daran kann hier gar nicht gedacht werden[1]). Ausdrücklich wird die aequitas, d. h. die billige Gleichstellung aller Unterthanen, als Hauptgrund an-

---

1) Var. I. 19. fisci volumus legale custodire compendium. quia nostra clementia rebus propriis videtur esse contenta et sicut nullum gravare cupimus, ita debita nobis perdere non debemus. indigentiam juste fugimus, dum perniciosa res est in imperante tenuitas. modus ubique laudandus est. nam cur aut vituperabilis negligentia in propriis defluat aut aliena cupiditas turpis abradat? et ideo vobis praesenti jussione praecipimus, ut, adrianae civitatis curialium insinuatione suscepta, quicunque Gothorum fiscum detrectat implere, eum ad aequitatem redhibitionis arctetis. ne tenuis de proprio cogatur insolvere, quod constat idoneos indebite retinere. hac scilicet ratione servata, ut si quis contumaciae vitio maluerit nostra jussa tardare, cum mulcta reddat, quae debuit etiam non compulsus offerre. quatenus protervo spiritu indecenter erecta impunita justis seculis non relinquatur audacia. IV. 14. Gesilae sajoni Theodericus rex. magni peccati genus est, alienis debitis alterum praegravare. ut quod potest exigi, non mereatur audiri. sua quique damna respiciant et is solvat tributum, qui possessionis noscitur habere compendium. atque ideo praesenti tibi auctoritate delegamus, ut Gothi per Picenum sive Thuscias utrasque residentes te imminente cogantur exsolvere debitas functiones. *in ipsis enim initiis comprimendus excessus est*, ne foeda imitatio, quasi turpis scabies, paulatim reliquos comprehendat. si quis ergo jussa nostra agresti spiritu resupinatus abjecerit, casas ejus appositis titulis fisci nostri juribus vindicabis. ut qui juste noluit parva solvere, rationabiliter videatur maxima perdidisse. (Den Schluß s. ob. S. 78. 79; über die Bedeutung von casa Mar. ad Nr. 91). Von Syb. S. 243 findet es zweifelhaft, ob diese Stellen sich auf die sortes beziehen; er sagt, IV. 14 rede von königlichen Schenkungen (d. h. er meint, die Gothen sollten nur von den ihnen besonders vom König geschenkten Gütern Steuern zahlen), aber was die donativa sind, haben wir oben gezeigt und nicht von ihnen (als Gütern) fordert IV. 14 Steuern, sondern um ihrer willen,

gegeben und die Geldstrafen werden damit gerechtfertigt, daß die Steuerweigerung eine gefährliche Regung jenes der Staatsordnung widerstrebenden Trotzes sei (spiritus agrestis contumacium personarum V. 31), der unter der Herrschaft des Rechts (justis seculis, sub civilitate) nicht zu dulden ist.

Und daß jenes hartnäckige und häufige Widerstreben[1]) schließlich doch gebrochen wurde, ist nicht das geringste Zeichen von der bereits unwiderstehlich gewordenen Macht des Königthums[2]). An die Grundsteuer schließt sich eine andere Abgabe, über welche freilich sehr abweichende Meinungen bestehen und völlige Klarheit kaum zu gewinnen ist. Es sind dieß die tertiae, welche nur an zwei Stellen[3]) Cassiodors begegnen. V. II. 17 wird der Stadt Trient eröffnet: pro sorte, quam Butilino presbytero nostra largitate contulimus, nullam debere solvere fiscalis calculi functionem: sed in ea praestatione quanti se solidi comprehendunt, de tertiarum illationibus vos noveritis esse relevandos: und I. 14 wird der Stadt Cathalia gestattet: quod a Cathaliensibus inferebatur genus tertiarum (magnificentia tua), faciat annis singulis in tributaria summa persolvi. Savigny[4]) hielt

---

d. h. die Gothen, welche so reiche Donativen erhalten, sollen sich nicht weigern, von ihren Gütern Steuern zu zahlen. Damit fällt auch seine Wegerklärung von I. 19.

1) Auch Var. XL 37 enthält Andeutungen des Sträubens (der Mächtigen) gegen Erfüllung der bürgerlichen Pflichten: quid publicas actiones (hierüber VIII. 31) per difficiles minutias (a praetorianis) referamus esse collectas, quas magna subtilitate compositas et ab illis exigunt, quos offendere non praesumunt; und unter den zu wenig Steuern zahlenden possessores in Savien V. 14 sind gewiß auch Gothen.

2) In jedem Steuerdistrict wird eine bestimmte, nach den Polyptiken V. 14 pro hominum qualitate l. c. vertheilte Summe erhoben und von den Curialen und Tractoren an die arcarii abgeliefert XII. 8: der Ausfall auf Seite eines Pflichtigen wird auf die übrigen repartirt: daher die schweren Folgen jeder Steuerverweigerung für Andre. IV. 14; eventuell haften die Curialen und die Finanzbeamten. Die judices provinciarum haben über Steuerausfälle an den Praefectus Praetorio zu berichten II. 24. 25. IX. 9; über die Grundsteuer vgl. noch Manso S. 100. 384, und im Leben Constantins S. 184. 221. Balbo I. S. 23. du Roure I. S. 327 f.; sie kann auch in Naturalien abgetragen werden, nach Bedürfniß der Regierung; vgl. Mar. Nr. 139 und seine Noten. Hegel I. S. 50. 60.

3) In Mar. Nr. 138 a. 504 findet sich ein „pictacium de titulis tertiarum über c. 260 solidi, das aber nur zeigt, daß dabei große Summen vorkamen: es wurden wohl auch diese „tituli" wie die siliquatici etc. behandelt.

4) I. 133; ebenso Sart. S. 348. Buat, du Roure I. S. 302, obwohl er nach Buat die eigentliche Bedeutung der tertias kennt.

zuletzt diese tertiae für die gewöhnliche Grundsteuer, die sonst trina illatio heißt[1]), weil sie in drei Terminen abgeführt wurde. Allein unmöglich können die in der letzten Stelle genannten tertiae die trina illatio, das tributum sein, denn sie werden ja diesem ausdrücklich entgegengesetzt und sollen mit ihr (in tributaria summa) zugleich entrichtet werden: darin liegt die Vergünstigung, daß die oft vexatorische Steuererhebung für beide Abgaben jedes Jahr zugleich stattfinden solle, nicht, wie Savigny meint, darin, daß die trina illatio in Einer einzigen Zahlung entrichtet werde, denn der Hauptgegensatz liegt in tertiarum genus und tributaria summa[2]). Andere haben sie für die von den Gothen zu entrichtende Grundsteuer gehalten, aber mit Unrecht, denn sie werden ja von den römischen Municipien Trient und Cathalia entrichtet. Ebensowenig sind wohl die beiden von Gaupp S. 489 aufgestellten Hypothesen zu halten, wonach die tertiae entweder altrömische Abgaben für Benützung kaiserlicher Güter wären — denn in diesem Fall verstand sich von selbst und brauchte nicht erst verordnet zu werden, daß, wenn solche Güter der Stadt Trient entzogen wurden, sie nicht mehr die Nutzungsvergütung zu zahlen brauchte — oder eine von Odovakar den Römern aufgebürdete Abgabe für das Drittel, welches er seinen Schaaren steuerfrei angewiesen hätte (wie Genserich that) — denn Gaupp muß dann eine Milderung dieser Abgabe seit der Gothenzeit annehmen: nun wissen wir aber, daß die Grundsteuer unter Theoderich gerade wie unter Odovakar erhoben wurde[3]); vielmehr scheint die früher von Savigny selbst[4]) und von Manso[5]) aufgestellte Vermuthung durch neue Gründe gestützt werden zu können. Unmöglich konnte die Dritteltheilung bei jedem einzelnen Grundstück vollzogen werden[6]), so viel Boden brauchten die Gothen nicht: Italien hat heute auf 5,772 Quadrat-Meilen über 25 Millionen Einwohner, also auf dem Drittel von 1,924 Quadrat-Meilen über 8 Millionen. Die einwandernden Gothen aber be-

---

1) Z. B. Var. XII. 2.
2) Vergl. Gaupp S. 487, der auch Savigny's Erklärung der andern Stelle widerlegt.
3) Var. IV. 38.
4) In der I. Aufl. I. S. 286.
5) S. 83.
6) s. oben S. 7.

trugen höchstens 300,000 Köpfe. Wenn man nun die Dichtigkeit der heutigen Bevölkerung gegenüber jener Zeit auch noch so hoch anschlägt, so kommt anderseits in Betracht, daß die Ostgothen auch außerhalb Italien starke Heere hatten und keinenfalls konnten jene 300,000 Seelen 1924 Quadrat-Meilen brauchen; es kämen auf die Quadrat-Meile 155 Seelen. Es wurden daher bei sehr vielen römischen Gütern die Drittel nicht abgerissen: es ist aber nicht anzunehmen, daß die Eigenthümer derselben unbeschwert ausgegangen seien, da ja die Gothen selbst von ihren Losen Steuer zahlten. Vielmehr hatten sie wahrscheinlich den Ertrag dieses Drittels in Früchten oder Geld abzugeben und diese Drittelabgabe führte denselben Namen wie die wirklich abgetretnen Drittel, nämlich tertiae[1]), an deren Stelle sie traten[2]). Diese Annahme stimmt am Besten zu den beiden fraglichen Stellen[3]): in II. 17 wird der Stadt Trient eröffnet, daß der König ein Stück ihres nicht vertheilten Drittels jetzt vertheilt und daß sie fortan um den Werth dieser sors weniger von der Abgabe für das unvertheilte Drittel zu entrichten habe: in I. 14 wird der Stadt Cathalia gestattet, die Abfindungsabgabe zugleich mit der Grundsteuer zu bezahlen, um die zweifache Erhebung zu vermeiden. Zu dieser Erklärung stimmt es am Besten, wenn Theoderich hinzusetzt: ita — illis suspectum tertiarum nomen auferimus. Weder die Grundsteuer noch andere althergebrachte Abgaben konnten (den Römern) suspecta heißen, wohl aber mußte eine Leistung suspecta sein, welche den römischen Eigenthümer stets erinnerte, daß er ein Drittel seines Gutes nur aus Vergunst der Barbaren noch besaß[4]).

---

1) s. e. S. 7; darin liegt ein starkes Argument für unsere Deutung; eine Abgabe von den den Römern verbliebenen zwei Dritteln ist sie freilich nicht, wie Sart. S. 348 mit Recht ausführt; wohl aber ein Entgelt für das belaßne dritte Drittel, was Sart. verwechselt.

2) Das ist die sors barbarica bei Sav. I. S. 339, im alsbald zu erörternden Sinne.

3) Warum werden gerade von zwei Stadtgemeinden die tertiae erwähnt? man ließ die Abfindung vielleicht besonders bei Communalgut stattfinden, und bei großen Grundcomplexen in Einer Hand, wie bei Städten, konnten am Ehesten gewisse Einzel-Güter von der realen Theilung verschont bleiben.

4) Die bina et terna dagegen III. 8. VII. 21. 20. haben, was sie auch sein mögen, mit neuen durch die Gothen herbeigeführten Einrichtungen nichts zu thun; vgl. die verschiednen Ansichten bei Sart. S. 207; Manso S. 388 f. Du Cange s.

Reichen Ertrag muß ferner die siliquaticum genannte Steuer gewährt haben⁴). Die Verkaufsaccise von Theodos II. und Valentinian III. eingeführt, betrug eine siliqua, d. h. ¹/₂₄ von jedem Solidus²) des Preises jeder veräußerten (beweglichen wie unbeweglichen) Sache, d. h. etwa vier Procent³). Sie wird den Kirchen von Mailand und Ravenna erlassen⁴) und soll nicht erhoben werden bei Vor-

---

v. tertia; fie find gewiß weder mit der Grundsteuer (trina illatio), noch mit den tertiae identisch (mit diesen verwechselt sie Mar. ad Nr. 138, dessen Erklärung der tertiae von dem groben Irrthum ausgeht, die Römer hätten ²/₃ abtreten müssen, die Grundsteuer der Gothen habe deßhalb bina et terna (warum dann nicht prima et secunda?), die der Römer tertiae geheißen); es scheinen römische Steuerzuschläge zu sein; ebenso Manso l. c. du Roure I. S. 329; vgl. auch Sav. Abhandl. über die röm. Steuerverfassung: über die tertiae vgl. noch die von Sav. R. R. I. S. 333 erörterte Kaufurkunde, Marini Nr. 115, welche die im Gebiete von Ravenna und Faënza veräußerten Grundstücke nennt: „liberas — ab omni nexu fisci deviti (debiti?) populi privative et ab here (l. aere) alieno litibus causis controversibisque omnibus nec non vt a sorte barbari (ea)", (wörtlich ebenso nur ohne sors barbarica weil a. 591 Nr. 122). Die Erklärung Sav's: „von dem Grundstück ist die sors barbarica bereits abgezogen": scheint richtiger als die von Gaupp S. 477: das Grundstück ist kraft Privilegium (wovon wir nichts wissen, sogar Kirchen hatten kein Privilegium hierin), von der Drittelabtretung verschont; am wahrscheinlichsten aber ist die Erklärung: das Grundstück ist nicht mit einer Abgabe belastet, welche anstatt der realen Abtretung zu entrichten ist, so daß die tertiae auch geradezu sors barbarica hieße. Marini weiß keine Auskunft; die Zusammenstellung mit controversiis und im Folgenden: et a ratione tutelaria et curae et ab obligatione ceterisque aliis titulis vel oneribus sive contractibus ... nec cum quoque se eas habere communes zeigt deutlich, daß die sors barbarica in der Mitte steht zwischen einer privaten Obligatio und einer öffentlichen Last, das entspricht einer öffentlichen Abgabe, die statt der privaten Abtretung an einen barbarus erhoben wird; analog dem häufigen Ausdruck liberos ab nexu fisci, z. B. Nr. 118. Die Urkunde ist aus a. 540, wo also die reale Theilung längst vollzogen war. Ravenna und Faënza waren damals gerade wieder byzantinisch geworden; zu einer Aufhebung dieser Steuer hatte man aber noch keinenfalls Zeit gehabt, ganz abgesehen davon, daß diese Aufhebung, die gar nicht im System eines Alexandros lag, unbillig gewesen wäre, da ja die besiegten Gothen, wie aus Marini erhellt, ihr Grundeigenthum behielten (einige Zeit sogar die arianischen Kirchen, Mar. Nr. 117. 119), und also die Römer, die die Realtheilung erlitten hatten, nichts zurückbehielten.

1) Vgl. II. 4. 30. III. 25. 26. IV. 19. titulus siliquatici V. 31. Manso S. 108. Sart. S. 209.
2) 1 Sol = 4 Scrupel; 1 Scrupel = 6 siliquae.
3) Cod. Theod. Nov. Theod. II. I. 26 (25).
4) Var. II. 30. Sart. S. 115.

rathkäufen für den Staat¹). Der comes siliquatariorum ist zugleich Hafenbeamter²). Defraudationen der Unterthanen soll er anzeigen³) und der Graf wird ihn gehörig zu unterstützen⁴) angewiesen⁵). Wie diese Steuer traf auch die **auraria** (oder chrysargyron) vorzüglich Gewerk und Handel: sie war eine Gewerbesteuer⁶), bestand unter den Gothen fort⁷), ward aber auf das herkömmliche Maß strenge beschränkt⁸). Mit beiden wird regelmäßig zusammen genannt⁹), das monopolium, d. h. das offenbar sehr einträgliche und deßhalb nur gegen schwere Abgaben für bestimmte Zeit (5 Jahre) verliehene Recht, gewisse Waaren, wie Waizen, Wein, Käse, Fleisch, Heu, Krämerwaaren entweder überhaupt oder in bestimmten Gebieten, (in einzelnen Städten, Ravenna, Rom, Pavia, Piacenza) den Hauptstädten oder an den Hof mit Ausschluß jedes andern Verkäufers verkaufen zu dürfen¹⁰). Zu diesen directen Steuern tritt nun eine Reihe von Reichnissen und Leistungen, welche die Unterthanen unentgeltlich oder gegen (vollen oder geringen) Entgelt, namentlich Abzug an der Grundsteuer zu entrichten haben, nach römischem Herkommen¹¹), wie mannichfaltige Beiträge zu den Kriegslasten, zur Abhülfe des Nothstands leidender Provinzen¹²), Vorspann, Frohnden, Schanzarbeiten¹³), Baudienste¹⁴), Einquartierungen¹⁵), deren Maß der Absolutismus ziemlich willkürlich bestimmen kann¹⁶). Von indirecten Steuern werden besonders die Zölle und Hafengelder erwähnt¹⁷).

---

1) So scheint Var. II. 26 zu deuten.
2) l. c. II. 12; vgl. IV. 19.
3) III. 25.
4) Auch dieser titulus wird verpachtet, VIII. 9. XI. 1. 2. 15. V. 31. III. 25 per Dalmatiam; zweifelnd Manso S. 110, besser Sart. S. 209.
5) III. 26.
6) Manso S. 106, Constantin S. 189. Hegel I. S. 70.
7) l. c. II. 30.
8) l. c. II. 26; die Entrichtung heißt pensio II. 30.
9) Z. B. erlassen II. 30.
10) II. 4. 26. 30. X. 28. Manso S. 107. Sartor. l. c. du Roure I. S. 328.
11) So hier mit Recht von Sybel S. 249. Vgl. Hegel I. S. 83. 50.
12) XII. 22.
13) XII. 17.
14) I. 17.
15) XII. 5.
16) Sart. S. 205.
17) Var. III. 8. IV. 19. VI. 8. 23. V. 39. transmarinorum canon, ubi

Von den Regalien¹) ist zunächst das Bergregal, dann der Anspruch auf edle Metalle und Minerale überhaupt zu nennen. Es werden Eisenbergwerke in Dalmatien, Goldbergwerke in Bruttien erwähnt²). Wenn unbebaute Strecken Privaten zur Cultur überlassen werden, behält sich der König Erz, Blei und Marmor ausdrücklich vor³). Wichtiger für uns ist die Ausübung des Münzregals durch die Gothenkönige⁴). Es haben sich erhalten Silber-Münzen Theoderichs mit Anastas und Justin, Athalarichs mit Justin (Silber) und Justinian (Silber und Kupfer) und ohne Kaiser (Kupfer), Theobahads mit Justinian (Silber und Kupfer) und ohne Kaiser (Kupfer), des Vitigis ebenso, Matasuntha's mit Justinian (Silber), Totila's mit Justinian (Silber), mit Anastas (Silber und Kupfer) und ohne Kaiser (Silber und Kupfer), Teja's mit Anastas (Silber); hienach hätte Theoderich nie ohne Erwähnung des Kaisers geprägt; dieß ist aber sehr unwahrscheinlich — man denke nur an die Zeit des Krieges mit Byzanz a. 507 und Friebländers Erklärung, daß sich erst später das Gothenreich mehr befestigt und unabhängig von Byzanz gefühlt habe, trifft nicht zu.

---

non parva fraus utilitatibus publicis fieri indicatur; es soll die Quantität der zollpflichtigen Waaren (namentlich Salz, Silber, Seide, Gemmen, Purpur und Perlen VI. 7) constatirt werden IX. 14; vgl. Manso S. 111; Sart. S. 190; du Roure I. S. 329. Von der alten Kopfsteuer findet sich keine Spur; es ist undenkbar, daß die Gothen dieselbe zahlten. Roth. Ben. S. 88.

1) Ueber das älteste germanische Recht in dieser Hinsicht s. R. A. S. 249.

2) Var. III. 25. 26. ordinatio ferrariarum IX. 3; doch fragt sich, ob der betreffende Boden nicht von Anfang an dem Staat gehört; ebenso ist es zweifelhaft, ob die l. c. II. 23 verliehene Töpferei zugleich eine Verleihung des ärarialischen Bodens oder nur des Rechtes enthält; Gibbon c. 39; unklar auch Sart. S. 184. 330. 340; du Roure I. S. 329.

3) VII. 44; hieraus folgt vielleicht gerade (anders Manso S. 98, Sartor. S. 195), daß das Recht des Staates auf ausschließliche Gewinnung dieser Producte noch nicht allgemein und selbstverständlich in Geltung war; die Salzwäscherei am abriatischen Meer war frei. XII. 27; vgl. Manso S. 94; Sart. S. 183; irrig du Roure I. S. 330.

4) A. II. S. 104; Var. V. 39. VII. 32. formula, qua moneta committitur; monetarii V. 39 VI. 7. XL 16; über Münzverschlechterung und Beschneidung vgl. Var. I. 10 mit Ed. §. 90 und Proc. b. G. III. 1.; wir folgen hier durchaus Friebländer; er hat alle ältern Arbeiten berücksichtigt; vgl. die reichen Literaturangaben daselbst. Hienach sind als antiquirt anzusehen: Gibbon c. 39; Manso; Sartor. S. 42. 270; Pavir. I. S. 33; Muratori antiquit. Ital. II. 27, p. 577; einiges Neue hat Pallmann II. S. 372 f.

Die Festigkeit war unter Theoderich am größten und die Abhängigkeit unter Athalarich und Theodahad bis zum Ausbruch des Krieges viel bedeutender; es ist deßhalb wahrscheinlicher, daß die selbständigen Münzen Theoderichs nur eben zufällig nicht erhalten sind. Goldmünzen durfte mit eigenem Namen und Bilde (bis a. 540) nur der Kaiser prägen¹), deßhalb tragen die während der Gothenherrschaft in Arles, Mailand, Rom und Ravenna geprägten Goldstücke Namen und Bild des Kaisers (Justinus und Anastas), doch ist es bedeutsam, daß Theoderich wenigstens schon sein Monogramm beisetzt²). Die Silbermünzen tragen auf der Vorderseite Brustbild und Namen des Kaisers; nur eine Münze des Totila, offenbar aus der Zeit seiner größten Erfolge und der Verwerfung seiner letzten Friedensanträge, zeigt statt des Brustbildes des Kaisers des Königs eignen, mit dem kaiserlichen Stirnband geschmückten Kopf und seinen Namen. Die Kehrseite der Münzen bezieht sich immer auf die Gothenkönige und trägt deren Namen, ausgeschrieben oder im Monogramm: das des Athalarich ist von D. N. (Dominus Noster) begleitet³).

Die Kupfermünzen tragen nur ausnahmsweise das Bild des Kaisers. Von Theoderich, Vitigis und Teja haben sich keine Kupfermünzen, von Athalarich nur solche mit seinem Namen, nicht mit seinem Bild erhalten, von Theodahad aber und Totila solche mit dem Brustbild von jenem im Profil, von diesem, ganz wie auf den Kaiserlichen, von vorn, doch statt mit dem kaiserlichen Diadem mit einer geschlossenen Krone⁴). Die Prägstätten der Ostgothen waren Rom (invicta), Ravenna und Pavia (felices), Mailand und Arles⁵). Das gesammte Münzwesen stand unter dem comes sacrarum largitionum, die einzelnen Münzmeister wurden nicht, wie fast alle andern Beamten, auf ein Jahr, sondern auf fünf Jahre bestellt⁶).

---

1) Proc. l. c. III. 33. Dahn, Prokop S. 128; irrige Consequenzen hieraus zieht der Kritiker in den Heidelb. Jahrb. von 1811.
2) Was nach der Darstellung Friedländers doch kaum zweifelhaft, S. 13.
3) Friedländer S. 14; er irrt aber mit der Behauptung, Theoderich habe diesen kaiserlichen Ehrennamen noch gar nicht geführt; s. u. „Absolutismus".
4) Auch hier möchte ich von Friedländer S. 18 abweichen und eher zufälligen Verlust der selbständigen Kupfermünzen der Könige bis Theodahad annehmen, als stolze Emancipation des Letztern wegen des beginnenden Krieges: Theodahad lebte ja nach Beginn des Kampfes nur noch wenige Wochen.
5) Friedländer S. 13. 20.
6) Var. VI. 7. VII. 32.

Es ist ebenso bezeichnend, daß Amalasuntha nicht selbst münzt — sie war eben trotz ihres Titels regina und domina nostra nur Vormünderin des alleinigen Königs Athalarich, — wie daß Vitigis Münzen mit Matasuntha's Monogramm (ohne das seine) schlagen ließ: die Verbindung mit ihr sollte das ganze Gewicht amalischen Erbrechts mit seinem auf Volkswahl gegründeten Recht vereinen[1]).

Ferner wird ein Theil an allen Schätzen für den König vom comes rerum privatarum in Anspruch genommen und sogar geflissentlich nach solchen gegraben[2]); und erbloses Gut nimmt in den vom Gesetz vorgezeichneten Fällen[3]) derselbe Beamte[4]) in Beschlag[5]).

Auch die Administration, die Civil= und zumal die Strafrechts=pflege warfen an Gebühren, Taxen, Strafgeldern und zumal durch Confiscationen große Summen ab. (S. Anhang I.) Der König kann jedes Verbrechen, d. h. jede Handlung, die er dafür erklärt, mit beliebig hoher Geldstrafe belegen[6]) und in ähnlicher Weise, nach altrömischer Sitte, der Präfectus Prätorio[7]) und andere hohe Beamte[8]).

Endlich kommen hiezu die außerordentlichen Ehrengeschenke wie von eignen reichen Unterthanen, so von fremden Königen und Völkern[9]).

---

1) Weßhalb die Gothenkönige während des Krieges das Andenken des lang verstorbnen Anastas auf ihren Münzen erneuten, darüber s. A. II. S. 235.
2) Var. IV. 34. VI. 8. VIII. 6. pecuniae depositiones, quae longa vetustate dominos competentes amiserunt. VIII. 6. IX. 34.
3) Ed. §§. 24. 28.
4) Oder unter ihm der comes der Stadt IX. 4; der Censular der Provinz V. 24; neben ihm der praefectus praetorio VII. 3.
5) Vgl. Manso S. 98. VII. 3.
6) Var. VIII. 24. X. 2; auch gegenüber den Gothen V. 5.
7) VI. 3. Confiscationen Ed. in 11 §§.; s. Anhang I.
8) Ueber solche mulctae s. noch I. 19. IX. 14; über Gerichtskosten IX. 14; über Confiscationen Ed. §§. 112—114. Var. IV. 14. V. 32. XII. 13; die letztern waren gegen Odovakars Anhänger in ausgedehntem Maß angewandt worden, eine interessante Spur hievon glaube ich in folgendem gefunden zu haben; einer der angesehensten und für Theoderich verderblichsten Großen Odovakars war dessen Feldherr Tufa gewesen, der durch seinen Rücktritt zu den Feinden (nach vielleicht nur zu diesem Behuf vorgegebnen Uebergang zu Theoderich) diesen schwer bedroht hatte; jedenfalls ging dieser Mann zu Grunde und jedenfalls ward sein Vermögen confiscirt: wenn es nun Var. IV. 32 heißt: „Alles, was einst dem Tufa gehörte, ist bekanntlich unser Eigenthum geworden", und wenn Wegnahme von bei andern deponirter Fahrniß, die zu diesem Vermögen gehört, verordnet wird, so scheint mir dieser Tufa kein andrer als jener Verräther und der Rechtstitel Confiscation.
9) Cassiodor IX. 25; Thüringer, Warnen V. 1, Baubalen V. 44, Esthen V. 2.

Unter den Ausgaben bildeten wohl den größten Posten die Besoldungen und Pensionen der zahlreichen Beamten in Geld und Naturalverpflegung¹); dann Ausrüstung, Donativa und Annona für das Heer und Flotte²). Im Gebiet der Administration stehen neben den Kosten der Verwaltung selbst, z. B. der Post, obenan die Ausgaben für die zahlreichen Bauten³), für die Spiele⁴). Ferner verausgabt die sehr ausgedehnte Wohlthätigkeit des Königs große Summen für Geld- und Getreide-Spenden an einzelne Städte⁵) und ganze Provinzen⁶), an ganze Classen von Hilfsbedürftigen und an Einzelne⁷); an gewissen Tagen, z. B. zu Neujahr, waren umfassende Gabenvertheilungen herkömmlich⁸). Dazu kommen die Geschenke an fremde Fürsten und Völker⁹) und ganz besonders die zahlreichen Verleihungen und Schenkungen, zumal von Landgütern, an Vornehme und an Beamte zur Belohnung treuer Dienste¹⁰), sowie an katholische und arianische

---

1) Consuetudines sub annonae V. 26. 27. I. 10. VII. 19. VI. 22. XI. 10. 36. XII. 2. Pensionen XII. 36, über die salaria V. 39 f. oben S. 138; Gehaltzulagen IX. 13 (250 solidi und 10 annonae mehr für die domestici comitum; außer an die regelmäßigen und eigentlichen Staatsdiener zahlt Theoderich auch an öffentliche Diener, Professoren in Rom IX. 21 und außerordentlicherweise an einen Quellenfinder; III. 53, auriga II. 9. III. 5 u. A.; diese und andre Ausgaben werden auf Indictionsraten der Grundsteuer angewiesen.

2) Var. II. 5. V. 10. 11. 16. 26. IV. 14. V. 26. 27. 36. VIII. 26. VII. 42; f. oben S. 71 exercituales expensae; auch diese waren groß.

3) Restaurationen und Neubauten V. 9. II. 39. III. 44. VIII. 30; f. unten „Verwaltung".

4) Pantomimen, Wagenrennen, Thierkämpfe; IX. 17 intelligant Romani, nos multis agere expensis, ut illi garrula debeant exultatione gaudere I. 20 sumptum, quem pro spectaculis civitatis perpendimus IX. 21; f. unten ebenda, und vgl. noch I. 31. 32. 33. II. 9. (III. 51 monatliche Raten, menstrua).

5) XI. 11. 22. 23. 27; hiefür bestehen eigne praefecti annonae VI. 6. 18. An Val. p. 620 dona et annonas largitus p. 622, für Rom allein jährlich 120,000 modii.

6) II. 8. V. 39. tenor praebendae, quem nostra diversis largitur humanitas provincialibus. III. 42.

7) Gefangne XII. 9; Arme XII. 27; Mansi VIII. p. 142; Flüchtlinge oder Colonien oder Gesandte der Heruler Var. IV. 45.

8) VI. 7. Auch die zahlreichen Steuernachlässe in nothleidenden Provinzen fallen, als Verzicht auf Einnahmen, unter diesen Gesichtspunkt.

9) Burgunder, Thüringer, Heruler, Esthen; f. die Belege A. II. S. 272.

10) So erhält Thulun für seine tapfern Thaten in Gallien große Ländereien in dieser von ihm gewonnenen Provinz VIII. 10. quem ille arbiter rerum largitione redituum judicavit esse prosequendum, ut ibi fieret dominus possessionum, ubi utilitati publicae procuravit augmentum; der Referendarius

Kirchen, welche aus Frömmigkeit mit Steuernachlässen und Privilegien aller Art, aber auch mit Geschenken an Geld, Land und Kostbarkeiten häufig bedacht wurden¹), andrer außerordentlicher Ausgaben²) zu geschweigen. Man sieht, die Ausgaben des Königs waren mannchfaltig und groß³) und man erwartete von seiner Freigebigkeit Außerordentliches⁴). Die Regierung war deßhalb unabläßig bemüht, die Uebelstände und Mißbräuche, welche sich bei Erhaltung des römischen Finanzwesens miterhalten hatten, abzustellen. Die Finanzcalamität war ein Hauptzeichen, zugleich eine Hauptursache und eine Hauptwirkung, vom Untergange des Römerthums jener Zeit⁵). In drei Richtungen besonders muß hier gesorgt werden: Verhütung des maßlosen im System und in dessen Mißbräuchen liegenden Druckes auf die Steuerpflichtigen, Verhütung der maßlosen Unterschlagung und Selbstbereicherung der Finanzbeamten, und Verhütung der Steuerausfälle durch Trotz oder List der Pflichtigen. Bei den starken Obliegenheiten der Staatscasse und den starken Zumuthungen an die persönliche Freigebigkeit des Königs mußte das wirklich⁶) Verfallne mit Eifer und Genauigkeit voll und rechtzeitig eingetrieben werden: vor durch Bestechung erkaufter Nachsicht werden die Steuerbeamten energisch gewarnt⁷), sie haften, wenn sie die gesetzlichen Fristen nicht einhalten, für den Verlust⁸).

Gleichwohl sorgt die Regierung viel eifriger gegen das Zuviel als gegen das Zuwenig der Besteuerung, eifriger gegen Schädigung

---

Johannes erhält für ausgezeichnete Dienste vom König domum in castro lucullano positum cum omnibus ad se pertinentibus VIII. 25; der presbyter Butilin II. 17 eine sors im Gebiet von Trient; die Erben eines so Beschenkten erfreuen sich ganz besonders königlichen Schutzes gegen jede Anfechtung. I. 7. vgl. I. 51.

1) Unten „Kirchenhoheit".
2) Prämien II. 35. 36; ferner für Bildung IX. 21, Landbau u. s. w.
3) Anders Sartor. S. 211; er irrt. Besser du Roure I, S. 331.
4) s. unten „Absolutismus" (pietas).
5) Dahn, Prokop S. 289. Hegel L S. 67.
6) V. 14. IV. 14. XII. 10. II. 19. 26. Die Pflichtigen zahlten gern in unterwichtiger Münze II. 25.
7) Turpis venalitas XII. 16, dilationis redemtio, venales morae XII. 10. XI. 7.
8) III. 8. VII. 20. 21. 22, wie alle Finanzbeamten, auch die arcarii (über diese s. Mar. ad Nr. 139), für Credit, Stundung, Nachlaß strenge haften V. 7. X. 28. XII. 8. 10. 20. 23. 2. 16; ihre Saumsal, z. B. der censitores auf Sicilien wird schwer geahndet IX. 12. XII. 6.

der Unterthanen, als gegen Schädigung der eigenen Casse¹). Ganz besonders nahm sie sich der unglücklichen Curialen an, jener städtischen Bürger und Beamten, auf welchen das römische Finanzsystem, vorzüglich wegen ihrer primären und eventuellen Haftung für den Steuerentgang, am Schwersten lastete²). Auf widerrechtliche Bedrückung derselben durch die Finanzbeamten werden schwere Strafen gesetzt: die Richter sollen ihnen beistehen gegen die Bedrängung durch Sajonen und andre Executoren: der viel verfolgte Stand wird als Spiegelbild des römischen Senats, als „Kern und Lebenskraft der Städte" gerühmt³); es wird ihnen die freie Veräußerung ihrer Liegenschaften, welche das römische Recht verboten, theilweise gestattet⁴). Gleichwohl blieb ihre Lage noch immer so schlimm, daß die Tilgung ihres Namens im „album curiae", d. h. die Enthebung von ihrem Stand, nach wie vor als besondere Gnade des Königs galt⁵), daß sie sich und ihre Söhne durch jedes Mittel dem Elend ihrer Würde zu entziehen trachteten⁶). Sie flohen aus den Städten auf das Land, ja sie flüchteten in die Wüste und ließen sich (oft scheinbar) als Sclaven verkaufen, um nur den Steuerbeamten, den „truculenti compulsores", zu entrinnen. Dagegen mußte denn mit scharfen Mitteln eingeschritten werden: die Curialen werden des königlichen Schutzes versichert⁷), aber anderseits auch genöthigt, mit ihren Knaben den größten Theil des Jahres in den Städten, nicht auf dem Lande, zu leben. In der Absicht der Erhaltung derselben bei ihren Standespflichten viel mehr als in der Sorge für den Flor der Städte und die Bildung, wie die Worte glauben machen sollen, wurzelt der Erlaß⁸), der mit Bürgschaften und Conventionalstrafen

---

1) Dieß verkennt Leo I. S. 52. Milde gegen die Pflichtigen II. 38, Strenge gegen die Beamten gingen Hand in Hand. V. 14. XI. 7. 38. XII. 5. 8. 10.

2) Sart. S. 55; Manso S. 105; Constantin S. 232; Leo I. S. 48.

3) II. 18 curia quam vocavit antiquitas minorem senatum IX. 2.

4) VII. 47. Hegel I. S. 77; über das Ed. s. Anh. I.

5) IX. 4; sie treten damit in den Stand der possessores.

6) „Denn wenn die reichen Senatoren, die sie dreimal im Jahre um die Steuern angehen müssen, nicht zahlen, leiden sie durch ihre Haftung mehr als durch Krieg" II. 24; „sie, für welche wir besonders gesorgt wissen wollen, verlieren durch solchen Ungehorsam Hab und Gut" 25. Hegel S. 69.

7) IX. 2. II. 24; (über das ältere, (bes. Nov. I. von Majorian) römische Recht, an welches hier geknüpft wird, s. Ritter Cod. Theod. II. praef.); sie sollen die renitenten Senatoren verklagen, aber das war gefährlich: denn die Rache dieser potentes war nah und der König weit.

8) VIII. 31; Manso S. 127, Sart. S. 281, du Roure I. S. 372 haben dieß nicht erkannt; vgl. Balbo I. 19. Kuhn I. S. 50. Hegel S. 49. 60. 77. 94. 109.

ben Sinn für Bildung und städtischen Patriotismus erzwingen will¹). Zur Abstellung der mit der Eintreibung der Steuern verknüpften Bedrückung der Curialien und der Pflichtigen werden eigene Sendboten in die Provinzen beordert und die Grafen zu deren Unterstützung angewiesen²). Viel Mißbrauch hing unzertrennlich mit dem Verpachten der Steuern zusammen. Die Ausstände werden für die Steuer-Pächter durch die Behörden eingetrieben³); auch hiebei wird die enormitas, nimietas, iniqua praesumtio exactorum beschränkt⁴), welche sogar ganz neue Steuern auf eigne Faust geschaffen hatten⁵). Bei Zöllen und Hafengeldern wird die Ueberschreitung des gesetzlichen Maßes geahndet⁶). Die Grundsteuer soll nicht nach der Willkür der Einheber⁷), sondern nach den Einträgen in die Polyptiken bestimmt werden. Die Unterschlagungen der Beamten, welche mehr Steuern erheben als einliefern⁸), oder zu schweres Maß und Gewicht führen, werden abgestellt: man schickt das Normalgewicht (libra cubiculi) aus dem königlichen Palast zur Controlle nach Ligurien und Spanien⁹), man gestattet den Pflichtigen mit Umgehung dieser Subalternen, die man um ihrer notorischen Raubsucht willen am liebsten ganz entbehrt hätte, gleich an die arcarii des Königs zu zahlen¹⁰), oder die Steuer, statt in drei Raten, auf einmal abzuführen¹¹); milites aus den Centralstellen werden an die Provinzen abgeordnet, den Einhebern zugleich zur außerordentlichen¹²) Unterstützung und Controlle, abgesehen von der regelmäßigen¹³), die ebenfalls für Anklage und Verwarnung nicht

---

1) Freilich war dieser Bürgersinn tief gesunken: königliche Commissäre müssen die Besorgung der dringendsten städtischen Angelegenheiten erzwingen VIII. 29. 30; vgl. noch über die damalige Stellung der Curialen I. 19, II. 17. 18. 24. III. 9. 47. 49. IV. 8. 11. 45. 49. V. 14. VI. 3. V. 21. VII. 47. IX. 4. XII. 8.
2) Z. B. bezüglich des Siliquaticum III. 25. 26.
3) Z. B. bei dem Monopolium X. 28; vgl. V. 31. II. 4.
4) II. 24. XII. 8. 14. Boëth. I. 4; provincialium fortunas . . publicis vectigalibus pessumdari . . indolui; exactores Ed. §. 149.
5) V. 14.
6) IV. 19. V. 39.
7) Exactores II. 24. XII. 8. XI. 7. discussores IV. 38. IX. 10. XI. 2. Ed. §. 144. milites XI. 8. compulsores II. 45. VII. 45. IX. 4. XI. 7. V. 39. XII. 8.
8) V. 14; der Pflichtige darf apochae cautionis fordern; vgl. Mar. Nr. 138.
9) V. 14. 39. XI. 15. 16.
10) XII. 8.
11) II. 24.
12) XII. 16. 2. 7.
13) XI. 1.

zu hoch steht und sich über Verwendung der Gelder zu ihren Renn=
zwecken ausweisen oder dieselben zurückzahlen muß¹). Die Pflichti=
gen werden aufgefordert, gegen jeden Mißbrauch der Steueramts=
gewalt Klage zu führen²), dieß wird den Beamten zur Warnung
mitgetheilt³)· und oft wird jener Aufforderung entsprochen⁴).

Im Interesse der Unterthanen wird das Recht des Fiscus auf
erbloses Gut genau begrenzt und gewissenhafteste Beachtung dieser
Grenzen befohlen⁵). Am Meisten aber empfahl sich die gothische
Regierung ihren römischen Unterthanen durch die außerordentlich
häufigen Nachlässe von Steuern, welche sie, im Gegensatz zu der
grausamen Unerbittlichkeit byzantinischer Finanzpraxis, bei jeder
billigen Gelegenheit mit großer Liberalität und Milde gewährte⁶)
Alle Verringerungen der Steuerfähigkeit der Provinzen durch Krieg⁷)
Mißwachs und andere Nothgründe werden berücksichtigt. Die conductores Apuli, welchen feindliche Einfälle (die byzantinischen Schiffe
von a. 507), das Getreide verbrannt, dürfen den Mindererlös von
ihrer pensio in Abzug bringen⁸); den negotiatores urbis sipon-

---

1) IX. 14; auch die außerordentlichen Controlleure müssen aber wieder controllirt werden! X. 18.
2) V. 15. IX. 10.
3) IX. 12 ne credatis longinquitatis difficultate latere.
4) IX. 14.
5) V. 24. IX. 14; denn: VIII. 20 aedes nostras nequitias intrare non
sinimus. Ed. §§. 24 f.; im Ostreich wurde gerade dieß Recht besonders mißbraucht,
Dahn, Prokop S. 339; f. aber auch die Klagen des Ennod. ep. II. 26 über die
advocati fisci und Boëth. de consol. I. 4.
6) Sie füllen einen großen Theil der Varien I. 16. 26. II. 30. 38. 45. III.
32. 40. IV. 19. 26. 36. 38. 50. V. 14. VII. 45. IX. 9. 10. 11. 13. 19. X. 26.
XI. 15. 39. XII. 7. 22. 23. 26. 28. Manso f. S. 101. 104.
7) Die Verheerungen in dem Krieg mit Odovakar müssen sehr groß gewesen
sein; dieser hatte, von Rom zurückgewiesen, das flache Land weithin verwüstet
(Abth. II. S. 79); auf diesen Krieg gehen die Klagen des Pabstes Gelasius bei
Mansi VIII. p. 14. 23. a. 492. 493. p. 21 a. 494. 37; die Bischöfe Galliens
schickten subsidia nach Rom (Krieg und Hunger hatte auch den katholischen Kle=
rus dermassen gelichtet, daß der Pabst eine Abkürzung der vorgeschriebnen Beför=
derungsintervalle eintreten lassen muß, ne remaneant sacris ordinibus ecclesiae funditus destitutae l. c.), wohin eine unzählige Menge verarmten Volks zu=
sammen geflüchtet war, l. c. p. 142; vgl. auch p. 130, wo ein Priester verwundet
entflohen ist, propter provinciae vastitatem, quam Thusciae prae omnibus
barbarorum feritas diversa sectantium etc.
8) I. 16.

tinae werden aus gleichem Grunde auf fünf Jahre Monopolium, Siliquaticum, Auraria erlaſſen¹); für ganz Gallien werden die Steuern nach Maßgabe der durch den Krieg erlaſſnen Verluſte herabgeſetzt und der wackern Stadt Arles, welche eine ſchwere Belagerung unerſchrocken beſtanden, für die laufende Periode ganz erlaſſen, „denn ſie hat bereits den koſtbaren Zins ihrer Treue entrichtet"²); ebenſo, unerbeten, der Stadt Marſeille³), und den venetiſchen Landſchaften, welche durch Plünderungen der Sueven gelitten hatten⁴). Manchmal werden auch die Exceſſe des gothiſchen Heerbanns auf ſeinen Märſchen durch ähnliche Steuerbefreiungen vergütet: ſo den Bewohnern der cottiſchen Alpen⁵). Andere Anläſſe hiezu bieten Verheerungen durch Naturereigniſſe, z. B. Ausbrüche des Veſuv⁶) oder Mißwachs⁷) oder auch freudige Ereigniſſe, wie die Thronbeſteigung des Athalarich: ſolche Milde ſoll den neuen Herrn empfehlen⁸), und bei Erweiterung des Reiches durch neue Provinzen kann den alten Erleichterung gewährt werden⁹).

Zu hoch gegriffene Steueranſchläge werden, in Vereinbarung mit den Pflichtigen ſelbſt, ein für allemal herabgeſetzt¹⁰), wofür eine eigene Formel nöthig erachtet wird¹¹), den Gravaſiani und Pontonates werden die alten geringern Anſätze¹²), wie ſie unter Odavakar beſtanden, wieder gewährt¹³); ebenſo den Spaniern die unter

---

1) II. 38; und alle Privatſchulden auf gleiche Zeit geſtundet.

2) III. 32.

3) IV. 26 der ihre alten immunitates beſtätigt werden; dieſe neu eroberten Provinzen ſollen durch beſondere Milde gewonnen werden. l. c.

4) XII. 7; ein Steuernachlaß heißt kurzweg humanitas, daher VII. 32 humanitas super annexa = breve annexum.

5) IV. 36; es wird ſogar Gold in ſolchen Fällen unter die Geplünderten vertheilt. II. 8.

6) Für Nola, Neapel, Campanien IV. 36; ganz willkürlich wie ſonſt beſtimmt auch hier Pavir. I. S. 211 die Zeit des Erlaſſes.

7) Für die von Getraide-, Weins-, Oelverkauf erhobnen Gefälle IV. 19; einmal ſetzt Boëth. I. 4 Nachlaß der coëmtio in Campanien wegen Mißwachs durch, gegen den praef. praet.

8) In Syrakus IX. 10, wie in Dalmatien und Savien IX. 9; der Steuerzuſchlag, augmentum, IX. 11 wird erlaſſen.

9) II. 37.

10) IX. 9.

11) VII. 45; die Ergebniſſe ſolcher Reviſionen werden in die Steuerrollen eingetragen. V. 14.

12) Richtiger als Naudet und Sart. hierüber b. Heidelb. Jahrb. v. 1811.

13) d. h. das augmentum erlaſſen IV. 38; vgl. IX. 9. 10. 11. 12.

Eurich und Alarich bestandenen¹): „denn Erhöhung der Abgaben soll nur statt finden, wenn auch die Erträgnisse zugenommen: sonst zerstört solcher momentane Zuwachs der Einnahme auf die Dauer die Steuerfähigkeit"²), so wird sogar in den reichen Provinzen Lucanien und Bruttien die Jahresabgabe von 1,200 auf 1,000 solidi herabgesetzt³). Möglichst gerechte, verhältnißmäßige Vertheilung der Steuerlast wird angestrebt⁴).

Alle diese Thätigkeit konnte nun zwar die principiellen Schäden des römischen Finanzsystems⁵), in Gesetz und Praxis, welche mehr ein Raub als eine Besteuerung war⁶), nicht heilen: sie traf meist nur die Symptome statt der Wurzel des Leidens; aber gleichwohl hat sie in der vierzigjährigen Friedensregierung Theoderichs wesentlich zu jenem Flor Italiens beigetragen, welchen Geschichte und Sage bezeugen⁷). Theoderich fand den Schatz nach Odovakars Re-

1) V. 39.
2) IV. 38 und III. 40. non gratulamur exigere quod tristis noscitur solutor offerre.
3) XI. 39; die einzige uns erhaltne Angabe über das Quantum (vgl. die Beurtheilung desselben bei Manso S. 102); wahrscheinlich unter Athalarich; offenbar hatte man bei dem steigenden Wohlstand unter Theoderich die Abgaben versuchsweise gesteigert: und geht nun bei drohenderen Verhältnissen und größerer Schwäche der Regierung wieder davon ab, um die Pflichtigen in guter Stimmung zu halten; ähnliche Maßregeln Athalarichs f. oben IX. 10. 12.
4) XI. 39; pro hominum et possessionum qualitate: hominum qualitas bezeichnet nicht nationale, sondern Standes (Vermögens-) Unterschiede wie IV. 38 varia tributa, quia non est agrorum una fecunditas; wie ohnmächtig die gewöhnlichen Beamten gegenüber den reichen Grundbesitzern in jedem Gebiet des Staatslebens waren und welche Mittel die Regierung gegen jene anwenden mußte, darüber vgl. oben S. 112 f. Ed. Ath. epil. und Var. II. 24. V. 24. 25; wenn sich die Reichen entzogen, erpreßten die machtlosen Beamten deren Schulden lieber von den Armen. Das ist der Sinn von II. 24 alienae functionis pondere opprimi; vgl. V. 15 und Manso S. 103.
5) Dahn, Prokop S. 289; Sart. S. 189. 200; sehr gut dieser S. 280 gegen die Anklagen des Boëthius.
6) Var. V. 39; praeda potius quam exactio.
7) Vgl. Pavir. I. S. 199. A. II. S. 155 f.; Sart. S. 178 führt die Berechnung von Romé de l'Isle Metrologie p. 130 an, wonach der Kornpreis unter Theoderich (seit a. 446) auf ein Drittel gesunken war; eine lehrreiche Stelle bei Ennod. ep. IX. 23 vix pascebatur Italia publici sudore dispendii, quando tu (Liberius oben S. 12) eam . . et ad spem reparationis et ad praebitionem tributariam commutasti. laeti coepimus te moderante inferre aerariis publicis, quod cum maximo dolore solebamus accipere . . . tu primus fecisti regales copias sine malo privatae concussionis affluere.

gierung leer vor und hinterließ ihn reich gefüllt[1]). Wir haben hiemit im Finanzwesen bereits jenes Gebiets beschritten, welches wir im folgenden Abschnitt nach allen andern Richtungen zu durchwandern haben, die Verwaltung und Polizei der gothischen Könige in Italien.

5. Polizeihoheit. Verwaltung.

Der König hat die volle Polizeihoheit der römischen Staatsgewalt. Nichts unterscheidet das Staatsleben der Gothen in Italien, wie überhaupt der Germanen auf römischem Boden, so augenfällig von den Rechtszuständen vor der Wanderung als die Existenz und reiche Ausbildung einer eigentlichen Polizei und einer Administrativgewalt des Königs, welche in den alten Staats- und Lebensverhältnissen weder nöthig noch möglich gewesen wäre. Theoberich fand die Institute und die Thätigkeit der römischen Verwaltung vor und wandte sie sofort auf beide Hälften seines Staates an. Dabei mußten die dessen ungewohnten Gothen in der stark bevormundenden und willkürlich eingreifenden Vielregiererei eine Neuerung verspüren, welcher sie sich nur mit Widerstreben fügten. Es hat aber der wohlwollende Eifer, die erschöpfende Umsicht, die emsige Thätigkeit, welche Theoberich gerade in diesem Gebiet zur Hebung der tief gesunkenen Cultur und Blüthe Italiens bewährte — die Verordnungensammlung Cassiodors bietet hier ein reiches Material — neben seiner lautern Justizpflege[2]), vornehmlich seinen Regentenruhm begründet. In der That gemahnt Vieles in Theoberich, besonders aber der das ganze Staatsleben vom Größten bis in's Kleinste umfassende Eifer — die große römische Staatsidee der Einheit und Gesetzeszucht entgeht ihm so wenig als die kleinsten römischen Marmortrümmer, die ungenützt auf den Feldern liegen — an den größten aller Germanenkönige, an Karl den Großen. Aber an schöpferischer Kraft, an Originalität, an Talent, für neue Bedürfnisse neue Abhülfen in großem Stil zu erfinden, steht

---

1) Anon. Vales. p. 620; praeclarus et bonae voluntatis in omnibus... cujus temporibus felicitas est sequuta Italiam ... quanquam aerarium publicum ex toto feneum invenisset, suo labore recuperavit et opulentum fecit; vgl. Ennod. p. 468. Eine Inschrift in S. Zenone zu Verona nennt Theoberich: „den Italiens würdigsten König Italiens".

2) Oben S. 84.

der Gothe weit dem großen Franken nach. Theoberich hat doch eigentlich nur angewandt, freilich mit Wohlwollen, Umsicht und Energie, was er an römischen Einrichtungen vorfand. Was er von seiner Thätigkeit in Bauwerken sagt, können wir von seinem ganzen System urtheilen: „Wir wollen mehr das Alte erhalten als Neues herstellen, denn wir vermögen nicht, so Schönes zu schaffen als zu conserviren: nicht größern Ruhm kann uns Erfindung als Erhaltung bringen"¹). Aber eben hierin liegt für unsere Betrachtung die große Bedeutung des Ostgothen-Reichs: es enthält die früheste umfassende Durchführung der römischen Staatsidee bei Germanen. Die römische Idee der salus publica, die Rücksicht auf die Gesammtheit, die generalitas²), universitas³), utilitas omnium, rei publicae⁴). Die römische Staatseinheit, der alle centrifugale Selbstherrlichkeit unterworfen werden muß, ist das Ideal dieser Könige. Mit Grund kann sich namentlich Theoberich berühmen, daß ihn unabläſſig die Sorge für die allgemeine Wohlfahrt beſchäftige: ſie iſt das Staatsprincip dieſes aufgeklärten, alles für das Volk, nichts durch das Volk anſtrebenden Despotismus⁵): der Geſammtheit und ihrer Wohlfahrt, der alle Sorge der Regierung gilt, ſollen ſich auch alle Einzelintereſſen Anbrer unterordnen⁶), für die communis utilitas übt der König auch ſein Kriegsrecht⁷) und alle Dienſte forbert er nur im Intereſſe der Unterthanen ſelbſt⁸). „Euer ruhiges Glück iſt unſre Freude"⁹); wenn ſie daher ſeinem Gebote dienen, dienen ſie damit nur dem eignen Nutzen¹⁰). Denn „unſere tägliche Arbeit iſt es,

---

1) Var. III. 9; dort ist zu lesen: non majorem laudem de inventis quam de rebus possumus acquirere custoditis.
2) IX. 15. VIII. 5. 12. 13. 20). II. 16. 33. I. 28. (praef.) I. 17. 20. 23. III. 3. 11. X. 3. 4. 23. XII. 5. XI. 16; auch bei Ennod. häufig.
3) II. 28. IX. 19.
4) II. 6. 20. L 19. 28. V. 6. 7. 17. 18. 31. 35. 39. IV. 16. VI. 6. VII. 30. 33. VIII. 12.
5) Vgl. Var. I. 30. IV. 16. V. 16. III. 31. 34.
6) V. 20; nulli grave quod pro communi utilitate, V. 17 ne quod dici nefas, utilitati publicae voluptas privata obstetisse videatur, d. h. Fiſchfang der Schifffahrt. XII. 16. reipublicae ordo tali consistere cernitur, quod pro cunctorum utilitate praestatur. IV. 13; providentia nostra, quae omnes reipublicae partes . . circumspicit.
7) I. 24; generalitatis consilio I. 67. V. 10 (oben S. 88) pro generali defensione.
8) V. 13. St. Marthe p. 52.
9) VI. 24.
10) VII. 3. IV. 5; studio reipublicae semper invigilamus II. 20 curas

für das ruhige Glück Aller zu sorgen"¹), d. h. für jenen Frieden, der jedem Reiche zu wünschen, in welchem das eigne Volk gedeiht und welcher allen Völkern zu Statten kommt²). „Die friedliche Muße der Unterthanen ist der Ruhm des Fürsten, der für Alle sorgt"³). Sogar des Königs Erholungsstunden dienen noch dem Staat⁴). „Tag und Nacht sind wir bestrebt, die aequitas in unserm Reiche zu bewähren"⁵), aus guten Gründen wird dabei in diesem zwieschlächtigen Staat vor Allem auf innere Ruhe und Eintracht gesehen⁶). Für die Gesammtheit sollen, wie der König, stets auch seine Beamten wirken⁷).

Für unsern Zweck ist die Constatirung der Aufnahme jenes römischen Princips in den Germanen-Staat wichtiger als die erschöpfende Darstellung all' seiner Anwendungen.

Die Regierung sucht den Zustand des Landes und der Bevölkerung in allen Lebensrichtungen zu heben.

Der Ackerbau gewann schon durch die erste natürliche Wirkung der gothischen Einwanderung an sich, d. h. durch die Auftheilung vieler Latifundien in mittelgroße Güter und durch die Ansiedlung von zahlreichen, freien Bauern mit ihren Knechten und ihrem Vieh⁸). Sodann wirkte der König aber auch mit Eifer dahin, die Ertrag-

---

reipublicae perpetua cogitatione revolvimus III. 24. institutum suum providentia nostra non deserit, cum subjectis semper intenta profutura disponit; vgl. V. 6.

1) IV. 41.
2) I. 1.
3) II. 29.
4) I. 45; sit .. pro republica, et cum ludere videamur, nam ideo voluptuosa quaerimus, ut per ipsa seria impleamus.
5) I. 39; quid est enim dignius, quod die noctuque assidua deliberatione volvamus, nisi ut rempublicam nostram ... aequitas custodiat; dieß ist zur stehenden Einleitungsformel geworden, vgl. IV. 6; die beiden Erlasse behandeln zwei fast gleiche Fälle in fast gleichen Worten.
6) I. 23; quid est, quod nos melius praedicet, quam quietus populus, concors senatus; decet regalis apicis curam generalitatis custodire concordiam.
7) VIII. 13. pro generali quiete laborare. IV. 41. III. 31. universae reipublicae nostrae infatigabilem curam impendere; beßhalb fällt aber freilich auch utilitas publica IV. 38 und ordinatio nostra oder utilitas nostra IX. 9 zusammen.
8) Vgl. hierüber Sartor. S. 324; Manso S. 127; Gretschel S. 4; Athalarich kann rühmen: Var. IX. 10. longa quies culturam agris praestitit et populos ampliavit. Balbo I. S. 88. Hegel I. S. 36.

fähigkeit des Bodens zu steigern. Er unterstützte die Trockenlegung der pontinischen und der umbrischen Sümpfe bei Terracina und bei Spoleto: das dadurch zu gewinnende Land wird im Voraus von königlichen Geometern[1]) vermessen und den Unternehmern steuerfrei geschenkt[2]). Wichtiger noch war die Sorge für Wiederherstellung, Erhaltung, Neuerrichtung von Wasserleitungen, deren Stadt und Land so dringend bedurften[3]): ein afrikanischer Quellenentdecker wird in Sold genommen[4]). Diese Bemühung für Erhaltung, Steigerung und rationelle Verwerthung der Urproducte des Landes erstreckt sich von der Hebung der Bergschätze[5]) bis zu Schutz und Förderung der Fischerei[6]). Als Sorge der Viehzucht wird meist der Eintausch alamanischer Rinder in Noricum angeführt[7]). Diese kurzen und vereinzelten Bemühungen konnten aber natürlich nicht die Jahrhunderte lang eingewurzelten und allgemeinen Uebelstände heben, welche verhinderten, daß Italien sich selbst ernährte und wie für die Kaiser, so bildet für die Gothenkönige die Sorge für die Lebensmittel[8]) fast die wichtigste Aufgabe der Verwaltung[9]).

1) III. 52. (Dietrich v. Bern als Schützer des Landbaus bei Uhland l. c.).
2) Var. II. 21. 32. 33; die noch erhaltne Inschrift neben dem Dom zu Terracina, welche die Vollendung des erstern Unternehmens bezeugt, s. bei Manso S. 392, vgl. Sartor. S. 268: Maria Nicolai dei bonificamenti delle terre pontine. Kircher Latium vetus et novum Amstelod. 1671. p. 249 nach dem ersten Abdruck in Gruter Inscript. antiq. Heidelb. 1603 p. 152; reiche Literatur bei Gregorov. I. S. 318; über einen von Theoderich selbst bei Ravenna angelegten Obstgarten s. Ennod. epigr. II. 111. dextera bellipotens etc.
3) III. 31. IV. 31. V. 38. VII. 6; die der Stadt Rom standen noch, die der Vorstädte waren zerfallen.
4) III. 53.
5) III. 25. 50; oben S. 148.
6) V. 16; doch sollen deren Interessen den wichtigern der Schifffahrt nachstehen. V. 20.
7) III. 50; ich kann mir diese „auf langem Wege ermüdet durch Noricum ziehenden" Alamannen (itineris longinquitate defecti .. ut illorum provectio adjuvetur), welche ihr Vieh mit sich führen, nur erklären als die vor Chlodovech flüchtenden „müden Reste" des Volkes, die von Theoderich in Rhätien angesiedelt worden (Glück, Bisth. S. 90); das Hauptmotiv bei dem vorgeschriebenen Tausch ist aber offenbar nicht die Sorge für die Viehzucht der Noriker, sondern für das Weiterkommen der Alamannen; in der Verdeckung der wahren und (je nach angeredeter Person) in der Betonung von geringfügigen Motiven liegt eine selten beachtete Schwierigkeit für kritische Benützung der Varien; s. oben S. 153).
8) Gibbon c. 39; Manso S. 128; Pavir. I. 240; du Roure L S. 368; A. II. S. 158. Sart. S. 111 f. de occup. p. 23.
9) Cassiodor nennt diese Sorge vor allen andern der Regierung Var. praef.

Obwohl Italien zeitweise und landschaftsweise jetzt sogar wieder Getreide ausführte¹), so reichte doch weder seine Production noch sein Verkehr aus, in freier wirthschaftlicher Thätigkeit das Bedürfniß nach Ort, Zeit und Maß der Nachfrage zu befriedigen.

Unaufhörlich muß von Regierungswegen bald in der einen, bald in der andern von Verheerung oder Mißwachs heimgesuchten Provinz für Beischaffung und billige Vertheilung der wichtigsten Nahrungsmittel gesorgt werden, ganz abgesehen davon, daß in den großen Städten wie Rom, Ravenna, Mailand Bürger und Proletarier, wie von den Kaisern, so von den Gothenkönigen durch Geldgeschenke, Brodvertheilungen und andere Speisungen und Spenden²) bei guter Laune erhalten zu werden beanspruchen. Steigen die Kornpreise, so macht das Volk sofort Tumult und muß durch Versprechungen³) und oft durch Vertheilungen aus den königlichen Magazinen beschwichtigt werden⁴).

Dabei verfährt die Regierung, um niedrige Preise zu erzwingen, nach römischem Herkommen, sehr gewaltsam⁵). In Ravenna wird für eine ganze Reihe von Victualien der Maximalpreis durch öffentlichen Anschlag festgesetzt, und jede Ueberschreitung mit Geld-

---

ipsas quoque noctes inexplicabilis cura circumvolat, ne desint alimonia civitatibus, quae supra omnia populi requirunt, und die Nahrungspolizei bildet den Gegenstand sehr vieler Erlasse in seiner Sammlung. I. 34. 35. II. 11. 20. IV. 5. 7. 13. V. 16. 35. VI. 6. 18. VII. 12. IX. 5. XI. 5. XII. 22. 23. 24. 25. 26. 27. 28.

1) V. 16; das überschätzt Neumann S. 149.
2) Z. B. Freibäder VI. 4.
3) VI. 6. VI. 18; si querela panis, *ut assolet*, concitetur; zumal für die romana copia (VII. 9) muß immer gesorgt sein.
4) Solche Magazine (horrea, zahlreiche horrearii bei Mar. ad. Nr. 75 und Böcking s. h. v.), zunächst für die annonae des Heeres bestimmt, befanden sich zu Pavia, Dertona, Trient, Treviso X. 27, Marseille XII. 27 und in Ravenna 26 und Rom selbst III. 29: (praefecti annonae in den Barien; vgl. Proc. I. 14, Gart. S. 45, Böcking 1 u. 1151* 112, und die Stellen im Cod. Theod. VI. 2 p. 149); sie enthielten Wein, Oel, Waizen ꝛc., theils aus den Erträgnissen der Domänen, theils von den Pächtern derselben oder andern Bauern gegen Abzug am Pachtzins oder an der Grundsteuer, seltner gegen Baargeld, XII. 26, beigeschafft, XII. 23; jene Vertheilungen geschehen theils ganz unentgeltlich, theils zu wohlthätigen Preisen IX. 27; Ligurien und Venetien hatten durch Burgunden und Alamannen gelitten, nun werden ihnen 25 modii Waizen zu 1 solidus abgelassen; oft aber muß geradezu mit Geldspenden den verarmenden Communen beigesprungen werden. XI. 15.
5) VII. 11. 12. non sit merces in potestate sola vendentium!

und Prügelstrafe bedroht⁴). Ebenso wird in der ganzen Provinz Flaminia die Ueberforderung der Gastwirthe gestraft. Und wie in den Hauptstädten setzt in den meisten Orten, namentlich in den Handelsstädten, ein königlicher Beamter im Einvernehmen mit dem Bischof²) und der Bürgerschaft die Preise für alle wichtigsten Waaren fest³). Aber auch sonst werden, nach römischer Sitte, ziemlich häufig irrationelle Maßregeln⁴) getroffen, welche durch Zwang bewirken sollten, was kaum die Freiheit noch hätte bewirken können. Die Ausfuhr von Getreide und Speck wird beschränkt⁵), ja die Kornhändler werden gezwungen, alle ihre Vorräthe, die den eignen Bedarf übersteigen, sofort zum Einkaufspreis zu veräußern⁶). Dergleichen Mittel fruchteten wenig⁷); vielmehr muß die Regierung nicht nur in Nothzeiten aus Spanien Getreide nach Rom⁸), aus Sicilien und Campanien, Lucanien und Tuscien nach Gallien⁹) kommen und aus Aquileja, Istrien und Friaul Lebensmittel zu

---

1) VI. 6. magister per aequatores .. victualium rerum in urbe regia constituit (pretia) et tam necessariae rei etiam judicem facit. ipse gaudium populis, ipse temporibus nostris praestat ornatum, quando tales viros copiae publicae praeficit, ut plebs querula seditionem nesciat habere satiata. X. 11. edictum de pretiis custodiendis Ravennae. X. 28. propter sterilitatem quoque praesentis temporis de singulis speciebus, prout eminentiae vestrae rationabiliter visum fuerit, pretia facite temperari. Die Maßregel steht im Zusammenhang mit dem fünfjährigen Privileg für die arcarios prorogatores tritici et vini et casei, macellarios, vinarios, capitularios horreariorum et tabernariorum, foenerarios et cellaritas für Rom, Ravenna, Pavia, Piacenza; sive per alia loca quicunque publicos titulos administrare noscuntur (darauf geht auch VII. 14); dieß liegt in der Competenz des Grafen von Ravenna.

2) Hierüber s. unter „Kirchenhoheit.".

3) VI. 6. XII. 12 (erogator obsoniorum), Manso S. 129; vgl. XII. 5, wo auch den possessores für die Lebensmittel, welche sie dem Heer verabreichen müssen, der Preis festgesetzt und an der Steuerschuld gut gerechnet wird: pretia, quae *antiquus ordo* constituit, ex jussione rerum domini cognoscite temperata, ut multo arctius (hier muß altius gelesen werden) quam vendere solebatis, in assem publicum praebita debeant imputari, d. h. bei jener Berechnung soll ein höherer als der Marktpreis zu Grunde gelegt werden.

4) Sart. S. 112. 303.

5) I. 34. II. 12.

6) IX. 5. 24; Manso S. 130; der Kornwucher war in jenem Jahrhundert stark und häufig; vgl. Dahn, Prokop S. 301).

7) Rationeller war der Nachlaß der Accisen von Oel und Wein. IV. 19.

8) V. 35.

9) IV. 5. 7.

Zwangspreisen nach Venetien verkaufen lassen¹), alljährlich hat der praepositus annonae dafür zu sorgen, daß Getreideschiffe aus Apulien und Calabrien rechtzeitig in Mittelitalien und Rom eintreffen²), wie Ravenna regelmäßig von Ligurien aus versorgt wird³). So begreifen wir, daß der rasche Transport des Getreides ein Hauptzweck bei Herstellung der Flotte war: sie sollte den Handel zugleich vermitteln und schützen⁴). Die tribuni maritimorum haben die angekauften Vorräthe rasch nach Ravenna zu schaffen⁵). Auch sonst geschah Manches für den Handel⁶): Maß und Gewicht werden genau regulirt⁷), das Münzwesen, das lange zum Nutzen der Privaten war mißbraucht worden, wird reformirt und jede Fälschung schwer gestraft⁸). Die Messen und Märkte und die Straßen zu denselben werden vor räuberischen Ueberfällen geschützt⁹) und es wird wenigstens einigermaßen dem Hauptübel abgeholfen, welches den römischen Seehandel zerstört hatte: dem erdrückenden System und der räuberischen Praxis der Hafenzölle —: „denn die Schiffer fürchteten die kaiserlichen Häfen mehr als den Schiffbruch"¹⁰) und die „maßlose Zumuthung" mehr als den Sturm¹¹) — durch Abstellung der ärgsten Mißbräuche und strengere Controlle der Hafenbeamten sollen die fremden Segel wieder an die veröbeten Küsten Italiens gelockt werden¹²). Aber freilich wagte oder verstand Theoderich hier so wenig als anderwärts, an die Stelle des schlechten römischen Systems etwas Anderes zu setzen: die Pulsader des Handels, die

---

1) XII. 26.
2) I. 35.
3) II. 20.
4) V. 17; Manso S. 121; Hurter II. S. 105; Mur. ad a. 309.
5) XII. 23. 24.
6) I. 30. II. 12. VI. 7. 23. VII. 9. 23. IX. 14. X. 28. XI. 11. 12; über die Schifffahrt s. noch IV. 15. 5.
7) XI. 16. V. 39.
8) V. 39. VI. 7. VII. 32. XI. 16; s. das Lob der ostgothischen Münzen in technischer Hinsicht bei Friedländer; sie waren die besten ihrer Zeit.
9) VIII. 33 über die Messe zu Consilinum; Gibbon c. 39; vgl. Manso S. 131; Pavir. I. S. 37; falsch du Roure I. S. 370.
10) IV. 19.
11) VII. 9.
12) II. 12. 19. IV. 19. V. 39; portus nostros navis veniens non pavescat; vgl. Manso S. 130. VII. 23. peregrinos prudenter excipias et nostrorum commercium moderata de qualitate componas. inter duos populos semper nascuntur certamina, nisi fuerit justitia custodita.

Freiheit, blieb unterbunden, und wenig half es, daß der Tarif der Zölle und Zwangspreise, unter welchen der Kaufmann seine Waaren im Hafen verkaufen mußte, nicht mehr vom Hafenbeamten allein, sondern mit Zuziehung des Bischofes und der Bürger festgestellt werden sollte¹).

Nicht den Zwecken des Privatverkehrs oder des Handels, sondern nur der Regierung diente auch unter den Gothenkönigen das aus den römischen Einrichtungen beibehaltene Postwesen²), in welchem ebenfalls viele Uebelstände abgestellt werden. Dem Mißbrauche der nur zu öffentlichen Zwecken eingeräumten Rechte, sich der königlichen Post zu bedienen, wird wiederholt entgegen getreten³). Wer ohne solches Recht⁴), gegen den Willen des Postmeisters, ein Pferd nimmt, zahlt hundert solidi Strafe, wer mehr als einen Centner Gepäck führt, 100 Pfund Gold, jeder darf nur auf dem kürzesten Weg reisen, und wer ein Pferd fordern darf, soll nicht Vorspann verlangen⁵), Beamte, welche diese Postordnung nicht aufrecht halten, büßen zwei Unzen Gold; diese Geldstrafen fallen der Postcasse zu⁶). Das Postwesen hat in Rom der Präfectus Prätorio unter sich, die Centralstelle war zu Ravenna⁷).

Außerdem soll die Flußschifffahrt, welche beschützt (auf dem Tiber, Mincio, Arno, Oglio) und in Stand erhalten wird⁸), den Dienst der Posten möglichst erleichtern⁹). Die flaminische Straße wird bei der Reise des Königs nach Rom restaurirt und über den Tiber eine Schiffsbrücke geschlagen¹⁰). Wie sorgfältig die Sicher-

---

1) IX. 14; vgl. Sart. S. 338; Krit. in den Heidelb. Jahrb. v. 1811; Pavir. I. S. 240; du Roure I. S. 371; doch kann An. Val. p. 623 rühmen negotiantes .. de diversis provinciis *ad ipsum* (zum Hof) concurrebant wegen der Sicherheit der Straßen und der reichen Bezahlung.
2) VI. 6.
3) I. 29. V. 14. XI. 14. IV. 47.
4) d. h. evectio V. 5. VI. 3. VII. 17. XII. 15; s. auch Böck. s. h. v.
5) Curialen und Defensoren bedrückten hiemit oft die possessores V. 14. 39.
6) V. 5.
7) VI. 6. IV. 17. der magister officiorum; vgl. über das Postwesen noch I. 29. II. 30. III. 11. catabulenses IV. 15. 47. V. 5. 14. VII. 33. XI. 9. 14. XII. 15. veredarii II. 31. IV. 47. VI. 6. paraveredi XII. 15. 20. XI. 14. V. 39. cursuales equi V. 5. IV. 47. Manso S. 131. Sart. S. 185. 330. Böck. s. v. veredi. Kuhn I. S. 206.
8) IV. 20. durch Ergänzung der Zahl der Ruderknechte IV. 15.
9) Dromones V. 16. 17. 18. II. 31.
10) XII. 18. 19. wie auf der Regelung dieser Anstalten, des „cursuale ministerium", ordinationum nostrarum celeritas beruhe V. 5, ist wohl gewürdigt.

heitspolizei¹), gehandhabt wurde, haben wir in Darstellung der Justizhoheit gesehen, und werden wir in der des Edicts wieder finden: die Sorge für den Landfrieden beschäftigte die Regierung fortwährend und ihren Eifer wenigstens, wenn nicht den Erfolg — (denn Varien und Edict zeigen einen andern Stand der Dinge) — hat die Sage²) in der Berühmung constatirt, man habe unter Theoderich Goldspangen und Goldmünzen auf des Königs Heerstraße legen und nach Jahr und Tag wieder unberührt auflesen können³).

Für die Erheiterung des Volkes muß durch Fortführung der alten Spiele, Pantomimen, Wagenrennen⁴) und Kämpfe wilder Thiere unter einander und mit Menschen, — nur Menschengefechte waren abgeschafft — gesorgt werden. Der König verwandte große Kosten darauf und schützte die Circusfreiheit, obwohl er die Gefahren dieser Leidenschaft, welche an die Stelle des Bürgergeistes den Parteigeist gesetzt hatte, wohl erkannte: gegen bessere Ueberzeugung⁵), aus Furcht, das Volk durch Entziehung seiner jetzt einzigen Lebensfreude und fast einzigen Beschäftigung zu erbittern, unterwirft sich Theoderich dieser kostspieligen Protection⁶). Wiederholt kam es zu blutigen Tumulten⁷). Die grüne Partei scheint die unterdrückte gewesen zu sein — der Hof von Byzanz protegirte meist die Blauen — der König nimmt sich ihrer an; er überträgt zwei Patriciern das Patrocinium über dieselbe, und bezahlt ihren pantomimus⁸).

---

1) Namentlich der Sicherheit der Straßen: An. Val. p. 620. ita ut etiam pax pergentibus esset.
2) Das Sagenhafte dieser Züge hat man meist verkannt; z. B. Mur. ad a. 516.
3) Aber in Rom und Ravenna war die nächtliche Sicherheit nicht eben groß VII. 7. VII. 9. IX. 15, wie die Formeln für Bestallung der praefecti vigilum urbis Romae et Ravennae verrathen.
4) Aurigae, nur Römer II. 9. III. 39.
5) III. 51.
6) I. 30. 32; vgl. die wörtlich übereinstimmende Klage Prokops bei Dahn, Prokop S. 325.
7) L 20.
8) I. 20. über pantomimi noch I. 20. 31—33; über die Ausgaben und Bemühungen der Regierung für den Circus vgl. I. 20. 27. 30. 31. 32. 33. 43. II. 9. III. 39. 51. V. 42. VI. 18; die Parteien heißen populi I. 17. 20. 31. 33. III. 51. II. 16; aber auch die Beamten, zumal die Consuln, werden angehalten, ihre hergebrachten Standesausgaben für diese Feste nicht vorzuenthalten, z. B. für die Wagenlenker in Mailand III. 39. Dort wird einmal ein Gothe zum tribunus voluptatum (VII. 10) bestellt: doch darf man nicht alle tribuni bei Cassio-

Für uns ist an diesen Spielen die politische Seite die wichtigste.

Wie Theoderich gegen seine Neigung sich aus politischen Gründen denselben nicht entzog¹), so wurden sie auch von Eutharich und Totila als politische Mittel benützt. Als jener, der Schwiegersohn Theoderichs, ausersehen war, nach dessen Tod für Amalasuntha oder Athalarich das Reich zu verwalten und den Mangel eines reifen und beliebten und tüchtigen Mannes im Haus der Amaler zu ersetzen — denn Theodahad, vor Athalarichs Geburt der nächste Erbe, entbehrte dieser Eigenschaften — mußte derselbe vor Allem die Sympathie der Romanen erwerben — die der Gothen besaß er bereits durch seine Familienverhältnisse. Deßhalb ließ ihn Theoderich vom Kaiser in Byzanz adoptiren, und ernannte ihn zum Consul des Jahres 519.

Als solcher hielt er nun die ordentlichen, dem Consul obliegenden Spiele, aber mit einer Pracht, welche Alles seit Jahrhunderten gesehene überstrahlte, würdig des Eidams eines solchen Königs²). Wieweit er dadurch die Sympathie der Römer gewonnen, dieß zu erproben, hinderte sein früher Tod, der alle Pläne, mit denen Theoderich für die Zeit nach seinem eignen Tod gesorgt zu haben glaubte, zerstörte. Den Zweck dieses Aufwands trifft ein Zeitgenosse mit den Worten: „Theoderich gab Spiele im Circus und Amphitheater, so daß er von den Römern ein Trajan oder Valentinian genannt wurde, deren Zeiten er sich zum Vorbild nahm³).

Und als Totila sich als unzweifelhaften Herrn von Rom bewähren und seine auf Gewinnung der Römer zielende Politik vollenden will, weiß er nichts Eiligeres zu thun, als zu Rom wieder Spiele zu geben⁴).

Für die wissenschaftliche Bildung konnte in dieser Zeit des un-

---

bor auf dieß Amt beziehn: es gibt auch tribuni maritimorum XII. 24. provinciarum VII. 30. cartariorum VII. 43; vgl. I. 4. VI. 3. 19; andere tribuni bei Mar. Nr. 91 u. unten.

1) Bei seinem Besuche in Rom a. 500 gab er glänzende Spiele. An. Val. p. 622.

2) Die befreundeten Bandalenkönige lieferten dazu die edelsten Wüstenthiere Afrikas, welche unter sich und mit Gladiatoren kämpften. Chron. Cass. p. 659; vgl. Pavir. I. S. 261.

3) An. Val. p. 620.

4) A. II. S. 234. Die politische Seite wurde hiebei übersehen; vgl. Gibbon c. 39; Manso S. 138—141; Sartor. S. 24. 120. 304; Balbo I. S. 92; du Roure I. S. 370. II. 91; gut Mur. ad a. 519; Hurter II. S. 76. Gregorov. I. S. 236 f.; außer in Rom begegnen Spiele in Ravenna und Mailand.

aufhaltsamen Verfalls nichts Wesentliches geschehen. Doch mußte die constante Bevorzugung der wissenschaftlich (d. h. meist in Recht und Rhetorik) Gebildeten in den Staatsämtern[1]) wenigstens äußerlich zu diesen Studien anspornen Und Cassiodor sorgte dafür, daß auch nach dem Tode Theoderichs die Regierung in dieser Richtung thätig blieb. Die doctores eloquentiae und magistri scholarum zu Rom sollen die herkömmlichen Semestralbezüge, die man ihnen vorenthalten oder geschmälert hatte, voll und rechtzeitig erhalten und von den Säumigen Verzugszinsen fordern dürfen. Wenn man so große Summen auf Spiele, nur zur Erheiterung des Volkes verwende, dürfe man doch wahrlich in der Pflege der Bildung nicht sparen[2]). Für die Bildung der Knaben in den Provinzialstädten und die Verhütung ihrer Verbauerung auf dem Lande wird mit strengen Zwangsmitteln gesorgt[3]).

Weitaus am Meisten aber geschah für Erhaltung, Wiederherstellung und, so gut es gehen wollte, Nachahmung der Bauwerke (und Plastik) der Antike. Theoderich scheint persönlich großes Interesse und hohe Bewunderung für diese Denkmale der antiken Cultur gehegt zu haben[4]). Und als ein Zeugniß der romanisirenden Richtung und der Vielthätigkeit seiner Regierung haben auch wir hier dieses schon oft gerühmte Verdienst der Gothen um Italien nach den politischen Gesichtspunkten wenigstens zu betrachten[5]). Es leitet nämlich den König hiebei neben seiner individuellen Neigung — schon Zeitgenossen (der An. Val.) nannten ihn den Freund der Bauten, den Wiederhersteller der Städte — auch der Gedanke, daß sich der Glanz seiner Regierung und der Flor seines Reichs in diesen Bauten als den sichtbaren Zeichen einer glücklichen Aera darstellen soll. „Denn es ist eines großen Königs würdig, seine Paläste

---

1) s. Var. I. 12. 13. 22. 39. 45. II. 3. 15. 40. III. 11. 12. 33. IV. 36. V. 4. 21. 40 V. 1. 5. 9. 10. 12. 14. VIII. 12. 14. 18. 19. 20. IX. 7. 21.

2) Var. IX. 21. vgl. Ennod. pan. p. 481. ep. V. 16. Manso S. 131. Sart. S. 152. Pavir. L S. 362. Krit. in den Heidelb. Jahrb. von 1811. du Roure I. S. 434. Bernhardy S. 331.

3) Var. III. 31. oben S. 153.

4) Er sagt, die Betrachtung derselben sei seine liebste Erholung von den Sorgen der Regierung VIII. 15.

5) Dieser Gesichtspunkt fehlt den zahlreichen und ausführlichen Darstellungen des Gegenstands bei Mur. ad a. 516; Gibbon S. 39; Manso S. 123 f.; Sart. S. 117. 162. 314; Hurter II. S. 79; du Roure I. S. 366; Gregorov. I S. 317 mit reicher Literatur.

durch Bauten zu verherrlichen. Den Schmuck der Städte zu vermehren ist edelste patriotische Pflicht." „In unsrer Aera sollen die Werke der Alten nicht zerfallen, da wir täglich die Zierden der Städte zu mehren trachten." „Ferne sei es, daß wir der Herrlichkeit der Alten nachstehen, denen unsre Zeit an Glück nicht nachsteht;" „das Glück der von uns befreiten Städte stelle sich in ihren Bauten dar. Vielmehr wird das Alterthum in unsrer Aera würdiger wieder hergestellt[1])." Dieß führt zu dem zweiten politischen Gedanken dieser Bestrebungen.

Es soll nämlich in dieser Sorge für die Erhaltung der schönsten Monumente der römischen Vorzeit von seinen römischen Unterthanen der Beweis erblickt werden[2]), mit welcher Pietät der Gothenkönig an die ganze römische Vergangenheit, an die Traditionen seiner Vorgänger anknüpft: und in der That hat dieser Barbar vielfach die römische Kunst gegen die gewinnsüchtige Zerstörung der barbarischen[3]) Römer geschützt: während diese schon seit Constantin die alten Bauten einrissen und zerlegten, um selber neue daraus zusammenzusetzen oder auch wohl bloß, um das Material zu Privatzwecken zu verwerthen, ehrt den Gothenkönig die Einsicht, daß hier frommes Erhalten besser sei als eitles Neubauen[4]). Zu Dank und Lob will er die Manen der alten Kaiser verpflichten, deren Bauschöpfungen er die Jugend wieder gegeben, daß sie, lange von greisenhaftem Alter entstellt, wieder in ursprünglicher Frische glänzen[5]). „Die Wunderwerke der Alten sollen auch unsern Ruhm vermehren, indem wir sie der Zerstörung entreißen"[6]).

Demgemäß liegt ihm vor Allem am Herzen die Erhaltung der

---

1) Var. I. 6. III. 10. II. 28. IV. 51.

2) Deßhalb die tendenziöse Chron. Cass. p. 657. sub cujus felici imperio plurimae renovantur urbes, munitissima castella conduntur, consurgunt admiranda palatia, magnisque ejus operibus *antiqua miracula superantur.*

3) I. 25. vgl. Balbo I. S. 14. Sart. S. 166. Dahn, Prokop S. 121. Cassiodors Wunsch: „romanam pulchritudinem non vigiliae, sed sola deberet reverentia custodire". VII. 13 blieb Wunsch.

4) III. 9.

5) I. 25.

6) II. 39. deßhalb werden auch Privaten zerfallne öffentliche Gebäude gegen die Verpflichtung völliger Herstellung zu freiem vererblichen Eigenthum überlassen, z. B. zu Spoleto IV. 24 („denn wer Zerstörtes wieder baut, erweist dem Staat den größten Dienst" III. 29), und so häufig geschah dieß, daß für so bedingte Schenkungen eine besondere Formel aufgesetzt wird. VII. 44.

Herrlichkeit der ewigen Roma selbst¹): der **praefectus urbi** erhält jährlich große Summen zur Restauration der Gebäude Roms und die wirkliche Verwendung zu diesem Zweck wird strenge controllirt²). Vor Allem werden daher Private, welche zu Rom Bauwerke restauriren wollen, belobt, belohnt und unterstützt: „denn hier müssen alle Häuser prangen, auf daß nicht neben den herrlichsten Kunstwerken häßliche Schutthaufen stören: hier darf nichts auch nur mittelmäßig sein"³), „denn Roms Bauten sind unvergleichlich, von den höchsten Kuppeln bis zu den tiefsten Cloaken"⁴). Die „Stadt" soll glänzen von wiedererstehenden Gebäuden: Patricier⁵), die hiezu mitwirken, zeigen ihre Bildung und ihren Reichthum auf edelstem Gebiet und „bewähren sich durch solchen Patriotismus würdig, in der römischen Herrlichkeit zu wohnen"⁶). Diese Herrlichkeit zu preisen ermüdet der König so wenig⁷), als sie zu erhalten⁸). „Das ganze Rom ist ein Wunder"⁹) und ein besonderer Baumeister wird für des Königs Bauten in Rom allein bestellt¹⁰), mehr als für alle andern fordert er für diese Anordnungen Gehorsam¹¹). So mag Ennobius frohlocken: „das alte Rom, der Städte ehrwürdige Mutter, wird wieder jung und mag zum andern mal die Lupercalien feiern"¹²).

Als der Pöbel zu Rom eine Synagoge niedergebrannt, zürnt der hier in empfindlichster Stelle verletzte König schwer¹³): „wißt, heftig hat uns mißfallen, daß in jener Stadt, in der wir Alles auf's Herrlichste prangend wünschen, die blinde Leidenschaft des Volks sich bis zur Zerstörung der Bauwerke vergangen." Nach

---

1) Der ornatus urbis II. 7; s. die schöne Darstellung von Gregorov. I. S. 278 f. (Rubeus p. 121. 137; Giannone L S. 211).
2) II. 34.
3) III. 29. in aliis quippe civitatibus et minus nitentia sustinentur: in ea vero nec mediocre aliquid patimur.
4) III. 30.
5) IV. 51. Symmachus baute viel zu Rom auf eigne und auf königliche Kosten.
6) IV. 30.
7) VII. 15. romanae fabricae decus, illa mirabilis silva moenium .. in una urbe tot stupenda.
8) I. 25. romanae moenia civitatis, ubi studium nobis semper impendere infatigabilis ambitus erit.
9) L. c. universa Roma miraculum.
10) l. c.
11) I. 25.
12) c. 11.
13) IV. 43.

Isidor hätte er die vergoldete Statue, die ihm der Senat errichtet, vorzüglich für seine Verdienste um die römischen Bauten erhalten¹).

Die Thätigkeit der gothischen Verwaltung in diesem Gebiet ist eine ganz außerordentliche²). Die Sorge des Königs reicht hier vom höchsten bis in das kleinste Detail: nicht die Marmorquadern entgehn ihm, die unbenützt auf den Feldern liegen. Seine individuelle Erregung spürt man aus dem gewaltigen Eifer, welchen die nächtliche Entwendung einer Statue zu Como veranlaßt: zwei Decrete: 100 Goldstücke für den Entdecker, Untersuchung gegen alle Metallarbeiter wegen möglicher Beihülfe, Straflosigkeit im Fall reuiger Zurückstellung und Todesstrafe für den nicht durch thätige Reue entdeckten Dieb³).

1) Chron. Gothor. per hunc dignitas urbis Romae non parva est restituta: muros enim ejus iste redintegravit: ob quam causam a senatu inauratam statuam meruit; eine Mehrzahl seiner Standbilder zu Rom, von der Wittwe des Boëthius, umgestürzt: Proc. b. G. III. 21, eine nach der Sitte der Zeit aus mehrfarbigen Steinen zusammengesetzte Statue zu Neapel. l. c. I. 24.

2) Vgl. I. 5. 17. 21. 24. 28. II. 7. 27. 34. 37. (35. 36.) III. 9. 10. 19. 29. 30. 31. 39. 44. 49. IV. 24. 29. 30. 43. 51. V. 8. 9. 38. VII. 5. 13. 15. 16. 44. VIII. 29. IX. 14. X. 7. 30. marmorarii II. 19. architecti Daniel III. 19. Aloisius II. 39.

3) II. 28. 29; wir fügen eine Uebersicht der wichtigsten Leistungen der Amaler in diesem Gebiete bei: zu Rom Restauration eines theatrum IV. 51; der Wasserleitungen VII. 6. III. 31. V. 38; eines Thores (Theodahad) X. 30; der Cloaken III. 30; andere Gebäude III. 29; über die zu Rom gefundenen Ziegeln mit dem Monogramm Theoderichs s. die Literatur bei Sart. S. 313 und Gregorov. I. S. 299; er verwandte auf römische Bauten jährlich 25,000 Stück derselben und außerdem 200 Pfd. Gold. An. Val. p. 622; Chron. Cass. p. 657; diese Summe wird, wenn unterschlagen, Var. II. 34, nochmal ausbezahlt I. 25; zu Ravenna: der Aquaduct Trajans und andre Wasserleitungen (Var. V. 38. Chron. Cass.) sein Hauptpalast und noch ein palatium modicum, Agn. Mur. II. p. 66; ein Säulengang und Bäder (Anon. Vales. p. 623); das Baptisterium; zahlreiche andre Kirchen; die Basilica Herculis; das Kloster S. Mariae ad memoriam Th. regis u. A. bei Agn. Mur. p. 113; zwei Statuen Theoderichs und sein Grabmal mit seiner Reiterstatue Agn. II. p. 123; Bauten arianischer Bischöfe daselbst Agn. Mur. II. p. 105; einige selbständige Notizen auch bei der Chron. de Rav. bei Murat. L. 2. p. 5; Amalasuntha, Theoderichs Grabmal (reiches Material hierüber bei Manso S. 396—404; Balbo I. S. 84; Hurter II. S. 33; Mur. ad a. 526; Pallmann II. S. 491 u. Pavir II. S. 776); sie ließ von Byzanz Marmor kommen X. 8. 9; andre Bauten derselben bei Agn. Mur. II. p. 95, und Theoderich beschied geschickte Marmorarbeiter, vornehmlich für Sarkophage, von Rom nach Ravenna III. 19; vgl. auch V. 8. — (s. im Allgem. v. Quast, die altchristlichen Bauwerke von Ravenna vom V. bis IX. Jahrh. Berlin 1842). Zu Pavia einen Palast, Bäder, ein Amphitheater, Stadtmauern (An Val. l. c.), Gerüste für das

Der Vorstand des gesammten Bauwesens ist der curator palatii. Dieser hat zunächst die Residenz, den königlichen Palast zu Ravenna, herzustellen, zu erhalten und immer zu verschönern. Außerdem hat er aber auch für alle andern Bauten des Königs, militärische und civile, die Pläne vorzulegen, ihn frägt das ganze große Heer der Werkleute, Maurer, Erzgießer, Gips= und Musiv=arbeiter um Rath. Er soll dafür sorgen, daß Niemand die Neubauten von den antiken unterscheiden könne — ein schwerer Auftrag! — und kann alle diese Pflichten nur erfüllen, wenn er die vom König angewiesenen Bau=Gelder gewissenhaft verwendet[1]).

6. Amtshoheit.

Der König hat die volle Amtshoheit. Die eben geschilderte Administration setzt ein reiches System von Beamtungen voraus, welches wir denn auch im Gothenstaat antreffen: die ganze römische Aemterhierarchie bestand unverändert fort[2]). Diese als solche liegt außerhalb der Geschichte germanischen Königthums[3]): hier ge-

---

Volk, um den Spielen zuzusehen (Mezzabarba, Mediolan. Numism. imp. bei Pavir I. 879) [mir unzugänglich], eine Statue Theoderichs Agnell. II. p. 123; zu Verona Stadtmauern, Palast, Bäder und Säulengang vom Palast zu einem Thor (An. Val. l. c. Außerdem Bäder zu Abanum II. 39; zu Spoleto II. 37; Wasserleitungen II. 39. IV. 31; zu Parma VIII. 29. 30 (Athalarich); Cloaken in Parma (Athalarich) VIII. 29. 30; militärische Bauten und Stadtwälle zu Dertona I. 17; Arles III. 44; Catania III. 49; Terracina Balbo l. c. (s. oben S. 63); Syrakus IX. 14; vgl. II. 7. III. 9. 10; im Trientinischen wurde eine ganze „Stadt" neu angelegt, wahrscheinlich eine Befestigung V. 9; Paläste in ganz Italien hist. misc. XV. p. 101. Theodericus .. dum pacifice apud Italiam regnaret per singula quaeque celebriora loca regia sibi habitucala construxit; zu Modicia Paul. Diac. IV. 22 einen Sommerpalast pro eo quod aestivo tempore locus ipse utpote vicinus Alpibus temperatus et salubris existat; vgl. vita s. Hilari Acta. S. Boll. 15. Mai. III. p. 473 seq.; (am Bebese) Ennod. c. 11. p. 467; video sub civilitatis plenitudine palatina ubique tecta rutilare ... und Cassiodor Chron. ad a. 500; weitere Literatur in den italienischen Städtegeschichten und Alterthümern.

1) VII. 5. — Andre Maßregeln der Verwaltung s. oben unter „Finanzhoheit" S. 152 und unter „Amtshoheit".

2) s. die Zusammenstellung der römischen Aemter im Gothenstaat. A. II. S. 269. Vgl. Manso S. 342 f.; du Roure I. S. 320; Hurter II. S. 11; Hegel I. S. 109. Auch Odovakar hat comites domesticorum, magistri militum, praefecti praetorio An. Val. p. 619. Mansi VIII. p. 33.

3) Vgl. darüber außer der notitia dignitatum bes. Manso Beilage VIII. und Constantin, Hegel I. S. 65, Giannone I. S. 198.

nützt der Beweis, daß der Gothenkönig die Amtsgewalt ganz wie der Imperator übt. Er ernennt ganz willkürlich[1]) die Beamten[2]), befördert sie[3]), besoldet sie[4]), controllirt sie[5]), straft sie[6]), belohnt sie[7]), entläßt sie[8]), beurlaubt sie[9]), vereidigt sie[10]), er hebt auch ganze Aemterarten auf[11]), ganz so unbeschränkt wie der römische Kaiser. Welche bedeutende Mittel diese römische Aemtermaschine dem Königthum in seinem Streben nach der absoluten, römischen Herrschergewalt über den ganzen Staat gewähren mußte, leuchtet ein[12]).

Die römischen Aemter behalten, wie aus Cassiodors Bestallungsformeln erhellt, alle ihre Formen, ihre Canzlei und Dienstpersonal[13]), Functionen, Attribute und Privilegien[14]). Man kann

---

1) VI. 13. gratia; (unzugänglich blieb Pantinus de dignit. aulae goth.).

2) VI. 18. nostra electione deferimus VI. 18; bei den höhern Aemtern wird die Ernennung unter Lobpreisung des Candidaten dem Senat mitgetheilt.

3) XI. 35. XII. 7; manchmal erhielten aber die Beamten nach höheren wieder niedere Stellen Var. X. 12; Sartor. S. 59. 283; Manso l. c.

4) I. 10. XI. 35; Manso S. 380; Bethm. H. S. 58.

5) I. 21. 35. II. 34. III. 27. IV. 12. 28. XII. 16. VIII. 20. IX. 12. 14.

6) VI. 3. Ed. §§. 1. 3. f. epil. Basilius regni ministerio depulsus Boëth. I. 4.

7) XI. 36. 37.

8) (Veterani VI. 13. XI. 35).

9) I. 39. II. 22. IV. 6. 48. VII. 36. IX. 6. X. 29.

10) XI. 35.

11) V. 39.

12) f. A. II. S. 124; nur die politisch fast bedeutungslosen Municipalbeamten werden noch, zum Theil, gewählt, Balbo I. S. 21; vgl. im Allgem. Kuhn I. S. 35. 227 f., aber auch S. 158; du Roure I. S. 360; Hegel I. S. 43. 125.

13) Officia VI. 3.

14) VI. 22. privilegia dignitatis tuae nec volumus minui nec jubemus excedi. I. 23. decessorum privilegia VI. 14. VII. 4. VIII 16. Die Belohnung altgedienter Beamten erfolgt ganz nach divalia statuta, den munifica jura der cana antiquitas VI. 13. magnifici, (illustris magnificentia) I. 4. 14. II. 5. III. 20; auch die römischen Rangclassen der illustres (illustratus vacans VI. 11), IX. 8., clarissimi, clarissimatus I. 7. IV. 42, VII. 38 sublimis (sublimitas tua I. 2. III. 26. IV. 9. V. 8 (der comes *Gothorum* VII. 3 heißt vir sublimis); spectabilis VII. 37. 38. I. 5. IV. 10. VI. 12. II. 28. III. 30) werden beibehalten; vgl. Balbo I. S. 13; f. Böcking s. v. „vir" und die entsprechenden Titulaturen magnitudo tua VII. 15. VIII. 6. I. 15. II. 11. III. 11. IV. 11. V. 12 u. oft; mansuetudo vestra VIII. 50. reverentia vestra II. 18. beatitudo vestra, vir beatissimus I. 9. III. 37. II. 29. celsitudo vestra I.

nicht¹) aus dem Nichterscheinen gewisser Aemter in den Formel=
sammlungen Cassiodors mit Sicherheit auf deren Nichtexistenz
schließen: denn jene Sammlungen sind keineswegs erschöpfend: es
fehlt z. B. die Formel für die Bestallung des wichtigen Amtes eines
major domus, das doch gewiß bestand²).

Die ganze „militia" bleibt erhalten³). Auch die allerhöchsten
Würden und Aemter der römischen Verfassung verleiht der Gothen=
könig: er bestellt Präfecti Prätorio, Patricier, Consuln⁴). Bei Er=
nennung der Consuln findet aber eine nicht deutliche Mitwirkung
des Kaisers (der Gothenkönig ernennt den consul occidentis, der
Kaiser bestätigt ihn) statt⁵). Ihr Amt war ein Scheinamt und
höchst kostspielig wegen der Spiele, die man von ihnen erwartete⁶);

---

15. II. 38. honorati III. 12. IX. 5. Kuhn I. S. 200. — Die verschiednen Stufen
der comitivae ohne Amt. Sartor. S. 51; du Roure I. S. 318; Manso
S. 379.

1) Wie Sartor. S. 269. 276; Balbo I. S. 53 u. A.

2) Mansi VIII. p. 250 und Cassiodor selbst in dem praktischen Theil seiner
Sammlung; ebenso nennt nur der anon. vales einen praepositus s. cubiculi
p. 625.

3) An. Val. p. 620. militia Romanis sicut sub principis esse praece-
pit; so bes. Kuhn I. S. 155; sehr oft bedeutet daher milites Civilbeamte, nicht
Soldaten, (z. B. VII. 28. VIII. 18. XII. 1. milites nostrae sedis XII. 16. 19.
XI. 16 miles noster in rem directus XI. 12), was man oft verkannt hat
(s. unten Anhang II. über militia, milites officiorum); es sind die Executoren
VI. 13. XII. 8. II. 28. 31. 5. XII. 18. I. 19. 4. 40. 30. XI. 35. VI. 3. 13. 25.
VII. 4. 9. 13. 18. 43. 22. 30. VIII. 13. 12; ferner noch V. 25. 36. XI. 8.
IX. 4. Ed. §§. 73. 89; sogar exercitus bezeichnet Civilbeamte XII. 18. (Bethm.
H. S. 28. 161. 165).

4) s. A. II. S. 269.

5) II. 1. A. II. S. 40; Pavir. I. S. 260; Balbo I. S. 35; u. bes. Pagi,
dissertatio hypatica sive de consulibus caesareis Lund. 1682 und die Litera=
tur bei Gregorov. I. S. 884; Mur. ad a. 519; Gibbon c. 39; da Roure I.
S. 814; Kuhn I. S. 207.

6) Sehr naiv rühmt Cassiodor den Fortschritt dieses Amtes, das jetzt gar
nichts mehr zu thun gebe III. 39; consul cujus constat esse propositi, ut
debeat ex liberalitate laudari ne videatur aliud dignitas promittere, aliud
senatorem velle complere . . . sub opinione munifici parcum non decet in-
veniri. quia inumbrat famam publicam in consule tenacitatis obscuritas;
Theoderich hält einen allzu sparsamen Consul streng an diese Amtspflicht; über die
Stellung der Consuln in jener Zeit vgl. noch I. 27. II. 1 (ordinarius) 2. III.
VI. 1. 2. 10. 20. IX. 22. X. 2; Sart. S. 44; Ennod. ep. I. 5; Manso
S. 373; über die patricii I. 3. 4. 10. 15. 20. 23. 27. 33. 89. III. 5. 6. 11.
VI. 2. 29. 42. VIII. 21.

aber Behörden¹) von größter Wichtigkeit waren der praefectus praetorio²), der praefectus urbi³) und der quaestor s. palatii⁴).

Dieses Recht war nicht ein bloßes Ehrenrecht, sondern ermöglichte dem König, mit den höchsten Würden des römischen Volkes zugleich in gesetzlicher Weise dessen Leitung nach seinem Sinne befreundeten, verläßigen Männern zu übertragen; und deßhalb, nicht nur um der Ehre willen, verlangt Justinian von Theodahad Verzicht auf diese Befugnisse⁵). Wenn der König alle Beamten ernennt, so hat er auch auf die Wahl der Bischöfe wenigstens thatsächlich großen Einfluß, einigemale ernennt er sogar den Bischof von Rom⁶).

Diese Beamten sind recht eigentlich die Werkzeuge dieses „aufgeklärten Despotismus": „wie die Sonne ihre Strahlen entsendet, so gehen vom König die Aemter aus, überallhin den Schimmer seiner Gerechtigkeit zu verbreiten"⁷): der Beamte wird mit dem Geist dieser Regierung getränkt⁸); jede Beförderung soll den Eifer mehren: am Hofe, in persönlicher Umgebung des Königs, haben sie dessen⁹) Intentionen begreifen lernen können und sollen nun seinem Vorbild nacheifern: „eine Art Priesterschaft ist es, einem so gewissenhaften König zu dienen"¹⁰). Die Beamten sollen den König

---

1) du Roure I. S. 319; Sartor. S. 47; über seine Competenz im Steuerwesen S. 197.
2) Var. praef. I. 1. 14. II. 16. 24. III. 20. 27. IV. 47. V. 5. VI. 3. VIII. 20. IX. 7. X. 26.
3) I. 30. 31. 42. III. 11. 12. VI. 4. 8. 18. IX. 21.
4) s. Anhang II. und vgl. die Briefe des Ennod. an Faustus.
5) Daß Theoderich jene Würden immer nur an Römer verliehen habe, ist eine rhetorische Uebertreibung Prokops: wir finden die Gothen Thulun VIII. 9. 10. X. 25; (vgl. noch IV. 49. IX. 11—13; Manso S. 90; Sartor. S. 22. 57.) als Patricius und Dux, Osvin als Vorstand von Dalmatien und Savien, Triva als praepositus cubiculi An. Val. p. 625; Triguilla praepos. regiae domus Boeth. I. 4; Wilia als comes patrimonii Var. I. 18. V. 18. 19. 20; Bacauda tribunus voluptatum in Mailand V. 25; Bisigisal als censitor IX. 11. 12; Gildia als comes von Syrakus IX. 11. 13.
6) s. unten „Kirchenhoheit".
7) VI. 23.
8) VI. 9.
9) Daß der König strenge Anforderungen machte und sich seine Leute oft in persönlichem Verkehr im Hofdienst heranbildete, ist der Kern zahlloser Phrasen Cassiodors; vgl. VIII. 21; vgl. Ennod. p. 468; Var. V. 15 misimus nostris institutionibus eruditum.
10) I. 12.

allgegenwärtig machen¹) und selbst ein Cassiodor kann all' seine Amtsthätigkeit nur darin zusammenfassen, er wolle in Allem handeln, wie es rerum dominus befohlen²), der „terror armatus" liegt ihm zur Seite, jeden Widerstand und Ungehorsam zu beugen und zu brechen³).

Freilich entsprachen die Beamten oft diesem Ideal⁴) sehr wenig: die Controlle dieser Werkzeuge machte ihrem Meister schwere Mühe, denn die allgemeine Verderbniß der römischen Welt äußerte sich ähnlich wie im Ostreich⁵), auch im Westreich nicht am Wenigsten in den zahllosen und argen Mißbräuchen und Freveln der Beamtenwelt⁶). Die bloße Saumsal in Erfüllung der königlichen Befehle war noch das Geringste⁷); aber die Bestechlichkeit (venalitas) und die erpressende Habgier war so allgemein, daß die Warnung vor derselben nicht nur in stehende Amtsformeln⁸) aufgenommen, sondern bei fast jeder Ernennung speciell eingeschärft wird⁹).

Die domestici der comites ergänzen ihren schmalen Sold durch Aussaugung der Provinzialen¹⁰). Die Domänenverwalter benützten die Furcht vor dem königlichen Namen zu ihrer Bereiche-

---

1) IV. 37.
2) XI. 8.
3) l. c.
4) Cassiodor spricht es mit den Worten aus: So oft des Königs Auge auf einen seiner Beamten fällt, soll er sich freuen können seiner glücklichen Wahl. IV. 3.
5) Wo es aber noch schlimmer war; Dahn, Prokop S. 297; Balbo l. S. 5; die Nation war daselbst noch bedeutend mehr demoralisirt und Theoderich muß, nach Abzug aller Uebertreibungen Cassiodors, das wichtige Herrschertalent gehabt haben, tüchtige Leute zu entdecken. rimator ille actuum VIII. 10. speculator virtutum I. 23. altae prudentiae perscrutator IX. 10. 24; in diesem Sinne ist seine Wahl eine Prophetie VIII. 13; Prokop bestätigt dieß Lob.
6) Boëth. de consol. l. 4.
7) I. 40. ordinatio nostra non debet per moram impediri; vgl. IX. 14. 1. 2. 21. IV. 28. Die Geschäftslast der wichtigern Aemter, z. B. des Präfectus Prätorio war sehr groß; vgl. trotz aller Rhetorik Var. praef.; es wird dann, nach fruchtloser Mahnung, meist ein compulsor abgesandt zum Zweck des „imminere".
8) VI. 21.
9) V. 4. VI. 20. VII. 7. 13. XI. 24. 35. 8. VI. 20; f. nuten Anhang I. zu §§. 1. 2. 90. V. 19. cave, ne te venalitas maculet.
10) IX. 12; vgl. Boëth. I. 4. pro tuendo jure potentiorum semper spreta offensio. quoties ego Cunigastum in imbecilli cujusque fortunae impetum facientem obvius excepi, quoties Triguillam regiae praepositum domus ab incepta perpetrataque jam prorsus injuria dejeci!

rung¹). Die Finanzbeamten führten auf eigne Faust neue Steuern ein oder Steuererhöhungen (adjectitia incommoda)²), brauchten zu schweres Gewicht und unterschlugen den Mehrbetrag: oder auch sie ließen sich Nachlaß und Stundung abkaufen³) und ihr niedres Personal folgte ihrem Vorbild⁴). Die comites der Städte erhoben Bausteuern und bauten nicht, und nahmen den Schiffern unter dem Vorwand von Zöllen und Ehrengeschenken ihre besten Waaren⁵).

Aber auch gegen Freiheit, Leib und Leben mißbrauchten die Beamten ihre Gewalt: hielten Angeschuldigte in ungerechtfertigt langer Haft⁶), erpreßten Geständnisse, verkürzten die Vertheidigung, zwangen kleine Freie in ihre Knechtschaft⁷), ja Todesurtheile verkauften sie⁸) und auch hierin eiferte ihnen ihr untergebnes Personal im Kleinen getreulich nach⁹), so daß die besten Maßregeln der Regierung in der Ausführung durch schlechte Beamte vereitelt wurden¹⁰). Dem gegenüber wiederholt die Regierung immer wieder ihre vergeblichen guten Lehren¹¹), warnt vor dem Dünkel, daß hohe Würden vor Strafe sichern¹²): diese verpflichten nur zu desto größerer Treue¹³). Die Scheu vor dem König soll diese gewaffnete Willkür einschüchtern¹⁴), denn seine Befehle müssen bis in's Kleinste befolgt werden¹⁵); und wie der König die Vorstände, sollen diese ihr Personal controlliren¹⁶). Solche Ermahnungen, dann schärfere Verweise¹⁷) gehen den strengern Maßregeln vorher. Sie fruchten wenig¹⁸).

---

1) IV. 4.
2) X. 1. 8; das sind die saeva discussionis, schlimmer als Krieg. IX. 9.
3) X. 17.
4) IX. 2; vgl. IV. 21.
5) IX. 14.
6) III. 46. IX. 17.
7) V. 30.
8) Ed. §. 1.
9) VI. 22. XI. 18.
10) V. 6. XI. 18; über das Beispiel der Vorstände. XI. 8.
11) X. 5.
12) IV. 49.
13) IV. 29. 30.
14) III. 27.
15) II. 12.
16) VI. 9.
17) IV. 29.
18) Boëth. L. 6 sagt, freilich rhetorisch und erbittert: si quando probis, quod

Cassiobor muß die continentia ein seltnes Gut an einem Beamten nennen¹) und ein Wunder ist es ihm, wenn ein Vollzugsbeamter Lob verdienen kann. Der Uebermuth der Aemter war groß und allgemein²). Die Amtsgewalt hält so schwer Maß, in das einzige Streben verrannt, ihren Willen durchzusetzen³). Schärferer Mittel bedarf's; die Provinzialen müssen aufgefordert⁴) werden, sich ohne Scheu beim König zu beklagen⁵), oft verzichten sie — aus Furcht — auf Bestrafung des Bedrückers, wenn ihm nur gewehrt wird⁶). Dann sendet wohl der König außerordentliche Commissäre, den Zustand der Provinz zu prüfen, die regelmäßigen Beamten zu überwachen, die Schuldigen zu entfernen, den Mißbräuchen zu steuern⁷). Aber auch schwere Strafen drohen Varien und Edicte dem Mißbrauch der Amtsgewalt⁸), und wenn ein Amt sich durch Bedrückung besonders verhaßt gemacht, so cassirt es der König ganz. So das der villici in Spanien (nur hier?); dieselben scheinen locale, halb private Schutz- und Verwaltungsbeamte gewesen zu sein⁹).

perrarum est, honores deferuntur; das andre Extrem bei Cochl. c. 10 „de probitate magistratuum et officialium sub rege Th."
1) X. 5.
2) Vor Allem der großen Palastbeamten, der canes palatini, wie Boëth. I. 4 sie nennt. Var. IV. 4. III. 40. V. 14. VII. 1. IX. 12. XI. 8. I. 4 ut plerisque moris est.
3) VI. 15.
4) IX. 12.
5) IX. 17.
6) IX. 14.
7) XI. 7; von ihnen heißt es ebenfalls imminere debent: praecepimus consuetudinarii milites nostrae sedis tibi officioque tuo imminere; vgl. XII. 19.
8) s. Anhang I.
9) s. oben S. 138. V. 39. villicorum quoque genus, quod ad damnosam tuitionem queruntur inventum, tam de privata possessione quam de publica funditus volumus amoveri. quia non est defensio, quae praestatur invitis; suspectum est quod patiuntur nolentes (statt volentes); nam hoc est revera beneficium, si sine murmure feratur acceptum. Die „privata possessio" bezeichnet Unterthanen im Gegensatz zum König, nicht Privatgüter des Königs im Gegensatz zu fiscalischen. Dieser Unterschied bestand nicht mehr in solcher Schärfe (s. oben S. 136). Es waren Verwalter königlicher und abliger villae, welche eine gewisse Ortspolizei (und auf Verlangen besondre tuitio) wohl im Namen ihrer Herrn (s. die Klagen über den Mißbrauch solcher patrocinia oben S. 132) handhabten, wenigstens findet sich im westgothischen Spanien ganz diese Einrichtung. Sie mißbrauchten die tuitio wie die Sajonen. Den villicis privatorum ganz ähnlich sind die in den Varien und bei Marini oft genannten ac-

Es war nun aber der König im ganzen Gebiet der Verwaltung, so wenig wie im Heerwesen und in der Rechtspflege, an Einhaltung der regelmäßigen Behördenorganisation gebunden. Häufig sandte er in zerrüttete Provinzen außerordentliche Commissäre („Sendboten" mögen wir sie nennen) mit außerordentlicher Vollmacht, welche dann neben und über den regelmäßigen Behörden für Wiederherstellung der Ordnung und des Flors der Landschaft thätig werden sollen; oft werden dabei gegen in jenen Kreisen gerade graffirende Verbrechen die alten römischen Strafbestimmungen, manchmal verschärft, in Erinnerung gebracht, oder neue Strafen angedroht[1]). So werden Ampelius und Liberius nach Spanien gesendet: „ganz Spanien" wird ihnen als Amtsgebiet zugewiesen, „auf daß die eingewurzelten Mißbräuche gegen unsere neuen Befehle nicht mehr bestehen können"[2]). Der Senat wird beauftragt, die römischen Wasserleitungen wiederherzustellen: und dabei noch ein Specialcommissär bestellt, den Zustand dieser Bauten zu untersuchen und an den König zu berichten[3]); ebenso soll der vir spectabilis Genesius die Reinigung der Wasserleitungen und Cloaken zu Parma überwachen[4]) und der comes Suna die Verwendung von Marmortrümmern zu Neubauten[5]); ein andermal hat ein Bischof ex auctoritate nostra (anerbotner= oder aufgetragnermaßen?) eine Wasserleitung herzustellen[6]).

---

tores, Vermögensverwalter; oft sind sie wohl Freigelaßne; ihr Herr heißt patronus Var. IV. 85 f. oben S. 55; daß königliche Intendanten in Processen von Bauern, Colonen, Conductoren, Gerichtsbarkeit hatten, darüber s. VI. 9 und Manso S. 97; vgl. die fränkischen actores bei Waiß II. S. 403.

1) Es ist nicht immer leicht zu entscheiden, ob ein solcher Erlaß den regelmäßigen Provinzialbeamten oder einen Sendboten bestellt. Letzteres wohl z. B. IV. 49. Jribibald ist schwerlich ordentlicher comes Gothorum in Savien: in seiner Mission folgt ihm der Römer Severian V. 14; (im Ganzen darf man eine chronologische Folge der Barienbücher I.—V. und VIII. IX. X. annehmen: das beweist der Fall des Basilius (oben S. 103) und die Reihenfolge der gothischen und byzantinischen Herrscher; eine gute Ausgabe und Kritik der Varien wäre eine verdienstreiche, aber mühevolle Arbeit). Dagegen Gemellus, obwohl ad provinciam *componendam* nostra mansuetudine de necessitatibus vestris cogitante nach Gallien gesendet, ist doch ordentlicher vicarius praefect. Galliarum III. 17.

2) V. 39.
3) III. 31.
4) VIII. 29. 30. imminere.
5) II. 7.
6) IV. 3. ein außerordentlicher Auftrag besondern Vertrauens ergeht auch I. 45 an Boëthius.

Ein Gothengraf hat in außerordentlicher Mission Eide der Huld und Treue für den König zu leisten und zu empfangen[1]) und Sajonen und comitatici sind recht eigentlich dazu bestellt, solche außerordentliche Aufträge des Königs auszuführen[2]). Aber auch sonst erhalten Männer, welche sich einmal das Vertrauen des Königs erworben, sehr häufig Aufträge außerhalb ihrer Amtssphäre, z. B. der Quästor Ambrosius[3]) oder würdige Bischöfe[4]): insbesondere werden solche bewährte Männer aus der Umgebung des Königs vom Hof aus ohne Amt mit dem Auftrag in die Provinzen entsendet, die Provinzialbehörden bei einzelnen wichtigen Geschäften, z. B. der Steuererhebung zu unterweisen, zu überwachen und zu unterstützen[5]): auch aus dem Senat werden oft zwei Commissäre gewählt, ein einzelnes Geschäft im Auftrag des Königs zu vollführen[6]) oder einen Specialbericht einzusenden[7]).

Gothische Beamte sind die duces, die Gothengrafen und die Sajonen. Die Stellung der erstern beiden in der Civilverwaltung kann nur im Zusammenhang mit der Darstellung des gesammten Rechtszustandes, zumal der Gültigkeit des gothischen Rechts in diesem Staate erörtert werden[8]). Hier genügt die Bemerkung, daß duces[9]) und comites, wie Heerführerschaft im Kriege[10]), so im Frieden

---

1) VIII. 5.
2) VIII. 2. 7. IX. 10.
3) VIII. 13. ita gratiam dominantis auxisti, ut tibi saepe committeretur, quod dignitas non haberet.
4) IX. 5. XII. 27.
5) XI. 2. 7.
6) Z. B. die Vermessung des durch Austrocknung von Sümpfen zu gewinnenden Landes. II. 32.
7) Z. B. über die Verwendung der römischen Baugelder I. 21. qui estis ad indaginem veritatis electi; über andre solche (oft zweifelhafte) Specialaufträge in allen Zweigen des Staats I. 20. 21. 23. 27. 45. II. 10. 32. 35. 36. III. 10. 13. 15. 23. 45. 52. IV. 12. 16. 17. 18. 20. 21. 22. 27. 28. 33. 46. 47. 50. 5. 6. 9. 10. V. 8. 14. 17. 19. 39. 20. 27. 28. ? 35. 39. VI. 9. 20. 27. 35. Sart. S. 59; manchmal wird der ordentliche Beamte beauftragt, aus seinem Personal zu delegiren IV. 50; solche Sendboten sollen in den Provinzen die Gerechtigkeit des comitatus vertreten, ohne Reisebemühung der Unterthanen. V. 15.
8) Im Anhang II.
9) Ob die duces Sinderith und Hunila bei Jord. c. 59. 60 technisch zu fassen, läßt sich nicht entscheiden.
10) Oben S. 65; sie haben die millenarii, die Tausendführer unter sich; unsere Ansicht oben S. 77 (vgl. Eichhorn §. 23) wird durch die westgothischen

Justiz=, Finanz= und Verwaltungs=Functionen haben. Das Amt der Sajonen dagegen kann an dieser Stelle bereits erschöpfend dargestellt werden[1]. Die Sajonen, ein gothisches, nicht römisches Amt, sind, wie die duces und comites, Heermänner und Civilbeamte zugleich. Sie gehören utrique militiae an[2]): wahrscheinlich avanciren sie in beiden Beziehungen zu der über ihnen stehenden Stufe des Gothengrafen, unter dessen Gerichtsbarkeit und zu dessen Dienst sie stehen[3]); der (frühere) Sajo Duda und der (spätere) Gothengraf Duda ist wohl Eine Person[4]) und aus des Ennodius Briefen[5]) erfahren wir, daß Tankila, der in den Varien[6]) eher als Sajo denn als Graf zu denken, comes geworden. Der Sajo hat im Militär= und Civildienst den Bann, die jussio, des Königs zu verkünden, zum Gehorsam aufzufordern (das ist das den Sajonen constant aufgetragne „admonere") und nöthigenfalls den Vollzug zu erzwingen: die Sajonen haben, mehr noch als in ihrer Zutheilung an die comites, ihre Bedeutung darin, die unmittelbaren Vollstrecker des unmittelbaren Königsgebots zu sein. Als ein Gothenheer nach Gallien aufgeboten werden soll, wird dieß dem gesammten Heerbann durch „unsern Sajo Nandius" verkündet[7]). Aber der Sajo ist auch selbst Heerführer: und zwar steht er dem Gothengrafen ziemlich nahe: der Gothengraf Julianus steht an der Spitze eines Heeres: zu seiner Verstärkung wird der „Sajo noster Tato" mit einem Corps von Bogenschützen abgesandt und dieß ist

---

millenarii und die þusundi-faþs des Ulfila bestätigt; ob es auch oftgothische handa-faþs gab, steht dahin.

1) Ungenügend die Darstellungen bei Cochlaeus, Manso, Sartor. S. 97. 284., du Roure; am besten noch, aber auch in der Hauptsache nicht richtig v. Glöden S. 71; daß das Wort nicht lateinisch (von sagum), sondern gothisch zu erklären ist, hat schon Gothofr. ad l. 87. Cod. Theod. 8. 5. eingesehn; s. du Cange s. h. v. und Lindenbrog. gloss. leg. ant.; nach Isidor „dictor" Ansager: gothisch wohl sagja R. A. S. 766. Gramm. II. S. 518); vgl. Graff VI. S. 117 (etwas abweichend Helfferich Erbader II. S. 25); über die westgothischen Sajonen L. V. II. 1. 17. 25. II. 2. 4. 10. V. 3. 2. VI. 21. 5; südfranzösische R. A. l. c.; Schäffner I. S. 369.

2) L. 24.
3) IV. 27.
4) IV. 28. 32. 33.
5) III. 23.
6) II. 35.
7) l. 24. per Nandium (statt Pernandium) sajonem nostrum admonendum curavimus, ut ad expeditionem .. moveatis.

so stark als das des Grafen¹). Ein Sajo Veranus hat eine Gepidenschaar durch Venetien und Ligurien nach Gallien zu führen: er hat zwar zunächst nur die Geldzahlungen an sie zu besorgen, den Tausch ihrer ermüdeten Rosse und erschütterten Wagen gegen frische der Landbevölkerung und überhaupt ihr friedliches Verhalten gegen diese zu überwachen, aber eben dafür hat er auch militärische Autorität²). Ein anderer Sajo hat im Castell Veruca für die Besatzung Wohnräume bauen zu lassen³). Ein weiterer hat die gothischen Tausendschaften von Samnium und Picenum nach Ravenna zu entbieten (admonere), um dort ihre Donativa zu empfangen⁴). Die Sajonen sind also Heermänner⁵): daher⁶) erhalten auch sie selbst Donativa, wie nur die activen Krieger⁷). Deßwegen sind sie auch alle ohne Ausnahme⁸) nicht Römer, sondern Gothen⁹).

Weil sie Gothen, weil sie Krieger sind, wird ihrer Treue und Energie denn auch in der ganzen Civilverwaltung der rasche und kräftige Vollzug des königlichen Bannes anvertraut: sie sind die unmittelbaren Vollstrecker seines persönlichen Gebots, sie sind, wie seine Arme, die Werkzeuge seines Willens. Aus allen diesen Gründen heißen sie emphatisch „sajones *nostri*", unsere Sajonen, was sonst nur noch bei dem Heere und dem Volk der Gothen begegnet, dem eben auch sie angehören¹⁰).

---

1) V. 23. Tatonem sajonem nostrum cum sagittariis ad illustrem virum comitem Julianum aestimavimus esse dirigendum, ut majus sumeret robur *duplicatus* exercitus.
2) V. 30.
3) Domicilia vobis construatis ist hier zu lesen III. 48.
4) V. 27.
5) Diese Seite verkennt Cart. S. 284, während Balbo I. S. 54 sie nur ispettori militari nennt; besser du Roure I. S. 313.
6) VII. 42.
7) Oben S. 78.
8) Höchstens vielleicht mit einer zweifelhaften.
9) Sie heißen: Viligis (al. Uniligis) II. 20. Terutha (al. Thuza, Suzuza, Thezuza) IV. 47. Tato V. 23. Tautila II. 35. Manila IV. 12. V. 5. Leobefrid III. 47. Guda IV. 39. Duda IV. 31. 34. Grimouda III. 20 (al. Tranvila, Grurba, Frimula). Godiscalc IV. 47. Gesila IV. 14 (vielleicht der „impulsor" Gevica bei Ennod. IV. 5.). Dumerit VIII. 27. Arulf (Arilulf, Agilulf V. 20). Amara (Amala? IV. 27. 28). Frumari (II 13. Fruinarit). Gubuin V. 27. Nanbius I. 24. Gubila IX. 10. Gubinand V. 19. Zweifelhaft ist nur Veranus V. 10; auch dieß könnte Romanisirung von der gothischen Wurzel bairus sein; s. Förstemann S. 227.
10) III. 48. IV. 28. V. 23; der majordomus noster ist auch Heerführer.

Deßhalb ihr ehrender Beiname fortis[1]): und beßhalb ihr Titel devotio tua: die devotio ist, wie wir sehen werden, die technische Bezeichnung für den von allen Unterthanen geschuldeten treuen Gehorsam: dieser erscheint bei den Sajonen, den unmittelbarsten Willensvollstreckern des Königs, potenzirt, und beßhalb redet er sie an: „Deine Treugehorsamkeit, Willfährigkeit, Ergebenheit"[2]). Daher begreift sich, daß der König, wem er gegen gewaltsame Bedrängung seinen besondern Schutz zuwenden will, diese „tapfern" und energischen Heermänner, die Träger seines Willens, als Sauvegarden schickt[3]). Und auch sonst werden Sajonen geschickt, wo immer der Wille des Königs auf Widerstand getroffen hat oder zu treffen fürchtet. Wenn Prinz Theobahab seinen Raub nicht herausgeben wollte, sorgt ein zugeschickter (directus, destinatus) Sajo für den Gehorsam[4]). Ein notorischer Ausflüchtemacher wird auf königlichen Befehl kurzweg von einem Sajo vor Gericht gebracht[5]): selbst die Weihe des Priesters schützt nicht vor dem Sajo, der in Vollzug weltlichen Urtheils Schuldhaft verhängt[6]). Wenn in einer Provinz Gothen und Römer Landgüter überfallen und geplündert haben, so erhalten ein Sajo und ein Comitiacus Befehl, sich an Ort und Stelle zu begeben, Untersuchung vorzunehmen und die Schuldigen an Gut und Leib zu strafen: weil beide Nationalitäten betheiligt sind, wird ein gothischer und ein römischer Executivbeamter verbunden, um Unparteilichkeit zu sichern[7]). Diese Gleichstellung des Sajo mit dem comitiacus, der ein Vollzugsorgan des comes ist[8]), beleuchtet seine ganze Stellung. In Folge solchen Auftrags

---

1) VII. 42.

2) VIII. 27. IV. 47. V. 10. XII. 3; seltner heißen auch die ihnen in allem übrigen gleichstehenden römischen Civilexecutoren so I. 8; vir devotus V. 21; apparitores Ed. §. 73. II. 21. III. 20; s. auch Waitz II. S. 480.

3) s. oben tuitio S. 122 (technisch adminicula, defensio sajonis); freilich wandte sich diese Energie manchmal gegen die Beschützten und (oben S. 118) artete wie die andrer Gothentruppen in Bedrückung der Curialen aus. IX. 2.

4) IV. 39. ut imminente sajone nostro nuper occupata cum omnibus, quae direpta sunt .. facias sine aliqua dilatione restitui (imminere auch IV. 46), ganz ebenso IV. 14. 32.

5) II. 13.

6) VIII. 24. sajus diaconum propriae custodiae mancipavit; dieß kann unerachtet des jetzt ertheilten Privilegs wieder geschehen.

7) Dieß geschah scheint es häufig: z. B. Victor et Vintigisal censitores Siciliae. IX. 11.

8) Mar. ad N. 79; Manso S. 369; Var VIII. 24. VII. 31. IX. 14. executore Sajone.

kann nun aber dem Sajo nicht wie gewöhnlich bloße Execution, auch Untersuchung und Urtheilfällung können ihm übertragen werden: die regelmäßige Behörde, fürchtet man, würde gewaltsamem Widerstand begegnen und nicht gewachsen sein[1]).

Und wie in der Justiz, so haben die Sajonen auch in Finanz und Administration den Befehl des Königs zu vollziehn und Widerstand mit Gewalt und Strafen zu brechen: so die Steuerweigerung der Gothen durch Confiscation ihrer Lose[2]). Ein Sajo hat nach vergrabnen Schätzen suchen zu lassen[3]). Ein andrer Getraideschiffe zum Unterhalt des Hofes nach Ravenna zu beordern[4]).

Der Mißbrauch der Rechte auf Beförderung durch die Reichspost hat in Rom in hohem Maße überhand genommen. Da wird vom König ein Sajo vom Hofe weg auf so lange nach Rom beordert, als die utilitas publica erheischt: er soll dort, römischen Stadtbeamten zugewiesen, diesem Unwesen steuern und namentlich die hohe angedrohte Strafsumme einziehen: jene Beamten haben die Constatirung des Falls und die Strafverfällung; der Sajo die Execution[5]). Ein andrer Sajo wird beauftragt, an den Ufern des Po Dromonen bauen zu lassen, wobei er sogar Expropriation verfügen kann: aber doch ist er dabei eigentlich nur Vollzugsorgan des Präfectus Prätorio und des Comes Patrimonii[6]). Ein halb militärischer, halb administrativer Auftrag wird einem andern Sajo, der unter Leitung derselben Beamten die Schiffer der Flotte (Ruderer) nach Ravenna zu entbieten hat[7]).

Sofern die Sajonen unter dem comes Gothorum stehen, haben sie dessen Befehle, namentlich die Ladungen vor sein Gericht zu vollziehen: sie vollstrecken seine jussiones; aber natürlich auch die Befehle des Königs, welche unmittelbar vom palatium aus in die Provinz an sie oder den comes gelangen[8]). Die Gebühr, welche

---

1) VIII. 27; auch IV. 28 wird einem Sajo (wenn Tanfila nicht Graf ist) Criminaluntersuchung zur Verkündung königlicher Edicte anvertraut. II. 35.
2) IV. 14; ebenso die Realisirung einer andern Confiscation. IV. 32.
3) IV. 34.
4) II. 20.
5) IV. 47.
6) V. 20.
7) Er soll ad provinciam illam *excurrere*. V. 19.
8) In ersterer Hinsicht stehen sie den römischen executores, apparitores (s. die Stellen bei Böck. Register p. 12 und Gloss. nom. Cod. Th.) comitiaci gleich, welche ebenfalls devoti heißen; Var. II. 10. 21.

sie in letzterm Fall unter Königsbann erheben dürfen, beträgt das Doppelte der Gebühr des ersten Falls[1]). Der König hatte diese Summen nach Rang und Reichthum der Parteien abgestuft.

In Syrakus sind gothische Sajonen, weil ein Gothengraf dort residirt. Aber in außerordentlichem Auftrag kann ein Sajo vom König, unabhängig vom Grafen, ja zu dessen Controlle in die Provinz beordert werden[2]).

Wie alle Beamte dürfen die Sajonen die Reichspost zur Ausführung ihrer Aufträge benützen: aber sie sollen dabei immer auf dem geradesten Weg an den Ort ihres Geschäfts reisen und bei Strafe nicht mehr als hundert Pfund Gepäck führen[3]).

Auf die einzelnen zugeordneten Beamten und die am Hofe unmittelbar dem König dienenden Sajonen wirft besonders helles Licht der Erlaß Cassiodors an alle den cancellariis beigeordneten Sajonen. „Wie nicht alle Kranke, so sind nicht alle Unterthanen gleich zu behandeln: manche mit gelinden, andre mit scharfen Mitteln. Und so haben wir Deine Ergebenheit (devotionem tuam) zur Unterstützung dem vir clarissimus, unsrem Cancellarius, beigegeben. Gegen keinen erhebe Dich, als wer die Gesetze verschmäht. Wer nicht Recht geben will, den schleife vor Gericht. Ergrimme mit Maß und strafe mit reifer Ruhe. Wir wollen Dich lieber gefürchtet als geliebt wissen. Denn Deiner Strenge wird es verdankt, wenn Niemand die Gesetze zu überschreiten wagt. Vor Allem sei in Deinen treuen Handlungen auf die öffentlichen Einkünfte bedacht. Die Gesetzesverachtung Andrer sei Dein Vortheil (d. h. gegen sie darf er einschreiten und Gebühren erheben, von denen ein Theil ihm selbst zufiel, wie es scheint). Wer nicht freiwillig gerechten Pflichten nachkömmt, der gehorche gezwungen. Aber nur in den Dir überwiesenen Fällen werde thätig: wer lediglich befohlenes vollzieht, bleibt frei von Schuld. An einem Vollzugsbeamten ist das Schlimmste, wenn er von des Richters Urtheil abweicht. Aber überhebe Dich auch nicht um deßwillen, daß Dir Niemand widerstehen kann, und nimm nicht Hochmuth an, weil Dich die geringen Leute allgemein

---

1) Var. IX. 14; von Sart. S. 284 mißverstanden; vgl. R. A. S. 847.
2) l. c. IX. 10.
3) l. c. IV. 47; nullum praeterea sajonum discursus facere patiaris, sed ad causam quam directus fuerit uno tantum itinere permittatur accedere vel redire .. expeditos properare mittendarios volumus, non migrare censemus; wie die Kraniche, unbelastet, sollen diese Träger des königlichen Willens eilen.

fürchten. Grabe tapfre Männer sind im Frieden am bescheidensten und besonders liebt die Gerechtigkeit, wer manchen Kampf bestanden. Wie erfreulich ist es, wenn Du bei der Heimkehr zu Deinen Stammgenossen (b. h. Gothen) nicht die Schmach von Beschwerden mitbringst, sondern sie Deine Thätigkeit des Lobes der Wackern werth finden. Auch wir (b. h. der Präfectus Prätorio) empfangen mit Freuden die mit Lob zurückkehrenden und lassen nicht müssig die sich rühmlichst bewährt haben. Und ihnen vertraut der Herrscher auch Höheres an, die er in Förderung seines Nutzens tüchtig erfunden"[1]).

Wir ersehen aus diesem Erlaß, daß die Sajonen, wenn sie nicht in besondern Aufträgen oder als ständige Executoren eines Provinzialbeamten verwendet werden, am Hofe, unter dem Präfectus Prätorio, dienen. Dorthin zu ihren gothischen Cameraden — sie sind im Kampf erprobte Krieger — kehren sie, nach Vollendung ihres Auftrags, zurück. Ihre Aufträge sind, das Zwangsrecht des Königs und seiner Beamten durchzuführen, in Justiz, Verwaltung und Finanz. Dieß ist der eigentliche Character ihres Amts: sie sollen ohne Eigenmacht und ohne Ueberhebung höhere Befehle rasch und kräftig vollziehn; bewähren sie sich, so werden sie wieder verwendet — darin liegt eine Belohnung auch um der Gebühren willen, die sie zum Theil behalten dürfen — und befördert[2]). Ganz dem entsprechend und entscheidend für unsere Auffassung ist das Edict Athalarichs[3]), welches für den Fall, daß ein praepotens der paucitas des Executionspersonals des gewöhnlichen Richters sich widersetzt, droht mit der Absendung eines Sajo vom König aus, „auf daß, wer dem Richter nicht gehorchen wollte, die Rache des vigor regius erfahre". Die Sajonen realisiren also den vigor regius.

---

1) XII. 3. universis Sajonibus qui sunt cancellariis deputati Senator praef. praet. devotionem tuam solatiis illius viri clarissimi Cancellarii nostri sollenni more deputamus, ut contra nullum alium erigaris, nisi qui legibus parere desperexit. ad forum trahe, qui justa non recipit: sub continentia irascere, sub maturitate distringe. timeri te amplius volumus quam probari — cogitetur prae omnibus pecuniae publicae fidelis exactio — causis tantum te delegatis impende. si praecepta sequeris, devia non requiris — in executore illud est pessimum si judicis relinquat arbitrium — viri fortes semper in pace modesti sunt et justitiam nimis diligunt, qui frequenter praelia tractaverunt.

2) Abgesehen von ehrenvollen militärischen Aufträgen oben S. 182 war ihre Stellung niedrig und jedenfalls mühsam und gefahrvoll. V. 19.

3) S. 1. (VI.) f. unten.

Die majores domus der Gothenkönige sind ursprünglich ein römisches Amt[1]), aber drei Gothen, Vaccenes (Wachis?), Gudila (der frühere Sajo?) und Bedewulf, letztere beiden gleichzeitig, bekleiden dasselbe mit überwiegend militärischen (und sicherheitspolizeilichen) Functionen, die ihnen aber außerordentlich übertragen sind. Regelmäßig scheinen sie am Hof des Königs Leibwachen befehligt zu haben[2]).

7. Kirchenhoheit.

Der König übt seine allgemeine Herrschergewalt auch über die Kirche. Im Wesentlichen hat der Gothenkönig gegenüber der katholischen und arianischen Kirche die gleichen Rechte wie der Imperator und, wenn es die Politik gestattet oder gebietet, übt er sie auch aus. In der Regel aber enthält sich der ketzerische König, eben um der Politik willen, solcher Maßregeln, welche seine katholischen Unterthanen grade von einem Ketzer am Empfindlichsten[3]) aufnehmen würden, und im Ganzen behandelten die Könige die orthodoxe Kirche mit Ehrerbietung[4]) und vorsichtiger schonender Klugheit. Die katholische Kirche behält ihre ganze Verfassung; sie lebt nach römischem Recht und ihren eignen canones[5]); die katholischen Bischöfe sind hoch geehrt[6]). Die Fürbitte der katholischen Bischöfe trug wesent-

---

1) Ausführliches darüber bei den Franken; über die vicedomini, die schon bei Odovakar vorkommen, s. Mar. ad Nr. 93.
2) Der magister militum Fáustus, an welchen Pabst Gelasius schreibt, Mansi VIII. p. 132 ist vielleicht ein Byzantiner; nach Odovakar begegnet der Ausdruck in Italien nicht mehr. Die spatarii, welche einmal in den Varien und als Begleiter Totila's bei Gregor. dial. II. 14 genannt werden, sind vielleicht die armigeri (unten Anh. II.; an römische armigeri s. Böck. 20. 29. 188 ist nicht zu denken), und nur byzantinischer Name für ein gothisches Militäramt (vgl. Waitz II. S. 362); es sind vier Gothen: Rigga, Wusilterich, Ruderich, Blindin.
3) A. II. S. 167; über die Gefahr des religiösen Gegensatzes Gibbon c. 39; Hegel I. S. 108; Abel S. 7; Roth Ben. S. 61; Sart. S. 215.
4) VIII. 24; das ist die veneratio religiosi studii I. 26; die divina reverentia II. 17. Proc. l. c. II. 6.
5) III. 45.
6) Ihre officielle Anrede von Seite des Königs (von andern Seiten anders, s. Marini), und ihr Titel ist vir venerabilis IV. 20. 44. I. 9. III. 7. 14. VIII. 8. X. 13. 19; ebenso antistes I. 26. VIII. 24. IX. 15. IV. 20; beatitudo vestra I. 9. (vir beatissimus II. 29) III. 37; sanctitas vestra II. 8. I. 9. IV. 31. 44. XII. 27. IX. 15. VIII. 8. 24. X. 35. III. 7. IV. 20. 43. V. 37; den großen

lich bei zur Erlassung der allgemeinen Amnestie nach dem Untergang Odovakars, wie der Bischof von Ravenna die Capitulation desselben vermittelt hatte¹). Epiphanius von Pavia²), Victor von Turin, Laurentius von Mailand, Johann III. von Ravenna³) und Cesarius von Arles werden hoch geehrt und erreichen Vieles von der frommen und gnädigen Gesinnung Theoderichs für ihre katholischen und römischen Schutzbefohlnen: denn als thatsächliche Vertreter und Beschützer der Romanen erscheinen die Bischöfe auch hier wie bei den Franken⁴). Ein unbekannter Bischof und der von Mailand erhalten unter sehr ehrenvoller Motivirung den Auftrag, Wohlthaten des Königs den Würdigsten zuzutheilen⁵). Aber schon haben die Bischöfe auch dem Rechte nach in den⁶) gothischen Städten eine ganz ähnliche Stellung wie in den fränkischen (und aus denselben naheliegenden Gründen) in Vertretung gewisser städtischer Interessen und Mitleitung gewisser Verwaltungsfunctionen neben dem weltlichen Beamten, dem comes des Königs: bei Festsetzung der Zölle und Preise der Waaren ankommender Schiffe soll der

---

Einfluß der Bischöfe und dessen richtige Würdigung von Seite der Regierung beweist VIII. 8; der Ketzerkönig bittet wiederholt, die katholischen Bischöfe möchten für ihn beten. (Var. und stehende Schlußformel in den Schreiben an die Synoden Mansi VIII. p. 254 seq.). Bei seinem Aufenthalt in Rom verrichtet er in der Peterskirche seine Andacht „devotissimus ac si catholicus" Anon. Val.; Ennod. p. 482 lobt seine Frömmigkeit; sogar der fanatische An. Val. p. 620 sagt: (vor a. 519) nihil contra religionem catholicam tentans; vgl. Balbo I. S. 83; mit Recht hat Pallmann II. darauf hingewiesen, wie die Geistlichkeit in Italien alsbald von Odovakar ab- und dem Seubling des Kaisers zufiel: vgl. z. B. Agn. Mur. II. p. 68. invitat novum regem venientem de Oriente, aperuit portas quas Odovacar clauserat, und schon viel früher Epiphanius.

1) Agn. Mur. II. p. 68; A. II. S. 80 und Balbo I. S. 52; Gibbon c. 39.
2) Ennod. vita Epiph. p. 1011; über seine Reise nach Gallien zum Loskauf der von den Burgunden fortgeschleppten Römer s. Pavir. I. 115 und Pabst Gelasius, Mansi VIII. 121; schon bei Odovakar stand er in großem Ansehn. Ennod. vita. Gosselin S. 44.
3) Pavir. I. S. 120.
4) s. z. B. Ennod. ep. II. 26. V. 10. de illa coeca muliere etc. vita. Epiph. p. 1010 seq.; s. Löbell S. 319; Hegel I. S. 114; Giesebrecht I. S. 70; auch der vir venerabilis Augustinus, „vita clarus et nomine", auf dessen Bitten den Nothleidenden in Venetien geholfen wird XII. 26 (vgl. Ennod. l. c. p. 1022) ist gewiß ein Bischof: der Titel beweist es.
5) II. 8. XII. 27; ähnlich IV. 31; vgl. Baron. v. Pagi ad a. 494; Sart. 128; Pavir. I. S. 156.
6) Römisch-italienischen Hegel I. S. 97 u.

comes den Bischof von Syrakus beziehen¹). Auch die königlichen Maßregeln gegen Kornwucher werden neben dem weltlichen Beamten den Bischöfen zur Ausführung übertragen²) und es scheint allgemeine Sitte gewesen zu sein, Bischöfen Vermittlungsversuche oder schiedsrichterliche Gewalt anzuvertrauen³). Man sieht, solche Geschäfte besonders wurden den Bischöfen leicht auch nach ihrer juristischen Seite überwiesen, welche sie in ihren religiösen oder ethischen Seiten nach biblischer, christlicher, canonischer Anschauung ohnehin berührten: wie z. B. der Wucher. Aus religiösen, sittlichen und juristischen Gründen war der Einfluß der Bischöfe bereits sehr fühlbar im Staatsleben und es ist bedeutsam, daß Athalarich in den Befürchtungen über Störungen seiner Thronfolge sich vor Allem an die Bischöfe wendet und diese und durch diese die Romanen zu gewinnen trachtet⁴). Die größeren Kirchen hatten schon lange⁵) sehr beträchtliches Vermögen, namentlich Grundbesitz, z. B. die von Mailand auf Sicilien⁶).

So war es Klugheit nicht minder als Frömmigkeit⁷), was die Könige bewog, die Wünsche der Bischöfe gerne zu erfüllen, Steuererleichterungen werden ihnen wiederholt für kirchliche Grundstücke und Geschäfte gewährt⁸).

---

1) Hegel I. S. 115. IX. 14.
2) IX. 5.
3) Ennod. ep. VII. 1. hat der comes patrimonii der Kirche von Mailand die Schlichtung eines Processes übertragen. Ennobius erkennt auf Zeugenbeweis, holt aber erst des comes Genehmigung ein; vgl. über die schon seit Constantin anerkannten Schiedsgerichte der Bischöfe Hegel I. S. 98. III. 37; si in alienis causis beatitudinem vestram convenit adhiberi, ut per vos jurgantium strepitus conquiescat, quanto magis ad vos remitti debet quod vos spectat auctores.
4) VIII. 8.
5) s. Hegel l. l. c.
6) II. 29; über das Vermögen (Grundbesitz, Sclaven ꝛc.) der arianischen Kirchen zu Ravenna s. Mar. N. 87; ein servus ecclesiae rom. Mansi VIII. p. 133 ein conductor mit peculium. Pfund I. S. 256. Gosselin S. 96.
7) Hurter II. S. 44 sagt: „Theoderich handelte aus reiner Staatsklugheit" und vertheidigt ihn gegen den Vorwurf der — Toleranz; „mit dieser wäre das Christenthum nicht weit gekommen" meint er (!); sollte des Königs Mutter, Ereliva, quae in baptismo Eusebia dicta est, ebenfalls aus „Klugheit" haben convertiren müssen, um den Katholiken eine Beschützerin am Hof zu zeigen; oder trat sie schon vor a. 489 über?
8) s. oben S. 141; Manso S. 146; Cassiodors bekannte Frömmigkeit wirkte jedenfalls in dieser Richtung; vgl. z. B. XII. 20; soviel kann man St. Marthe

Wir haben bereits gesehen, wie den Kirchen gleich den Waisen und andern Hülfsbedürftigen der besondere Königsschutz verliehen wird¹); denn oft genug reizt ihr Reichthum die Gewalt²). Dagegen schreitet der König ein, bestätigt ihre hergebrachten Rechte und Privilegien und Besitzstände und vermehrt dieselben: die Schenkungen des Westgothen Alarich II. an die Kirche von Narbonne werden anerkannt und der waffengewaltige dux Ibba soll ihr den Besitz der ihr entrißnen Güter wieder verschaffen³).

Auch in der Rechtspflege werden die hergebrachten Privilegien der Kirche anerkannt und ihr neue verliehen⁴); einem Todtschläger (Römer), welcher das Asyl einer Kirche aufgesucht, wird die Todesstrafe in lebenslängliche Verbannung gemildert: „auf daß wir so einerseits dem heiligen Tempel unsre Ehrfurcht bezeigen und doch anderseits der Verbrecher nicht ganz straffrei ausgehe"⁵). Jedoch dem Recht im Allgemeinen und speciell dem Recht des Königs über die Kirche wird bei alledem nichts vergeben. Der Bischof civitatis Augustanae (Turin oder Aosta?) war fälschlich des Landesverraths beschuldigt worden: er wird unschuldig erfunden und in seine Würde wieder eingesetzt, die ihm also der König doch kraft eignen Rechts entzogen hatte und wieder gibt. Dabei wird wieder von der Ehrwürdigkeit des priesterlichen Amtes in sehr hohen Ausdrücken gesprochen⁶). Die Bestrafung der falschen Ankläger wird dem Bischof

---

avert. p. VII. zugeben), einmal auch für ein Kloster auf Verwendung des Kaisers. X. 26.

1) II. 29.

2) IV. 20; kleinere Kirchen zählen aber oben S. 111 zu den mediocres personae.

3) IV. 5; auch gegen die Juden, welche seine Toleranz doch etwas übermüthig gemacht zu haben scheint (An. Val. p. 6. 25), schützt der König die Kirchen. IV. 9.

4) Var. VIII. 24.

5) Var. III. 47. conscius facti sui intra ecclesiae septa refugiens declinare se credidit praescriptam legibus ultionem. Vulcaniae insulae perpetua relegatione damnamus. ut et sancto templo reverentiam habuisse videamur, nec vindictam criminosus evadat in totum, qui innocenti non credidit esse parcendum; das Asyl der Kirchen wurde häufig gesucht; vergl. Mansi VIII. p. 129; Boëth. L 4 zum Exil verurtheilte Verbrecher; Var. II. 11 von einer von ihrem Manne entlaufenen Frau und Ed. §§. 70. 71. im I Anhang; Analoges bei Franken, f. Löbell S. 331.

6) Das freilich seinen Träger auch zu besonderer Gerechtigkeitsliebe verpflichtet. III. 7; omnes quidem justitiam colere praecipimus, sed eos maxime qui divinis honoribus eriguntur; vgl. VIII. 24 und bei jeder Gelegenheit.

von Mailand übertragen, weil dieselben ebenfalls Geistliche waren. Es erfolgt aber aus der Stelle nicht, daß der König die Gerichtsbarkeit über Geistliche nothwendig und um hergebrachten Rechtes willen Geistlichen überlasse, sondern es ist dieß eine freiwillige Vergünstigung, aus Zweckmäßigkeitsgründen, wenn auch die traditio ecclesiastica dabei, d. h. in dem geistlichen Proceß gewahrt werden soll[1]).

Sehr bezeichnend ist in dieser Hinsicht ein von Athalarich dem Bischof von Rom verliehenes Privileg. Ein Diaconus war auf Klage eines Laien von einem Sajo in Haft genommen und ein Presbyter derselben Kirche um geringer Ursach willen strafrechtlich verfolgt (und wahrscheinlich ebenfalls eingezogen) worden. Der römische Klerus behauptet in einer Beschwerde an den König: „nach altem Herkommen habe in Klagen von Laien gegen Diener der römischen Kirche der römische Bischof zu entscheiden" — es wird, mit gewohnter Unbestimmtheit, nicht gesagt, ob nur primär, als Vermittlungsinstanz[2]), oder ob definitiv. Der König erklärt nun, solches Vorgehen der Laien mißfalle ihm höchlich, und er ertheilt jetzt, aus Dank gegen Gott, den man in seinen Dienern ehrt und aus Ehrfurcht vor dem apostolischen Stuhl, durch diesen Erlaß, das Privileg, daß Jeder mit einer Klage gegen einen römischen Kleriker sich zunächst an den Pabst zu wenden habe: dieser soll den Fall selbst entscheiden oder zur Entscheidung delegiren. Erst dann, wenn der Kläger sich mit dieser Entscheidung nicht befriedigt findet, darf er den Kleriker vor dem weltlichen Gericht belangen, wo er beweisen muß, daß er zuvor, aber vergeblich, sich an den Pabst gewendet.

Aus diesem Erlaß erhellt einmal, daß der König jene behauptete „alte Gewohnheit" als eine bestehende und verbindliche nicht anerkennt: sonst bedürfte es nicht eines neuen, jetzt erst von ihm zu erhaltenden Privilegs: jene Behauptung mag für seinen Willen ein Nebenmotiv sein, aber erst sein Wille ertheilt jetzt, um Gottes und der Ehre des apostolischen Stuhles willen, ein neues Recht. Und zwar wird dieß Recht genau präcisirt: es wird nicht etwa volle Befreiung von weltlicher Gerichtsbarkeit gewährt, welche

---

1) Var. I. 9; volumus . . impugnatores ejus legitima poena percellere. sed quoniam et ipsi clericatus nomine fungebantur, ad sanctitatis vestrae judicium cuncta transmittimus ordinanda, cujus est et aequitatem moribus talibus imponere, quem novimus traditionem ecclesiasticam custodire.

2) Dieß scheint z. B. der Fall bei Mansi VIII. p. 129.

man nach jener alten Gewohnheit beanspruchen zu wollen scheint, sondern es wird der Kläger nur angewiesen, zunächst einen Ausspruch des römischen Bischofs abzuwarten. Dieß ist aber nicht vielmehr als ein Sühneversuch, ein Versuch der Vermittlung. Verurtheilt der Pabst den Geistlichen ganz nach dem Klagumfang, so hat der Laie ohnehin keinen Grund zu weiterer Rechtsverfolgung. Der Geistliche durfte wohl in diesem Fall nicht an das weltliche Gericht appelliren. Weist aber der Pabst auch nur theilweise die Klage ab, so kann der Laie sofort die Sache dadurch an das weltliche Gericht ziehen (und zwar an die erste Instanz), daß er behauptet und durch Vorlage des zum Theil abweisenden Ausspruchs beweist, der Pabst habe seinen „wohlbegründeten" Anspruch nicht anerkannt; — darüber, ob der Anspruch wohl begründet sei (competens), kann er wenigstens jetzt das weltliche Gericht entscheiden lassen[1]).

---

1) Man wende nicht ein, nur dann, wenn der Pabst gar keinen oder wenn er einen völlig abweisenden Bescheid gegeben, dürfe das weltliche Gericht angerufen werden. Der Wortlaut besagt letzteres nicht, Var. VIII. 24; flebili aditione causamini, hoc fuisse longae consuetudinis institutum, ut, si quis sacrosanctae romanae ecclesiae servientem aliqua crederet actione pulsandum, ad supradictae civitatis antistitem negotium suum dicturus, occurreret, ne clerus vester, forensibus litibus profanatus, negotiis potius saecularibus occupetur (diese Motivirung würde volle Eremtion fordern); addentes, diaconum quoque vestrum ad contumeliam religionis tanta executionis acerbitate compulsum, ut sajus eum propriae custodiae crederet mancipandum. presbyterum quin etiam romanae ecclesiae pro levibus causis asseritis criminaliter impetitum. quod nobis pro ingenita reverentia, quam nostro debemus auctori, displicuisse profitemur ... sed aliorum plectenda subventio nobis obtulit plenissimae laudis eventum; ut causa contingeret praestandi, quae nos coelestibus commendarent (statt res) auxiliis. atque ideo considerantes apostolicae sedis honorem .... (nicht wegen jener longa consuetudo) praesenti auctoritate (also erst jetzt) moderato ordine (d. h. nicht so unbeschränkt, wie der Klerus fordert) definimus, ut si quispiam ex romanum clerum aliquem pertinentem in qualibet causa probabili crediderit actione pulsandum, ad beatissimi Papae judicium *prius* conveniat audiendus. ut aut ipse inter utrosque more suae sanctitatis agnoscat aut causam deleget aequitatis studio terminandam. et si forte, quod credi nefas est, competens desiderium fuerit petitoris elusum, tunc ad saecularia fora pergaturus occurat, quando suas petitiones probaverit a supradictae sedis praesule fuisse neglectas. Wer mit Verletzung dieses Privilegs sich primär an das weltliche Gericht wendet, wird zwiefach, mit Verlust seines Anspruchs und einer Geldbuße von 10 Pfd. Gold gestraft, wie er zwiefach gegen unser Gebot und die divina reverentia (aber nicht gegen jene consuetudo) gefehlt; irrig

Es fehlt denn auch nicht an Belegen für Ausübung königlicher Civil= und Strafgerichtsbarkeit über die Kirche¹). Wie der Bischof von Augusta wird der von Arles bei dem König verklagt und vor den Comitat gestellt²); und sogar der Bischof von Rom vom König in den Kerker geworfen, alle drei wegen Hochverrath: man sieht, wegen weltlicher Delicte, zumal wegen politischer, bedenkt sich der König gar nicht, sogar über die Häupter der Kirche zu richten³).

Nur eine thatsächliche Vergünstigung, nicht eine Ausdehnung jenes Privilegs auf alle Bischöfe ist es, wenn der König bei Klagen gegen Kirchen und Untergebne der Bischöfe aus Rücksicht auf das heilige Amt, zu dem man sich keiner bewußten Ungerechtigkeit versteht, in bedingten Mandaten die Bischöfe auffordert, die gegen ihre Leute erhobnen Ansprüche selbst zu untersuchen und gegebnen Falls zu erfüllen. Weigern sie sich dessen, so müssen sie sich, wie Laien, vor dem Hofgericht verantworten⁴). Auch Var. III. 14 steht dem nicht entgegen. Der Bischof wird beauftragt, zunächst die Klage des Laien zu prüfen (dem Kirchenleute Frau und Fahrniß entrißen), und, findet er sie begründet, Restitution und Bestrafung der Thäter zu veranlassen, die offenbar Unfreie (homines) sind. Weigerte sich der Bischof dessen, so schritte sonder Zweifel das Gericht des Königs ein Dieß erhellt aus einem andern Fall ganz deutlich. Der König schreibt an den Bischof Petrus: "Germanus, der sich für den echten Sohn des verstorbnen Thomas ausgibt, behauptet, ein Theil des

---

über dieß Privileg Mur. ad a. 529; Pavir. I. S. 372; Sartor. S. 310; Gregorov. I. S. 322. 145; besser Bower S. 335. Anders scheint der von Ennod. ep. IV. 1 erwähnte Fall eines Streites zwischen zwei Geistlichen zu liegen; hier schlägt Ennodius einen weltlichen Großen als Schiedsrichter vor; über die älteren römischen Gesetze, welche Athalarich zum Theil dabei erneut, zum Theil modificirt, Ritter l. c.; man ersieht daraus das Schwanken der Gesetzgebung und der Praxis, je nach der Persönlichkeit der Kaiser; ein constantes Recht bestand in dem von dem Klerus behaupteten Umfang weder durch Gesetz noch durch Gewohnheitsrecht. Vgl Stäudlin S. 281; Pland I. S. 299.

1) Var. II. 18. 29. III. 7. 14. 37; vgl. Sart. S. 143. 45. IV. 44. 18. 22. 23. VIII. 24; vgl. Ed. §§. 26 70. 114; Theobahad soll auf das Recht, Priester zum Tod zu verurtheilen, zu Gunsten des Kaisers verzichten. Proc. b. G. I. 6.

2) (Jener nicht vor den Bischof von Mailand, wie Ughelli Ital. sacra IV. sagt) s. Vita s. Cesarii. Der König wird aber von dem Eindruck der ehrwürdigen Persönlichkeit bewogen, die Untersuchung fallen zu lassen; er entläßt den Bischof mit reichen Geschenken, welche dieser sofort zu frommen Zwecken verwendet; l. c. p. Pavir. I. S. 216. 222; über Symmachus s. u. Pland S. 305.

3) Ueber geschichtliche Präcedenzfälle s. Bower S. 337, Schröckh XVII. S. 210.

4) Var. III. 7.

ihm zukommenden Vermögens seines Vaters stehe in eurem Besitz. Gründet sich seine Klage auf Wahrheit und beweist er, daß seines Vaters Erbschaft ihm mit Recht zustehe, so gebt sie dem Kläger, in Befolgung jener Gerechtigkeit, zu welcher ihr ja selbst (als Priester) ermahnt, ohne den Schaden langen Vorenthalts, heraus. (Denn die Begründetheit eurer Rechtsansprüche sollte von euch selbst als Richtern untersucht werden, von euch sollte Gerechtigkeit ausgehen, statt daß man sie euch auferlegen muß). Schließt aber euer Entscheid diese Sache nicht nach der Billigkeit ab, so wisset wohl, daß in diesem Fall die Klage des Beschwerdeführers zu unsrem Gehör und Entscheid bringen würde. Lehret ihr doch selbst, man solle die Stimme der Armuth, wenn sie Gerechtigkeit begleitet, nicht überhören"¹). Auf's deutlichste ist hiemit gesagt, daß der Bischof nicht selbst richten oder den Endentscheid an ein geistlich Gericht weisen darf: sondern, da er selbst nicht gehandelt hat und also nicht von den Thatsachen unterrichtet ist, soll er die Handlungsweise seiner Leute prüfen. Von seiner Gesinnung wird erwartet, daß er keine Ungerechtigkeit hingehen lassen, sondern dieselben anweisen würde, dem Kläger zu restituiren, falls er diesen im Recht findet. Damit ist ein Proceß vermieden und das Ansehn der Kirche gewahrt. Findet er ihn aber nicht im Recht, so ist nun nicht etwa damit der Kläger abgewiesen oder an ein geistlich Gericht gewiesen, sondern, wie in andern Fällen, das Hofgericht competent. Der eingeklammerte Satz ist also nur eine Höflichkeitsphrase oder ein frommer Wunsch.

Daß dieß der wahre Zusammenhang, zeigt auch der Erlaß an den Bischof von Pola: „Etwas Gehäßiges hat immer eine Klage gegen einen solchen, der Anspruch auf Ehrerbietung hat. Denn man glaubt, es müsse etwas besonders Schweres geschehen sein, wenn nicht einmal einem solchen gegenüber geschwiegen wird. Stephanus hat mit flehendem Anrufen bei uns geklagt, daß ein ihm gehöriges Haus, welches er schon vor euren beiden letzten Vorgängern besessen, ihm vor etwa neun Monaten von Leuten der Kirche, der ihr vorsteht, entrißen worden. Findet ihr nun, daß dieß so geschehn, so gebt das Haus in Rücksicht auf die Gerechtigkeit dem Bittsteller gehöriger Weise zurück. Denn es ziemt sich, daß von euch abgestellt werde, was von euren Leuten gar nicht hätte gefehlt

---

1) III. 37.

werden sollen. Kommt ihr aber zu der Ansicht, daß eure Partei so ganz wesentlich und vorzüglich im Rechte sei, nachdem ihr die Sache sorgfältig untersucht und geprüft habt — denn einem Priester ziemt es nicht, unbegründete Ansprüche in die Länge zu ziehn — so schickt einen rechtskundigen Bevollmächtigten an unsern Comitat, wo dann die Rechtslage des Falles untersucht und das Urtheil gesprochen werden wird. Deßhalb möge sich eure Heiligkeit nicht betrüben und beklagen, (vielleicht) mit trügerischen Worten (bei uns) beschuldigt worden zu sein. Denn höher steht ein gereinigter Ruf als ein (wegen furchtsamen Abstehens von der Klage) gar nicht angegriffener"[1]).

Man sieht, dem Bischof wird aus Ehrerbietung ein gewisser Spielraum gelassen, ohne Proceß gut zu machen, was seine Leute gefehlt: eventuell aber die königliche Richterschaft auch über Kirche und Bischof erstreckt. Und eine Stelle, welche man gegen dieß Recht angeführt hat, setzt es vielmehr voraus. Ein Priester Laurentius hat Gräber bestohlen. Der König beauftragt einen gothischen Grafen, also den weltlichen Richter, den Fall zu untersuchen und ihm seinen Raub abzunehmen: weitere Strafe wird ihm „aus Gnade" ausdrücklich erlassen: dieß zeigt deutlich das Recht des weltlichen Richters, zu untersuchen und zu strafen[2]).

Dieß Ergebniß würde auch nicht entkräftet, sondern nur bestätigt durch einen Brief des Pabstes Gelasius an den comes Ezechia, in welchem er sagt: zwei Geistliche (einer Kirche zu Rom muß man annehmen), werden von einer gewissen Theodora unterdrückt, welche sie als Sclaven in Anspruch nehme, obwohl sie von nexibus pristinae conditionis durch Gottes Hülfe (Freilassung s. p. 138 und Eintritt in den geistlichen Stand) gelöst seien und, obwohl Geistliche, würden sie per auctoritatem regiam contra leges publicas (durch oder) bei dem Archidiacon der Stadt Grumentia belangt, obwohl wer einen Priester belange, dessen Forum aufsuchen müsse. Der Graf möge sie also schützen, wenn die Gegner sich nicht vor dem

---

1) Var. IV. 44.

2) Vielleicht — der Ausdruck ist nicht klar — wird der Priester geistlichen Strafen (oder göttlichen?) überlassen, was selbstverständlich kein Einwand gegen die Beweiskraft der Stelle ist. IV. 18. Die Bestreitung der Unterwerfung von Geistlichen unter weltliches Gericht bei Hurter s. II. S. 48. 53. hat schon Manso S. 148 widerlegt; die Stellen sind I. 9. III. 14 s. oben; und die noch von Hurter angeführte III. 16 spricht gar nicht von Geistlichen; richtig hierüber auch Sart. S. 144; vgl. Planck S. 315; bei Gosselin S. 158. 165 fehlt Var. VIII. 24.

für sie delegirten Gericht einlassen wollten, daß ihnen weder Gewalt noch List (subreptio, ein wegen angeblichen Ungehorsams von dem andern Gericht erschlichnes Urtheil) schade: es spreche gegen die Sache der Kläger, daß sie das (ordentliche) Gericht scheuten[1]). Es ist zwar richtig, daß man die Stelle nicht wohl dahin verstehen könne, der Pabst fordre nur das Gericht zu Rom statt dessen zu Grumentia für die Priester: aber es ist ja doch der Graf des Königs, der die Competenzfrage zu entscheiden hat und jedenfalls läge hier nur der Anspruch des Pabstes vor: daß der König und sein Graf, welche zu entscheiden haben, die leges publicas, auf welche sich jener berief, auch in dieser Weise ansahen, wäre, wie die regia auctoritas zeigt, nicht anzunehmen, und unser Privileg zeigt deutlich, daß dieß erst jetzt und in viel beschränkterer Weise gewährt werden soll. Aber diese Briefe sind, wenn nicht ganz gefälscht, jedenfalls fälschlich in diese Zeit verlegt: denn damals gab es noch keine archidiaconi mit solcher Stellung[2]), wie Gelasius a. 494 als lex publica in Anspruch nahm[3]). Dieser Sachverhalt erhellt auch aus einem Brief desselben Pabstes an zwei Bischöfe, worin er sie anweist, einen Laien, den vir spectabilis Brumarius, welcher einen Sclaven der Kirche mißhandelt und deren Bischof beschimpft hat, aufzufordern ad ecclesia salpina judicium vestrum inquisitionemque zu erscheinen und die Motive beider Handlungen anzugeben. Der Pabst hält es aber für möglich, daß der Laie dieser Aufforderung nicht Folge leiste und dann kann er nicht etwa dazu gezwungen, sondern nur bei dem judex provinciae wegen injuria atrox verklagt werden. Es ist klar, daß eine Gerichtsbarkeit der Bischöfe über Brumarius nicht besteht[4]). In einem andern Fall haben sich zwei Priester der Kirche von Nola der geistlichen Autorität widersetzt, sind an den Hof des Königs geeilt und haben sich dort beklagt, ihnen geschehe von dem Bischof Gewalt, indem sie ihren geistlichen Stand sorgfältig verschwiegen. So haben sie denn durch Bestechung der Barbaren (d. h. der gothischen Großen) eine

---

1) Mansi VIII. p. 137 a. 492—496; also lange Zeit vor jenem Privileg; auch in Decr. Grat. XI. qu. 1. canon. 12.
2) s. Mansi l. c.; vgl. Pseudo-Isidor Hinschius II. p. 633 f.
3) Vgl. Richter, Kirchenrecht §. 191, der im Ganzen übereinstimmt, aber die Gothenzeit und unser Privileg übergeht; erst Justinians (daselbst angeführte) Gesetze haben auch Laien an das Gericht des Bischofs über Geistliche gebunden; über die Strafgerichtsbarkeit über Geistliche bis auf Justinian s. §. 197; Bethm. H. S. 132.
4) Mansi VIII. p. 86.

auctoritas des Königs, ein Urtheil, contra civilitatem erschlichen, welches den Bischof schwer benachtheiligt. Da eilt dieser an den Hof, deckt den Betrug auf, d. h. beweist den geistlichen Stand der Kläger und erlangt bei dem König „gemäß der glückseligen Gerechtigkeit seiner Aera", daß die widerspänstigen Geistlichen gezwungen werden, sich der geistlichen Autorität ihres Bischofs zu unterwerfen¹). Es handelt sich hiebei nur um geistliche Correction, und die präjudicielle Statusfrage, ob die Parteien Geistliche sind, wird vor dem weltlichen Gericht verhandelt. Die Uebelthäter, welche die ecclesia vibonensis geschädigt, werden zuerst zum Ersatz aufgefordert: da sie sich aber weigern, kann die Kirche nur die geistliche Strafe der Excommunication aussprechen, im Uebrigen muß sie leges publicas anrufen²).

Auch in Ehesachen sogar übt der König noch Rechte wie der Imperator, welche bald darauf die Kirche an sich zu nehmen suchte: z. B. ertheilt er, nicht der Pabst, Dispens zu Ehen unter Geschwisterkindern, wofür Cassiodor eine besondere Formel entwirft³). Ebenso wird über Zauberei noch nach weltlichem Recht von weltlichen Richtern gerichtet und von geistlicher Competenz begegnet keine Spur⁴).

Nicht minder als die katholische⁵) hält der König seine eigne, die arianische Kirche, streng an das Maß des Rechtes. Ein arianischer Bischof (denn er ist ein Gothe, Gudila) wird angewiesen, sarsenatische Bürger, welche seine Kirche als Sclaven in Anspruch nimmt, frei zu geben, wenn er nach Untersuchung der Sache nicht ganz fest von seinem Rechte überzeugt ist; — ein Priester soll einen irgend zweifelhaften Anspruch lieber aufgeben als sich vom Richter verurtheilen lassen — in letzterem Fall aber soll er sich vor dem königlichen Hofgericht durch einen Bevollmächtigten vertheidigen gegen die in libertatem vindicatio⁶). Ein andermal wird die For-

---

1) Mansi l. c. p. 85.
2) l. c. p. 86, vgl. auch 87; auch p. 128 nur Excommunication für Bruch des Asyls; ebenso p. 131 „causa Coelestini" für Mord.
3) VII. 46; vgl. hiezu Ennod. ep. V. 24, der sich doch zugleich auch an den Pabst wendet, und die daselbst angeführte Abhandlung von Sirmond hierüber; der König regelt das Eherecht durch sein Ed. §§. 36. 38. 39. 53. 92.
4) IV. 22. 23. Ed. §§. 108; der Brief des Gelasius, Mansi VIII. p. 131 steht nicht entgegen. Planck S. 500, Rein S. 903.
5) Vgl. die Ermahnung Var. VIII. 24.
6) Var. II. 18.

berung einer arianischen Kirche, von der Grundsteuer ganz befreit zu werden, in scharfen Worten abgewiesen[1]). Oft ist es unmöglich zu unterscheiden, ob die Bischöfe Katholiken oder Arianer sind. Die gothischen Namen zwar[2]) beweisen mit ziemlicher Sicherheit den Arianismus ihres Trägers, aber nicht umgekehrt die ungothischen[3]) Namen den Katholicismus: denn bei dem Eintritt in den geistlichen Stand nahmen die Priester häufig biblische, griechische, römische Namen an, die auch bei Laiengothen begegnen. Es ist ein gutes Zeichen für die Gothen, daß wir so wenig von ihrer arianischen Kirche wissen; in den größern Städten muß man neben den katholischen auch arianische Bischofssitze annehmen[4]).

Theoderichs kluge und würdige Auffassung des Verhältnisses

---

1) I. 26. qui largitatem nostram moderatis precibus impetrarunt nostrorum terminos praestitorum immodica non debeat praesumptione transcendere; sie soll sich mit dem Pachtzins (pensio) ihrer Güter begnügen, welche ihr zum Theil der König geschenkt und steuerfrei erklärt hat: tributa sunt purpurae, non lacernae. lucrum cum invidia periculum est: quanto melius, omnia moderate agere, quae nullus audeat accusare; auch das siliquaticum wird von den Kirchen erhoben; schon von Constantius hatte die Kirche Steuerfreiheit für alle ihre Güter (vergeblich) zu erringen gesucht; s. Hegel I. S. 72.

2) Wie Butilin II. 17, Versilla I. 26. IV. 24, Gudila II. 18. V. 29; aber der Sohn des Gothen Sigisvult ist der spätere Pabst Bonifacius, s. u.

3) Und Mar. Nr. 119 zeigt gothische und römische Namen von gothischen Priestern in großer Zahl nebeneinander, s. Auh. II. (Staüdlin S. 280).

4) Die episcopi, denen Vitigis seine Gesandten empfiehlt, sind zweifelhaft X. 34; die Concilienprotokolle geben einigen Aufschluß; die arianischen Kirchen in Ravenna und einen Bischof Huuimund nennt Agnell. Mur II. p. 105 und einen arianischen in Rom Marini Nr. 140. Pabst Gelasius, Mansi VIII. p. 239 nennt eine Basilica Barbarorum zu Rom, Greg. l. c. III. 30 eine ecclesia Arianorum in Subura; Marini in not. ad Nr. 75 hebt die Absichtlichkeit hervor, mit welcher in den Urkunden die catholicae ecclesiae Ravennae bezeichnet werden; s. die zahlreichen Belege daselbst; Justinian gab ihnen nach dem Siege die Kirchen der Arianer nebst allem Vermögen derselben. Agn. Mur. l. c. p. 113 die Urkunde bei Mar. Nr. 87, aber erst unter Agnellus a. 556—569; das arianische Bekenntniß heißt lex gothica Mar. Nr. 117. 119; ihre Kathedrale in Ravenna war vermuthlich S. Anastasia (s. bes. Mar. Nr. 119), basilica Gothorum, nicht zu verwechseln mit der gleichnamigen katholischen daselbst, und benannt nach der ἀνάστασις, nicht nach St. Anastasia, s. Mar. ad h. l.; und diese ist gemeint, wenn die Urkunden von ecclesia Gothorum Ravennae sprechen. Marini Nr. 117; sie wurde von Justinian umgetauft; s. die lange Reihe der arianischen Kirchen zu Ravenna bei Agn. l. c.; über die Sprache des ostgothischen Gottesdienstes s. Wattenbach S. 42 und Papencordt S. 295.

der Religion zum Staat¹) zeigt sich am Glänzendsten in seiner Behandlung der Juden. Die Juden, schon von den heidnischen Imperatoren hin und wieder verfolgt, waren seit der Erhebung des Christenthums zur römischen Staatsreligion von der verbündeten Kirchen- und Staatsdespotie der Verachtung und oft der grausamsten Bedrängung ausgesetzt; und auch in den Reichen der neubekehrten Germanen, in welchen sie schon als Fremde rechtlos waren, erduldeten sie immer eine gedrückte Lage, oft, wie bei den Westgothen, grimmige Verfolgung.

Theoderich aber hielt nicht nur alle ihre hergebrachten Privilegien und Rechte²) aufrecht, er schützte sie auch mit Nachdruck gegen den Fanatismus des christlichen Pöbels. Er beklagt, daß sie sich vom rechten Glauben und damit von der Seligkeit im Himmel abwenden³), aber er weiß, daß auf Erden sein Gericht Juden und Christen mit gleichem Maße messen muß und daß der Staat den Glauben nicht vorschreiben soll und kann⁴).

Christliche Sclaven hatten in Rom ihren jüdischen Herrn erschlagen: die Bestrafung der Mörder führte zu wildem Tumult

---

1) s. die Berühmung der Gothen in dieser Hinsicht bei Proc. II. 6. τὰ δὲ τῆς εἰς θεὸν εὐσεβείας κ. τ. λ. Hugo Grot. p. 32.

2) Nach den constituta divalia der Kaiser II. 27. Ed. §. 143. IV. 33 universis Judaiis Genuae constitutis: depositis vobis privilegia, debere servari quae judaicis institutis legum provida decrevit antiquitas, quod nos libenter annuimus etc. Die Judengemeinde zu Genua war beträchtlich. II. 27; Manso S. 143; Boecler p. 28; sie wurden nach eigenem Recht von eigenen Richtern gerichtet (im Civilproceß unter sich).

3) II. 27. divinitatis gratia destituti .. quid appetitis quae refugere deberetis? ob III. 45 Juden oder Samaritaner gemeint sind? höchst wahrscheinlich doch das Letztere: samareao superstitionis populum improba fronte duratum synagogam ibidem fuisse iniquis conatibus mentitur; anders Manso S. 147; vgl. A. II. S. 165.

4) A. II. S. 167; die Verwerfung aller Heuchelei und die Heilighaltung echter Religiosität spiegelt sich in der Sage (bei Theod. Lect. p. 561, Theoph. Chron. p. 219): Theoderich habe einen Katholiken, der, um Carriere zu machen, zum Arianismus übergetreten sei, enthaupten lassen; diese Bedeutung der Sage verkennen (Manso S. 145, Hurter II. S. 54) sowohl, die sie für Fabel, als die sie für Geschichte halten: (Sart. S. 306; Pavir. I. S. 123; Mur. a. 497; Sigon. p. 393); gerade als Sage ist sie bedeutsam; auch Gibbon c. 39 nennt sie nur „a foolish tale". Fälle des Uebertritts zum Katholicismus: (wichtig ist, daß selbst der bedeutendste Feldherr Theoderichs, Ibba, katholisch war, Aschbach S. 177) vielleicht Mar. Nr. 140 und Var. X. 26 (Veranilda), sicher Herila mortuus in pace fidei catholicae bei Fabretti X. 128, und der Gothe bei Greg. l. c. 6.

des Pöbels, der die Synagoge verbrannte. Der König trägt dem Senat die Bestrafung der Schuldigen auf und verweist wegen Klagen wider die Juden auf den Rechtsweg¹). Die Juden von Mailand werden gegen Eingriffe der Geistlichkeit in das Eigenthum der Synagoge sogar durch die tuitio des Königs geschützt. Selbstverständlich müssen auch sie die Rechte der Kirche achten und die dreißigjährige Klagenverjährung gegen sich wirken lassen. Es scheint, die christlichen Priester hatten in den unruhigen drei oder vier Jahrzehnten vor Theoderich den Besitz der Juden an ihren Synagogen häufig alterirt, dieselben in christliche Kirchen verwandelt und berufen sich nun auf Verjährung. Der König schafft den Juden Recht. Dabei wird freilich wieder geseufzt: „Was erbittest du, Jude, die weltliche Ruhe, da du doch die ewige nicht gewinnen kannst?" Aber diese weltliche Ruhe soll ihnen der Staat eben doch gewähren: „möge der Jude dann durch die Gerechtigkeit der Menschen an die Gerechtigkeit Gottes gemahnt werden". Die Regierung weiß, „daß die Erhaltung des Rechtsverbands im Staat erheischt, auch denen, die im Glauben irren, Gerechtigkeit zu gewähren²). Man sieht, die Juden Neapels hatten gute Gründe, ihre Stadt auf's verzweifeltste für die Gothen gegen Byzanz zu vertheidigen³).

1) IV. 43; aber freilich dürfen auch diese nicht die strengen alten Judenedicte, die severitas veteris sanctionis, überschreiten. II. 27 (s. z. B. Cod. Theod. XVI. 18. 1. 25 §. 2. 1. 27); oder entgegen stehende ersessne Rechte der Christen antasten. l. c. Die Juden von Genua dürfen ihre Synagoge nur neu bedachen, nicht schmücken oder erweitern. l. c.; aber sogar den verhaßten Samaritanern soll Gerechtigkeit werden, so wenig begründet ihre Ansprüche auf ein jetzt der römischen Kirche gehöriges Gebäude scheinen. III. 45.

2) IV. 9. libenter annuimus, quae sine legum injuria postulantur. maxime cum pro servanda civilitate nec illis sunt neganda beneficia justitiae qui adhuc noscuntur in fide errare.

3) Proc. b. G. I. 10, Gibbon c. 39, Gregorov. I. S. 300, A. II. S. 206, Proc. l. c. I. 8 zeigt an, daß sie besonders den Handel mit Getreide und andern Lebensmitteln in Händen hatten; vgl. Stäudlin S. 279; Rein S. 893; Gosselin S. 78.

Aehnliche Vorgänge wie die Synagogenverbrennung zu Rom, erzählt der anon. Vales. als zu Ravenna geschehen: an eine Verschwörung mit Rom ist nicht zu denken; die Quelle ist genau unterrichtet. Theoderich verfügt Herstellung der Synagoge auf Kosten der reichen und Prügelstrafen für die (irrig Pavir. I. S. 275) vermögenslosen Tumultuanten; das ist ganz sein System und immer noch Erlaß der im Edict §§. 97—98 gedrohten Todesstrafe im Gnadenwege; es geschah unter dem Consulat des Eutharich (des königlichen Eidams, der für einen Feind der Katholiken galt (vgl. Balbo I. S. 93); die fanatische Quelle (vgl. Sart. S. 108; ihr folgt Gervaise p. 128, Djanam S. 57) nennt auch den praepositus cubiculi Triva (ich vermuthe derselbe, den Boëth. I. pr. 4 mit schwerem

Das Wichtigste ist für uns staatsrechtlich und politisch das Verhältniß der Gothenkönige zu dem römischen Stuhl¹): es beges-

Cabel Triguilla praepositus regiae domus nennt), der dem König zu Gunsten der Verfolgten referirte (er war Gothe und Arianer), einen „Ketzer und Freund der Juden"; also a. 519 (irrig a. 522. Mur. ad h. a.); die Quelle läßt von („ex eo") da an schon jene feindseligere Stimmung gegen die Orthodoxen durch Teufelshülfe den König ergreifen, welche doch erst a. 524 zum Ausbruch kam; vielmehr umgekehrt ist es ein Zeichen der Erbitterung der Katholiken über jene Maßregeln, daß man von nun an dem König jede Handlung übel auslegte, so wenn er „bald darauf" in Verona eine Capelle des heiligen Stephanus entfernt (willkürlich Gervaise l. c.) und „bald darauf" schon sieht das Volk vor seinem Palast Zeichen und Wunder geschehen, die das Verderben des Ketzers verkünden; bedeutsam ist es, daß die Verläumdung, welche ihm den Plan beimißt, er habe an dem Tage, da ihn das Gottesgericht raschen Todes zuvorkommend ereilte, alle katholischen Kirchen dem Arianismus weihen wollen (A. II. S. 174; die Verläumdung wächst mit der Zeit: bei Anastas. vit. Joh. und hist. misc. p. 103 will der König bereits „totam Italiam gladio extinguere, quod si non omnem Italiam gladio perderet; Bower S. 321 spricht incorrect von beabsichtigter Retorsion), diesen Rath auf einen Juden zurückführt; die politische Toleranz gegen diese hat offenbar den Religionshaß gegen den Ketzer bedeutend geschürt; daß so extreme Schritte dem König am Ende seiner Tage fern lagen, erhellt, abgesehen von allem Andern, schon aus seinem letzten Auftrag (vgl. Manso S. 167; anders Gibbon c. 39; Balbo I. S. 100; Hurter II. S. 179; Mur. ad a. 525), an sein Volk „in Liebe und Milde mit Kaiser, Senat und Römern fortzufahren" (Jord. c. 59; ut senatum populumque romanum amarent principemque orientalem placatum semper propitiumque haberent), der durch die Erlasse Athalarichs VIII. 1—10 bestätigt wird (bei Theodahad wirkte auch Furcht vor Byzanz X. 26); Pallmanns Behauptung II. S. 260, der Anonymus sei barbarischen Bluts gewesen, wird durch dessen tadelndes „alienigeni" p. 628 widerlegt; nachträglich zu A. II. S. 174 verweise ich auf die verschiednen Sagen von Theoderichs Ende und Strafe bei W. Grimm, H. S. S. 38, bald wird er von einem Zwerg oder einem gespenstigen Roß oder Hirsch (die der Teufel selber sind), in einen Wald entführt, bald muß er in der Wüste Rumenei bis an den jüngsten Tag mit Drachen kämpfen, bald hat er sein geheimnißvolles Verschwinden selbst veranstaltet (wie er denn [l. c. S. 105] auch nicht ein Menschensohn, sondern von einem Nachtelben gezeugt ist), er wird auch zum wilden Jäger, Wodan l. c. S. 49 oder auch, nach der Kaiserchronik:

„vil manige daz sâhen,
daz in die tievel nâmen;
si fuorten in in den berc ze Vulcân;
daz gebôt in sent Johannes der heilige man. (der Pabst)
dâ brinnet er unz an den jungisten tac,
daz im nieman gehelfen ne mac".

1) Die dem Pabst officiell vom König gegebnen Titel sind: papa X. 17. XI. 2. papa beatus X. 19. venerabilis X. 20. beatissimus VIII. 24. IX. 16. X.

nen hier die ersten Conflicte germanischer Herrscher mit der Hierarchie. Wir müssen daher die rechtlichen und thatsächlichen Beziehungen der Amaler und ihrer Nachfolger in Italien zu den Päbsten im geschichtlichen Zusammenhang darstellen. Juristisch kömmt dabei insbesondre das Recht der Könige, die Päbste zu ernennen, zu richten und sie durch Gesetze zu verbinden, in Frage.

Der Besitzstand an Macht und Rechten von Staatsgewalt und Pabstthum, welchen Theoderich in Italien vorfand, war folgender: die römischen Bischöfe waren Unterthanen der weströmischen Kaiser. Bei Besetzung des päbstlichen Stuhls sollte, nach der Lehre der Kirche, der Klerus, der Senat und das Volk von Rom concurriren[1]). Aber die weströmischen Kaiser hatten wiederholt die Bischöfe von Rom ernannt[2]) und — (wie die östlichen die Patriarchen von Byzanz) — oft mit Härte die Staatsgewalt empfinden lassen[3]).

Nach der Absetzung von Romulus Augustulus und dem Tode des Nepos hatten die Päbste Simplicius a. 467—482 und Felix III. a. 482—492 die Herrschaft Odovakars anerkannt, der sich, wie wir sahen[4]), mit der Kirche möglichst gut zu stellen suchte. Bevor aber Pabst Simplicius starb, ließ der König durch seinen Präfectus Prätorio, den Patricius Basilius, als seinen Stellvertreter (agens vices) in der Peterskirche zwei Verordnungen verkünden, die erste über die Pabstwahl, die zweite über die Veräußerung von Gütern der römischen Kirche, welche später unter Theoderich von einer Synode als ungültig bezeichnet wurden. Die erste Bestimmung verfügt, daß, wenn Pabst Simplicius sterben sollte, sein Nachfolger

---

20. 25. apostolicus IX. 2. sanctissimus IX. 15. pontifex apostolicus VIII. 15. vgl. sedes apostolica VIII. 24. IX. 15. sacrosancta romana ecclesia III. 45. Ennodius und Cassiodor geben den Titel papa nur dem römischen Bischof; vgl. Sirmond. not. ad Ennod. ep. IV. 1. und J. Grimm über Jorn. S. 12; Cochl. c. IX. „de reverentia Theoderici erga papam et clerum romanum atque catholicum". Boecler p. 27.

1) s. außer Hefeles Conciliengeschichte u. A. Staudenmaier, Gesch. d. Bischofswahlen mit besonderer Berücksichtigung der Rechte und des Einflusses christlicher Fürsten auf dieselben, Tübingen 1830; daneben die Darstellungen in den Kirchengeschichten von Bower, Gieseler I. 3. A. Bonn 1831; erschöpfend ist das Material für den Gothenstaat noch nirgends verarbeitet. (Vgl. Staüdlin S. 281; Pland S. 263).

2) So Honorius a. 418 den Bonifacius Epistola Honorii ad Symmachum bei Jaffé regesta.

3) s. die zahlreichen Beispiele bei Bower S. 252; das verkennt Sart. S. 139, der sich selbst widerspricht. Irrig Gosselin S. 32.

4) A. II. S. 45.

nicht ohne Einholung der Bewilligung Odovakars erwählt werden solle¹).

Diese Bestimmung hatte Odovakar getroffen, um die Aufregungen und Streitigkeiten abzuschneiden, welche sich häufig an die Pabstwahl knüpften und auch den Staat in gefährliche Gährungen stürzten²). Daß der Pabst selbst dazu mitwirkte, ist aus diesem Gesichtspunkt nicht so befremdlich, daß man um beßwillen die klare, unverdächtige Quellenstelle um vorgefaßter Meinungen willen verwerfen dürfte, wie von entgegengesetzten Seiten geschehen³), um so weniger, als die Maßregel nicht die große Tragweite hat, die man ihr beigelegt. Denn keineswegs hat Odovakar, wie man die Sache bisher darstellte⁴), damit ein Recht des Beherrschers von Italien oder der weltlichen Macht bei Besetzung des päbstlichen Stuhls principiell und für alle künftigen Fälle aufstellen wollen, — diese Aufgabe hat sich der immer nur für seinen nächsten Tag sorgende Abenteurer gewiß nicht gestellt — ja nicht einmal für die Dauer seiner Herrschaft hat er für alle künftigen Pabstwahlen jenes Recht beansprucht, sondern nach dem klaren Wortlaut hat er nur für diesen **Einen Fall**, d. h. den Fall des Todes dieses Pabstes und im Einvernehmen mit demselben bestimmt, daß „der „Nachfolger des Simplicius" nicht ohne seine Zustimmung gewählt werde. Mehr besagen die Worte nicht und alle späteren Vorgänge bestätigen unsere Auffassung, ja sind mit der bisherigen gar nicht zu vereinbaren. Odovakar wollte für dießmal ein Recht üben, das die Kaiser oft genug geübt und bewog den Pabst aus Rücksichten

---

1) Mansi VIII. p. 265. cum in unum apud b. Petrum apostolum resedissent, sublimis et eminentissimus vir, praefectus praetorio atque patricius agens etiam vices praecellentissimi regis Odoacris Basilius dixit: „quamquam studii nostri et religionis intersit, ut in episcopatus electione concordia principaliter servetur ecclesiae, ne per occasionem seditionis statua civitatis (al. civilitatis) vocetur in dubium, tamen admonitione beatissimi viri papae nostri Simplicii, quam ante oculos semper habere debemus, hoc nobis meministis sub obtestatione fuisse mandatum, ut propter illum strepitum et venerabilis ecclesiae detrimentum, si eum de hac luce transire contigerit, non sine nostra consultatione cujusquam celebretur electio".

2) Anders Balbo I. s. p. 37: Gelosia del principe nuovo.

3) Von Pallmann II. S. 339, wegen der sonstigen Unabhängigkeitstendenz der Päbste, und von Binius bei Mansi VIII. p. 270, der die Behauptung ein confictum nennt, „weil der Pabst unmöglich sich so viel vergeben konnte".

4) Sigon. p. 398; du Roure 1. S. 408 namentlich Protestanten. Rambach

des Kirchenfriedens ihm beizutreten und damit etwaigem Widerspruch zu begegnen¹).

Dagegen die zweite Verordnung, welche die Veräußerung von Kirchenvermögen untersagt, ist ganz deutlich, im Gegensatz zu der ersten, als eine bleibende, für alle Zukunft wirken sollende bezeichnet²).

Als Motiv dieser bleibenden Bestimmung ist wohl kein andres als das ausgesprochne anzunehmen, nämlich wirkliche Sorge für Erhaltung des römischen Kirchenguts. Der Zusammenhang aber mit der ersten Norm und der Grund des Einschreitens der weltlichen Macht liegt, wie ich vermuthe, darin, daß gerade bei Bewerbungen um den päbstlichen Stuhl von den Wahlparteien das Vermögen der Kirche in Bestechung und andrer simonistischer Verwendung am Aergsten verschleudert wurde³). Obovakar wollte auch dieß „detrimentum ecclesiae" wie durch Abschneidung von Wahlstreit, so durch ein allgemeines Verbot verhüten.

S. 163; Cart. S. 137; Bower S. 252 (der ganz irrig alle spätern Vorgänge, welche auf dem von Anfang an von den Kaisern geübten Recht der Pabsternennung beruhen, auf diesen ganz ephemeren Erlaß zurückführt); aber auch Staubenmaier S. 65, Gregorovius I. S. 248, Pallmann II. S. 339. Gröne S. 173.

1) Ja, vielleicht ging die Initiative vom Pabst selbst aus; so Bower S. 30, der aber S. 85 willkürliche Zusätze macht. Irrig auch Lo Beau VII. p. 201. 202.

2) l. c. p. 267. ne unquam praedium seu rusticum seu urbanum vel ornamenta aut ministeria ecclesiarum, quae nunc sunt vel quae ex quibuslibet titulis ad ecclesiarum jura pervenerint, ab eo, qui nunc antistes sub electione communi (d. h. Zusammenwirken des Klerus und des Königs) fuerit ordinandus et *illis qui futuris saeculis sequuntur*, quocumque titulo atque commento alienentur. si quis vero aliquid eorum alienare voluerit, inefficax atque irritum judicetur; sitque facienti vel consentienti accipientique anathema ... et is, qui praedium rusticum vel urbanum juris ecclesiastici fuerit consecutus, noverit se nulla lege vel praescriptione munitum, sed sive is, qui alienaverit sive is, qui consequente (statt consequenter) voluntate contraria praedium hujusmodi alienatum revocaré tentaverit, id cum fructibus restituat, qui illud fuerit consecutus ... quam etiam poenam placuit accipientis haeredes prohaeredesque respicere. in qua re cuilibet clericorum contradicendi libera sit facultas. iniquum est enim et sacrilegii instar, ut, quae vel pro salute vel pro requie animarum suarum unusquisque venerabili ecclesiae pauperum causa contulerit aut certe reliquerit ab his, quos haec maxime servare convenerat in alienitatem transferantur. planae (l. plane) quaecumque in gemmis vel auro atque argento nec non et vestibus minus apta usibus vel ornatui videbuntur ecclesiae, quae servari ac diu manere non possunt, sub justa aestimatione vendantur et erogationi religiosae proficiant.

3) f. unten Athalarichs Gesetz gegen die Simonie. Schröth S. 217. 220.

Der nach dem Willen Odovakars gewählte Pabst war Felix III. Als dieser a. 492 am 25. Februar[1]) starb, war Odovakar bereits nicht mehr im Stande, auf die Pabstwahl einzuwirken: denn schon seit Anfang October a. 490 (nach seiner ersten Niederlage) hatte ihm Rom die Thore versperrt und sich in die Gewalt oder doch auf die Seite Theoderichs begeben[2]), der dazumal, mit der Bezwingung Ravenna's beschäftigt, sich um die Pabstwahl wohl ebenfalls nicht kümmern konnte[3]). Es folgte Gelasius I.[4]).

Als Theoderich gesiegt hatte, succedirte er in den vorgefundnen ziemlich zweifelhaft zwischen Rechten und thatsächlichen Gewalten schwankendem Besitzstand der römischen Kaiser und Odovakars gegenüber dem päbstlichen Stuhl. Dieß an sich zweifelhafte Maß von überkommenen Rechten muß man schärfer als bisher im Auge behalten, um richtiger als bisher Theoderichs scheinbar widerspruchvolles Verhalten in diesen Fragen zu beurtheilen. Es ist wohl auseinander zu halten, was zu thun Theoderich für staatsrechtlich erlaubt und was zu lassen er für politisch rathsam hielt. Er hatte, wie wir gesehen, alle Gründe der Klugheit und der Gesinnung, die katholische Kirche nicht zu reizen durch Einmischung seiner ketzerischen Hand in ihr inneres Leben, zumal in die immer mächtiger zur Herrschaft aufstrebende Entwicklung der päbstlichen Gewalt. Und der König enthielt sich vorsichtig, trotz mancher Provocation, der Eingriffe, so lang dieß die Politik zu fordern schien. Sobald aber umgekehrt grade die Politik ein energisches Eingreifen zu rathen schien, griff er ohne Bedenken ein und konnte sich dazu nach den von den Kaisern auf ihn übergegangnen Rechten für wohl befugt erachten. Und bei seinen Nachfolgern verhielt es sich je nach thatsächlicher Schwäche oder Gefahr oder Leidenschaft nicht anders. Die Politik entschied über Ausübung oder Nichtausübung der Rechte dieser Könige — aber wir müssen wenigstens zu constatiren suchen, welches Maß dieser königlichen Rechte sie, und welches Pabst und Kirche anerkannten.

Begreiflicherweise hing die Beziehung des Königs zum römischen Stuhl auch sehr wesentlich von der Persönlichkeit des jeweiligen Pabstes ab. Der Afrikaner Gelasius war ein energischer Vor-

---

1) Jaffé l. c.
2) A. II. S. 79.
3) Anders du Roure I. S. 241.
4) a. 492—496.

kämpfer hierarchischen Rechts, der gelegentlich erklärte, Toleranz gegen die Ketzer sei verberblicher als die schrecklichste Verheerung der Provinzen durch die Barbaren[1]); man erkennt daran den muthigen Geist des Mannes wieder, der die Bischöfe in Afrika angefeuert hatte, "die Drohungen der (arianischen Vandalen=) Könige und die Satzungen der wüthigen Barbaren zu verachten"[2]). An Theoderich schrieb er, er setze als gewiß voraus, daß der König die Gesetze der römischen Kaiser, deren Beachtung in weltlichen Dingen er vorgeschrieben, noch viel mehr werde gehalten wissen wollen "bezüglich der Ehrerbietung gegen den heiligen Apostel Petrus zur Vermehrung seines (weltlichen) Glückes". Die himmlische Seligkeit kann er dem Ketzer nicht verheißen[3]). — Und dem Bischof Helpidius von Volaterra ertheilt er scharfen Verweis, weil er, ohne zuvor den Pabst gesehen und befragt zu haben, nach Ravenna an den Hof des Königs reisen wolle, was doch gegen die canones sei[4]); er droht sogar mit Strafe der Absetzung dafür. Der König erkannte diesen übrigens von vielen Bischöfen nicht beachteten Anspruch nicht an: er berief wiederholt Bischöfe an seinen Hof und diese kamen auch freiwillig, ohne vorher den Pabst zu fragen[5]). Aber es kam nicht zum Conflict mit Gelasius, da der König seinerseits den bedenklichen Verkehr des Pabstes mit Byzanz nicht hemmte und nicht, nach dem Beispiel der Kaiser, sich in die Kirchenangelegenheiten mischte, die in zahlreichen und wichtigen Synoden unter Gelasius verhandelt wurden[6]). Der Pabst wandte sich an des Königs[7]) Mutter, um dessen Wohlthätigkeit anzurufen für Heilung

---

1) In einem Brief an die Bischöfe in Picenum. Mansi l. c. p. 23.
2) l. c. VII. p. 1094.
3) l. c. VIII. p. 139; f. A. II. S. 167.
4) l. c. p. 127. quo ausu, qua temeritate rescribis Ravennam te parare proficisci, cum canones evidenter praecipiant, nullum omnino pontificem, nisi nobis visis atque consultis, ad comitatum debere contendere; quod cum longaevi vel aetate vel honore pontifices pistoriensis, lucensis et fesulanus nuper monstrentur fecisse, tu, qui paucorum dierum fungi sacerdotio videris, quemadmodum tibi putas licere quod non licet; nisi quod hoc officio carere festinas, quo (statt quod) his excessibus te ostendis indignum.
5) Epiphanius, Laurentius von Mailand, Ennod. v. Ep. p. 1011. Cesarius von Arles; und Viele vor der Synode von a. 499 f. u.
6) Vgl. Anast. vita Gel. p. 121. seq. Mansi l. c. Manso S. 149. Bower l. c.
7) (katholische) An. Val. p. 620.

der schweren Wunden, welche der Krieg mit Odovakar, in dem Rugen, Burgunden und Westgothen arg gehaust hatten, zu heilen¹).

Sein Nachfolger, der milde Anastasius II. a. 496—498, wurde einmüthig und frei zu Rom gewählt, ohne daß irgend eine Spur von königlichem Einfluß dabei sichtbar würde, so wenig wie bei des Gelasius Wahl; und jetzt hätte doch Theoderich volle Muße gehabt, jene Verordnung Odovakars, wenn sie für alle Zukunft gelten sollte, anzuwenden. Es spricht für ein gutes Verhältniß zwischen König und Pabst, daß, als letzterer einen Versuch machte, durch viel größere Nachgiebigkeit als seine Vorgänger gezeigt, den Streit mit Byzanz über Acacius und das Concil von Chalkedon beizulegen und zu diesem Behuf²) zwei Bischöfe an den ketzerischen³) Kaiser Anastasius sandte, der König diese Gesandtschaft durch den Patricius Festus begleiten ließ, den er in politischen Angelegenheiten an den Kaiser abordnete.

Aber dieser Gesandte ließ sich von dem Kaiser Anastasius gewinnen, der auch über die Kirchenfragen mehr insgeheim mit dem Patricius als mit den beiden Bischöfen öffentlich verhandelte. Festus versprach dem Kaiser, er werde bei seiner Rückkehr den Pabst zur vollen Nachgiebigkeit, namentlich zur Annahme des Henotikon, der Einungsformel, Zeno's in dem eutychianischen Streit, bewegen. Diese Schritte des Festus und ihre Consequenzen wurden die Anlässe nicht nur zu einer großen Spaltung der römischen Kirche, sondern auch zu schweren Conflicten der hierarchischen Partei und des Pabstes mit der Staatsgewalt.

Wir müssen deßhalb auf diese verworrenen Händel eingehen und zwar zunächst ihre juristische Seite betrachten; gerade diese ist gewöhnlich in der Darstellung, nicht eben zum Vortheil der Klarheit, von den politisch-kirchlichen Parteiinteressen in den Hintergrund gedrängt worden⁴).

---

1) Nach. a. 495; Mansi VIII. p. 142.
2) Vgl. Bower S. 119.
3) Diesen, nicht den König, meinen die Worte des Pabstes in seinem Brief an Chlodovech; Mansi l. c. p. 193: „nam refrigescit caritas multorum et malorum hominum versutia (das sind die ketzerischen Bischöfe und Räthe des Kaisers) navicula nostra feris fluctibus agitatur (der Streit mit Byzanz und Antiochia, in Italien hatte die Kirche Frieden) et dispumantibus undis pertunditur".
4) Die politische Angelegenheit, welche Festus (nach An. Vales. p. 620, Faustus Niger s. aber Mur. ann. ad a. 495) in Byzanz verhandeln sollte (keines-

Als Festus nach Rom zurückkam, war Anastasius II. gestorben[1]), von dessen Milde er jene Nachgiebigkeit gehofft hatte. Und der Candidat der Majorität, der Diakon Symmachus, schien ihm nicht der Mann, von dem er die Verleugnung des strengen bisher von den Päbsten festgehaltnen Rechtsstandpunkts erwarten durfte — dieß beleuchtet von vornherein Ruf und Character des Symmachus und bestätigt unsre Auffassung seines Verhaltens in dem ganzen Conflict: Festus betrieb deßhalb mit weit gehender Bestechung die Wahl des von ihm für das Henotikon gewonnenen Archipresbyter Laurentius[2]).

Aber schon zuvor[3]), wenn auch am gleichen Tage (22. Nov.), und von der Majorität[4]) war Symmachus consecrirt worden[5]).

---

wegs nur das Henotikon (Gregorov. I. S. 255) war keine geringere als die Anerkennung von Theoderichs italischem Königthum und, zum Zeichen hievon, die Herausgabe der weströmischen Reichsinsignien von Seite des Kaisers (s. A. II. S. 163 und unten „Romanisiren"). Man hat angenommen, Festus habe bei dem Kaiser den Zweck dieser seiner politischen Mission nur dadurch erreicht, daß er ihm in der kirchlichen Frage jenes Versprechen gab (du Roure u. A.). Will man dieß vermuthen, so kann man doch das Versprechen nur als heimlich und in eignem Namen von Festus gegeben betrachten. Keinenfalls aber hat Theoderich von diesem Versprechen vorher gewußt, geschweige es selbst geben lassen: dem widerspricht sein ganzes weiteres Benehmen: er tritt gegen Festus und die zu dem Henotikon neigende Partei auf. Damit hätte er gewagt, was er um der Römer willen nie wagen konnte, nämlich, daß der Kaiser solchen Treubruch aufdeckte und die Anerkennung, deren Bedingungserfüllung der König dann selbst vereitelt hätte, als nicht geschehn bezeichnete. — Die Quelle ist Theodorus Lector II. p. 560 (Theoph. Chron. p 220). Φῆστος τῆς βουλῆς τῆς συγκλήτου 'Ρώμης πρὸς βασιλέα σταλεὶς 'Αναστάσιον διά τινας χρείας πολιτικὰς .... ὡς λόγος, ὑπέθετο λάθρα τῷ βασιλεῖ πείσειν τὸν 'Ρώμης ἐπίσκοπον τῷ ἑνωτικῷ Ζήνωνος ὑπογράφειν. Daß der Pabst bereits gewonnen war (Bower S. 156) ist nicht anzunehmen; vgl. Pavir I. S. 134; Hurter II. S. 43.

1) 16. Nov. a. 498, Jaffé p. 61.
2) Theodor. l. c. ἐλθὼν δὲ ἐν 'Ρώμῃ, εὗρε τὸν ἐπίσκοπον Ἀναστάσιον τελευτήσαντα. διὸ .. ἐποιήσατο διὰ σχήματα τὸ ζητούμενον ὑπογράψαι. ὑποφθείρας γε διὰ χρήμασι πλείονας ψηφίσασθαι εἰς ἐπίσκοπον παρὰ τὸ ἔθος 'Ρωμαίων τινα ᾧ ὄνομα ἦν Λαυρέντιος. (Theoph. p. 221).
3) Anastas. vita Symm. l. c.
4) Theod. Lector. l. c.
5) Hiermit beginnt die Geschichte des Schisma's zwischen Symmachus und Laurentius und der zahlreichen Kämpfe innerhalb und außerhalb der von ersterem gehaltenen Synoden, welche sehr dunkel und controversenreich ist. — Die Quellen, aus deren abgerißnen und oft widersprechenden Sätzen man mit mühvoller Mosaikarbeit das Gesammtbild der Begebenheiten zusammenstücken muß, sind außer den

Ohne Zweifel war Symmachus hienach der correct, gemäß den canones der römischen Kirche, gewählte legitime Pabst und der Gegenpabst Laurentius ein Anmaßer.

Aber derselbe trat nicht zurück, seine Partei bestand zwar nur aus dem kleinern Theil des Klerus, doch dafür war der größere Theil des Senats auf seiner Seite, geführt von Festus[1]) und einem andern einflußreichen Senator, dem Consular Probinus. Man muß dieß wohl im Auge behalten: Laien besonders stehen auf des Gegenpabstes Seite, der mehr als das Werkzeug, denn als das Haupt seiner Partei erscheint. Symmachus aber ist das Haupt der freien Kirche: er vertritt das rein hierarchische Interesse und System[2]). Es kam wiederholt zu blutigen Zusammenstößen in den Straßen von Rom, wo Laurentius, der Schützling des Senats[3]), auch einen Theil des niedern Volkes für sich und später

---

Acten der Synoden Mansi VIII. die vita Symmachi in Anastas vitae pontif. bei Muratori III. 1. Ennodius apologeticus pro Synodo und die epistolae ed. Sirmond. Theodor. Lector. (Theophanes und Nicephor. Callistus folgen diesem, ohne selbständige Quellen). — Das hienach von Pagi ad Baron. a. 499—504 (auch Mansi l. c.) aufgestellte chronologische System der symmachischen Synoden wurde von dem Bollandisten Sollerius in vita s. Symmachi Acta 55. IV. Julii dies 19. p. 639 berichtigt; (ganz irrig Cochl. c. 9; St. Marthe S. 76; Rubeus p. 125; Gervaise p. 12. Murat. ann. ad. a. 495. 499; Bower S. 240; aber auch noch Pavir. I. S. 144 f.; Schröckh und Plank l. c. Le Beau VII. p. 201. Hurter II. S. 57; Manso S. 154 f.; Balbo I. S. 68; Sart. S. 308; du Roure I. S. 407 f.; Gregorov. I. S. 256. 303; man pflegt irrig Theoderichs Reise nach Rom a. 500 mit Vorgängen von a. 499 und 501 zu vermischen); eine neu aufgefundne anonyme vita Symmachi von einem wohlunterrichteten, aber dem Pabst sehr feindlichen Zeitgenossen, Muratori III. 2. p. 45, bestätigte diese Berichtigungen und gewährte Mansi Mittel zu neueren Aufhellungen; in neuerer Zeit hat Hefele II. S. 616 eine sehr gediegene, auch Mansi vielfach verbessernde Darstellung gegeben, der ich in chronologischer Hinsicht (mit zwei wichtigen Ausnahmen) fast völlig beipflichten kann; in der politischen, mehr noch in der juristischen Würdigung muß ich im Wesentlichen von ihm abweichen.

1) Er war caput senati (sic) An. Val. p. 620. Hefele II. S. 607 nennt diesen irrig einen Beamten des Kaisers; ein solcher hatte unter den Gothen bei der Pabstwahl nichts zu schaffen.

2) Deßhalb sagt auch der strengkirchliche An. Val. p. 622 ordinante Deo qui eo dignus fuit superavit Symmachus: der wegen seiner Askese wie ein Heiliger verehrte Diakon Paschasius hielt bis zu seinem Tod zu Laurentius, wofür nach der Legende seine Seele schwere Strafe in heißen Quellen zu leiden hat. Baron. ad. a. 498.

3) Dieser muß zur Anerkennung des Symmachus wiederholt ermahnt werden. Mansi p. 250.

wenigstens gewiß, wahrscheinlich aber schon von Anfang an, das äußerliche Uebergewicht hatte¹).

„Da vertrugen sich beide Parteien dahin, nach Ravenna zu gehen zu dem Urtheil des Königs Theoderich, und als sie Beide nach Ravenna gekommen, erlangten sie dieß Urtheil der Billigkeit, daß, wer zuerst ordinirt oder auf wessen Seite die Mehrheit erfunden worden, sitzen solle auf dem apostolischen Stuhl. Dieß hat die Gerechtigkeit und Erkenntniß der Wahrheit auf Symmachus Seite erfunden und so ist Symmachus Pabst geworden"²).

Die thatsächlichen und moralischen Motive, welche, die Ketzerhaftigkeit des Königs überwiegend, die Parteien zur Anrufung seines Schiedspruches drängten³), waren wohl, neben einer jetzt bereits sechs Jahre lang bewährten Gerechtigkeit und Weisheit und seiner Ehrerbietung gegen die katholische Kirche, die Analogie der häufigen Entscheidungen von Kirchenstreiten durch die Kaiser und endlich das Bewußtsein, daß er eben der Beherrscher der Stadt war, deren Ruhe gestört war. Von einer opinio necessitatis aber,

---

1) **Anastas.** p. 123. ex qua causa separatus est clerus et divisus est senatus. Theod. l. c. δι' οὓς καὶ φόνοι καὶ ἁρπαγαὶ καὶ ἄλλα μύρια κακὰ κατὰ τὴν πόλιν γεγόνασιν. Anonymus: p. 47. tantaque clerum ac populum romanum discordia feralis invaserat, ut nec divina consideratio nec metus regius partes a propria collisione cohiberet; er sagt nur *cum* (Symmacho) Laurentius fuerat ordinatus: er verschweigt Priorität und Majorität des Symmachus; charakteristisch ist der metus regius: der Verfasser betont immer Recht, Macht und Interesse der Staatsgewalt.

2) **Anast.** l. c. facta contentione hoc *construxerunt* partes, ut ambo Ravennam pergerent ad judicium regis Theoderici, qui, dum ambo Ravennam introissent, hoc judicium aequitatis invenerunt: ut, qui primus ordinatus fuisset, vel ubi pars maxima cognosceretur, ipse sederet in sede apostolica. Das „construxerunt" bezeichnet deutlich ein Compromiß; das erste judicium kann man wegen des zweiten, nothwendig „Urtheil" bedeutenden nicht mit Gericht übersetzen und darin das gewöhnliche „Königsgericht" verstehen; auch judicium aequitatis weist auf Schiedspruch. Der An. sagt freilich: (ihm folgt Mur. ad. a. 499 und diesem wieder Gregorov. I. S. 256) tunc *coguntur* utrique . . regium subituri judicium petere comitatum; aber das ist wieder sein stark das königliche Recht betonender Standpunkt; das ganze spätere Benehmen Theoderichs sowohl als des Pabstes und der Bischöfe schließt die Möglichkeit aus, daß jener damals die beiden Parteien seiner Richtergewalt unterworfen hätte; der Bericht des Anastasius dagegen stimmt mit allem Folgenden; daß man gemäß jenem „Gesetz Odovakars" des Königs Entscheidung anzurufen sich verpflichtet gefühlt, Sigon. p. 392. Gröne S. 73 ist völlig unerweislich.

3) Was Binius bei Mansi freilich auch tadelt; (nicht nur die Laurentier, wie Gröne l. c.); de Beau VII. p. 198.

d. h. von der Anerkennung eines Rechts des Königs zur Entscheidung, ist keine Spur wahrzunehmen. Und doch hätte Theoderich, wenn in jener Zeit schon der Kampf zwischen Staat und Kirche immer mit jener Principienklarheit und Bewußtheit geführt worden wäre, welche man fälschlich erst aus unserer Zeit in jene Tage überträgt[1]), eine schiedsrichterliche Rolle zurückweisen und, etwa mit Bezug auf jenen Erlaß Odovakars, wenn derselbe die gewöhnlich angenommene Bedeutung hatte, mit einer Rüge der Wahl ohne seine Befragung, den Pabst ernennen müssen. Das fällt ihm aber gar nicht ein. Er nimmt das Compromiß an und entscheidet als Schiedsrichter, nach den canones der Kirche, für Symmachus. Politisch betrachtet kreuzten sich die Interessen. Zunächst scheint es ein Vortheil für den König, einen nach Byzanz neigenden Pabst auszuschließen. In Wahrheit aber wäre es für den ketzerischen König ein noch viel größerer Vortheil gewesen, einen Mann auf dem Stuhle Petri zu sehen, der durch Annahme des Henotikon sich in den Augen fast aller abendländischen Bischöfe selbst zum Ketzer gemacht haben würde: alsdann hätte die katholische Kirche ihre gefährliche Macht in dem Staat der arianischen Gothen verloren. Theoderich aber entschied nach Recht und Gewissen für den stark hierarchischen Symmachus.

Dieser berief nun alsbald eine Synode nach Rom[2]), deren ausdrücklich ausgesprochener Zweck es ist[3]), die Pabstwahl zu ordnen und alle Uebelstände und Unzukömmlichkeiten abzuschneiden, welche sich dabei eingeschlichen und auch die letzten Wirren veranlaßt hatten. Zu diesem Behuf verbietet die Synode, daß bei Lebzeiten des Pabstes Geistliche erstens sich um die Nachfolge bewerben oder zweitens einem solchen Bewerber ihre Stimme verpflichten. Wenn vielmehr der Pabst keinen Nachfolger empfohlen hat[4]), soll Einstimmigkeit, eventuell Stimmenmehrheit des „geistlichen Standes" den neuen Pabst erwählen. Ein Geistlicher, der hiebei seine

---

1) Wie Pallmann II.; vgl. Wilmans S. 138; Haße I. S. 126.

2) I. Synode unter Symmachus vom Pabst berufen (nicht vom König, wie Bower S. 233 sagt), 1 März a. 499 „in basilica s. Petri". Pagi ad. h. a. Mansi VIII. p. 230—238.

3) l. c. p. 431. expressis scilicet sententiis sancientes, quid circa romani episcopi ordinationem debeat custodiri.

4) Ueber diese in Correctheit und Wirkung bestrittne Sitte s. Binius l. c., Bower III. S. 9. 19. 234, Pland I. S. 439, Hefele II. S. 609 und die Literatur daselbst.

Stimme unfrei (d. h. in Folge von bei Lebzeiten des Vorpabstes eingegangnen Verpflichtungen) abgibt, soll mit Amtsentsetzung bestraft, wenn er aber eine Verletzung dieser Beschlüsse anzeigt, falls er selbst schuldig, von der Strafe befreit und obenein belohnt werden¹).

Das ist Alles. Es ist nun aber offenbar unbegreiflich, wie die Synode, welche ex professo die Pabstwahl ordnen will, jene angeblich von Odovakar dem Monarchen vindicirte, höchst rechtswesentliche Befugniß ganz ignoriren konnte, wenn jener Erlaß in der That die bisher angenommene Bedeutung²) gehabt hätte.

Die Synode, frei und mit dem hierarchischen Pabst ganz im Einverständniß³), anerkennt nur ein Recht der Geistlichkeit (ecclesiasticus ordo), den Pabst zu wählen, König, Senat und Volk von Rom schließt sie von der Wahl aus.

---

1) l. c. p. 231—234.
2) Auch bei Schröckh XVII. S. 180.
3) Auch der bisherige Gegenpabst war auf der Synode erschienen und hatte sich unterworfen: er unterzeichnet, nach den Bischöfen, an der Spitze der presbyteri als archipresbyter tituli Praxidae und erhielt dafür „intuitu misericordiae" Anast. p. 122 auf oder bald nach der Synode (vgl. Hefele l. c. gegen Baronius und Pagi) das Bisthum Nuceria. Hiemit ist nicht unvereinbar, wie Hefele l. c. anzudeuten scheint, die Darstellung des Anon.; daß beide Gegner persönlich in Ravenna vor dem König erschienen und hier für Symmachus entschieden wurde, sagt auch Anast. l. c. und daß damals schon Laurentius durch Drohungen (des Königs) bewogen (vita anon.) worden, sich zu unterwerfen, wofür man ihm damals schon ein Bisthum, vielleicht auch speciell bereits Nuceria zugesagt, ist mit den andern Quellen (Theod. Lector. l. c. und hist. misc. p. 101 lassen den König an der Spitze des von ihm berufnen Concils handeln; er zieht aber die Ereignisse von 498—501 zusammen; das übersieht Binius l. c.) nicht unvereinbar; nur das ist gehässige Verläumdung, daß Symmachus durch Bestechung obgesiegt habe; freilich wurden im Palaste große Summen bei solchen Wahlstreiten aufgewendet, Var. X., und dieß gab Gelegenheit zu solchen Behauptungen; an diesem Resultat ändert auch nichts ein etwas verdächtig klingender Brief des Ennod. III., aus welchem hervorgeht, daß Bischof (episcopus meus) Laurentius von Mailand im Interesse des Pabstes (pro necessitatibus domni Papae) zu Ravenna an gewisse Vornehme, „deren Namen man nicht mit Sicherheit der Schrift anvertrauen kann" (certis potentibus, quorum nomina tutum non est scripto signari) mehr als 400 solidi verwendet habe. Ennodius hatte die Bürgschaft für diese Schuld des Pabstes übernommen, der Pabst zahlte nicht und der Bischof hielt sich mit Erbitterung an den Bürgen, VI. 16. 33; Fertig S. 26; auch Kamele V. 13. hatte Ennodius dem Pabst geliehen (zur Reise nach Ravenna?); bestochen wurde, so scheint's, aber gewiß nicht der König; irrig Gröne S. 186.

Der Sieg des Symmachus und der hierarchischen Partei auf dieser Synode war vollständig. Der König ignorirte, so scheint es, den Beschluß, welcher ihm, dem Senat[1]) und Volk jede Mitwirkung bei der Pabstwahl entzog. Er hatte bisher nur gethan, wozu ihn beide Parteien aufgefordert. Als aber die Streitigkeiten wieder entbrennen, die öffentliche Ordnung in Rom immer mehr zerstören, sehen wir den König in Ausübung seiner Gewalt über die Kirche weiter vorgehn, von der einen Partei selbst dazu aufgefordert. Nicht Laurentius selbst, sondern seine Anhänger, zumal die weltlichen, d. h. die vom Kaiser gewonnenen Senatoren[2]), geführt von Festus und Probinus, erneuern den Streit in Rom: wieder kam es, noch im Jahre 499 und 500, zu Straßengefechten daselbst[3]).

Jetzt wurde Symmachus von seinen Gegnern, namentlich von Festus und Probinus[4]) wegen mehrer Verbrechen **beim König angeklagt**: unter andern nicht näher bezeichneten darüber, daß er Ostern nicht mit der Gesammtheit gefeiert, dann des Ehebruchs und der Verschleuderung des Kirchenguts[5]). Und der König geht darauf ein. Nicht mehr als bloßer Schiedsrichter, als Richter will er über den Pabst urtheilen und zwar betrachtet er dieß offenbar als sein Recht: denn unter den Anklagen war wenigstens Eine, die wegen Ehebruchs, welche eine Verletzung auch des weltlichen Strafgesetzes behauptete. Er lud den Pabst vor sein Hofgericht nach

---

1) Wie stark die Betheiligung des Senats bei der Pabstwahl war, erhellt aus der ganzen Darstellung dieser Händel; die Synoden setzen sich mit dem Senat in steten Verkehr, wenn man auch nicht Senatoren in den Sitzungen gegenwärtig annehmen darf (wie Bower); daher auch die sonst auffallende Erscheinung, daß Senatsbeschlüsse über Simonie ergehn und der König sein Simoniegesetz dem Senat mittheilt. Var. IX. 15. Vgl. Pland I. S. 137; irrig Gröne S. 186.

2) Jedenfalls im Interesse, wenn nicht in erneuertem Auftrag des Kaisers; wie schroff sich dieser gegen Symmachus stellte, darüber s. Bower und die Briefe bei Mansi l. c. S. 257.

3) Nach Anast. soll damals schon Laurentius heimlich von Nuceria nach Rom zurückgerufen worden sein; aber er verschiebt die Daten; er spricht vom Jahre 501/502. post annos quatuor. vita an. post aliquot annos. Theod. Lect. τριῶν ἐνιαυτῶν κρατησάσης τῆς τοιαύτης συγχύσεως.

4) Anast.

5) Ennod. apol. p. 983. (mulieres etc.) u. bes. p. 989. sui impugnator est, qui fornicationis officiis urget adulteria et per animarum stupra carnis accusat. Anast. sagt nur: incriminarunt accusantes Symmachum; vit. an. hat die Osterdifferenz und die mulieres cum quibus accusabatur in scelere die dilapidatio praediorum und pro multis criminibus außerdem.

Ravenna[1]). Das Hauptmotiv des Einschreitens für den König war dabei, wie aus allen seinen spätern Briefen[2]) deutlich hervorgeht, und was sich nicht nur vom Standpunkt der Staatsgewalt im Allgemeinen, noch viel mehr gerade aus Theoderichs besonderm, uns bereits bekannten Bestreben völlig erklärt, die Sorge für die Wiederherstellung der Ruhe und Sicherheit in den Straßen seiner zweiten Hauptstadt, denn in derselben war die civilitas gründlich zerstört und Mord, Todtschlag, Raub und Gewalt aller Art an der Tagesordnung[3]).

Auffallend scheint, daß der Pabst, der alsbald sogar einer Synode die Competenz, ihn zu richten, abspricht, sich ohne Weiteres der Gerichtshoheit des Königs unterwirft. Aber eine bisher nicht richtig erfaßte Notiz der vita anonyma erklärt es: der König forderte den Pabst einstweilen nur wegen der Osterfeierdifferenz, nicht wegen der eigentlichen Verbrechen, zur Erklärung auf und der Pabst nahm keinen Anstand, sich hierüber vor dem König zu expliciren: das war noch keine Anerkennung eigentlicher Gerichtsgewalt. Er brach mit geistlichem Gefolg von Rom auf und reiste nach Ravenna über Rimini. Hier aber traf ihn ein Befehl des Königs, in dieser Stadt zu bleiben[4]), sei es, daß der König jetzt bei Ankunft des Pabstes

---

1) Vit. an. quem rex ad comitatum convo — hier ist eine Textlücke: offenbar convocavit.

2) Mansi p. 250. pax in civitate romana; richtig schon Sartor. S. 137.

3) Mögen die allgemeinen Ausdrücke des Theod. Lector. φόνοι καὶ ἁρπαγαὶ καὶ ἄλλα μύρια κακά und der vita an. wenig beweisen, Anast. hat genaue bestimmte Angaben. p. 123. caedes et homicidia in clero fiebant. qui vero communicabant b. Symmacho juste, publice, qui inventi fuissent intra urbem, gladio occidebantur. etiam et sanctimoniam mulieres .. deponontes de monasteris .., denudantes sexum foemineum, caedibus plagarum afflictas vulnerabant et omni die pugnas contra ecclesiam in medio civitatis gerebant. etiam multos sacerdotes occiderunt .. quos fustibus et gladio interfecerunt et multos alios Christianos, ita ut nulli esset securitas die vel nocte de clero in civitate gerebant; dieß umfaßt die Zeit von a. 498—504; vgl. auch Ennod. ep. I 3.

4) Der Text der vita an. ist grade hier lückenhaft: pro multis criminibus Symmachus apud regem accusatur, quem rex sub occasione paschali, quod non cum universitate celebraverat ad comitatum convo [Lücken] rationem .. [Lücken] festivitatis dissonantia (l. dissonantiae) redditurum; fecitque apud Ariminum residere; daß sub occasione ist der angegebne Grund oder vielleicht richtiger Vorwand der Ladung; deutlich ist, daß nur wegen jener Differenz ein Rechenschaftgeben (rationem reddere) verlangt wird; daß den Pabst

gleiche Scenen, wie in Rom, in seiner Residenz besorgte¹), sei es, daß er erst die Untersuchung der eigentlichen Verbrechen abgeschlossen sehen wollte. Denn diese betrieb er dabei eifrig und ohne Wissen des Pabstes.

„Als er aber hier mit seinen Geistlichen eine Zeit lang geblieben war, sah der Pabst eines Abends, an der Meeresküste wandelnd, jene Weiber, mit denen er der Sünde beschuldigt wurde, vorbei reisen, und erfuhr, daß sie auf Befehl des Königs an das Hofgericht giengen. Er stellte sich aber, als ob er nichts davon gesehn und erfahren habe, und mitten in der Nacht, als Alles schlief, entfloh er mit einem einzigen Genossen, ging nach Rom zurück und schloß sich hier in der Peterskirche ein²). Darauf gingen seine bisherigen Begleiter zu dem König und erklärten, ohne ihr Wissen sei Symmachus entflohn".

Wenn wir auch die gehäßige Auslegung dieser Thatsachen bei dem Anonymus verwerfen³), die Thatsachen selbst dürfen wir nicht bezweifeln: der genaue Bericht trägt ganz das Gepräge der Wahrheit.

Dieser Schritt warf den bösen Schein auf Symmachus, sein schlechtes Gewissen habe ihn in dem Augenblick zur Flucht getrieben, da er erfuhr, der König werde die mitschuldigen Frauen vernehmen. Diese Auslegung ist möglich, scheint mir aber nicht die

---

erst in Ariminum der Haltbefehl traf, ist meine wohl richtige Auslegung des fecit residere; denn beschieden ist der Pabst ad comitatum, d. h. Ravennam.

1) Auch später hält er den Conflict von Ravenna fern; ganz irrig verbindet Bower S. 240 des Königs Besuch in Rom a. 500 mit Vorfällen aus dem Jahre 501; richtig Schröckh XVII. S. 108.

2) v. an. cumque ibidem, cum suis clericis aliquantisper moratur, postmeridianis horis super litus maris ambulans, vidit mulieres inde transire, cum quibus accusabatur in scelere, quae comitatum petebant regia jussione. dissimulans ergo, se scire, quod viderat, nocte media, dormientibus cunctis, cum uno tantum conscio fugiens regreditur Romam seque intra b. Petri Apostoli septa concludit. Das war Asyl. Anast. sagt, seine Gegner hätten die falschen Zeugen nach Ravenna geschickt; es ist merkwürdig, wie consequent diese beiden Quellen bei jeder Gelegenheit ihren hierarchischen, die andern den ghibellinischen Character bewähren; Anast. läßt den König eine allzu passive Rolle spielen.

3) Bower S. 247 adoptirt sie natürlich. Das andre Extrem bei Pavir. I. S. 147, der die Begegnung mit den Weibern ganz verschweigt, obwohl er sie kennt, und dann doch S. 223 Gibbon einen Betrüger schilt; ungenau Balbo I. S. 67. Mur. ad a. 503 meint, der Pabst sei geflohen, weil man ihm nicht gleiches Gehör wie seinen Gegnern gab: allein das konnte er damals nicht behaupten.

richtige: der weitre Verlauf zeigt, daß Symmachus höchst wahrscheinlich unschuldig war und durch die Flucht konnte er seine persönliche Sache nur verschlimmern. Vielmehr scheint mir der Zusammenhang der Gründe folgender: der Pabst war dem Ruf des Königs gefolgt, sich wegen der Osterbifferenz zu erklären. Jetzt, in Rimini festgehalten und vielleicht schon hierüber unwillig, erfuhr er, daß der König eine eigentliche strafrechtliche Untersuchung wegen Ehebruchs wider ihn eingeleitet und ihn seiner Gerichtsbarkeit unterworfen habe. Dieser aber entzog er sich, um des Princips willen, durch die Flucht nach Rom.

Seine eigne Sache verschlimmerte er dadurch. Aus Furcht vor dem König verließen ihn viele Geistliche seines Anhangs und der König ist sichtlich von nun an bis zu den Vorgängen auf der Synobus Palmaris gegen ihn gestimmt[1]): jene Flucht hatte seinen Zorn und seinen Verdacht gereizt. Vor Allem setzte er, — das hat man bisher übersehen, — seine Criminaluntersuchungen fort und führte sie bis zur Bereitstellung alles Beweismaterials durch: denn er konnte dasselbe später der Synode zur Verfügung stellen. Aber den Richterspruch selbst thun, das hatte er entweder von Anfang nicht gewollt, oder gab es jetzt auf, nachdem sich der Pabst in Asyl begeben.

Aber er nahm doch die Leitung der Sache selbst in die Hand: er selbst wollte für Beilegung der Wirren, als oberste Autorität im Staat, sorgen, nicht sie der Kirche überlassen, deren in der ersten Synode erzieltes Ergebniß keine Dauer gehabt hatte.

Er bestellte nun, kraft königlichen Rechts, einen „Visitator", der im Auftrag des Königs, zu Rom eine Synode versammeln und mit derselben über den Pabst richten, zugleich aber einstweilen die römische Kirche, von der er also Symmachus suspendirt, verwalten sollte. Dieß that er, wie es heißt, auf Verlangen der Laurentianer (der Laien) und auch die Person des Visitators, des Bischofs Petrus von Altinum, wählte der König, so scheint es, nach deren Wunsch, also in für Symmachus ungünstiger Weise[2]). Petrus erschien um

---

1) Diese Zeit meint Ennod. ep. V. 13 dudam dum nobis metus instaret et de clementia pii regis dubio meritorum aestimatione penderemus incerto, camelos papae ... tradidimus etc.
2) So ist Anast. Theod. Lector. Ennod. mit der vita zu vereinen. Anast.: Festus et Probinus senatores miserunt relationem regi et coeperunt agere, ut visitatorem daret rex sedis apostolicae. tunc rex dedit Petrum alticinae civitatis episcopum, *quod canones prohibebant*; nach der vita an. sendet der König durch jene Begleiter des Symmachus an Senat und Klerus „praecepta

Ostern a. 501 in Rom und berief, auf des Königs Befehl, in des Königs Namen, eine Synode dorthin¹). Der Visitator, nach dem Wunsch der Laurentianer gewählt, trat nun entschieden gegen Symmachus auf: — dieß, wie schon seine Wahl, bezeichnet die Gesinnung des Königs, — namentlich entriß er eine Anzahl römischer Kirchen den Anhängern des Pabstes und setzte Laurentianer in deren Besitz²). Damals wohl kam Laurentius selbst nach Rom. (Anast.).

Aber grade diese Parteilichkeit gegen Symmachus wirkte günstig für Symmachus: der hierarchische Geist, dessen verfolgter Vertreter er war, regte sich zu seinen Gunsten in der nicht-römischen Geistlichkeit. Die Bischöfe, welche ihr Weg nach Rom über Ravenna führt, fragen den König vorwurfsvoll, warum denn er ihrem hohen Alter die Mühen dieser Reise zumuthe? und als er antwortet, mehreres Erschreckliche sei über des Symmachus Wandel an ihn gebracht worden, was die Synode untersuchen und richten müsse, erwidern sie kühn: „er selbst, der jetzt verklagt sei (und nicht der König) hätte die Synode berufen müssen: denn, nach der Würde des Principats Petri, hätten, gemäß Gottes Befehl, die Concilienschlüsse dem Pabst diese besondre Gewalt in der Kirche verliehen, nicht von Geringern gerichtet zu werden"³), (es kann also die Synode nur dann den Pabst richten, wenn er auf dieß Privileg verzichtet und selbst sie zum Richten beruft). Und der König weist diese Ansprüche nicht zurück: er weicht sichtlich einem Conflict mit den Bischöfen aus und beruft sich darauf, der Pabst selbst habe in

---

super ejus quodammodo damnatione"; „quodammodo" muß er doch hinzusetzen: das „damnatione" ist wohl auf „judicatione" zurückzuführen, zeigt aber des Königs Verstimmung an; weiter sagt die Quelle, der Pabst sei jetzt „ab universo clero romano" der Verschleuderung des Kirchenguts gegen die canones beschuldigt worden: — das geht zu weit: der Pabst hatte immer noch geistliche Anhänger, wenn auch grade jetzt die meisten abgefallen waren — und es sei die Person des Petrus von fast allen als Visitator verlangt worden.

1) II. Synode unter Symmachus, vom König berufen, zwischen Ostern und August a. 501. „in basilica Julii" vit. an. jubente rege. acta Mansi p. 247. ex praecepto gloriosissimi regis Theoderici . . cum ex diversis provinciis ad urbem romanam convenire regia praecepisset auctoritas; ebenso Th. Lect. Θεοδέριχος σύνοδον ἐπισκόπων ποιησάμενος.

2) Das meint Anast. p. 123. Petrus, invasor sedis apostolicae, et Laurentius vivo Symmacho pervaserunt sedem ejus; vgl. Ennod. Apolog.; aber Hefele l. c. irrt, wenn er, Baronius folgend, behauptet, in dem Panegyrikus (verwechseln ihn beide mit dem apologeticus?) des Ennodius sei des Petrus Parteilichkeit bezeugt; davon enthält der Panegyrikus nichts.

3) Mansi VIII. p. 249.

Briefen den Wunsch der Berufung einer Synode ausgesprochen, und als die Bischöfe so weit gehn, Vorlage dieser Briefe zu fordern, versteht sich der König auch hiezu. Ja, so scharf steht der hierarchische Geist auf diesen Punkt, daß das Protokoll der Synode mit deutlicher Geflissentlichkeit hervorhebt, als nun die Synode eröffnet worden, sei „der Ordnung gemäß" der Pabst erschienen[1]) und habe ausdrücklich erklärt, der König habe die Synode nach seinem Wunsch berufen „und damit nahm er den Priestern die Traurigkeit über den mangelnden Rechtsbestand der Synode aus der Seele". Aber trotz alledem sind diese Erklärungen des Königs und des Pabstes doch bloß Umgehungen und Verhüllungen der Wahrheit, daß eben doch der König, und nicht der Pabst, wie die hierarchische Lehre forderte, die Synode berufen, was ihre eignen Acten officiell anerkennen[2]). Der „Wunsch" des Pabstes mochte ihr Gewissen etwas beruhigen, aber er war doch nur ein Nebenmotiv für den König gewesen, dieser hält an seinem Recht, Synoden auch gegen den Willen des Pabstes zu berufen, strenge fest, wie sich bald zeigen wird. Und nicht vergessen dürfen wir, daß die Quelle, welche jene Erklärungen des Königs und des Pabstes melden, die sehr stark hierarchisch gefärbten Synodalprotokolle sind, welche die Nachgiebigkeit des Königs und sein Zurückweichen vor Pabst und Synode übertreiben[3]), wie wir getrost da annehmen dürfen, wo des Königs, von denselben Protokollen gemeldete, Handlungen jener angeblichen Unterwürfigkeit der Gesinnung widersprechen[4]). Uebrigens vermied allerdings gewiß der König mit Sorgfalt einen Conflict mit Pabst und Kirche, der seine ganze Versöhnungstendenz zwischen Römern und Gothen vereitelt hätte. Und

---

1) Die Laurentier bestritten später die formelle Gültigkeit der Synode wegen des erst spätern Erscheinens des Pabstes, Ennod. apol. p. 985, über die geschichtliche Entwicklung des Rechts des Kaisers oder des Pabstes Concilien zu berufen, zu eröffnen und ihnen zu präsidiren Pland I. S. 681—684; irrig Thomassin p. 405.

2) Mansi l. c. p. 249. ex praecepto gloriosissimi regis, wie auch Theod. Lect. ohne Umschweif sagt l. c. Binius verdreht völlig die Thatsachen, um sagen zu können, der König habe wohl gewußt, daß er keine Synode berufen dürfe und der Pabst habe sie berufen; irrig auch Rubeus p. 126; Thomassin p. 402. 419. 405.

3) Z. B. Mansi l. c. 250. nec aliquid ad eum de ecclesiasticis negotiis praeter reverentiam pertinere; irrig hiedurch Le Beau p. 200.

4) Jenes Gespräch in Ravenna enthielt jedenfalls Feinheiten und Zweideutigkeiten; es wurde ein Hauptgegenstand des spätern Federstreits zwischen den Laurentiern und Symmachiern. Ennod. apolog.

er war in den Formen gewiß sehr rücksichtsvoll, ohne seinem Recht thatsächlich etwas zu vergeben. Das ist ganz seine Art und soviel ist gewiß an jenem Gespräch in Ravenna richtig[1]).

Der Pabst hatte nun jedenfalls ein geistliches Gericht, wenn auch leider durch den König berufen, erzielt, während ihn früher, vielleicht wenigstens, der König selbst richten wollte, und der König vermied offenbar einen Conflict, zwar nicht um jeden Preis, aber doch um den Preis starker Concessionen.

In gleichem Maße mit dieser bemerkten Vorsicht wächst nun dem Pabst die Energie: schärfer als vor der Bestellung des Petrus wahrt er seine beanspruchte Stellung gegen den König.

Anstatt sich vor der Synode zu rechtfertigen, wie es des Königs erklärter Wille, verlangt er vor Allem, die Synode müsse erstens jenen Visitator verwerfen und beseitigen, den Laien (Festus und Probinus) und ein Theil des Clerus verlangt hätten[2]) (und den der König bestellt hatte), und zweitens müsse Er zuvor in alle ihm in Rom von Petrus und den Laurentianern entrißne Kirchen wieder restituirt werden. Nur nach Erfüllung dieser Bedingungen werde er auf sein Privileg, nicht gerichtet werden zu können, verzichten und sich freiwillig dem Gericht der Synode unterstellen[3]).

Ein sehr großer Theil[4]) der Geistlichen billigte diese Forderungen des Pabstes: „aber die Synode nahm sich doch nicht heraus, etwas zu entscheiden, ohne des Königs Vorwissen" gesteht das Protokoll — höchst begreiflich: denn die Bischöfe wußten sehr gut, der König wolle etwas Andres. Man schickte nun Gesandte an den König, denselben von seinem Willen abzubringen und zur Genehmigung jener Bedingungen des Pabstes zu bewegen.

Hier kömmt die durch die hierarchische Färbung[5]) der Protokolle vielfach verdunkelte Abhängigkeit der Synode vom König deutlich zum Vorschein. — Sehr geschickt ist es nun aber, wie das Protokoll[6]) es der Nachläßigkeit der Gesandten Schuld gibt, daß

---

1) l. c. affectu bonae conversationis.
2) Schröckh XVII. S. 197 eifert gewaltig über diese Ansprüche des Pabstes.
3) Mansi l. c. p. 249.
4) l. c. maximus numerus, doch nicht major; irrig Gröne S. 175.
5) Die man auch bei Ennod. apol. trotz der Schmeicheleien für Theoderich nicht vergessen darf; das Richtige bei Gibbon c. 39: „he was the head of the church as well as of the state"; was Pavir. I. S. 223 dagegen sagt, ist bodenlos; richtiger Sart. S. 142; falsch auch Thomassin p. 403; Gröne S. 175.
6) l. c.

jene „gerechte Forderung" nicht den erwünschten Bescheid vom König erlangte: „die Gesandten müssen sie eben nicht gehörig vorgebracht haben"; damit ist der König nicht der Ungerechtigkeit beschuldigt und doch die Gerechtigkeit der Forderung aufrecht erhalten.

Der König wies nämlich das Begehren des Pabstes einfach ab und befahl[1]), derselbe solle vor der Synode seinen Anklägern Rede stehn, ehe er die verlornen Kirchen wieder erlange[2]). Klar sieht man, der König steht über Pabst und Concil: er befiehlt, in welcher Weise das Concil den Pabst behandeln und den Streit beilegen soll. Und das Concil findet dabei nichts Rechtswidriges: es gehorcht.

Nicht aber der Pabst. Dieser setzt nun dem Befehl des Königs offnen Trotz entgegen: er wiederholt, nur unter jenen beiden Voraussetzungen habe er auf sein Recht, nicht gerichtet zu werden, verzichtet und sich zur Reinigung entschlossen. Jetzt, nach Verwerfung seiner Forderung[3]) sei er dazu nicht mehr gewillt[4]).

Bisher war nur ein Conflict des Pabstes mit seinen Anklägern vorhanden: von jetzt an besteht auch ein Conflict des Pabstes mit dem König. Diesen Sachverhalt und damit die Bedeutung der weitern Vorgänge hat man verkannt.

In dem Concil standen sich drei Parteien gegenüber: die Laurentianer, die entschiednen hierarchischen Anhänger des Pabstes und eine Mittelpartei voll Rücksicht auf den König.

Die Laurentianer[5]) forderten, was der König, seit der Flucht des Pabstes erzürnt, bereits gewährt: Rechtfertigung des Pabstes

---

1) l. c. jussus est regis praeceptionibus papa Symmachus, ante patrimonii vel ecclesiarum receptionem, cum impugnatoribus suis in disceptatione confligere.

2) Vit. an. jubente rege de ejus excessibus judicatura; von dem Visitator schweigt er, vermuthlich weil jetzt, nach der Eröffnung der Synode, dessen Thätigkeit ihm nicht mehr wichtig genug scheint, deßwegen mit Pabst und Concil zu streiten; vielleicht auch, weil des Petrus Heftigkeit ihm zu weit gegangen war; er hatte sich abhalten lassen, den Pabst, wie der König befohlen, in Rom sofort zu begrüßen; überhaupt hatte der König, wie der libellus incongr. absol. zeigt, den Pabst nie ganz nach dem Wunsch des Festus behandelt, z. B. nicht alle Ankläger zugelassen.

3) In der zweiten, bezüglich Petrus, hatte der König, scheint es, nachgegeben; über Bestechung des Petrus (?) Filiasi p. 188.

4) Das Protokoll l. c. übergeht die ganze Zwischenzeit und springt sofort auf die Sessoriana. Das Motiv dieses Auftretens scheint mir viel eher Behauptung des hierarchischen Princips, als listige Vereitlung der Verhandlung aus Schuldbewußtsein, (wie Bower S. 271 sagt).

5) Sie waren meist jüngere Kleriker. Ennod. apol. p. 981.

in der Synode. Eventuell forderten sie seine Absetzung. Die Hierarchen theilten unbedingt den Standpunkt des Pabstes, sahen mit der gerechtfertigten Weigerung desselben, vor der Synode sich zu reinigen¹), die Sache für erledigt, die (vom König berufne) Synode (gegen den Willen des Königs, durch diesen Beschluß des Pabstes) als aufgelöst an, und viele Bischöfe dieser Partei verließen deßhalb ohne Weitres Rom. Bei dieser Auffassung begreifen wir es sehr wohl, weßhalb der König diese Abreise so schwer tadelte.

Aber noch war es dem Pabst nicht gelungen, die Mehrzahl der Versammlung auf seine Seite zu ziehn.

Vielmehr besteht um diese Zeit eine, durch Zahl und Ansehn ihrer Glieder, zur Entscheidung befähigte Mittelpartei, welche zwar nicht mit den Laurentianern gegen den Pabst auftritt²), aber doch auch dessen strengen Standpunkt nicht theilt, sondern, in kluger Rücksicht auf den König, die Sache nicht durch die Weigerung des Pabstes erledigt und die Synode nicht für aufgelöst erachtet³).

An der Spitze dieser Partei stehen die Häupter der ganzen Synode, die angesehensten Bischöfe des Reiches, nach dem römischen: Laurentius von Mailand, Marcellin von Aquileja⁴) und Petrus von Ravenna. Diese blieben in Rom und baten den König brieflich, den Sitz der Synode nach Ravenna zu verlegen: dort, unter des Königs Augen, mochten sie hoffen, werde der Pabst seinen Widerstand nicht fortsetzen können.

Der König war über die Renitenz des Pabstes und die eigenmächtige Abreise seiner Anhänger erzürnt. Ihm lag aber vor Allem an der Herstellung der Ruhe in Rom und deßhalb an der Beilegung des Streites. Seine maßvolle Vorsicht — sein eigenster

---

1) Vit. an. atque id agitur a nonnullis episcopis et senatoribus, ne (Lüden) Symmachus audientiae subderetur. hoc palam pro ejus defensione clamantibus quod a nullo possit romanus pontifex etiamsi talis sit, qualis accusatur, audiri.

2) Hierüber vgl. Ennod. apol. p. 985 und Sirmonds Anmerk. b.

3) Vit. an. sed *electiores* antistites, tam pro religionis intuitu, quam *pro regis jussione*, censebant tantae rei negotium paene ubique vulgatum sine examine nullatenus deferendum.

4) Der Erstere schreibt einmal an den Zweiten im Interesse des Pabstes, Ennod. ep. IV. 1, und wenn ich IV. 29 recht verstehe, so ist der „aquilijensis" erst spät wieder dem Pabst günstiger gestimmt worden; aber auch Laurentius von Mailand war, zu einer gewissen Zeit wenigstens, gespannt mit dem Pabst; Ennod. ep. (oben), dessen spätere Stellung behandelt dictio I. p. 1050.

Characterzug[1]) — verließ ihn auch in diesem Conflicte nicht; er wußte wohl, wie gefährlich für seinen Ketzerstaat ein schwerer Kampf mit der Orthodoxie werden müßte. Er wollte deßhalb entfernt nicht, wie die Laurentier, Absetzung des Pabstes, ja auch das war ihm nicht absolut wesentlich, den Pabst in der Synode verurtheilt oder auch nur gerichtet zu sehen. Aber absolut wesentlich war ihm, jene Herabwürdigung der königlichen Autorität zu verhindern, die in der Weigerung des Pabstes lag, sich vor der vom König berufnen Synode zu stellen, und besonders in der eigenmächtigen Auflösung dieser vom König beauftragten Autorität durch den bloßen Willen des Pabstes. Diese, vom König berufne, Autorität sollte jedenfalls die Sache erledigen und Rom die Ruhe wiedergeben; diesem Princip sollte nichts vergeben werden; — wie, daran lag ihm viel weniger: in dem Modus konnte er Concessionen machen. Und so legte denn seine Klugheit der Synode einen für den Pabst schonenden, die Synode ehrenden und das Recht des Königs wahrenden Ausweg nah. Er gestattete ihr, wenn sie dies vorziehe, auch ohne Gerichtsverhandlung über den Pabst, die Sache beizulegen, wenn sie nur die Ruhe herstellte.

Er gab also in der Sache zum Theil nach, wahrte aber im Princip, in der Form sein Recht.

Er bestand nicht mehr absolut darauf, daß der Pabst sich in der Synode wider seine Ankläger verantworte; aber Er, der König, ist es, der der Synode jetzt gestattet, in anderer Weise Frieden zu schaffen. Es ist also doch nur der Wille des Königs, der sein Organ, die Synode, ihres früheren Auftrags entbindet, es ist nicht Recht oder Wille des Pabstes, nicht gerichtet zu werden, was entscheidet und von einer Sprengung der Synode durch den Pabst darf keine Rede sein.

Es kommen hier mehrere Briefe des Königs in Betracht.

Zuerst schreibt er am 8. August a. 501 an die drei genannten Häupter der Mittelpartei „und an alle Bischöfe, die in Rom geblieben sind" (residentibus). Er tadelt die Abgereisten sehr streng, lobt die Gebliebenen sehr warm, verweigert eine Verlegung der Synode nach Ravenna, „wegen der weiten Reise einiger, des hohen Alters andrer Bischöfe" — in Wahrheit wohl, weil er nicht auch noch die Ruhe Ravennas gestört sehen wollte und dann gewiß auch,

---

1) Vgl. A. II. S. 147 und seine eignen merkwürdigen Worte. Var. III. 4 an Chlodovech. Gröne S. 175 verschweigt des Königs Erlaubniß.

um den Schein zu vermeiden, als sei die jetzige (II., die julianische Synode) durch den Pabst und dessen Anhänger wirklich gesprengt und die Berufung einer Dritten nöthig geworden, was die Ortsveränderung zweifellos gemacht hätte[1]). Er fordert sie auf, zu einer zweiten Sitzung zusammenzutreten und verheißt nöthigen Falls selbst nach Rom zu kommen, auf daß in seiner Gegenwart die Sache von der Synode erledigt, jedenfalls aber die Ruhe in Rom hergestellt werde.

Anders gehalten ist der Brief, welchen der König am 28. August an die gesammte Synode, also auch an die, einstweilen zurückgerufnen, Anhänger des Pabstes richtet. Mit kräftigem Nachdruck und im Ton des Vorwurfs frägt er, wie er denn correcter und ehrerbietiger habe handeln können, als indem er die Entscheidung über den verklagten Pabst einer Synode übertrage? Er tadelt scharf die Uneinigkeit und das ergebnißlose Auseinandergehen der letzten Sitzung und trägt der Versammlung auf, nur jedenfalls der Kirche und der Stadt den Frieden wiederzugeben. Letzteres bezieht

---

1) Hier nämlich muß ich von Hefeles Zählungssystem der symmachischen Synoden völlig abweichen: er sieht S. 620 f. in der jetzt zu schildernden Versammlung in der basilica sessoriana eine neue Synode, die III. des Symmachus, und folglich in der sogenannten palmaris die IV.; aber die sessoriana ist offenbar nur eine zweite Sitzung der Juliana. Denn der König nennt sie einen „secundus conventus", d. h. ein zweites Zusammenkommen der von ihm berufnen Juliana: nach Hefeles Zählung müßte er nothwendig von einem tertius oder von einem primus conventus sprechen: ersteres, wenn er die von a. 499 zählt (dann heißt conventus soviel als synodus), letzteres, wenn er jene nicht zählt und conventus sessio heißen soll: secundus conventus aber kann er nur sagen, wenn er eben die zweite Sitzung der zweiten Synode meint. Ganz damit übereinstimmend sagt er an andrem Ort, die Sessoriana solle es nicht durch abermalige Resultatlosigkeit zur Nothwendigkeit einer secunda congregatio bringen: d. h. zu einer zweiten, vom König zu berufenden Synode; hier müßte nach Hefele entweder tertia oder quarta stehn, je nachdem der König die I., die petrina von a. 499 zählt oder nicht. — Hefele beruft sich darauf, daß Ennodius in seinem apologeticus pro synodo (palmari) diese die vierte nenne und ebenso der Pabst in den Protokollen derselben. Allein dieß ist eben der Standpunkt jener hierarchischen Partei, welche die Juliana durch die Weigerung des Pabstes und die Abreise seiner Anhänger für gesprengt ansahen und deßhalb die sessoriana als eine ganz neue Synode ansahen. Da aber die vom König berufne Synode nicht ohne Willen des Königs und nicht vor Erreichung des vom König ihr gesetzten Zieles gelöst werden konnte, und da die Mehrzahl und die Angesehensten ihrer Glieder, diese Ansicht theilend, in Rom blieben, haben wir keinen Grund, jenen Parteistandpunkt zu theilen.

sich besonders darauf, daß die Laurentianer und Symmachianer sich um den Besitz mehrerer Kirchen in Rom mit den Waffen bekämpften; jene haben dabei durch die Senatoren¹) die Oberhand: diese Hereinziehung von Laien in den Kirchenstreit wird den Laurentianern von der hierarchischen Partei immer wieder vorgeworfen.

Von der im Brief an die dem König näher stehende Partei besprochnen Reise des Königs nach Rom sagt das Schreiben an die Gesammtsynode nichts. Statt dessen enthält es die erste Andeutung jenes erörterten Auswegs auch für die Hierarchen, von der zwanzig Tage zuvor in dem Brief an die Mittelpartei noch keine Spur begegnet: der Synode wird jetzt zuerst anheimgestellt, den Streit auch ohne Untersuchung der Anklagen gegen den Pabst beizulegen²), wenn sie dieß vor Gott und Gewissen verantworten könnten. Zugleich sendet der König drei vornehme Gothen, den comes Arigern³) und die beiden Hausmeier Gudila und Bedeulf nach Rom, um die Ruhe daselbst aufrecht zu halten und besonders, um dem Pabst im Namen des Königs freies Geleit aus der Peterskirche nach der Sessoriana schwören und gewähren zu lassen.

Dieß ist bedeutsam. Der König sagt: „da ihr die Anwesenheit des Pabstes in der Sitzung für nöthig erklärt habt" — er scheint also eine Zeit lang daran gedacht zu haben, der Pabst könne von der Synode nach seiner Weigerung als contumax processirt werden, worauf man aber nicht einging: jenes hatten wohl die Laurentier, in Hoffnung auf seine Absetzung, gewünscht. Ferner läßt er die Officiere dem Pabst zwar zunächst Schutz gegen die Laurentier versprechen, aber doch auch zugleich Sicherheit vor Strafe durch den König⁴), d. h. der Pabst solle nicht fürchten, aus seinem Asyl durch diese Officiere, statt in die Sitzung, in einen Kerker des Königs gebracht zu werden.

---

1) Ennod. apol. p. 994; nach Anast. steht nur Ein angesehner Senator auf Seite des Symmachus, der Consular Faustus, der mit Ennodius eng befreundet war (s. dessen Briefe I. 3. f.), und vit. an. nennt den Anhang des Laurentius senatus electior; dagegen von der „plebs" stand der größere Theil bei dem Pabst. Mansi p. 251.

2) Mansi p. 250.

3) Die falsche Lesart Consatriernus (z. B. noch bei Sartl. S. 309) ist aus Zusammenziehung von comes Arigernus entstanden. Wir kennen ihn aus Var. IV. 16; Mansi p. 230 nennt ihn comes und vir illuster; die beiden Hausmeier viros sublimes; mit Unrecht wohl macht auch Arigern zum Hausmeier p. 256; er war später (?) comes urbis; s. Manso S. 316.

4) „Ne quid dubitationis habeat jussio nostra".

So trat denn die zweite Sitzung der II. Synode zusammen[1]). Ihr Zustandekommen schon war ein Erfolg des Königs, eine Niederlage des Pabstes: er hatte es nicht vermocht, die starke Mittelpartei auf seinen Standpunkt herüberzuziehen und die Synode zu sprengen. Jenes entscheidende Centrum stand jetzt dem König näher als dem Pabst. Es ging jetzt gar nicht einmal auf den vom König gestatteten Ausweg ein[2]): die Majorität beschloß vielmehr, nach dem ursprünglichen Befehl des Königs, über den Pabst förmlich Gericht zu halten. Sie nahm die Anklageschrift der Laurentier an und nahm sie in ihre Acten auf[3]), verwarf zwar deren Forderung, des Angeklagten eigne Sclaven als Belastungszeugen zu vernehmen als gegen weltliches und canonisches Proceßrecht[4]), lud aber den Angeklagten vor. Und der Pabst — gab nach. Er verließ also seinen streng hierarchischen Standpunkt, er verzichtete auf seine frühere Forderung der Restitution vor aller Rechtfertigung: er willigte ein, sich vor der Synode gegen seine Ankläger zu rechtfertigen[5]). Den Grund dieser plötzlichen Nachgiebigkeit suchen wir wohl mit Recht in der Haltung der Mittelpartei: er mochte fürchten, nachdem er sie nicht für seinen Standpunkt gewonnen, sie durch fortgesetzten Widerstand vollends auf Seite der Laurentier zu drängen. Vielleicht war es auch schwer, den drei gothischen Officieren zu widerstreben[6]).

---

1) II. Synode unter Symmachus, vom König berufen, 1. Sept. a. 501. „in basilica s. crucis hierosolym.", auch „basilica sessoriana" genannt.

2) Sie nannten des Königs letzten Brief „höchst maßvolle Befehle", moderatissima praecepta p. 257.

3) Mansi p. 249; vit. an. ut libellus inter gesta sollemniter panderetur; derselbe behauptete, der König habe sich bereits von der Schuld des Pabstes überzeugt, was der Pabst später bestritt; Mansi l. c. (oder bewies? declaravit oder perclaruit?); jedenfalls hatte der König die Untersuchung durchgeführt, denn er stellt in seinem Brief der Synode alles Beweismaterial zur Verfügung (Mansi); vgl. Ennod. apol. p. 987; zweifelhaft, ob das „post libellum Romae factum" des Anast. auf eine früher dem König eingereichte (Anast. scheint das sagen zu wollen) oder die hier gemeinte Anklage oder auf die spätere Streitschrift geht; danach bemißt sich die Zeit der Rückkehr des Laurentius nach Rom; der König scheint sich weder von der Schuld noch der Unschuld überzeugt zu haben; Mansi l. c. non enim etc.

4) Ennod. apol. p. 979.

5) Mansi p. 250. ut causam diceret; vgl. Le Beau p. 201.

6) Das Protokoll sagt, mit großen Uebergehungen, der Pabst habe seine Privilegien, auf die er einmal verzichtet, nicht wieder aufnehmen wollen, aber er hatte ja nur bedingt verzichtet und seine Bedingung war nicht erfüllt; vgl. auch Hefele l. c.

Als der Pabst die Peterskirche verließ, um sich nach der Sessoriana zu begeben, war er ein im Princip überwundner Mann. Da trat eine jener Wendungen ein, welche der Geschichte der Hierarchie in dem Kampf mit ihren Gegnern so oft zu statten gekommen ist: rohe Vergewaltigung wandte dem Pabst rasch und mächtig die allgemeine Sympathie zu, diesen irdischen Segen des Martyriums¹).

Symmachus wurde auf seinem weiten Wege von St. Peter nach der Sessoriana — die beiden entlegensten Puncte Roms — von den Laurentiern, Senatoren und Priestern, überfallen und sammt seinem Gefolge so übel zugerichtet („crudeliter mactatus"), daß mehrere seiner Begleiter schwere Wunden erhielten, und nur der Energie der drei Officiere gelang es, die Angegriffnen vor Schlimmerem zu retten und sie lebend in die Peterskirche zurückzuführen — in die Sessoriana gelangte der Pabst nicht²).

Ein seltsames Bild: das Haupt der römisch-katholischen Kirche in den Straßen Roms gegen römische Senatoren und katholische Priester von den Speeren ketzerischer Barbaren geschützt! —

Darauf erfolgte ein totaler Umschlag in der Stimmung der Synode: die Mittelpartei näherte sich mit starken Schritten dem Pabst³). Zwar lud sie denselben noch⁴) wiederholt vor, — wollte also noch das Gericht beginnen. Da er aber, nun freilich in der günstigsten Situation, erwiderte: „als er, unter Verzicht auf seine Privilegien, sich habe nach dem Willen des Königs⁵) vor der Synode rechtfertigen wollen, habe die Synode (also nicht nur der König) das erstemal seine Forderungen verworfen, das zweitemal sei er fast erschlagen worden, jetzt unterwerfe er sich dem Gericht der Synode nicht mehr: Gott und der König hätten Gewalt, mit ihm nach Gutdünken zu verfahren"⁶): — so ergriff die Synode jetzt den vom König gewährten Ausweg. Sie berichtete an diesen, sie könne

---

1) Deßhalb übergeht die vit. an. bleß ganz (wie Mur ad a. 503 mit Recht hervorhebt) und springt gleich auf Späteres über.
2) Mansi p. 249.
3) Erst jetzt; anders Bower S. 245.
4) Jussionis vestrae obsequio Mansi p. 238.
5) l. c.
6) l. c. p. 250. Juristisch ist diese Wendung wohl fast bedeutungslos; aber höchst characteristisch ist, daß der Pabst nur sagt: in potestate dei est et domni regis quid de me delegerit ordinare, während die Synode an den König schreibt: dominum regem habere quod vellet jus faciendi, p. 256; p. 250.

weder den Pabst als contumax behandeln, da er sich ja (einmal) gestellt habe¹), noch auch könne sie ihn, gegen seinen Willen, zur Stelle schaffen²), „zumal da es etwas ganz neues sei, daß ein Pabst von Bischöfen gerichtet werde"³). Das ist das wahre Motiv, es zeigt aber deutlich den Umschlag der Stimmung und Gesinnung: vor wenigen Tagen noch hatte man sich über dieß „Neue" ruhig hinweg gesetzt. — Sie hätten daher (die vom König gewährte zweite Alternative ergriffen und ohne den Pabst zu richten) alles mögliche gethan, den Kirchenfrieden herzustellen und Senat und Klerus zur Unterwerfung unter Symmachus ermahnt⁴). Diese aber hätten nicht Folge geleistet, so sei es nun des Königs Sache, als ein frommer Herr, ihrer Uneinigkeit und Schwäche zu Hülfe zu kommen und das Uebrige zu thun: denn der Schlauheit der Weltleute (Festus) sei priesterliche Einfalt nicht gewachsen (!): sie bäten daher um Erlaubniß nach Hause zurückkehren zu dürfen; „denn sie könnten nichts andres mehr beschließen". Sie halten also jetzt Alle die Synode für geschlossen.

Was ist nun der Grund, weßhalb der König in seinem Antwortschreiben vom 1. Oct. a. 501 ziemlich ungehalten erwidert, sie dürften nicht abreisen, sondern müßten die Sache in einer neuen Synode erst „erledigen". Worin soll diese weitere Erledigung bestehen? Offenbar weder in wirklichem Richten über den Pabst — denn der König wiederholt, davon dürften sie absehn — noch in einer Erklärung, wer der rechte Pabst sei⁵). Denn das war für den König gar nicht zweifelhaft und konnte es jetzt überhaupt für

---

1) Aber jetzt war er, auf viermalige Ladung (Mansi l. c. und 256; Ennod. apol. p. 983; diese Renitenz malt die vit. an. gehäßig aus) ausgeblieben: die Synode wollte ihn nicht contumaciren.

2) l. c. p. 256. Wegen des Asyls?

3) Mansi l. c.; vgl. Ennod. apol. p. 982 und bes. 988; in dieser principiellen Frage liegt die zweite Hauptbedeutung dieser Händel; vgl. die Controverse über die Unrichtbarkeit des Pabstes an diese Vorgänge geknüpft und einst eifrig erörtert, abgesehn von Baronius und Pagi, von Ludwig Thomassin dissert. in conc. gener. et partic. Lucae 1728 fol. (diss. XV. in conc. nom. sub Symm. p.); dagegen Schröckh XVII. S. 112; Bower S. 250; beide Extreme sind historisch irrig; vgl. Haße I. S. 126. 147.

4) s. die Ermahnung bei Mansi p. 251; nach der vit. an. nöthigt der Trotz des Pabstes hiezu, worauf die Laurentier erwidern: ihr Gewissen gestatte ihnen dieß mit nichten.

5) Hefele l. c.

Niemand mehr fein, nachdem ja die Synode bereits die Laurentier, Senat und Klerus, zur Unterwerfung unter Symmachus ermahnt.

Das Richtige liegt vielmehr, wie der immer wiederholte Auftrag, Rom zu beruhigen und der Schluß des Briefes zeigen, darin, daß der König verlangt, die Synode solle ihren Beschluß nicht nur aussprechen, sondern auch wirklich durchführen, d. h. die einzelnen Kirchen und Gebäude in Rom, um deren Besitz die Parteien heftig¹) stritten, nach gehöriger canonischer Untersuchung, den Unberechtigten im Einzelnen absprechen und abnehmen und den Berechtigten restituiren. Sie sollten diese Arbeit nicht ihm zuschieben, denn er habe deutlich gezeigt, daß er sich in diese Dinge nicht mischen wolle: hätte er es gewollt, setzt er, nicht ohne Tadel der bisherigen Resultatlosigkeit der geistlichen Behörde vornehm hinzu, so würde er es mit seinen proceres²) unter Gottes Hülfe wohl fertig gebracht haben.

Sie brauchten den Pabst nicht zu richten: wolle dieser aber in der Synode erscheinen, so biete er ihm nochmal das Geleit der drei Officiere an: jedenfalls aber sollten diese, wenn der Ausspruch der Synode über den Besitz der einzelnen Kirchen erfolgt sei, dieselben, namentlich den Lateran, den Berechtigten thatsächlich übergeben und den Widerstand gegen Beschlüsse der Synode brechen (damit war der Behauptung der Synode begegnet, sie sei zu schwach, weiteres zu erzwingen), auf jeden Fall aber sollten sie keine Unordnung in Rom zurücklassen.

Die Bischöfe gehorchen. Sie treten zu einer neuen Synode zusammen³). Diese erklärt, nach einer geschichtlichen Darstellung der bisherigen Vorgänge, sie wolle auf die Anklagen gegen Symmachus nicht eingehen, sondern dieselben dem Gerichte Gottes über-

---

1) Das ist (vit. an.), die summa confusio, in welcher die Synode Rom belassen.

2) Ueber die Bedeutung dieses Ausdrucks f. Bethm. H. S. 112; es sind die primores palatii, welche dem kaiserlichen consistorium entsprechen.

3) III. Synode unter Symmachus, vom König berufen, vom 23. Oct. a. 501. „in porticu b. Petri Apostoli quae appellatur ad Palmaria". Anast. „Symmachus congregavit etc." Mansi l. c.; ich folge Hefele II. S. 623 in der Annahme des Jahres und auch in der Ortsbezeichnung (obwohl mehrere Handschriften bei Mansi statt palmari, oder ad palmam lesen: „palam"); deßhalb, weil die gewöhnlich von Baronius, Pagi, dem Bollandisten und Mansi palmaris genannte nächste (IV.) Synode offenbar, wie aus dem Protokollirt erhellt, in basilica Petri gehalten wurde.

laſſen¹), vor den Menſchen ſollen dieſe Anklagen fortan abgethan ſein. Zweitens ermahnen ſie den Senat, der die Anklagen beſonders betrieb, ſich dieſem Beſchluß zu fügen. Drittens geben ſie, „nach den Befehlen²) des Fürſten, welche uns dieſe Gewalt übertragen, dem Pabſt alle geiſtliche Gewalt in Rom zurück", er ſoll in allen Kirchen zu Rom der Sacramente walten dürfen, die von ihm abgefallnen Geiſtlichen ſollen ihm Genugthuung leiſten und ſich unterwerfen, dafür aber Verzeihung erhalten und in ihre Aemter wieder eingeſetzt werden: jeder Geiſtliche aber, der in irgend einer römiſchen Kirche fortan, gegen des Symmachus Willen, Meſſe hält, ſoll als Schismatiker geſtraft werden".

Hiemit ſah der König die Sache für erledigt und namentlich ſeinen Conflict mit dem Pabſt als beendet an. Er überläßt es jetzt dem Pabſt, mit dem er fortan in Eintracht ſteht, den allerdings noch lange und lebhaft fortdauernden Widerſtand der Laurentier mit geiſtlichen Mitteln ſelbſt zu überwinden; er miſcht ſich, trotz wiederholten Berufens³) beider Parteien, nicht mehr ein, ſteht aber entſchieden auf des Symmachus Seite, d. h. auf dem Standpunkt und Reſultat der Palmaris, und läßt ſich davon durch alle Anſtrengungen der Laurentier nicht abbringen. Und er hatte allen Grund, mit jenem Standpunkt und Reſultat zufrieden zu ſein. Denn ehe wir auf die weitern, für uns minder wichtigen Dinge eingehn, müſſen wir das ſtaatsrechtliche Ergebniß des bedeutſamen Conflicts⁴) zwiſchen König und Pabſt ſcharf firiren. Es war ein Sieg des Königs über die extreme hierarchiſche Partei, erfochten, nicht durch Gewalt, ſondern durch weiſe Mäßigung und durch kluge Gewinnung einer Mittelpartei. Die extremſten Forderungen gab ſowohl König als Pabſt auf. Der König verzichtet darauf, den Pabſt von der Synode gerichtet zu ſehen, der Pabſt aber verzichtet auf die Anerkennung, daß ihn der König durch die Synode gar

---

1) Die Autorität Petri iſt zwar dabei erwähnt, aber das Entſcheidendſte iſt die Geſtattung des Königs, anders Hefele l. c.
2) Mansi p. 251; secundum principalia praecepta, quae nostrae hoc tribuunt potestati, ei quidquid ecclesiastici juris .. est .. reformamus.
3) Vit. an. p. 47.
4) Pfahler Geſch. ignorirt in ſeiner Darſtellung des Oſtgothenreichs dieſe Dinge gänzlich: die präciſe juriſtiſche Beurtheilung fehlt in den bisherigen Darſtellungen, z. B. bei Schröckh XVII. S. 199; aber auch noch bei Hefele: jener ſchlägt Rechtsſtellung und Erfolge des Königs ſtaatsrechtlich zu hoch, dieſer zu niedrig an; ebenſo Goſſelin S. 196.

nicht richten lassen könne: der König ist es, der die Synode dieses Geschäfts entbindet; und ausdrücklich erkennt der Pabst die höhere Richtergewalt des Königs an, nicht bloß durch einmaligen Ausspruch, auf den wir kein großes Gewicht legen wollen, mehr noch dadurch, daß er den Standpunkt der Palmaris theilt und sich bei ihrer Entscheidung beruhigt. Denn dieser anerkennt vollständig alle vom König geforderten Rechte[1]).

Das Verfahren der Synode wird daher von der streng hierarchischen Partei außerhalb Italiens nicht gebilligt: in einem Schreiben[2]) an zwei römische Senatoren tadelt Bischof Avitus von Vienne, im Namen aller Bischöfe Galliens, die Synode, „daß sie vom König den Befehl angenommen, den Pabst zu richten", und beruhigt sich nur damit, daß sie dieß selbst später als ungehörig bezeichnet hätten. Er übergeht aber dabei das Entscheidende, daß nämlich die Synode, von früheren schüchternen Versuchen abgesehn, erst dann mit diesem Ausspruch Ernst zu machen wagt, nachdem ihnen der König gestattet, vom Gericht Umgang zu nehmen[3]). — Seit der Palmaris ändert sich die Stellung aller Parteien: König, Pabst und Bischöfe stehen auf der einen, die Laurentier allein auf der andern Seite: diese greifen daher jetzt consequent nicht nur den Pabst, auch den König an.

Die Ruhe in Rom war nach der Palmaris vorübergehend hergestellt: damals vielleicht floh Laurentius[4]) vor der jetzt Rom

---

1) Verwirft aber auch auf's Entschiedenste die Partei des Laurentius, welche die Reinheit und Freiheit der Kirche vielfach den Interessen der Laien geopfert hatte. Deßhalb feiert Anast. mit Grund den Sieg des Symmachus als einen Sieg der wahren Kirche.

2) Mansi, Schröckh S. 294. Der Brief hat sehr energische Stellen. „Symmachus, wenn weltlich angeklagt, hätte, statt des Gerichts, die Unterstützung seiner Mitpriester finden sollen: quia sicut subditos nos esse terrenis potestatibus jubet arbiter coeli, *staturos nos ante reges et principes in quacumque accusatione praedicens*, ita non facile datur intelligi, qua vel ratione vel lege ab inferioribus eminentior judicetur. Die Synode habe „salva ejus reverentia dictum sit" diese Sache fast leichtfinnig (pone temere) übernommen, und nur später wenigstens, „ut breviter potuit" erklärt, daß weder ihr noch dem König die Beschuldigungen des Pabstes bewiesen seien". Dieß ist übrigens nicht genau.

3) Man sehe wie bei Mansi p. 250 der Senat aufgefordert wird, von der Processirung des Pabstes abzustehen; juxta mandatum principis. Hurter, der II. S. 59 f. zu einem sehr verschiednen staatsrechtlichen Ergebniß kommt, übergeht solche Stellen ganz; aber auch Gregorov. überschätzt I. S. 321 die Fortschritte der päbstlichen Macht unter den Gothen.

4) Vit. an. violentiam Symmachi persecutionemque declinans.

beherrschenden Uebermacht des Pabstes nach Ravenna und versuchte, den König mit dem Resultat der Palmaris, der Nicht=Processirung, unzufrieden zu machen¹). Dem König ward eine Schrift überreicht, in welcher die Laurentier Processirung oder Absetzung des Pabstes forderten und Restituirung jener Kirchen an Laurentius, für welche er a. 496 als römischer Bischof ordinirt sei, und bei welchen er nach den Canones bleiben müsse²). Da der König darauf nicht einging³), kehrte Laurentius, auf den Ruf der Seinen, wieder nach Rom zurück und setzte daselbst den Streit noch vier Jahre fort⁴), wobei Symmachus besonders der Verschleuderung des Kirchenguts beschuldigt wurde. Diese Anklage zu widerlegen, berief nun Symmachus selbst eine Synode⁵).

Auf dieser Versammlung belobte zuerst der Pabst die Bischöfe wegen der auf der Palmaris gefaßten Beschlüsse⁶), und erklärte dann, seine Gegner hätten sich bei ihren Anklagen bezüglich Verschleuderung des Kirchenguts auf einen Erlaß Odovakars berufen, der angeblich („quasi") im Interesse der Erhaltung des Kirchenguts ergangen sei. Er, der Pabst, wolle über die Gültigkeit dieser Verfügung, welcher übrigens kein römischer Bischof beigewohnt oder seine Unterschrift gegeben habe, sich weiter nicht äußern, sondern sie verlesen und die Synode darüber urtheilen lassen. —

In diesem Zusammenhang nun, aus diesen Gründen und nicht aus andern, wie bisher angenommen worden, erfolgte die Verwerfung jener Verordnungen Odovakars und zwar handelte es sich dabei wesentlich nur um Verwerfung der zweiten Verordnung, der bezüglich des Kirchenguts: die erste, bezüglich der Pabstwahl, wird offenbar nur deßhalb verlesen, weil sie — das zeigt das Protokoll — mit der zweiten in Einer Urkunde („scriptura" p. 266) als Anfang derselben, enthalten war. Jene zweite Verordnung allein

---

1) Vielleicht versuchte man auch schon damals, wie später, ihn aufzubringen gegen die Kühnheit der Bischöfe in jenem Gespräch zu Ravenna. Ennod. apol. p. 976, die Verwerfung des Petrus p. 985 u. s. w.

2) Vit. an. p. 47.

3) Vgl. das hohe Lob, das ihm Ennod. p. 985 ertheilt, daß er den immer wiederholten Versuchen der Laurentier widerstanden; irrig Mur. ad a. 503.

4) Vit. an. l. c. a. 502—506.

5) IV. Synode unter Symmachus, vom Pabst berufen, 6. Nov. a. 502, in der Peterskirche, (nicht ad palmam, wonach sie gewöhnlich irrig als palmaris bezeichnet wird; s. Hefele II. S. 625; Mansi p. 265 seq.).

6) Theilt also deren Auffassung von den Rechten des Königs.

hatte bei dem Zweck der Synode Interesse: sie mußte beseitigt werden, denn sonst konnten die Laurentier allerdings in jeder Veräußerung von Kirchengut eine Rechtsverletzung erblicken.

Von der Pabstwahl aber und dem Recht des Königs dabei ist jetzt gar kein Grund zu reden: Theoderich hatte jenes Recht bisher nie ausgeübt.

Diesen Zusammenhang bestätigen auch die Vorgänge bei der Vorlesung. Als der Diakon Hormisdas zu lesen angefangen und die erste Verordnung vorgelesen hat, erhebt sich nur Einer der Anwesenden, Bischof Crescanius von Tubertum, und spricht[1]): „hier erwäge die heilige Synode, wie, mit Umgehung von Geistlichen, denen am Meisten an einem so hohen Bischof liegt, Laien die Wahl in ihre Gewalt gebracht haben, was offenbar gegen die Canones ist".

Darauf wird, ohne daß die Versammlung oder auch nur noch ein Einzelner sich darüber aussprüche, sofort mit der Verlesung der zweiten Verordnung begonnen und fortan wird, in der ganzen Verhandlung, der ersten Verordnung gar nicht mehr erwähnt, während gegen die zweite fünf Bischöfe sich erheben und ausdrücklich ausgesprochen wird, „jene Scriptur sei ungültig und zu verwerfen sei die Anmaßung eines Laien, etwas über Kirchengut zu beschließen, über welches zu verfügen Gott nur den Priestern gestattet hat". Nach dieser Verwerfung der zweiten Verordnung fährt Symmachus fort: „jetzt wolle er übrigens, zur Beschämung seiner Ankläger, selbst mit der Synode eine Beschränkung der Veräußerung römischer Kirchengüter durch den Pabst festsetzen". Und nachdem dieß geschieht[2]), schließt die Synode.

Damit glauben wir bewiesen zu haben, daß diese Synode nur den Zweck hatte, den Anklagen der Laurentier bezüglich der Veräußerung des Kirchenguts jenen Boden zu entziehn, den dieß obovakrische Verbot gewährte und an dessen Stelle eine andre, canonische Ordnung zu setzen, daß die Wahlverordnung nur gelegentlich, im Vorbeigehen, verlesen und, auf gelegentliche Rüge Eines Gliedes, in Pausch und Bogen mit der „ganzen Scriptur" verworfen ward. Die einzige weitere Erwähnung des die Wahlverordnung betreffenden Vorgangs liegt darin, daß in der Aufzählung der Bischöfe, auf deren Votum hin die „Scriptur" verworfen wird, neben den fünf, welche gegen die zweite Verordnung gesprochen, auch der

---

1) l. c. p. 267.
2) Vgl. auch Roth Feud. S. 264.

Name des Crescanius erwähnt wird, der nur gegen die erste gesprochen¹). Damit glauben wir aber auch vollends dargethan zu haben, daß jene erste Verordnung sich nur auf den Fall des Basilius bezog, nicht principiell auf alle Pabstwahlen. Sonst wäre die eifrig hierarchische Synode, welche bezüglich der zweiten Verordnung so energisch protestirt, nicht über die Rügen des Crescanius sogar ohne das übliche „non licuit" hinweggegangen: aber Verbot und Rüge betrafen nur einen einmaligen historischen Fall²). Und deßhalb nimmt auch der König von der Verwerfung der Scriptur weder jetzt³) Notiz, noch läßt er sich durch diese Verwerfung später abhalten, selbst einen Pabst zu ernennen.

Jetzt griffen die Laurentier, nachdem die Bischöfe mit dem Pabst gingen, neben dem Pabst auch die Bischöfe und den König selbst an⁴). Sie verbreiteten einen Protest gegen die Palmaris, in welchem⁵) sie erklärten, der König habe nicht alle Bischöfe geladen und er und die Synode hätten nicht alle Ankläger⁶) des Pabstes zugelassen: auch jenes Gespräch in Ravenna wird getadelt⁷) und, wie wir sahen, nicht ganz ohne Grund, der Widerspruch in dem Benehmen der Bischöfe hervorgehoben, welche bald erklärt hätten, sie dürften den Pabst nicht richten und dann doch wieder die Klageschrift angenommen und ihn geladen hätten⁸). Auf diesen Protest (betitelt „adversus synodum incongruae absolutionis") antwortete Ennodius mit seinem apologeticus pro synodo⁹), und Sym-

---

1) l. c. p. 268.
2) Baron. meint, die ganze scriptura sei eine Erfindung der Laurentier gewesen; aber damals wurde die Echtheit nicht bezweifelt; vgl. Muratori annal. III. p. 242; Le Beau p. 201. 202.
3) Obwohl er in einem Schreiben von a. 507 an den Senat die Anordnung bezüglich der Veräußerung des Kirchenguts erwähnt und bestätigt. Mansi l. c. p. 345; wie rücksichtslos die Kaiser Gesetze über Kirchengut erließen, davon s. Beispiele bei Bower S. 255; über die Verwaltung desselben Planck I. S. 350.
4) Ennod. apol. p. 987. Christum et regem parili temeritate despicitis.
5) Neben andern ganz gleichgültigen Behauptungen s. Ennod. apol.; Bower S. 247; Hurter II. S. 62.
6) Ennod. apol. p. 979.
7) s. oben S. 217.
8) Ennod. apol. p. 978.
9) Ed. Sirmond. p. 974—995; Ennod. stand dem Pabst auch schon a. 500 sehr nahe, näher als der Bischof von Mailand; vgl. ep. und IV. 1. 31; V. 10. 13; der Laurentius, für den er sich IV. 11 verwendet, ist ein vir sublimis und sicher nicht der Gegenpabst; man hat z. B. Planck I. S. 610. 661, Schröckh XVII.

machus berief eine neue Synode¹). Diese Synode war selbstverständlich mit dem Pabst in größter Harmonie: waren sie doch beide zugleich angegriffen. Mit Begeisterung wird der Pabst begrüßt, die Apologie des Ennobius verlesen, völlig gebilligt und den Acten einverleibt, ja zum erstenmal, was sehr bezeichnend ist, Bestrafung der Gegner des Symmachus verlangt. Der Pabst bittet, sie zu begnabigen und läßt nur die alten Beschlüffe gegen solche Angriffe auf den Pabst verlesen²) und Strafen für deren Verletzung aussprechen. — Wahrscheinlich waren es Mißhandlungen von symmachischen Priestern durch Senatoren und Streitigkeiten über den Besitz von Kirchengütern, welche die Berufung einer weitern Synode im Jahre 504 veranlaßten³).

Hier wurden die ältern Gesetze gegen jene Gewaltthätigkeiten erneut, und in sehr auffallender Weise ward bezüglich des Streites über den Besitz von Kirchengütern erklärt, die Berufung auf Schenkung des Königs⁴) oder sonst der weltlichen Macht solle den widerrechtlichen Besitzer nicht von der Excommunication befreien; ferner sei⁵) es als schweres Sacrileg zu erachten, wenn christliche Obrigkeiten und Könige solche Güter, welche Jemand um seines Seelenheils willen einer Kirche geschenkt habe, Andren zutheile; und schließlich wird das ewige anathema ausgesprochen über Alle, welche widerrechtlicher Weise Kirchengüter confisciren, besitzen, annehmen, geben und vererben⁶).

S. 206 den „kleinen Diakonus" Ennobius zu hart beurtheilt; wir haben gar keinen Grund sein Auftreten auf bloße Schmeichelei statt auf Ueberzeugung zurückzuführen; vgl. Hasse I. S. 147.

1) V. Synode unter Symmachus, vom Pabst berufen, a. 503 „ante confessionem b. Petri"; Mansi p. 295 seq.

2) Dabei läuft das Postulat mit unter, jeder Bischof müsse vor allem Entzogenes restituirt erhalten, ehe er sich vor einer Synode verantworte, „wie auch ihr von uns geurtheilt" p. 297, was nur von der Minorität wahr ist; man sieht aber die veränderte Stimmung und Situation.

3) VI. Synode unter Symmachus vom 1. Oct. 504; apud b. Petrum apostolum. Mansi p. 310 seq.

4) p. 312. qui largitatis regiae (der von Theoderich regelmäßig gebrauchte Ausdruck) specie vel cujuscumque potestatis improba subreptione pervaserint.

5) l. c. ingens sacrilegium, ut quaecumque (quis) . . . ecclesiae, pro salute animarum . . . reliquerit ab his, quibus haec maximi servari convenit . . id est . . super omnibus a principibus et primis regionum in alium transferri vel converti.

6) l. c. confiscare . . qui res ecclesiae jussu vel largitione principum

Geht auch das letzte vornehmlich gegen die Laurentier, welche
immer noch nicht Alles restituirt haben mochten, so sind doch die
beiden Beziehungen auf Geschenke des Königs und christliche Fürsten, die Kirchengüter confisciren und Laien zuwenden, gewiß gegen
den Gothenkönig⁴) gerichtet und zwar ziemlich scharf. Vielleicht be-
riefen sich diejenigen, welche von Petrus, dem königlichen Visitator,
Kirchengüter empfangen hatten, auf königliche Schenkung, vielleicht
aber war der Beschluß sogar gegen eine der Grundmaßregeln Theoderichs gezielt, nämlich gegen die Dritteltheilung bei der Niederlassung, wobei Kirchengüter schwerlich geschont worden. Indessen
ist letzteres, als ein principieller Protest, nach 11 Jahren doch etwas
unwahrscheinlich.²) und vielleicht nur gegen einzelne Fälle gerichtet.
Unrichtig aber ist, daß, diesem Beschluß nachgebend, Theoderich
in Var. II. 29 Restitution der der Kirche von Mailand entrißnen
Güter befohlen³): in diesem Erlaß ist von einer Restitution gar
keine Rede, sondern nur von Verleihung der tuitio⁴).

Bald darauf gab Laurentius den nutzlosen Widerstand auf,
denn der König erließ zuletzt auf Bitten des Pabstes, obwohl er
sich gar nie mehr um diese Sache kümmern und besonders nach der
palmaris sie als erledigt betrachten wollte, doch auch einen directen
Befehl an Festus, dessen Schützer, zur Restituirung aller Kirchen,

---

vel quorumdam potentum aut quadam invasione aut tyrannica potestate
retinuere.

1) Daher auch die besonders ängstliche Rechtfertigung in der Eröffnungsrede
des Pabstes p. 310; daher die Umständlichkeit, die Hefele l. c. rügt; daher auch
der abschließende Satz gegen alle kaiserliche, königliche, richterliche, staatliche Zwangs-
gewalt; non licet imperatori vel *cuiquam pietatem custodienti* etc. definitio injusta regio nutu vel jussu a judicibus ordinata non valet; s. übrigens ähnliche Concilienschlüsse bei Roth Feud. S. 76. 78.

2) Obwohl merkwürdiger Weise dieser Protest sich selbst als ein allzu ver-
späteter bezeichnet, viel früher hätte man sich rühren sollen; l. c. *sera de his rebus poenitudine commovemur, cum jam transactis temporibus contra hujusmodi personas canonum suffulti praesidio se sacerdotes domini erigere
debuissent, ut non mansuetudo .. ad similia perpetranda improborum au-
daciam adhuc quotidie provocetur.* Doch ist die Sprache fast allzu stark, um
gegen den König zu gehn.

3) Wie Baronius a. 504; Binius bei Mansi l. c. p. 316 und Hefele II.
S. 629 behaupten.

4) s. oben S. 131; die Annahme Remi Ceilliers S. 649 einer VII. Synode
des Symmachus ist irrig: die angeführten Worte des Anast. meinen die palmaris; so auch Hefele l. c.

auch der bis jetzt noch behaupteten¹), an Symmachus. Festus wagte nicht dem König zu trotzen, er gehorchte, gewährte aber dem Laurentius auf seinen Landgütern bis zu dessen Tod ein Asyl.

Dieser Befehl des Königs erging Ende a. 504 oder Anfang a. 505; wie die vit. an. berichtet, setzte der alexandrinische Diakon Pelagius denselben als Gesandter des Pabstes beim König durch²). Dieser Zeitpunkt macht wahrscheinlich, daß die Beschlüsse der Synode vom 1. Oct. a. 504 gegen Verleihungen von Petrus in des Königs Namen an Laien und Priester des Laurentius gerichtet waren und der König eben jetzt bewogen wurde, diese Beschlüsse dadurch anzuerkennen, daß er dem Haupt der Laurentier befahl, jene Verleihungen als ungültige herauszugeben. Denn seines Visitators Handlungen hat der König schon vor der Sessoriana desavouirt, indem er sich des Pabstes Forderung, diesen zu beseitigen, nicht widersetzte³).

Unter Symmachus kam es zu keinem Conflict mit dem König mehr. Ebensowenig unter dessen Nachfolger Hormisdas⁴), der, obwohl ohne sichtbaren Einfluß Theoderichs gewählt, mit diesem in bestem Vernehmen stand⁵). Der König mischte sich nicht in die zahlreichen Synoden und Gesandtschaften, durch welche der Pabst das Schisma mit der griechischen Kirche und den Streit mit dem Kaiser Anastas⁶) beizulegen suchte; Hormisdas war aber auch so

---

1) Uebertreibend behauptet vit. an. Laurentius tenebat romanam ecclesium; aber die bella civilia und homicidia dauerten fort, und Laurentius habe endlich durch „freiwilligen Rücktritt" die Ruhe herstellen wollen; das Wahre hieran mag sein, daß Festus, und nicht er, die Seele des Widerstandes gewesen war; irrig sagt hist. misc. und Theod. Lector. l. c., Laurentius sei von Symmachus „verbannt" worden; so Hurter II. S. 66; Gosselin l. c.; Sart. S. 137 macht daraus „gebannt".

2) Dieses Schreiben des Königs meint Ennod. ep. IX. 30 in dem merkwürdigen Brief an den Pabst, in welchem er des Königs Benehmen verherrlicht: quod vix veteres principes praesentiae suae sudore potiti sunt, hoc semper regis nostri brevis procuravit epistola.

3) Ennod. apol. p. 987 zeigt die Nachgiebigkeit des Königs in diesem Punct. Hefele's Auffassung, daß erst jetzt der König auf Seite des Symmachus getreten sei, l. c. S. 630 ist irrig; aber erst später unterwarfen sich die letzten Anhänger des Laurentius, z. B. Mansi VIII. p. 345.

4) a. 514 bis a. 523; Theophan. p. 248.

5) Unter seinem Pontificat machte der König reiche Schenkungen an die Vatican= und die Peterskirche. Anast. vita Hormisdae p. 125; Mur. ad a. 523; über die Schenkungen an St. Hilarius (u. Cäsarius, Derichsw. S. 75); s. dessen vita p. 474 seq.

6) Der eine ganz andere Sprache als Theoderich gegen den Pabst führt: nos jubere volumus, non nobis juberi! ruft er ihm zu. Anast. l. c.

vorsichtig, ehe er italienische Bischöfe nach Byzanz absendete, den „Rath" des Königs einzuholen, d. h. durch Befragung und Mittheilung des Zweckes der Gesandtschaft dem Argwohn des Königs zuvorzukommen¹).

Als aber seit a. 523 die Verfolgungen im byzantinischen Reich nicht mehr bloß Nestorianer und Eutychianer, sondern auch die Glaubensgenossen Theoderichs, die Arianer, trafen²), mit großer Strenge — sie wurden zum Katholicismus herübergezwungen und ihre Kirchen ihnen genommen und dem orthodoxen Cult geweiht, — berief der König den neuen Pabst Johannes I.³), den Patricier Agapet und noch drei Senatoren⁴) zu sich nach Ravenna und schickte sie als besondere Gesandte nach Byzanz, um den Kaiser von seiner Verfolgung der Arianer abzubringen. Er zwang den Pabst wider dessen Willen⁵) zu dieser kirchlich-politischen Mission und beugte dessen Widerstreben unter das absolute Befehlsrecht seines Königthums⁶). Inzwischen war aber jene Verschlimmerung in dem Verhältniß des Königs zu den Römern eingetreten, welche in der Katastrophe von Boëthius und Symmachus ihren schärfsten Ausdruck fand: Theoderich⁷), schwer gereizt, zürnte schwer: sein Argwohn folgte jedem Schein von Schuld, und der Pabst wurde bei seiner Rückkehr, die in die schlimmste Zeit fiel, in's Gefängniß geworfen, wo er am 11. Mai a. 526 starb⁸).

Der König übt also das Recht, hier über den römischen Bischof wegen Hochverrath Untersuchungshaft zu verhängen; denn Gefäng-

---

1) Z. B. a. 515. Mur. ad. h. a. Anast. p. 124 seq.; zweimal heißt es: cum consilio regis Theoderici und einmal sogar perrexit ad regem Th. Ravennam et cum ejus consilio misit; über die westgothischen Synoden unter Theoderich (d. h. Amalarich und Theudis) s. Gams II. S. 452; unter Theoderich ruhen ausnahmsweise auch in diesem Reich die Religionsverfolgungen.
2) s. A. II. S. 168. Mur. ad. h. a.; Gregorov. I. S. 308; s. den Fanatismus Justinians Proc. b. G. I. 5.
3) a. 523—526; ebenfalls ohne sichtbaren Einfluß Theoderichs gewählt; s. Sart. S. 138.
4) Vielleicht auch noch fünf Bischöfe; anon. Vales. p. l. c.
5) Anast. vita Joh. cum fletu . . cum grandi fletu.
6) s. „Absolutismus".
7) Gibbon c. 39. A. II.; s. Bower S. 325 und unten.
8) Ueber die Gründe Marc. Com. p. 319; Gibbon c. 39. A. II. l. c. Schlosser II. S. 39; sein Brief ex carcere ad episcopos bei Mansi l. c. p. 606 ist unecht; s. schon Schröckh l. c. S. 215; s. die ausführliche Darstellung A. II. S. 170 f.

nißstrafe ist dem Strafrecht Theoderichs fremd: deßhalb kann man darin auch nicht eine Begnadigung von der Todesstrafe erblicken, an welche Theoderich vielleicht im ersten Grimme dachte⁴). Bloße Willkür, ohne alle Rechtsform, ist nicht anzunehmen; auch andere, wie es scheint, vornehme, Römer wurden damals ob seditionis suspicionem verhaftet und erst von Athalarich entlassen²). Er richtet jetzt unbedenklich über Johannes wegen weltlicher Verbrechen, wie er auch über des Symmachus Anklagen Proceß eingeleitet und ihn zu Ariminum festgehalten hatte. Zum Urtheil über Johannes kam es nicht mehr: es frägt sich, ob es der König einer Synode überlassen hätte, wie a. 501. Wegen Hochverrath hätte er jetzt, d. h. in solch' bedenklicher Lage, wohl selbst gerichtet. Denn jetzt scheut er sich auch nicht, zum erstenmal von seinem Recht Gebrauch zu machen und den Pabst selbst zu ernennen, ein Recht, welches vor und nach ihm rechtgläubige Kaiser im Osten und Westen³), das einmal auch Odovakar, ein Ketzer wie er, geübt hatten. Daß er nicht schon frühere Päbste ernannt (wenigstens soviel wir wissen), daß er der Verpönung jenes Acts auf der Synode von a. 502 nicht entgegengetreten⁴), mochte ihm damals politisch rathsam scheinen. Jetzt schien es ihm eben politisch rathsam, in so gefährlich aufgeregter Zeit, einen Mann auf den wichtigen Stuhl Petri zu setzen, wie Er ihn wollte⁵), nicht etwa einen eifrigen Anhänger der national=römischen oder der streng hierarchischen und eifrig orthodoxen oder der byzantinischen Partei, und so setzte er denn den allgemein als tüchtig anerkannten und milden Felix IV. zum Pabst, ohne sich um jenen Synodalbeschluß im Mindesten zu kümmern. Es ist auch zweifellos, daß nach römischem Staatsrecht, wie es in diesen (nicht gothischen) Dingen im italischen Gothenreich galt, ein Synodalbeschluß nicht die Rechtswirkung haben konnte, ein von den kaiserlichen Vorgängern auf den Monarchen übergegangenes Recht

---

1) l. c. S. 171; Anast. l. c.
2) s. oben S. 106 f. und A. II. S. 178 f.
3) Bower S. 252.
4) Er konnte das füglich ignoriren, wie wir gesehn; s. Haße I. S. 126.
5) Anders Gibbon c. 39; Sart. S. 139; ganz falsch Pavir. I. S. 327; den Werth dieses Historikers kennzeichnet (außer A. II. S. 192), daß er den Brief des lang verstorbnen Apoll. Sid. I. 2. über den Westgothen Theoderich auf den Ostgothen bezieht, (was freilich noch ganz andern Leuten begegnet ist; s. A. II. S. 123.

diesem zu entziehen, sondern nur den Sinn, daß die Kirche von ihrem Standpunkt aus, jenes Recht als nicht den canonischen Satzungen entsprechend ansehen müsse. Daß dieß den Monarchen nicht beirrte, ist begreiflich. Wir sahen, daß die Verwerfung jener Scriptur nur wegen der zweiten Verordnung geschah. Uebrigens ruhte dieß Ernennungsrecht gar nicht auf jener Scriptur, die nur Einen Fall betraf. Daher erklärt es sich denn, daß auch von der Kirche, von denselben Bischöfen, welche jenen Beschluß gefaßt und von denen so manche noch leben mußten, nicht der mindeste Protest, damals nicht und später nicht, gegen die Ausübung jenes Rechts erhoben wurde, welche jenen Beschluß auf's Stärkste verletzte. Mag die Furcht vor dem ergrimmten König im Anfang die Opposition eingeschüchtert haben, Theoderich starb schon sechs Wochen nachher, und auch in den vier Jahren, welche Felix noch lebte, in einer Zeit, da von der Milde und Schwäche Amalasunthens gar nichts zu fürchten war, erfolgt nicht die leiseste Geltendmachung jenes Beschlusses, welche unbeschadet der Anerkennung des Pabstes hätte geschehen können.

Die Hauptquelle für diesen Vorgang und seine juristische Natur ist der Erlaß Athalarichs, in welchem dieser dem bei der Wahl ebenfalls betheiligten Senat für die gutwillige Unterwerfung unter die Entscheidung Theoderichs höfliche Worte sagt, durch welche man sich über das juristische Wesen der Sache nicht täuschen lassen darf: verrathen sie doch selbst deutlich das „Befehlsrecht" des Königs[1]).

Aus den höflichen Worten ist nicht etwa die Freiheit des Se-

---

1) VIII. 15. senatui urbis Romae Athalaricus rex. gratissimum nostro profitemur animo, quod gloriosi domini avi nostri respondistis in episcopatus electione judicio (d. h. es erfolgt eine Wahl, aber der König hat vorher bestimmt, wer gewählt werden soll), oportebat enim arbitrio (d. h. nicht technisch Schiedspruch), es kam dießmal gar nicht zu zwiespältiger Wahl und zur Uebertragung des Entscheids an den König: er kam dem Allen durch seinen Befehl zuvor) boni principis obediri, qui sapienti deliberatione pertractans (bei sich allein), quamvis in aliena religione, talem visus est pontificem *delegisse* (das ist der technische Ausdruck für Ernennung durch weltliche Autorität), ut nulli merito debeat displicere; ut agnoscatis illum hoc optasse praecipue, quatenus bonis sacerdotibus ecclesiarum omnium religio pullularet. *recepistis* itaque (andres ist ihnen nicht überlassen) virum et divina gratia probabiliter institutum et regali *examinatione* laudatum. Man hatte von Seite des Senats einen andern Candidaten im Sinne gehabt: das sollen sie vergessen: nullus adhuc pristina contentione teneatur. pudorem non habet victi, cujus votum contin-

nats herauszulesen, den vom König Bestimmten auch nicht aner=
kennen zu können¹). Dagegen kann man in Var. IX. 15 nicht den
Beweis finden, Athalarich habe hier in allen Fällen die Ernennung
des Pabstes als seinem Palaste zugewiesen gedacht: in diesem gegen
die Simonie gerichteten Erlaß²) normirt er das Maximum der von
den Wahlparteien zu verwendenden Gebühren und Ausgaben bei
der Wahl eines Pabstes oder Patriarchen „für den Fall, daß
etwa ein Streit über die Consecration des Pabstes entsteht und
der Zwist der Parteien an unsern Palast gebracht worden ist"³).
Es ist allerdings bedeutsam, daß Athalarich für diesen Fall voraus=

---

git a principe superari: (es ist keine Schande, daß eure Stimmen durch den
Entscheid des Königs beseitigt worden): ille quinimmo suum efficit qui eum
sub puritate dilexerit: (wenn ihr jetzt den vom König Bestellten liebt, ist es,
wie wenn er euer Candidat gewesen wäre!) nam quae sit causa doloris (es
war also eine solche, nach der Meinung Mancher), quando hoc et in isto rep-
perit, quod alterius in partem ductus optaverit? crinea (?) sunt ista certamina, pugna sine ferro, rixa sine odio, clamoribus, non doloribus res ista
peragitur. Es gab also entschieden eine Gegenpartei; aber, wie gesagt, zu Doppel=
wahl und arbitrium ließ es der König gar nicht kommen: nam et si persona
summota sit, nihil tamen a fidelibus amittetur, cum optatum sacerdotium
possidetur. qua propter redeunte legato nostro . . rationabile duximus,
ad coetum vestrum salutationis apices destinare. magna enim jucunditate
perfruimur quoties cum nostris proceribus verba miscemus. Das Aub
süße Schalen: am Schlusse folgt der bittre Kern: et hoc suavissimum vobis
minime dubitamus, si quod illius fecistis *imperio* (das ist die Wahrheit unter
dem Gewebe der Phrasen) nobis etiam cognoscitis esse gratiosum. Anast. v.
Fel. verschweigt die Einsetzung durch den König. Baronius und Mur. haben den
Befehl wohl erkannt und scharf verdammt, ad. a. 526. Theoderich befolgte, er gab
nicht Beispiel der Pabsternennung; Staudenmaier (ähnlich Schröckh l. c.) entschuldigt
den Eingriff mit dem zwei Monate dauernden Parteikampf S. 66, aber dieser war
nicht die Ursache; Theoderichs Handlung war wohl nur in der Form glimpflicher
als die Theodahads bei Silverius. St. Marthe S. 100 sagt, seit der Arianer=
verfolgung in Byzanz il changea de conduite envers l'eglise .. et ce fut
alors qu'il *usurpa* le droit d'établir les papes; von Widerstand (Balbo I.
S. 100) ist keine Spur zu sehn; richtig auch Sart. S. 308 und Gregorov. I.
S. 310. 315.

1) Irrig hierüber auch Bower S. 330. Le Beau VIII. p. 74, vgl. Haße S. 126.
2) Commentirt von Heumann sylloge dissertat. I. 3. Götting; dann von
Manso S. 417 f., der des Ersteren grobe Irrthümer mehrfach berichtigt; sehr mit
Unrecht lobt Schröckh XVII. den sehr mißglückten Commentar.
3) l. c. cum de apostolici consecratione pontificis intentio fortasse
pervenerit et ad palatium nostrum producta fuerit altercatio populorum.

setzt, sein Palast werde alsdann beschäftigt, an ihn werde die Entscheidung bei streitigen Wahlen gebracht werden. — Dieser Gedanke lag nahe, da ja in der That sein Vorfahr war angerufen worden, zwischen Symmachus und Laurentius zu entscheiden und vielleicht hatte das unter ihm selbst zwischen Bonifacius II. und Dioskurus ausgebrochne, aber bald durch den Tod des Letztern beendete Schisma von a. 530¹) bereits zu simonistischen Geschäften an seinem Hofe Anlaß gegeben und eine neue Schiedsrichterschaft in Aussicht gestellt, welche bei dem wiederholt geübten Ernennungsrecht immer leicht vorkommen konnte.

Eine sehr starke Anerkennung dieses Ernennungsrechts oder doch eines Rechts der Mitwirkung der Gothenkönige bei der Pabstwahl von Seite des Pabstes selbst liegt aber in einer Erklärung des Bonifacius, er habe sich dadurch des crimen laesae majestatis, d. h. einer Verletzung königlichen Hoheitsrechts, schuldig gemacht, daß er versuchte, seinen Nachfolger, ohne Zuziehung des Königs, bei seinen Lebzeiten durch Verpflichtung der Kleriker zu einer bestimmten Wahl zu gewinnen²).

Daß aber der König in Kirchensachen auch die höchste, d. h. die gesetzgebende Gewalt in Anspruch nahm, zeigt³) das sehr merkwürdige Gesetz, welches Athalarich⁴) gegen die Simonie erließ⁵). In dem Eifer, ihren Anhang zu verstärken, hatten bei Pabst- und Bischofswahlen die Parteien wiederholt offne Simonie getrieben⁶), d. h. Geld und Kostbarkeiten in Menge hingegeben und versprochen an einflußreiche Hofleute, Beamte und andre Vornehme, unter dem Schein theils von Gebühren, theils von Almosen an Arme, welche in diesen Fällen herkömmlich. Dabei war man soweit gegangen, sogar die Kirchengefäße anzugreifen.

---

1) Jaffé p. 72.

2) Ich muß aber bemerken, daß mir diese Auslegung der in ihren Motiven dunkeln Worte (Anast. v. Bon. p. 127 „reum se confessus est majestatis"), obwohl sie die wahrscheinlichste ist und nicht nur Bower S. 345, sondern sogar Hefele II. l. c. sie theilt, nicht über allen Zweifel feststeht; vielleicht ist die majestas Gottes oder der Kirche gemeint.

3) Abgesehn von dem Ed. §§. 26. 70. 71. 114. 125. 126 (und von dem praeceptum, oben S. 233, welches mehr die Ausführung eines Synodalbeschlusses ist).

4) Nicht der Pabst wie Pavir. I. S. 409 oder der Senat, wie Mur. ad. a. 532 und Bower S. 342 sagen; irrig auch Gibbon c. 39; richtig St. Marthe p. 112; Giannoni I. S. 209.

5) a. 532/533. Var. IX. 15. 16; vgl. Sart. S. 141.

6) Bei der Wahl des Johannes (Manso S. 418), des Bonifacius und Dioskur.

Dagegen schreitet der König ein in einem allgemeinen Gesetz, welches „dem Pabst, allen Patriarchen und Metropoliten, dem Senat und Volk von Rom" bekannt gemacht wird. Er knüpft dabei an einen zur Zeit des Pabstes Bonifacius ergangnen Senatsschluß. Alle Versprechungen „de episcopatu obtinendo" sollen unklagbar, ja nichtig sein und zwar mit rückwirkender Kraft; — Pabst Johannes soll der von ihm geleisteten Versprechungen ebenfalls ledig sein; — alle Zahlungen müssen von den Empfängern zurückgezahlt werden[1]. Alle Ausgaben bei Wahl eines Pabstes im königlichen Palast mit Einschluß der Gebühren an die tabularii (s. Böck. s. h. v.) werden genau fixirt und zwar auf 3,000, bei Wahl eines andern Patriarchen auf 2,000 sol.; als Almosen in den Städten soll jeder Candidat nur 500 sol. und zwar eben an Arme, nicht an Reiche, idonei, ausgeben dürfen[2]. Scheut sich der Schenker zurückzufordern, was er unter jenem Titel gegeben, oder der Empfänger zurückzuzahlen, so darf die betheiligte Kirche den Anspruch für und gegen die Erben geltend machen[3]. Hat man sich selbst eidlich verpflichtet, von der begangnen Simonie zu schweigen, so soll jeder unbescholtne Dritte das Delict anzeigen und ein Drittel der Summe als Denunciationsprämie einziehn dürfen: zwei Drittel werden der fraglichen Kirche für Bauzwecke oder den Klerus zugesprochen[4]. — Athalarichs Regierung stand wie mit den katholischen Bischöfen überhaupt, so mit den Päbsten gut: auf Fürbitte des Felix werden[5] vornehme Römer aus politischer Haft entlassen[6], ihm gewährt der König das oben erörterte Privileg[7] und läßt ihn ohne Einmischung den Streit des Bischofs Ekklesius und des Klerus zu Ravenna schlichten[8].

---

1) Man handelte dabei wegen der Gefahr sich zu compromittiren meist durch Zwischenpersonen: per interpositas personas, sive per aliam quamcumque personam.

2) Anders Manso S. 240, der aber gegen Heumann im Recht ist; etwas Neues (Staudenmaier S. 67; Gröne S. 186; Gregorov. I. S. 315) lag in jenen Gebühren nicht.

3) Aehnlich versteht auch Manso S. 424 die dunkeln Worte.

4) Es ist dieß ein neues, selbständig vom König ausgehendes, wenn auch im Einvernehmen mit dem Pabst erlaßnes Gesetz: die canones der Kirche werden im Allgemeinen bestätigt.

5) A. II. S. 179.

6) A. II. S. 183.

7) VIII. 24.

8) Agn. Mur. II. p. 67 a. 528.

Bei Wahl der folgenden Päbste Bonifacius II. a. 530—532' Johannes II. a. 532—535, Agapet I. a. 535—536 zeigt sich keine Einmischung der Gothenkönige¹); aber bei den jetzt drohenden Verhältnissen wird Agapet von Theobahab gezwungen als Gesandter nach Byzanz zu gehen²), und nach dessen Tod setzt Theobahab a. 536 den Silverius ein: er wird auf seinen Befehl gewählt³), offenbar abermals, weil die Ausübung jenes unverlornen Rechtes jetzt wünschenswerth erscheint⁴), und abermals ohne daß um deßwillen je ein Protest oder auch nur eine Rüge, ein Vorwurf gegen Silverius erfolgt wäre, wozu doch die wechselnden Schicksale und die vielen Anfeindungen dieses Pabstes so reichen Anlaß boten.

Wir sahen, wie Silverius, obwohl gerade er vorzüglich Rom in Belisars Gewalt⁵) geliefert hatte, später, gewiß ohne⁶) Grund, beschuldigt wurde, er habe die Stadt an Vitigis verrathen wollen; wahrscheinlich war dieß nur ein Vorwand, ihn zu ersetzen durch Vigilius, der für die religiösen Parteiinteressen Theodoras gewonnen war⁷), während früher Silverius sie abgewiesen hatte⁸).

---

1) A. II. S. 205.
2) Die Ansicht Hefele's II. S. 721 von einem Versuch Athalarichs, den römischen Stuhl im Einverständniß mit einem Theil des Klerus „ebenso eigenmächtig" wie Theoderich zu besetzen, kann ich nicht theilen. Sie beruht lediglich darauf, daß der Vater des Bonifacius ein Gothe war (Anast. v. Bon. „ex patre Sigisvulto"). Deßhalb und weil der König nach Dioskurs Tod keinen Gegenpabst ernannte, soll Bonifacius der Candidat des Königs gewesen sein. Aber jene Gründe sind doch allzu schwach. Ein Gothe, der katholisch geworden, war schwerlich ein Werkzeug des Ketzerkönigs; daß der König keinen zweiten Gegenpabst ernannte, erklärt sich sehr einfach, wenn er auch keinen ersten ernannt hatte, und überdem nimmt ja Hefele selbst an, daß Bonifacius gegen ein königliches Recht auftrat.
3) Anast. vita Silverii p. 129. hic levatus est a tyranno Theodato „sine deliberatione decreti" chron. Marcellini com. in Roncalli. II. p. 324.
4) So auch Mur. ad a. 536; Rambach S. 386. Anast. sagt auch corruptus pecunia data talem timorem induxit clero ut qui non consentiret in ejus ordinationem gladio puniretur . . . ordinato autem Silverio sub vi.
5) A. II. S. 211; Proc. b. G. I. 14; vita Silv. p. 209.
6) Anast. vita Silv. p. 130. exierunt quidem falsi testes et dixerunt, quia nos multis vicibus invenimus Silverium papam scripta mittentem ad regem Gothorum: „veni ad portam quae appellatur Asinaria et civitatem tibi trado et Belisarium patricium". Liberat. c. 22 nennt die Fälscher der fingirten Briefe; Proc. I. 25 spricht nur von einem Verdacht Belisars.
7) Liberatus brev. c. 22. p. 148; er spricht von sieben Centnern Gold, die ihm die Kaiserin versprach (vgl. Victor. Tunun. Roncall. II. p. 368), und von zweien, die Vigilius wieder Belisar zusicherte.
8) Vita Silv. l. c. domna Augusta, rem illam nunquam facturus ero

Für uns ist am Lehrreichsten, wie so viel schonungsloser der orthodoxe und legitime Kaiser in Byzanz seine Rechte über den römischen Bischof übt als die Gothenkönige[1]). Belisar, offenbar im Auftrag der Kaiserin, richtet über den Pabst a. 537, nachdem dieser den geheimen Bestürmungen mannhaft widersteht[2]), Theodora's Willen bezüglich des Concils von Chalkedon und der drei Capitel zu thun und, ohne mindeste Ueberführung, entsetzt er ihn auf die frivolste und schroffste Weise und schickt ihn nach Griechenland[3]). Von Griechenland aus schickt ihn Justinian in Verbannung nach Patara in Lycien[4]), läßt ihn dann a. 538[5]) nach Italien zurückbringen und nochmals wegen jener Briefe untersuchen: im Falle der Ueberführung soll er irgendwo Bischof, im Falle des Beweises der Unschuld sogar wieder Pabst werden[6]). Aber Vigilius wußte bei Belisar durchzusetzen[7]), daß Silverius[8]) ihm ausgeliefert wurde[9]): er wird abermals verbannt auf die Insel Palmaria, wo er stirbt, vielleicht des Hungertodes[10]).

---

ut revocem hominem haereticum (Anthimum patriarcham) in sua nequitia damnatum.

1) Bower S. 466. 433. 422. s. Grimm über Jorn. S. 12. Le Beau VII. p. 202.
2) Liberatus l. c. p. 149.
3) Er flüchtet aus seinem Palast in die Basilica Sabina, wird von da durch Photius, den Sohn Antoninens, unter eidlichem, freiem Geleit, zu Belisar zurückgebracht und, dem Eid gemäß, wieder entlassen, das nächstemal aber „sah ihn sein Gefolge nicht wieder, seit er abermals allein in den Palast entboten ward". Liberatus l. c. vita Silv. l. c. ingresso Silverio cum Vigilio solo in musileum, ubi Antonina patricia jacebat in lecto et Belisarius patricius sedebat ad pedes ejus, Antonina dixit ad eum: „dic, domne Silveri papa, quid fecimus tibi et Romanis, quod tu velis nos in manus Gothorum tradere?" Und während sie noch spricht (offenbar ein verabredetes Zeichen) — ehe er sich verantworten kann, tritt ein Priester herein und reißt ihm das Pallium vom Halse (l. c.), führt ihn hinaus, steckt ihn in Mönchskleider und bringt ihn in geheime Haft. Bower S. 391.
4) Liberat. c. 22. p. 150; schon dem Pabst Agapet hatte er gedroht: aut consenti nobis aut exilio te deportari faciam Agu. p. 128.
5) Wenn Jaffé recht vermuthet; p. 75.
6) l. c. p. 151.
7) l. c. Silverii adventu territus, ne sede pelleretur, Belisario mandat: „trade mihi Silverium, alioqui non possum facere, quod a me exigis", d. h. die Wünsche Theodora's und Antoninens.
8) Verurtheilt und?
9) Lib. c. 22. traditur duobus Vigilii defensoribus et servis ejus.
10) Vita. p. 211. Liber. l. c.; auch die Bischöfe von Ravenna setzt Justinian

Sein Nachfolger Vigilius a. 547—555 wird, nach Verabredung mit der Kaiserin, einfach auf Belisars Befehl eingesetzt[1]); wie Justinian mit diesem Opfer der Intriguen umging, ist bekannt[2]).

Im Jahre 549 schreibt er von Griechenland aus an den Bischof von Arles, derselbe möge den Frankenkönig Childebert bewegen, Totila, der damals Rom gewonnen, brieflich zu warnen vor jeder Einmischung in die ihm fremde katholische Kirche, vor jeder Schädigung und Verwirrung derselben[3]). Diese Motivirung ist sehr bezeichnend. Die Einmischung des Monarchen als solchen in die Kirchensachen kann Vigilius — unter Justinian! — nicht zurückweisen: er spricht dem Totila nur als Ketzer dieß Recht ab[4]). Sein Nachfolger Pelagius I. wird ebenso auf Befehl Justinians gewählt[5]). Und bei der Wahl Pelagius II. wird ausdrücklich hervorgehoben, daß sie „ohne Befehl des Kaisers" deßhalb erfolgen mußte, weil die Langobarden die Stadt umschlossen hielten[6]).

Die Geschichte des Gothenkrieges hat gezeigt, wie, neben dem

---

selbst ein, natürlich nicht unentgeltlich; s. die naive Erzählung bei Agn. Mur. II. p. 105 von Bischof Maximian.

1) Proc. I. 25. (Βελισάριος) ἕτερον ἀρχιερέα Βιγίλιον ὄνομα κατεστήσατο. Liberatus c. 22. favore Belisarii ordinatur Marc. l. c. Belisarius Vigilium ordinavit.

2) s. die Quellennachweise bei Jaffé p. 81 f. seq.; Bower S. 391.

3) Mansi IX. p. 361. quia Gothi cum rege suo in civitate romana perhibentur ingressi (dignetur scribere), ne se in ecclesiae praejudicio, *quippe velut alienae legis*, immisceat et aliquid faciat unde catholica possit ecclesia perturbari.

4) Er war auf's Entschiedenste für die kaiserliche Sache und gegen die Gothen aufgetreten, hatte Getreideschiffe von Sicilien den belagerten Römern geschickt. (Proc. III. 15) u. s. w. Vgl. die Briefe nach Arles bei Jaffé; deßhalb konnte er sich nicht an Totila direct wenden; er hatte a. 540 mit Belisar dem gefangnen Vitigis zu Rom in der Basilika Julii sicher Geleit zum Kaiser geschworen. Vita Vigilii l. c.

5) Vita Vigilii l. c. (Imperator) suscepta relatione Narsetis .., adduci eos praecepit .. dixitque eis: „si vultis recipere Vigilium, ut sit papa vester, gratias agimus; sin autem, hic habetis archidiaconum vestrum Pelagium, et manus mea erit vobiscum". responderunt omnes: imperet deus pietati tuae, ut „restituas" modo nobis Vigilium et, quando eum voluerit deus transire de hoc saeculo, tunc *cum vestra praeceptione* donabitur nobis Pelagius archidiaconus noster.

6) Vita Pelagii II. lib. pont. I. 231. absque jussione principis eo quod Langobardi obsiderent civitatem romanam.

senatorischen Abel¹) als Führer der nationalen, der katholische Kle=
rus als Führer der religiösen Opposition auf Seite der Byzan=
tiner trat und dadurch sehr wesentlich zum Untergang der Barbaren
und Ketzer beitrug²). Deßhalb finden wir denn auch in der spätern
Zeit des Krieges selbst unter Totila eine wohl begreifliche Härte
gegen solche katholische Priester, die nach constatirtem Verrath in
die Hände der Gothen fielen³). Und auch in dieser Zeit noch macht
Totila, wie er in St. Peter betet⁴) und den spätern Pabst Pela=
gius ehrt, dem h. Benedict seinen Besuch, vielleicht nicht ohne poli=
tische Absicht⁵).

---

1) s. z. B. Proc. III. 35.

2) Wie Silverius Rom, so liefert Datius A. II. S. 199 (s. auch Abel S. 14) ganz Ligurien und Mailand den Griechen in die Hände. Proc. II. 7.

3) Vgl. Proc. III. 10. 15. dagegen 16; die Erbitterung einzelner Gothen wie des Zalla (statt Galla) bei Greg. dial. II. 31 gegen den katholischen Klerus zu jener Zeit ist wohl begreiflich: Gothorum quidem Zalla nomine perfidiae fuit arianae, qui Totilae regis eorum temporibus contra Catholicae ecclesiae religiosos viros ardore immanissimae crudelitatis exarsit, ita ut quisquis ei Clericus monachusve ante faciem venisset; ab ejus manibus vivus nullo modo exiret. Anast. p. 129 (u. hist. misc. l. c.) scheint zu anticipiren oder zu übertreiben oder die Nothwendigkeiten des Krieges zu übersehn, wenn er bei der Belagerung Roms durch Vitigis sagt: ecclesiae et corpora sanctorum martyrum exterminatae sunt a Gothis; wir wissen, daß die Gothen den S. Peter u. A. schonten; s. Binius bei Mansi. IX. p. 5.

4) Proc. III. 20.

5) Die Thatsache ist wohl richtig, aber in der ganzen Erzählung derselben bei Gregor. dial. II. 14. 15 (vgl. Neander II. S. 372) ist der Legendenstyl unverkennbar — (das erhellt auch schon daraus, daß von Totila noch eine zweite Versuchung katholischer Wunderthäter erzählt wird, l. c. III. 5; er wurde zum Typus eines grausamen, geistreichen, aber immer beschämten Zweiflers; vgl. III. 6, wo er das rothe Gesicht des Bischofs von Narnia gottloserweise aus „assiduae potationis consuetudine" abzuleiten wagt, aber bald widerlegt wird. Daß Totila den Bischof von Populonia den Bären vorgeworfen, ist sehr unwahrscheinlich, obwohl derselbe eingestandenermaßen durch Bergung byzantinischer Truppen den Tod verdient hatte 11; auch andre seiner Grausamkeiten sind vielleicht übertrieben: so gegen den Bischof von Perugia 13; weitere gothische Grausamkeiten, immer nur gegen Priester unter Totila 18; sehr bezeichnend ist auch die erdichtete Legende von Theoderichs Umstimmung (durch seinen Sturz vom Pferde) für St. Hilarus vita H. Boll. 15. May (May III.) p. 474; [übrigens ein interessanter Conflict des Königsbaues am Bedese mit der Celle des Heiligen]) — und so manche Einzelheit nur aus diesem Styl heraus erfunden; (richtig Balbo I. S. 233). Stylvoll ist des Heiligen Prophezeiung an Totila: „multa mala fecisti, multa mala facis, jam ali-

8. Repräsentationshoheit. („Gesandtschaftsrecht").

Der König allein hat das Recht den Staat nach Außen zu vertreten; er allein entscheidet über Krieg und Frieden und Bünd=

quando ab iniquitate conquiesce; equidem Romam ingressurus es, mare transiturus, novem annos regnans, decimo morieris"; hist. misc. l. c. läßt erst von jener Mahnung an eine Sinnesänderung des bisher „grausamen" Totila eintreten: wie Prokop beweist, unrichtigermaßen. Darauf geht auch Paul. Diac. hist. Langob. I. 26.

„Saeve tyranne, tuae frustrantur retia fraudis,
Frena capis vitae, saeve tyranne tuae";
und „rector vafer deprenderis
inique possessor fugis";

aber Benedict sagt doch voraus, daß dieser König Rom nicht, wie man fürch= tete, zerstören werde. l. c. 15. Ein ungenannter Kritiker der I. u. II. A. in den histor. polit. Blättern (1862) hat vorwurfsvoll gefragt, woher ich denn wisse, daß Pabst Silverius durch Uebergabe Roms einen Eid gebrochen, gerade hier fehle die sonst nie versäumte Quellenangabe. Es ist das nicht richtig: denn ich habe S. 209 bis 212 wiederholt auf Prokop b. G. I. 11 bis 14 verwiesen; indessen trage ich jenem besondern Wunsch entsprechend die Worte der Stelle nach: Proc. I. 11. „Vitigis ermahnte wiederholt Silverius, den Bischof der Stadt, und Senat und Volk von Rom unter Erinnerung an die Regierung Theoderichs, sich gegen die Gothen treu und wohlgesinnt zu verhalten, und ließ sich hierüber von ihnen die furchtbarsten Eide schwören" und I. 14: „die Römer aber hielten es für besser in die Stadt das Heer des Kaisers aufzunehmen. Am Meisten jedoch bewog sie hiezu Silverius, der Bischof dieser Stadt"; sie schicken ihm die Einladung bis nach Neapel entgegen; (über die legendenhaften Bischöfe Sidonius und Jbbo in der Schweiz zur Zeit Theoderichs s. Gelpke I. S. 261).

Ganz irrig ist die Darstellung dieser Verhältnisse von Staat und Kirche bei Damberger I. S. 69 f. Dieß Werk, dem nicht die Kritik allein fehlt, wimmelt von Irrthümern, Entstellungen und Erfindungen: ich stelle, um die weitere Igno= rirung zu rechtfertigen, Einiges hier zusammen: S. 69. Theoderich bespricht sich bei seinem Schiedspruch mit „ehrwürdigen Bischöfen", kommt zur palmaris nach Rom S. 71, der Pabst beruft das Concil und muß sich „gleichsam" rechtfertigen S. 72, Cassiodor wird mit Liberius verwechselt, unter Hormisdas „lastet die Herr= schaft des Arianers immer schwerer auf der Kirche" 106, S. 115 wird eine Cor= respondenz zwischen Theoderich und dem Kaiser rein erfunden, Triguilla und Euni= gast sind die Ankläger des Boëthius, Theodahad ist Amalasunthens Gemahl S. 133, der „Vorschlag" des Pabstes Felix durch Theoderich ist „einem scharfen Befehl nicht unähnlich", das Simoniegesetz erfolgt auf Bitten des Pabstes, die Gothen sind „Lehnsleute", Bischof Datius war von den Gothen „zuerst" gekränkt; das Läcker= lichste aber ist S. 131 die Verwechslung des Hilderich mit Gibamund und die auf diese Verwechslung gebaute Darstellung. Die mit unverantwortlicher Flüchtigkeit be= nützten Quellen werden aufs Willkürlichste von vorher eingenommenem Stand= punkt ausgelegt und jeder Einfall der Parteilichkeit wird als quellenmäßige That= sache hingestellt.

niß, er schickt und empfängt Gesandte¹), er bestimmt alle Verhältnisse des Reichs zu andern Staaten.

Wir haben bereits erörtert²), aus welchen Gründen dieß Recht vor andern seit der Auflösung der urgermanischen Zustände von der Mitwirkung, ja ursprünglichen Alleinentscheidung der Volksversammlung gelöst und vom König allein geübt werden mußte, und ebenso haben wir bereits die Belege und die Gründe der Erscheinung angegeben, daß die Amaler dieß Recht viel unumschränkter übten als die fünf ihnen folgenden Wahlkönige, bei welchen die Mitwirkung des Adels (der Heerführer) und des Volkes (des Heeres) bei den Beschlüssen über Krieg, Bündniß und Frieden wieder viel mehr nöthig geworden.

Wir vervollständigen jene Darstellung hier nur noch durch einige Züge. Theoderich erwägt bei sich allein die Politik der Nachbarstaaten³); er allein entscheidet über Krieg, Frieden⁴) und Bündniß, freilich „zum allgemeinen Wohl", aber dessen Forderungen beurtheilt eben er allein, ohne das Volk oder den Senat zu fragen, und Regenten wie Amalasuntha, Theobahad, Erarich haben wiederholt das Reich für ihren Privatvortheil verrathen und verkauft.

Vitigis dagegen läßt nicht nur seinen Feldzugsplan, auch die Gestaltung der Verhältnisse zu den Franken und die Abtretung gothischen Reichslands⁵) an dieselben wiederholt durch Volk und Adel gutheißen: er holt ihre Zustimmung ein⁶). Auch die Verhandlungen mit Belisar während der Belagerung Roms gehen nicht vom König allein aus, sondern von der Gesammtheit der Barbaren⁷);

---

1) Die Bemerkungen Theobahads (Proc. l. c. I. 7) über Beschränkungen der Unverletzlichkeit von Gesandten sind natürlich weder römisches (Mein l. c.) noch gothisches Völkerrecht, sondern Redensarten.

2) A. I. S. 213. II. S. 107; Köpke S. 169 und jetzt auch Roth Feudal. 23.

3) Var. L. 30; s. A. II. S. 134.

4) Oben S. 61 und A. II. S. 133 f. Athalarich allein kündet den Vandalen die Freundschaft IX. 2; doch wird hier die Stimmung der Gothen wenigstens mit erwähnt.

5) Interessant wäre, wenn in Proc b. G. I. 3 (vgl. Vand. II. 5) eine Bestreitung des Rechts Theoderichs, gothisch Reichsland abzutreten, vorläge; aber der (verdorbne) Text und der Zusammenhang machen diesen Sinn der Stelle sehr zweifelhaft. Sie fehlt bei Schröder I.

6) A. II. S. 209. 211; vgl. Köpke S. 201. 204; überall kann ich ihm aber nicht beipflichten; ich muß ihm und von Sybel S. 208 gegenüber auf meine genaue Analyse des Sprachgebrauchs von Prokop verweisen. A. II. S. 265.

7) Proc. II. 6. βάρβαροι - ἔπεμψαν.

deßgleichen **berathen König und Volk**[1]) die spätern Verhandlungen mit den Langobarden, den Franken und den Persern[2]). Ebenso entscheidet Vitigis erst nach langer Berathung mit den "Hervorragendsten" die Verwerfung neuer fränkischer Anträge und Anknüpfung von Verhandlungen mit Belisar[3]). Wir haben schon bemerkt, daß dieser Adel später sogar, auf eigne Faust, über den König hinweg, dem Belisar die Krone des Abendlandes bietet und Vitigis selbst wagt nicht zu widerstehen[4]).

Die weitere Verhandlung findet statt mit dem König und dem Adel[5]). Belisar soll ihm und den Spitzen der Gothen schwören[6]). Auch Ilbibad verhandelt mit Belisar nur, nach Zustimmung Aller[7]). Und Erarich holt die Zustimmung Aller zu seinen Friedensbedingungen ein[8]). Nicht zu verkennen ist, daß Totila wieder selbständiger die äußere Politik, namentlich die Verhandlungen mit den Byzantinern, leitet[9]): sein Glück, sein Glanz, sein Talent und seine größere Macht erklären das[10]). Auch der gewaltige Teja handelt allein[11]): nach seinem Fall sendet das Volksheer Adlige zum Abschluß der Capitulation an Narses[12]).

Das völkerrechtliche Verhältniß des Gothenstaats zu Byzanz

---

1) l. c. 22.
2) l. c. Οὐίτιγις δὲ καὶ οἱ ξὺν αὐτῷ Γότθοι ... ἐν βουλῇ ἐποιοῦντο καὶ αὐτοῖς πολλὰ βουλευσαμένοις .. ἔδοξεν ... γνῶμαι οὖν πολλαὶ πρὸς τῶν ἐς τὴν βουλὴν ξυνιόντων ἐλέγοντο .. ἐν αἷς καὶ τόδε ἐς τὸν λόγον ἦλθεν .. τοῦτο Οὐιτίγι τε αὐτῷ ἤρεσκε καὶ Γότθοις τοῖς ἄλλοις.
3) II. 28. Οὐίτιγις δὲ ξὺν Γότθων τοῖς ἀρίστοις πολλὰ κοινολογησάμενος.
4) l. c. 29. ἐν σφίσιν οὖν αὐτοῖς βουλευσάμενοι εἴ τι ἐν Γότθοις καθαρὸν ἦν κ. τ. λ. ὧν δὴ αἰσθόμενος ὁ Οὐίτιγις ἔδεισέ τε καὶ Γότθοις ὡς βέλτιστα βουλεύεσθαι εἰπὲν Βελισαρίῳ καὶ αὐτὸς λάθρα παρῄνει ἐς τὴν βασιλείαν ἰέναι, οὐδένα γὰρ οἱ ἐμποδὼν στήσεσθαι; die Uebersetzung Vitigis *quamvis timeret* ist also falsch.
5) l. c. παρά τε Οὐίτιγιν καὶ Γότθων τοὺς δοκίμους .. τῶν ἐπιτηδείων τινὰς ἔπεμψεν.
6) l. c. Οὐιτίγιδί καὶ Γότθων τοῖς ἄρχουσιν.
7) ἅπαντας ξυγκαλέσας l. c. X. 30.
8) III. Γότθους ἅπαντας ξυγκαλέσας βουλὴν προὔθετο.
9) Obwohl es sonst (s. unt. u. Proc. III. 24. 25) an Regungen der Volksfreiheit auch gegen ihn nicht fehlt.
10) Bei seinen Vorschlägen und Entscheidungen erwähnt Prokop die Befragung von Volk und Adel nicht, das ist nicht bloßer Zufall; man sollte das besonders erwarten in III. 21. 22. IV. 24. 29.
11) IV. 34.
12) IV. 35. οἱ βάρβαροι πέμψαντες τῶν λογίμων τινὰς.

haben wir bereits[1]) dahin festgestellt, daß die Zusammengehörigkeit desselben mit Byzanz anerkannt wurde — sie beide bilden zusammen die respublica romana im Gegensatz zu den Barbaren — eine wahre Ueberordnung des Kaisers von Theoderich jedoch nicht[2]): auch über die Italiener herrscht er zu eignem Recht[3]), nicht, wie ursprünglich wohl die Meinung war[4]), in Vertretung des Kaisers. Seine amalischen Nachfolger rufen dann wohl die tuitio, protectio des Kaisers an[5]), aber eine feste, juristische Gestalt gewinnt dieß so wenig, als früher das von Theoderich beanspruchte, aber nur moralische und thatsächliche Protectorat über die befreundeten Germanenstämme[6]).

1) A. II. S. 133. 160; vgl. auch Köpke S. 182; unser völlig unabhängiges Zusammentreffen in manchen wichtigsten Fragen, meist gegen von Glöden und von Sybel, ist gewiß eine Bestätigung unserer Ergebnisse.

2) Wie z. B. Gibbon c. 39; Balbo I. S. 55; La Farina I. p. 60, der Kritiker in Heidelb. Jahrb. von 1811 nach Jord. de regn. succ.: ac si proprio jam clienti; vgl. Gregorov. I. S. 251; besser Boecler S. 12; Hegel L. S. 103; Abel S. 3; Giannone I. S. 194; Aschbach S. 163; Mansi VIII l. c.; sehr bezeichnend schreibt Anastasius an den Senat: excelsus rex, cui regendi vos potestas atque sollicitudo commissa est; darin soll liegen a nobis commissa, aber dieß zu sagen wagt man doch nicht und der Senat in seiner Antwort spricht von (zwei) regna; characteristisch stellen die „gesta Theoderici regis" bei Mone, Anzeiger für Kunde der deutschen Vorzeit IV. und VII. p. 14, p. 354, das Verhältniß Theoderichs zu Byzanz und dem Senat dar: die Römer bitten den Kaiser, Odovakar durch Theoderich stürzen zu lassen und später bittet der Senat den Kaiser, Theoderich zu ermorden.. — (Alle andern Züge der bedeutend später entstandenen oder richtiger gelehrt fabricirten gesta sind unverwendbar); es blieb ein frommer Wunsch, was Priscian. de laud. Anastasii imp. diesem zurief: ed. Dindorf Bonn 1829, p. 525: „utraque Roma tibi nam spero pareat uni".

3) Regnum Italiae; 'Ρωμαίων τε καὶ 'Ιταλιωτῶν ἄρχειν ἁπάντων. Proc. b. G. I. 1.

4) Daß aber Byzanz nachträglich rechtsförmlich, wenn auch nicht aufrichtig das Gotheureich anerkannte, haben wir (A. II. S. 163. 216, s. die Hauptstelle Agath. I. 6) bewiesen; die Meisten, Sartor. S. 261, Köpke S. 162 verwechseln Rechtsform und Gesinnung in der byzantinischen Anerkennung; der erstern fehlte nichts; Pallmanns Darstellung II. S. 371 hat keinen juristischen Gedanken; das Rechte schon b. Mascou II. S. 66; Fabeln über d. Rugier Friedrich b. Fillasi V. p. 184.

5) Vgl. Jord. c. 59. Athalaricus tam suam adolescentiam quam matris viduitatem Orientis principi commendavit; (vgl. Proc. b. G. I. 3); deßhalb sind sie c. 60 des Kaisers suscepti und von ihm zu rächen; Anast. p. 129; reginam Justiniano commendatam; de regn. succ. p. 24); hist. misc. p. 104.

6) A. II. S. 134. 143; Gibbon c. 39; Waitz II. S. 63; Leo Vorles. I. S. 331; du Roure II. S. 88 überschätzt die Abhängigkeit. Es bleibt bei dem Wagen: amici nostri, conjuratae nobis gentis (durch Eide bestärkte Freundschafts-

Gesandte empfingen und schickten die Gothenkönige in großer Häufigkeit, wie Cassiodor¹) und Prokop zeigen; dieselben pflegen nach alter Sitte Ehrengeschenke zwischen den Königen auszutauschen²). Die Gesandten erhalten, außer den von ihnen zu überreichenden Legitimationsschreiben, mündliche³) Instructionen, welche die Hauptsache ihrer Sendung enthalten⁴). Man setzte unter Theoderich, der

---

verträge), qui ad eum spectare, per eum sperare (vgl. Roth Ben. S. 165; qui dispositum nostrum sequi videntur). Var. III. 1. 2. 4; gegenüber den Franken wagt auch Jord. c. 58 nur von einem „foedus" zu sprechen; aut amicitia aut subjectio; Tribut wurde höchstens (selbstverständlich auch von im Reich angesiedelten Alamannen, mehr besagt Agath. I. 6 nicht), von den Gepiden, von den Westgothen (Proc. l. c. I. 12) nur die hergebrachten Steuern erhoben. (Bei dieser Gelegenheit kann ich die Bemerkung nicht unterdrücken, daß Pallmann IV. S. 59 vermöge seiner undeutlichen Schreibart oder vermöge großer Flüchtigkeit den Schein eines groben Irrthums auf A. II. S. 6 wirft; ich sage daselbst, Prokop irrt jedenfalls in der Behauptung, daß die Germanen unterworfnen Völkern keinen Zins aufzulegen pflegten und dieß von Seite der Heruler eine übermüthige Ausnahme sei. Pallmann sagt nun: „Auch Dahn bezweifelt den Prokop'schen Bericht in einigen Beziehungen. Wenn er aber die in ihm mitgetheilte Zinspflichtigkeit der Langobarden ungermanisch nennt, so ist das schlechterdings unrichtig" (folgt ein Citat aus Grimm. R. A. S. 299). Hienach muß jeder Leser glauben, ich bestreite die regelmäßige Zinspflichtigkeit von den Germanen unterworfnen Völkern, während ich umgekehrt die prokop'sche Leugnung derselben bestreite; für seine Person kann Pallmann so undeutlich schreiben oder flüchtig lesen als er will, aber nicht wenn es sich um andere Leute handelt); über Heerbannpflichtigkeit der unterworfnen Gepiden oben S. 73; vgl. aber auch Proc. b. G. III. 1. Οὔλας Γήπαις μὲν γένος, ἐς δὲ τὸ τῶν βασιλέως ('Ἰλδιβάδου) δορυφόρων ἀξίωμα ἥκων (ein Söldner?); auch die βάρβαροι ἐν Σουαβίᾳ, aus welche Vitigis sein Heer verstärkt, Proc. b. G. I. 16, sind keine Gothen, sondern, so scheint es nach l. c. 15, abhängige Stämme: ob sie aber geworben oder ausgehoben, aufgeboten werden, erhellt nicht.

1) Var. I. 1. 6. 45. 46. II. 6. III. 1. 2. IV. 1. 2. 3. 47. V. 1. 2. 43. VI. 3. 6. 9. VII. 33. VIII. 12. IX. 1. X. 20—24. 33—35. XI. 1. Ennod. p. 469.

2) I. 45. 46. IV. 12. V. 1. 2. vicissitudinem muneris pro expensarum vestrorum consideratione tribuentes.

3) An die Heruler „patrio sermone" IV. 2. Dieß Eine Quellenwort widerlegt Pallmanns II. S. 99 eilf Seiten, in welchen er die „gothische Völkergruppe" bestreitet; richtig Büdinger I. S. 56; vgl. auch Maßmann in Haupts Zeitschrift I., der mit Recht die Identität der Eigennamen hervorhebt; mundartliche Verschiedenheiten (wie das vandalische "sinhora armen") sind dadurch nicht ausgeschloßen über die gothische Sprache der Burgunden Derichsweiler S. 146.

4) I. 1. III. 2. 34. V. 2. 42. 43. VIII. 1: sie vor Allen dürfen sich der Reichspost bedienen. IV. 47. VII. 33. V. 5. legationum utilitas.

auch gegen Franken und Vandalen sehr von oben herab spricht¹), eine Ehre darein, mehr Gesandte zu empfangen als zu schicken, namentlich gegenüber Byzanz²). Dieß änderte sich freilich sehr unter seinen Nachfolgern: Theobahad und Gudelina buhlen in kriechenden Worten um die Gunst der Kaiserin Theodora³), während Amalasuntha noch dieselbe ignorirt, und Vitigis sucht nach dem Verlust von Rom auch Bischöfe und Große von Byzanz für seine Gesandten und ihre Zwecke zu gewinnen⁴).

Nicht ohne Interesse ist es, die officiellen Anreden und Titelspenden an andre Herrscher zu vergleichen. Der Kaiser heißt princeps[5]), piissime imperator[6]), clementissime principum[7]) und mansuetudo, excellentia, pietas, clementia, serenitas (serenissimus) vestra[8]), Titel, die Theoderich selbst führt[9]).

Odovakar wird, was wohl zu beachten, von den Gothenkönigen nie, wie von Byzanz[10]), tyrannus oder sonst mit abgünstigem Beisatz genannt, er heißt der „frühere Herr" oder sogar rex praecedens[11]), oder es steht einfach sein Name, ohne rex[12]). Der König der Vandalen heißt nobilitas vestra[13]), der König der Franken excellentia vestra (ebenso die der Thüringer, Heruler und Warnen)[14]),

---

1) V. 43. 44.
2) XI. 1. tantis nos legationibus tam raro requisitus ornavit..., ut italicos dominos erigeret reverentiam eoi culminis inclinavit.
3) X. 20—24.
4) Var. X. 33—35.
5) Ed. §. 24. 43. VIII. 1. X. 33. gloriosissimus X. 10.
6) II. 1. X. 12. 19. 2. 33.
7) I. 1. X. 1. imperator X. 24. 32. 33.
8) Augusta X. 8. 22. 15. 23. 20. 19. 21. 24. 25. 26. 27. 32—35. Mansi VIII. p. 30. VIII. 1. I. 1. X. 1. 2.
9) s. unten „Absolutismus"; unter Theobahad steigern sich die Schmeicheltitel, z. B. princeps triumphalis IX. 20; IX. 19. absolute mirabilis etc.
10) Und von Ennod. p. 451, der den Besiegten am Meisten schmäht 462. 465. Sart. de occ p. 16; vgl. Pallmann II. S. 171. Nur bei Jord. c. 57. von Theoderich selbst.
11) I. 4.
12) V. 44.
13) II. 16. IV. 38. Cassiodor spricht nur von seiner Dürftigkeit. (A. II. s. V. 41. abjecta tempora, sterilitas) und Habsucht VIII. 17. III. 12. avaritia; vgl. Ennod. l. c.; erst die gothischen Gesandten in der tendenziösen Rede bei Agath. I. 6. sagen: Ὀδόακρον καθελών, τὸν ἐπηλύτην, τὸν τύραννον.
14) III. 3. 4; aber auch ein Patricius in Byzanz. X. 35.

aber auch virtus vestra[1]), der Westgothenkönig fortitudo vestra[2]); dieser und Chlodovech sind filii nostri[3]), ein verstorbner Westgothenkönig heißt praecelsae recordationis[4]), während der Burgundenkönig mit fraternitas vestra angeredet wird[5]).

9. Das Kronerbrecht

der Amaler[6]), die dabei mitwirkende designatio successoris[7]) und das Erforderniß der Anerkennung und Huldigung des Volkes, welche nach dem Sturz der Amaler wieder zu vollstem Wahlrecht in ursprünglicher Freiheit erstarkt, werden, sofern sie nicht bereits erörtert sind, am besten in die Darstellung des Gesammtcharacters des Königthums verflochten; der römische Absolutismus der Amaler und das germanische Volkskönigthum der spätern Wahlkönige findet in diesen verschiednen Rechtstiteln des Kronerwerbs den prägnantesten Ausdruck.

---

1) II. 41.
2) III. 1.
3) III. 24. (unter einander fratres III. 4).
4) V. 39.
5) III. 2; III. 3 frater noster; die Unterscheidungen bei Sart. S. 263 sind hiemit widerlegt.
6) Köpke S. 185.
7) Köpke S. 188.

IV. Gesammtcharacter des Königthums.

1. Romanismus.

Die Untersuchung der einzelnen Rechte des Königthums hat unsern Satz bestätigt, daß die Amaler durch Uebertragung der ihnen über die Romanen zustehenden imperatorischen Rechte[1]) auf die Gothen das alte germanische Königthum[2]) wesentlich veränderten, es romanisirten. Dieses Romanisiren der Aemter, auch in dem zweiten Sinn ihres bewundernden Eingehens auf die vorgefundnen römischen Staatsformen, ist nun noch in einigen Hauptrichtungen darzustellen.

Theoderich nennt die italienische Hälfte seines Reiches selbst die respublica romana[3]). So war es in der That. Der ganze römische Staat in Italien dauerte fort[4]), nur trat an seine Spitze der König statt des Kaisers und neben, vielmehr hinter ihn der gothische Staat. Dieses Fortbestehenlassen des ganzen römischen Staatswesens war eine Folge nicht nur der hohen persönlichen Vorliebe Theoderichs für die antike Kultur, es war in den Dingen gegeben und schwer, fast unmöglich zu vermeiden[5]). Im Auftrag

---

1) Im Ostgothenstaat ist dieß unzweifelhaft; anders bei den Franken, Roth Ben. S. 108.

2) Dessen Character hat A. I. im Princip festgestellt und die abweichenden Ansichten besprochen: es kann auf dieselben nicht wieder in jedem Einzelreich eingegangen werden; den Grundirrthum (von Phillips I. S. 345 u. A., aber auch noch v. Wietersheim) des Gefolgschaftsstaats und Gefolgsherrnkönigthums widerlegt der Ostgothenstaat am Bestimmtesten.

3) Var. II. 16.

4) „Dadurch ist es möglich geworden, daß Hollweg Handbuch I. fast jede ältere Einrichtung mit einer entsprechenden Stelle aus Cassiodorus belegen konnte". v. Glöden S. 42. La Farina I. p. 60.

5) Das verkennt sogar Gibbon c. 39; und in neuester Zeit wieder Helfferich Erbacker I. S. 4; vgl. Wilmans S. 139; Ozanam S. 56; Le Beau VII. p. 177.

des Kaisers, mit Beihülfe der Römer[1]), hatte Theoderich den Odovakar gestürzt[2]), konnte er jene Formen antasten, welche selbst dieser geschont? Tief eingewurzelt wie die Sprache war das Recht der Vorfahren in den Italienern und ohne eine erschöpfende Vertilgung oder Austreibung derselben, die außer dem Bereich der Möglichkeit[3]) lag, ließ sich die Verfassung nicht beseitigen. Für Römer und Gothen eine gemeinsame dritte Rechtswelt schaffen, war unmöglich: die Verschiedenheit der beiden Nationen und ihres Culturgrades war zu groß und nur vielleicht der Lauf der Jahre, nimmermehr ein Einzelner in einem Augenblick, hätte sie ausgleichen können: ebensowenig ging es an, das gothische Volksleben plötzlich ganz in römische Formen zu zwängen und so blieb nur das Eine übrig: beide Völker in dem Einen Staat wie in zwei Staaten nebeneinander hergehen zu lassen: ihre Einheit war fast nur die Person des Monarchen[4]).

Wir können daher fast in allen Punkten den römischen und den gothischen Staat gesondert[5]) betrachten: ja der erstere, reich entwickelt und ausgebildet, tritt so sehr in den Vordergrund, daß der gothische, aus den alten Fugen gekommen und noch nicht ganz in neue Formen übergegangen, schon oft[6]) ganz übersehen und als in dem römischen aufgegangen, angenommen worden ist.

---

1) Ennod. p. 465. tecum pars mundi potior.
2) Ennod. p. 455. te orbis domina ad status sui reparationem Roma poscebat; so will Theoderich die Sache von den Römern angesehen wissen: er ist romani nominis erectio l. c. p. 482; er ist vom Himmel gesendet, während Odovakars Erhebung vom Teufel eingegeben war; vita Epiph. p. 1008. 1010.
3) Auch die anfangs beabsichtigte Entziehung der Freiheit sollte immer nur die Anhänger Odovakars treffen, wie Ennod. vita Epiph. I. 1012 deutlich besagt: ut illis tantum Romanis libertatis jus tribueret, quos partibus ipsius fides examinata junxisset; nicht alle Römer, wie man vielfach behauptet.
4) An. Val. p. 620. gubernavit duas gentes in uno; (daher wundert sich Proc. b. G. I. 1, daß es ihm gelang, die Liebe beider Völker zu gewinnen). Vgl. hierüber Luden III. S. 143. Deßhalb kann auch ein noch so sehr von dem Geist des Königs durchdrungner und dem römischen Adel nahe stehender Gothengraf doch nur „beinah" ein römischer Bürger genannt werden. Var. IV. 16; vgl. du Roure I. S. 300; das Richtige schon bei Eichh. Z. f. g. R. II. S. 284.
5) Bei An. Val. p. 619 quasi Gothorum Romanorumque regnator geht das quasi auf Romanorum, d. h. auf die Verbindung (que); sehr bezeichnend. Jord. de regn. succ. p. 240 regnum gentis suae et romani populi principatum prudenter et pacifice continuit; vgl. La Farina I. p. 60.
6) Z. B. von dem Kritiker in den Heidelb. Jahrb. von 1811 S. 625 und

Dieß wurde daburch befördert, daß unter den Amalern in der langen und blühenden Friedenszeit die Gothen selbst zum Theil auf dieses Romanisiren eingingen[1]). Gegen den gewaltigen und glänzenden Theoderich wenigstens findet nur sehr leise Opposition statt, und fast nur da, wo der materiellste Egoismus die alten germanischen Einrichtungen mit ihrem Minimum von staatsbürgerlichen Pflichten erhalten wissen will (S. 141). Aber gegen Amalasuntha und ihr noch hingegebneres Romanisiren regt sich die nationale Opposition schon stärker[2]), sie stürzt ihren Nachfolger, der, ganz in römische Cultur verloren, ohne alles Gefühl für das Nationale, das Volk verkauft. Und unter den Wahlkönigen ist das Romanisiren schon deßhalb viel schwächer, weil fast ihre ganze Thätigkeit in der Heerführerschaft aufging.

Bei Totila, der wieder länger und zum Theil friedlicher regierte, ist zwar die größere Hinneigung zu dem römischen Wesen nicht zu verkennen[3]): aber sie geht doch lange nicht so weit wie bei den Amalern, während sein Nachfolger Teja, der König der Verzweiflung, der lang verhaltnen nationalen[4]) Antipathie ihren starken Ausdruck gibt: er vernichtet, soweit er greift, den auch von Totila noch gehätschelten Senat: sein Königthum ist gleichsam losgelöst

---

Carlor. S. 260, der immer nur von „Horden" der Germanen spricht; in anderer Weise von v. Glöden und v. Sybel; auch Hegel I. S. 104 sieht nur die Fortsetzung des weströmischen Staats; f. A. II. S. 125. Dagegen vortrefflich Köpke S. 161.

1) Vollständig byzantinisirend dachte z. B. Jord. (vgl. Waitz. Z. f. G. II. S. 44): man darf dabei seine Verwandtschaft mit den Amalern nicht vergessen und seinen Katholicismus: hat er doch, wie v. Syb. sehr wahrscheinlich gemacht, seine Chronik dem Pabst Vigilius dedicirt; vgl. Schirren p. 91; er ist amalisch-byzantinisch gesinnt, nicht gothisch und sieht beßhalb nach Amalasunthens Untergang das Heil in der (zweiten) Heirath Matasunthens mit Germanus: gegen Vitigis, den Gemahl Matasunthens ist er noch schonender: in Totila aber sieht er fast wie Justinian selbst nur den tyrannus; sehr gut hierüber Wattenb. S. 51; vgl. Freudensprung S. 7. 8; Jordan S. 27 legt ihm „deutsche Gesinnung" bei!

2) Proc. b. G. I. 2. Die Berechtigung derselben wird fast immer verkannt; z. B. Filiasi p. 194; Gianonne I. S. 213. 226; Mur. ad a. 327; Pavir. L S. 361; Muchar II. S. 7; selbst v. Gibbon c. 41; richtiger Balbo I. S. 10 und Gregorov. I. S. 331. Sigonius p. 432 spricht wenigstens von der Fürstin nimia potestas.

3) Anast. v. Vigilii p. 132: „er lebte mit den Römern wie ein Vater mit seinen Kindern"; er hat zum Quästor den Römer Spinus. Proc. III. 40.

4) Sogar v. Sybel S. 160 muß einräumen, daß „das Bewußtsein eigenartiger Volksthümlichkeit bei den Ostgothen immer lebendig geblieben".

vom Lande: das Volksheer und der Schatz allein sind seine Stützen und, nachdem die römische Hälfte von Theoderichs Reich weggefallen, d. h. byzantinisch, feindlich geworden, bleibt nur die gothische allein übrig, bis auch sie unter diesem Heldenkönig einen nicht unwürdigen Untergang findet.

Diese Unterschiede in den Verhältnissen unter Theoderich, unter seinen amalischen und endlich seinen nicht amalischen Nachfolgern, diese Bewegung und Entwicklung hat man verkannt, wenn man den ganzen Gothenstaat von a. 493 bis a. 550 als eine unveränderte politische und staatsrechtliche Einheit betrachtete und darstellte[1]).

Es ist der bezeichnendste Ausdruck für die romanisirende Politik Theoderichs, daß er nach der Vernichtung Odovakars seine bisherige gothische Kleidung ablegte und römische Tracht annahm.

Dieß sollte nicht blos den Römern den Anblick eines barbarischen Herrn ersparen, es sollte zeigen, daß er nicht nur König der Gothen sei — seine Herrschaft über diese bedurfte nicht des äußern Symbols und ihre Anhänglichkeit wurde durch jene, obgleich starke Annäherung an die Römer, nicht erschüttert — sondern, wie er sich selbst nennt, auch ein römischer Fürst, d. h. der Nachfolger der weströmischen Kaiser, aber mit dem Königs- statt des Kaisertitels[2]).

In diesem Sinne trug er auch den Purpur, wie die römischen Kaiser, die vestis regia[3]), und forderte von Byzanz die übrigen Attribute des westlichen Kaiserthums schon a. 490 nach seinem Sieg an der Adda[4]) zurück, welche Odovakar nicht zu führen und zu tragen gewagt[5]), sondern, bei seinem Versuch der Anlehnung an das Kaiserthum[6]), Zeno überschickt und nicht mehr zurückerhalten hatte.

Es war von großer politischer Bedeutung, daß[7]) Anastasius

---

1) So Gibbon c. 41 und die Meisten; besser der Kritiker in d. Heidelb. Jahrb. von 1811 und Köpke.

2) Jord. c. 57. „Romanorumque regnator"; vgl. A. II. S. 130; Sart. S. 20. 254 und Köpke S. 183; doch war die Spannung mit Byzanz nicht erst „von Honorius und Valentinian geerbt" l. c.

3) An. Val. p. 619. Var. I. 2.

4) l. c.

5) Wie Cass. Chron. ad a. 476 sehr geflissentlich hervorhebt.

6) A. II. S. 39; Pallmann de interitu p. 28.

7) Nach langem Zögern (s. Abel S. 9). Zeno starb April a. 491; und erst a. 498 schickte Anastasius die Kleinodien. Das „Zenone consulto" bei Jord.

sie wirklich an Theoberich herausgab: denn es enthielt dieß, nachdem der anfängliche Verdruß über die Anmaßung des italischen Königstitels¹) verwunden war (weil man sich eben zu einem ernsten Krieg gegen Theoberich zu schwach fühlte), die feierlichste Anerkennung jener Succession in die imperatorischen Rechte über die Römer²). Und es war für Theoberich überaus wichtig, gerade den Römern gegenüber diese Anerkennung von Seite des Kaisers zur Schau tragen zu können³).

c. 57 bedeutet also nur die Bitte, nicht die Gewährung; hist. misc. p. 100 sagt anticipirend: Zeno Italiam per pragmaticam tribuens sacri velaminis dono confirmavit; ihr folgt Rubeus p. 118; irrig Giannone I. S. 193.

1) Anon. Vales facta pace cum imperatore per Festum de praesumtione regni (hierüber A. II. S. 161 und Köpke S. 180 f.; Luden III. S. 49 u. S. 57 widerspricht sich; vgl. auch Böcler S. 13; Baron. u. Murat. ann. ad. a. 493. 498. An. Val. p. 620. Gothi sibi confirmaverunt Theodoricum regem non exspectantes jussionem novi principis) omnia ornamenta palatii quae Odoachar Constantinopolim transmiserat remittit; Proc. b. G. II. 7. ἀποδιδόναι τὴν γῆν τῷ κυρίῳ οὐδεμῆ ἔγνω.

2) Das verkennt Köpke S. 182; richtig Balbo I. S. 51; Phillips I. S. 345. 477; du Roure I. S. 408; anders Bower S. 121.

3) Worin diese insignia bestanden, ist schwer zu sagen: neben Trachtstücken (vestis regia An. Val. l. c., sie allein nimmt an Friedl. S. 24) ist auch an Geräth des Palastes zu denken. Anon. Vales. p. 622. omnia ornamenta palatii; ganz ungenügend Pavir. I. S. 96; Balbo I. S. 48 sagt: le corone, le gioie e gli altri arredi del palazzo imperiale; vgl. du Roure I. S. 263; Hurter II. S. 70; Jord. c. 57 (nach Gloß) tertioque anno ingressus Italiam, Zenone imperatore consulto, privatum habitum suaeque gentis vestitum seponens, insigne regii amictus quasi jam Gothorum Romanorumque regnator assumit. Dieß erklärt sich folgendermaßen: die Ablegung der gothischen Tracht ist zugleich Ablegung einer „Privaten"-Tracht, denn der germanische König „zeichnet sich in Tracht und Kleidung wenig von den übrigen Freien des Volkes aus", Grimm R. A. S. 239 (sehr weniges bei Klemm S. 208; über den höchst zweifelhaften Goldblech-Hauptschmuck S. 207). Isidor sagt in chron. Gothor. von dem Westgothen Leovigilb: „er zuerst (a. 580) saß mit königlichem Gewand angethan auf dem Thron, denn vor ihm hatten die Könige Tracht und Sitz mit dem Volke gemein"; und wie sehr waren doch die Westgothenkönige romanisirt und absolut geworden; vgl. R. A. S. 241: „außer dem Haarschmuck ist von andern Insignien der Könige in ältester Zeit kaum die Rede von keiner Krone; (nur etwa Stab (Klemm l. c.), Speer, Fahne); Eunod. p. 461 spricht nur von glänzender Waffenrüstung in der Schlacht; Proc. nennt einmal die Heerfahne μάνδος; der Fahnenschaft ist mit einem goldnen Armring (vgl. Wackernagel in Haupts Z. IX. S. 540) an des Bannerträgers Arm geheftet und die Erbeutung dieses Armrings wird als schwere Schmach empfunden und mit höchster Anstrengung abgewehrt; ich erinnere, daß ein Held, Dietrichs von Bern, Wildeber, in der Bilkinas. c. 109 (ich

Es ist begreiflich, daß dem Romanisiren Theoderichs seine Germanen vor Allem darin folgen[1]), daß sie wie er das schöne Südland als ihre Heimat ansehen: es war dem so lange unstät wandernden und von aller Noth der Heimatlosigkeit bedrängten Volke theuer, ja wie unentbehrlich geworden: immer und immer wieder, nicht nur im Unglück, selbst im besten Glück, unter Totila, suchen sie[2]) vom Kaiser die Erlaubniß nach, im Lande bleiben zu dürfen, unter den schwersten Bedingungen: sie wollen sich mit dem Lande nördlich vom Po begnügen, alle Inseln und das ganze Festland südlich vom Po an Byzanz abtreten: (da blieb nur ein schmales Gebiet, da die Franken im Westen die Seealpen und ihr Vorland abgerißen, —

---

muß nach W. Grimm Helden. S. 30 citiren in Ermanglung des Originals) einen goldnen Armring trägt; (daß der Löwe Theoderichs „Schild- und Wappenzeichen" gewesen; Lersch in Jahrb. d. Ver. d. Alterth. Fr. im Rheinl. I. S. 32 möchte schwer zu beweisen sein! er folgt den späten Sagen Raßmann II. S. 425; W. Grimm S. 143). Theoderich legte also die gothische private Tracht, jetzt schon, nach Odovakars Fall, a. 493, ab und gewiß jetzt schon Purpur (den er bisher gewiß nicht getragen) an, wenn er auch die übrigen Insignien des „regii amictus" erst später vom Kaiser erhielt, A. II. S. 163; welch' große Bedeutung seinem Purpur beigelegt wird, erhellt mehr noch als aus Var. I. 2 aus Ennod. p. 486; auch Vitigis und Ildibad tragen den Purpur, Proc. I. 29. II. 30. Totila trug eine Krone mit Edelsteinen, hist. misc. p. 108; ferner calciamenta, an denen man den König erkannte (purpurne), und seine vestes regales heißen purpurei Greg. l. c.; dem spatarius, der diese Abzeichen angelegt, ruft St. Benedict zu: pone, fili, pone hoc quod portas, non est tuum! seit a. 493 unterscheiden sich die Könige (auch die Königin, Proc. III. 1) scharf von der Tracht der andern Gothen, s. die wichtige Stelle des Agath. I. 20 A. II. S. 242: man legte größtes Gewicht hierauf; wenn aber einzelne Gothen sich in Tracht und Sitten romanisirten (vgl. Proc. I. 2, die drei Erzieher Athalarichs), so fehlt es auch nicht an Beispielen, daß Römer die barbarische Weise, die βαρβαρικὰ διασήματα Agath. I. 20, annahmen, — in Byzanz war das herrschende Mode — und in Italien sagt Ennod. de Joviniano, qui, cum haberet barbam gothicam, lacerna vestitus processit: carm. II. 57:

barbaricam faciem romanos sumere cultus
   miror et in modico distinctas corpore gentes.
59 nobilibus tollis genium, male compte, lacernis,
   discordes miscens inimico foedere proles.

1) Merkwürdig ist, daß ein Gothe neben seinem gothischen noch den ungothischen, in Italien geläufigen Namen Andreas führt, Marini Nr. 86; aus vielen Stellen Prokops erhellt, daß die Gothen ziemlich regelmäßig Latein verstanden und sprachen, z. B. II. 1. Die Vornehmeren gewiß; Dollmetscher werden kaum (I. 18?) benöthigt.

2) A. II. S. 158.

man sieht hieraus am allerdeutlichsten, wie dünn die gothische Be=
völkerung über das ursprüngliche Gebiet des Reichs muß gesäet
gewesen sein, wenn sie jetzt, freilich nach sehr großem Menschen=
verluste, auf dem fünften Theil desselben Unterkunft finden kann);
auch auf die volle Unabhängigkeit verzichten sie. Erst nach den ge=
waltigen Katastrophen von Taginas und vom Vesuv zeigt sich eine
andre Gesinnung, welche die Freiheit dem Lande vorzieht und um
keinen Preis von der Herrschaft des Kaisers wissen will.

Theoderich nennt Italien das Vaterland der Gothen¹) und die
Herrlichkeit Roms ist nie mit größerer Bewunderung gepriesen ge=
worden, als von diesem Barbarenkönig, mittelst der Beredsamkeit
freilich eines „der letzten Römer"²).

---

1) I. 21; eine schöne Ausführung dieses italischen Patricismus; vgl. über
Italien noch VIII. 4. I. 8. II. 12. III. 41. 42. 51. IV. 36 und namentlich noch
die ideale, der Wirklichkeit freilich wenig entsprechende Auffassung des Verhältnisses
der Gothen zu Italien in Cassiodors Brief, der „Roma" bei Justinian um Frie=
den für Theodahad bitten läßt. XI.

2) I. 5. quid jam de Roma debemus dicere, quam fas est ab ipsis
liberis plus amari. IV. 6. nulli sit ingrata Roma, *quae dici non potest aliena*;
illa eloquentiae fecunda mater, illa virtutum omnium latissimum templum.
I. 44. nunquam majori damno periclitati sunt mores, quam cum gravitas
romana culpatur ... pudor est degenerasse de prioribus; Rom correct
behandeln ist der höchste Ruhm. III. 11; mehr kann Niemand geehrt werden, als
wem man Rom vertraut, VI. 4. Rom ist die Welt: Rom besitzt Alles l. c., und
hat seinesgleichen nicht auf Erden, X. 18; über die Herrlichkeit Roms vgl. noch
X. 18. IV. 17. gloriosum opus est servienti, unde romana civitas probatur
ornari, dum tantum quis apud nos proficit, quantum prodesse urbi proprio
labore constiterit, I. 25; keines unserer Gebote soll so eifrig befolgt werden, als
das für Rom ergeht, I. 25; vgl. noch VII. 7. 9. 15. 17. 36. 25. 39. 6. VIII.
1. IX. 17. 19. 21. X. 12. XI. 5. V. 27. 32. 39. 42. 45. 46. II. 1. 2. 3. 34.
III. 5. 11. 16. 31. IV. 51. 23. 43. 28. V. 35. VI. 45; bort haben die divitiae
generales und labor mundi Wunder geschaffen, VII. 13; fast wörtlich so Pro=
kop, Dahn S. 121. III. 21. ubi respici possit tanta moerium pulchritudo?
piaculi genus est, absentem sibi Romam diutius facere, qui in ea possunt
constitutis laribus habitare. (habitatio tam clara) 29. Roma, quae princi=
paliter ore mundi laudatur. 30. Immer wacht in uns die Sorge für die Stadt
Rom. Was ist unsrer Arbeit würdiger als die Wiederherstellung dieser Stadt, die
den Schmuck unsres Reiches enthält. Sogar ihre cloacae sind splendidae und
staunenswerther als andrer Städte Prachtbauten. Daran kann man, Du einziges
Rom, Deine Größe ermessen: welche Stadt kann mit Deinen Höhen wetteifern,
wenn Deine untersten Tiefen ohne Gleichen sind? 53. nihil desiderabile pute-
tur fuisse, quod sub nobis non potuerit romana civitas continere. IV. 29.
cura reverentiae romanae; über die Sorge für die Bauten in Rom IV. 30
und oben S. 171.

Da der Amaler sich als Nachfolger der weströmischen Kaiser[1]) betrachtet, nennt er sich geradezu einen römischen Herrscher (romanus princeps), und wenn neue Provinzen sich ihm anschließen, heißt es: sie haben Rom gesucht[2]), und von einem Italiener, der aus der Fremde in's Gothenreich zurückkehrt, sagt er: er hat sein Vaterland wieder im römischen Reich gefunden[3]). Sein Reich ist das regnum Italiae[4]).

Am Meisten wird die Zusammengehörigkeit dieses Reiches zu Byzanz begreiflicherweise betont gegenüber den Romanen[5]) — den Gothen gegenüber redet man eine ganz andre, das besondre gothische Nationalband, das den Volkskönig und sein Volk verknüpft, anerkennende Sprache — und dem Kaiser selbst; an Anastasius[6]) schreibt Theoderich: „Uns vereint die ehrfurchtvolle Liebe zur Stadt Rom, von der wir beide, durch Einen Namen verknüpft (princeps romanus und βασιλεὺς Ῥωμαίων) uns nicht trennen können. Zwischen unsern beiden Staaten, welche unter den frühern Herrschern immer Einen Körper gebildet haben, darf keine Zwietracht dauern. In der gesammten römischen Welt (d. h. in unsern beiden Reichen) herrsche nur ein Wollen und Denken"[7]). Obwohl Ravenna Resi=

---

1) Vgl. hierüber A. II. S. 125. 139; ganz oberflächlich wieder Neumann S. 150; er zieht schon nach Italien zwar als rex gentium, aber zugleich als consul romanus. Jord. de regn. suic. p. 240.

2) III. 16. talem te judicem provincia fessa recipiat, qualem *romanum principem* transmisisse cognoscat . . nihil tale sentiat, qualo patiebatur dum Romam quaerebat (d. h. vermißte, entbehrte), vgl. III. 17. libenter parendum est *romanae consuetudini*, cui estis post longa tempora restituti; so spricht er zu den Burgunden und Franken entrißnen südgallischen Provincialen; propagator nominis Romani (in Pannonien und Gallien) nennt ihn die Inschrift von Terracina, und Ennod. ep. IX. 23 sagt von jenen Landschaften: ut (Liberius) Galliis, quibus civilitatem post multos annorum circulos intulisti, quos ante te non contigit saporem de romana libertate gustare ad Italiam tuam et poscentibus nobis et tenentibus (l. tendentibus) illis reducaris.

3) Ad romanum repatriavit imperium III. 18. I. 43. II. 1 Roma te recolligit ad ubera sua; ebenso Ennod p. 155. 476. 478. latiare imperium, romana regna.

4) II. 41.

5) Sehr gut hierüber Köpke S. 164; richtig auch Pavir. I. S. 67. comunque si fosse, il certo si è, che i Goti in questa impresa si valsero del nome romano; f. Sigon. p. 381.

6) Viel zu früh, in's Jahr 490, setzen diesen Brief Baron. u. Pagi ad h. a.

7) I. 1. romanus orbis, Italia III. 52. X. 21. romana regna; vgl. Köpke S. 183. A. II. S. 125. 164.

benz, hat doch die Stadt Rom noch große Wichtigkeit, größere fast
als unter den letzten Kaisern[1]); sie war eben der Schwerpunkt der
römischen Nationalität in diesem Doppelstaat und überwog fast
den Barbaren und sein palatium[2]). Rom heißt noch immer das
Haupt der Welt[3]). Die gute Laune ihrer Bevölkerung sucht der
König gerne durch Sorge für die römischen Bauten[4]) und selbst
gegen seine Neigung[5]) durch die Circusspiele[6]) und durch reichliche
Nahrung[7]) zu erhalten: es ist das alte panem et circenses!
„Theurer ist uns die frohe Stimmung und Zufriedenheit der
Bevölkerung Roms[8]) als jede Fülle köstlichsten Metalls"[9]). Die

---

1) Proc. III. 37.
2) Eine Huldigung für das Römerthum enthält daher sein mit so großer
Pracht und Geflissentlichkeit in Scene gesetzter Besuch in Rom a. 500, bei dem er
Senat und Volk in einer Rede die Wahrung aller römischen Institutionen, die
volle Gleichstellung mit den Gothen verhieß. Diese Verheißungen wurden auf eher-
nen Tafeln öffentlich aufgestellt; Boëthius hielt ihm eine Lobrede. Der Senat vo-
tirte ihm eine vergoldete Statue, die Spiele, welche der König gab, dauerten viele
Tage und der ganze Aufenthalt sechs Monate; damals setzte er für Rom jene jährliche Getraidespendung aus, welche Justinian fortzahlte (Sanctio pragm. §. 22)
und die erwähnten Baugelder (Cass. Chron. vgl. Anon. Vales. p. 622. Chron.
Cassiod. p 651. Isidori l. c. vita s. Fulgentii A. A. S. Jan. I. p. 32—45
(15. Jan.) fuit autem tunc in urbe maximum gaudium. Theoderici regis
praesentia romani senatus et populi laetificante conventus . . in loco, qui
palma aurea dicitur, memorato Theoderico rege concionem faciente . .
romanae curiae nobilitatem decus ordinemque distinctis decoratum gradi-
bus; auch die Sage feiert diesen Besuch (oben S. 90), der allerdings von typi-
scher Bedeutung war; Biener I. p. 265 datirt erst von da ab des Königs wahre
Herrschaft; vgl. Boecler p. 14, Sigonius p. 395, Muratori ann. ad. h. a.,
Gibbon. c. 39, Mascou II. S. 64, Hurter II. S. 68, Balbo I. p. 63, du Roure
I. p. 423, Gregorov. I. S. 277.
3) IX. 17. caput mundi; auch sacra urbs II. 2; urbs eximia I. 32, daher auch schlechthin urbs II. 7. IV. 30; romanae arces II. 34; sacra moenia,
Roma cana III. 11; semper felix VI. 1; V. 4 opinio romanae urbis, d. h.
der Ruhm, Beamter in Rom zu sein.
4) Oben S. 170.
5) I. 20. pars minima curarum publicarum principem de spectaculis
loqui, tamen pro amore reipublicae romanae non pigebit und die auffallend
starke Mißbilligung der Modeleidenschaft, V. 42.
6) f. oben S. 167.
7) V. 35; f. oben S. 162; Gibbon c. 39; du Roure I. S. 427; Wilmans
S. 140; Boecler S. 25; Mascou II. S. 64; Gregorov. I. S. 295; den Senat
gewinnt die affabilitas, die plebs die annonae; Cass. Chron. p. 657; welche
Wichtigkeit man dem Zuruf im Circus beimaß, zeigt Proc. I. 6.
8) IX. 17. nominis Romae dignitas apud nos gratissima.
9) VI. 18; vgl. IX. 7.

Bürger Roms haben mit Recht vor allen Andern viel voraus[1]). „Der allgemeine Wunsch ist, daß Rom sich freue, dann freut sich die Welt; nichts ist geringfügig, was Rom erfreut: die Neigung jener Stadt ist unvergleichlicher Ruhm[2]); mehr als für den ganzen übrigen Staat beschäftigt[3]) uns die Sorge für Rom"[4]).

Ein Beamter hatte zu Anfang von Athalarichs Regierung eine Anzahl von Römern in langer Haft gehalten[5]). Dieß hat in der Stadt allgemein finstre Stimmung hervorgerufen, die um so drücken= der lastete, als gerade die Zeit eines kirchlichen Freudenfestes nahte[6]). Der König beeilt sich, jene Härte abzustellen und durch ausdrück= liche Entschuldigung und gute Verheißungen die Bevölkerung um= zustimmen[7]).

Offen wird bekannt: „Sogar der König wünscht die gute Meinung Roms zu haben"[8]), und wo Cassiodor in eignem Namen spricht, weiß er die „Quiriten"[9]) nicht genug mit allem Lobe[10]) ruhiger Gesetzlichkeit zu überhäufen, welches sie doch, nach Zeugniß seiner eignen Erlasse, nicht eben ganz verdienten[11]).

---

1) VII. 7; die plebs romulea XII. 11 ist eine plebs nobilis, VI. 4.
2) VI. 18.
3) IX. 21. ut est de vobis cura nostra solicita.
4) III. 31; daß solche Uebertreibungen gesagt wurden, ist immerhin etwas; vgl. Proc. b. G. I. 20; Procop. b. G. I. 20. 'Ρωμαίους .. οὓς Θευδέριχος ἐν βίῳ τρυφερῷ τε καὶ ἄλλως ἐλευθέρῳ ἐξέτρεψεν.
5) Aus politischem Argwohn, vielleicht im Zusammenhang mit der Gährung kurz vor Theoderichs Tode.
6) Weihnachten a. 526 oder Ostern a. 527.
7) Var. IX. 17. Nefas est (Romanis) .... longam sustinere tristitiam . . exultatio civitatis illius generalitatis votum est, dum necesse est lae- tari reliqua, si mundi caput gaudere proveniat ... revocentur nunc ad laetitiam pristinam Romani nec nobis credant placere posse, nisi qui eos eligunt modesta aequalitate tractare. nam si quid inique vel acerbe hac- tenus pertulerunt, non credant a nostra mansuetudine negligendum, qui nec nobis otia damus, ut illi secura pace ac tranquilla laetitia perfruan- tur. cito sentiant, quia nos amare non possumus, quos illi pro suis ex- cessibus horruerunt. Der Schluß enthält deutlich eine Desavouirung des harten Beamten.
8) VI. 18.
9) VI. 18. XII. 11. populus romanus VIII. 2. IX. 14. 15. X. 14.
10) XII. 5. 11. XI. 39. 5. III. 13. 16. 23. 24. 38. IV. 47. 43. VI. 18. VII. 3. I. 20. 21. 31.
11) XII. 11; die Stelle ist höchst bezeichnend für einen also damals schon her= vorstechenden liebenswürdigen und schlimmen Charakterzug des niedern Volkes in Italien, es ist das älteste Zeugniß für das dolce far niente und die frohe Bedürf=

Der Hauptvertreter dieser romanisirenden Richtung der Regierung[1]) war nun Cassiodor, selbst einer der letzten hervorragenden Träger griechisch=römischer Bildung[2]): aus seinen Erlassen vornehmlich schöpfen wir unsere Kenntniß von dem Rechts= und Staatsleben im Gothenreich. Dabei muß man sich zwar bewußt bleiben, daß, obwohl im Namen des Königs, doch eigentlich der gelehrte Römer spricht[3]). Anderseits aber steht fest, daß der Minister den König nichts reden lassen durfte, was dieser nicht billigte, und daß, wenn die Sprache dieser Erlasse auf Cassiodors Rechnung kömmt, doch ihr Inhalt und ihre Tendenz dem Willen und Gedanken des Königs entstammen. Und da Cassiodor nach Theoderichs Tod unter dessen Nachfolgern fast noch entscheidenderen Einfluß auf die Staatsleitung[4]) übte, so dürfen wir die Schreiben aus dieser Zeit eher

---

mißlosigkeit der Arbeitschen; turba, quae vivit quieta, populus, qui nesciatur, nisi cum locus est; clamor sine seditione, quibus sola contentio, est paupertatem fugere et divitias non amare: *nesciunt esse lucripetas nos aliqua se negotiationis* (so ist statt des sinnlosen negotionis zu lesen) *calliditate discruciant, vivunt fortuna mediocrum et conscientia* (d. h. Gefühl, Zufriedenheit) *divitum*; Cochlaeus hat ein eigenes cap. (VII.) „de beneficentia et studio Theoderici ergo urbem Romam"; diese wegen Unkritik ganz unbrauchbare Schrift hat nur dadurch Interesse, daß sie die wechselnden Ansichten der Autoren von a. 1200—1500 über Theoderich und sein Reich mittheilt.

1) Und gewiß auch eine Hauptstütze der Toleranz und Ehrerbietung gegen den Katholicismus; über sein Verhältniß zu den Päbsten und St. Benedict s. St. Marthe und Schröckh. XVI. S. 141.

2) Vgl. Bähr I. S. 602. Unerachtet des wohl begründeten Tadels seiner historischen Arbeiten bei Mommsen, Chron. S. 560 f.; vergeblich vertheidigt ihn hiegegen St. Marthe S. 361.

3) Deßhalb sind nicht alle Worte Cassiodors Gedanken Theoderichs. Einiges von dem Romanisiren der Varien kömmt nicht auf des Königs Rechnung: namentlich scheint die stolze Hochhaltung gothischen Waffenthums in der Wirklichkeit viel stärker als in den Formeln des Römers hervorgetreten zu sein, wie Proc. l. c. I. 2 (auch nach Abzug von der Uebertreibung und rhetorischen Zuspitzung dieser Stelle) beweist; vgl. Abel S. 6.

4) (du Roure II. S. 244 stellt die Ministerien seit Athalarich zusammen); nur soviel ist richtig an den Uebertreibungen Naudets, (daß Cassiodor durch völlige Umkehr des Systems Theoderichs, durch absolute Bevorzugung der Römer und Katholiken den Untergang des Gothenreiches vorbereitet habe), daß von Amalasuntha bis Theodahab die romanisirende Richtung Cassiodors sehr fühlbar wurde und die nationale Opposition der Gothen herausforderte; ich kenne das (sehr unkritische) Buch nur nach der Anzeige seines siegreichen und schonenden Mitbewerbers bei der Preisaufgabe der französischen Akademie von 1808. Sartorius, in den gött. gel. Anz. von 1811 S. 1106; Naudet erklärt das Romanisiren Theoderichs

noch mehr denn weniger als Ausdruck des Regierungswillens fassen¹).

Wenn daher so oft in den Varien die Weisheit der altrömischen Staatseinrichtungen gepriesen, die römische Vorzeit als Muster aufgestellt wird²), so ist das zwar der Form und zum Theil auch

---

als bloße Heuchelei; er macht aus ihm einen Tyrannen-Character im Styl von Tiberius; der Titel des Buches ist: histoire de l'établissement, des progrès et de la décadence des Gothes en Italie par J. Naudet Par. 1811. Sart. hat ihn hinreichend widerlegt; vgl. auch die Krit. in den Heidelb. Jahrb. v. 1811.

1) Sein Austritt aus dem Staatsdienst unter Vitigis hat (unter Andrem) gewiß auch den Grund, daß nach dem allgemeinen Uebergang der Italiener zu Byzanz das gothische Reich, wie er es gedacht, nicht mehr bestand: (diese politischen Gründe ignorirt St. Marthe p. 210); es gehörte viel dazu, nach Amalasunthens Mord noch Theodahad zu dienen (vgl. Schlosser II. S. 18); aber er trat nicht wie die meisten seiner Freunde gegen das Volk Theoderichs auf; er ging in das von ihm gegründete Kloster zu Squillacium und entzog sich so jeder Parteistellung, die ihm schon seit Ausbruch des Krieges unerträglich geworden sein mußte; zu spät setzen seinen Austritt Schröckh XVI. S. 130, Balbo I. S. 236 (richtig Wattenb. S. 46); sein jüngstes Schreiben X. 32 fällt in die Zeit der Verhandlungen des Vitigis mit dem Kaiser, nach dem Verlust von Rom (s. den Beweis A. II. S. 218) a. 538, wahrscheinlich trat er zurück, sowie diese gescheitert; J. Grimm über Jorn. S. 16; über das nahe Verhältniß Cassiodors zu den Amalern Var. IX. 24; vgl. A. II. S. 135; über die drei Cassiodore gegen Buat l. c. Rubeus p. 121 Manso; Hurter II. S. 143 verwechselt Großvater, Vater und Sohn; eine kritische Ausgabe der Varien und eine Darstellung der Bildung, Gesinnung und Politik Cassiodors wäre eine verdienstvolle Arbeit St. Marthe vie de Cassiodore Par. 1695 ist ohne alle Kritik und Methode; treffliche Andeutungen bei Mommsen; man sehe S. 650 f., wie sehr Cassiodor gothisirte, d. h. in seiner für den Eidam Theoderichs (nicht für diesen selbst, St. Marthe l. c., oder auf dessen Befehl, wie Bähr II. S. 108, Schröckh XVI. S. 131), gearbeiteten Chronik aus seiner Quelle (Prosper) alles den Gothen Nachtheilige entfernte und sie namentlich als ausnahmslos mild gegen die Römer darstellte: z. B. ad a. 420. (ubi clementer victoria usi sunt) 491. a. 500. 502. 514. 518. 519. Die Chronik z. B. ad a. 500 trägt ganz die Tendenz der Varien; weitere Cit. über Cass. bei Wattenb. l. c. und Potthast s. h. v. über Cassiodors Verdienste s. Schröckh XVI. S. 130; Boëthius kann man an politischem Einfluß nicht mit ihm vergleichen, wie die meisten Aelteren thun; Cassiodors politischer Standpunct gegen Gothen und Byzanz ist sehr verschieden von dem des Jordanes (ob. S. 256); dieß ist bei den Aufstellungen v. Syb de font. (vgl. dazu Waitz in Gött. gel. Anz. v. 1839 N. 78) nicht zu übersehen.

2) Vgl. über die antiquitas A. II. S. 129. Var. I. 6. II. 18. 19. 26. 28. 39. III. 29. 33. 39. IV. 10. 19. 33. 35. 51. VI. 6. 7. VII. 2. 7. 9. 10. 41. XI. 8. priscarum legum reverenda auctoritas II. 13. provida decrevit antiquitas VII. 10. VI. 21. IV. 33. IX. 28. prisca auctoritas VII. 20. 41. 47.

der Sache nach aus der Persönlichkeit des gelehrten Römers herausgesprochen: aber dieser hätte dem König nicht solche Worte in den Mund legen können, wenn nicht dessen eigenster Wille und eigenste That die Schonung und Verehrung für das Römerthum fortwährend dargestellt hätten[1]).

Deßhalb werden solche Männer bevorzugt, welche im Gegensatz zur Neuzeit altrömische Zucht und Sitte bewähren[2]). Man verlangt von den Beamten antiquorum instituta und entzieht ihnen dem entsprechend auch keines der alten Amtsrechte[3]). Sogar die alten römischen Palastwachen behielt der König bei[4]) und spricht offen seinen Zweck aus, daß er, der immer die Normen der Alten beachtet[5]), die durch die letzten Umwälzungen erschütterten Staatsverhältnisse auf den vorigen Stand, d. h. die normale römische Verfassung zurückführen will[6]). "Denn wir freuen uns der Einrichtungen des Alterthums und gerne befolgen wir die hergebrachten Normen"[7]).

Und hier wird auch der letzte Grund dieses romanisirenden

VIII. 19. IX. 2. antiquitas moderatrix VII. 10. reverenda V. 5. VII. 41. justa II. 28. curiosa 40. beneficialis 39. cana III. 33. VI. 13. antiqua solennitas IV. 20. jura VI. 4. consuetudo 9. legum statuta IV. 33. vetustas II. 4. VI. 23. inventa vetustatis obstupenda praeconia rerum ordinatarum divalibus sanctionibus (divalia statuta II. 27. IV. 28. 32. sind die alten Kaisergesetze); non licet negare quod te cognoscis sub antiquitate largiri IV. 12. III. 39. sequi convenit vetustatem quae suo quodam privilegio velut debita quae donantur exposcit. Die alten römischen Gesetze machen neue gesetzgeberische Thätigkeit überflüssig. XI. 8.

1) Bezeichnend ist die häufige Cumulirung: et prisca legum et nostrae jussionis auctoritas, VII. 46. XI. 7; vgl. namentlich IV. 35, wo einem Römer die in integrum restitutio erbeten wird: quod jura tribuerunt nostra quoque beneficia largiantur; es ist immerhin ein beneficium, daß der Gothenkönig den Römern gewährt, was das römische Recht aufstellt. Doch heißt das Institut auch im römischen Recht beneficium und der König hält sich genau an alle Voraussetzungen der sacratissimae leges, und nur si nihil est quod jure contra referatur soll auch unsere Gewalt, nostra quoque auctoritas, das Petitum gewähren.

2) A. II. S. 136. Var. IX. 23. X. 6. II. 32. priscae confidentiae virum miramur.

3) VI. 15. I. 43.

4) Oben S. 67. Var. I. 10. Proc. arc. c.

5) IV. 42.

6) Var. III. 31. ad statum pristinum cuncta revocare studemus.

7) l. c. II. 4.

Conservatismus ausgesprochen: es ist die Fernhaltung aller Gewalt, die Abwehr alles Unrechts durch die starke Ordnung des römischen Staatswesens: „wo man vernünftige Schranken einhält, gibt es keinen Uebergriff der Gewalt in das Recht". Characteristisch für Theoderichs Ansicht von germanischem und römischem Staatswesen ist, daß er, während bei Erhaltung vorgefundner römischer Einrichtungen ihre ersprießliche Vernünftigkeit immer stillschweigend als selbstverständlich vorausgesetzt wird, bei Erhaltung einer Anordnung des Westgothen-Königs Alarich II. ausdrücklich den Vorbehalt macht: „die Bestimmung eines frühern Königs, von der jedoch feststeht, daß sie vernünftig getroffen sei, wollen wir nicht verletzt wissen. Was durch ein billigenswerthes Gebot geordnet ist, soll gelten. Denn warum ältere Normen erschüttern, wenn nichts daran auszusetzen ist?"[1].

Ganz anders von seinen römischen Vorgängern: „Die Ehrwürdigkeit der frühern Herrscher wird durch das Beispiel sogar unsrer Verehrung bewiesen" und aus Achtung für seinen Willen fordert er von den Gothen Befolgung der alten Kaisergesetze[2]. Im Anfang hatten es auch die Herrscher in Byzanz nicht an Ermahnungen fehlen lassen, welche dem Gothenkönig „den Senat, die Gesetze der Kaiser und alle Glieder Italiens" empfahlen[3]. Demgemäß fordert, wie Trajan, der König seinen Quästor auf, nöthigenfalls auch gegen ihn zu sprechen nach dem alten Recht: „Einem guten Fürsten darf man im Interesse der Gerechtigkeit widersprechen, tyrannische Wildheit ist es, von allen Satzungen nichts hören wollen. Unsere Gesetze sollen ein Echo der Decrete der Alten sein, denn soviel finden sie Lob, als sie an das Alterthum gemahnen"[4].

1) Var. IV. 17.
2) IV. 33; etwas anders X. 7.
3) I. 1.
4) VIII. 13. Ueber dieses Bestreben, die römischen Traditionen zu conserviren, s. noch VII. 22. VIII. 16. 22. X. 6. 7. IV. 26. 38. 42. V. 39. VI. 14. 23; über die hergebrachten privilegia I. 12. 22. II. 28. III. 39. VI. 9. 14. 18. 22. VII. 4. 8. VIII. 16; die priscae sanctionis VII. 24. constitua divalia II. 28. vetera Ed. §. 54. die consuetudines VII. 2 (priscae IV. 25. 21. 20. longae VIII. 24. antiquae V. 5. VI. 9. antiqua institutio Ed. §. 105. pristinae V. 38.) IV. 13. V. 23. antiquorum jura X. 7. prudentia, auctoritas majorum VII. 8. sit (quaestor) imitator prudentissimus antiquorum VI. 5. regulae veteres IV. 42 (jede auch noch so fern liegende Gelegenheit wird ergriffen von Erneuerung altrömischer Herrlichkeit zu sprechen; der König läßt Getraide aus Spanien nach Rom bringen; da heißt es: ut sub nobis felicior Roma recu-

Den confequenten Abschluß findet dieses Romanifiren in der ganz befondern Ehrerbietung, mit welcher der Senat in Wort und That behandelt wird¹): der Senat, diefer glänzende Gipfel der rö= mifchen Hälfte des Reichs, deffen Fortbeftand am Klarften den Fortbeftand des römifchen Staatswefens darftellte²). Die Verleihung der höheren Aemter: Patriciat, Confulat, Präfectur wird dem Senat jedesmal mit großen Lobeserhebungen deffelben angezeigt: diefe und andere Würdenträger treten felbft in den Senat ein³). „Diefe Ehre für den Candidaten, die auch den Senat erfreut (d. h. feine Vermehrung durch würdige Glieder), gereicht zugleich dem König zum Ruhme"⁴). Durch diefe Ernennungen belohnt der König treue

peret antiquum vectigal. Athalarich beruft VIII. 3 fich bei feinem Hulbeib auf das Beifpiel Trajans; cordi nobis est, universos ordines (d. h. die altrömi= fchen Rangclaffen) locis suis continere VI. 25. V. 5. quod sanxit reverenda antiquitas — antiquae consuetudinis cautelam non volumus removere V. 5; ganz verkehrt über die Brauchbarkeit der Varien für das Streben Theoderichs Neu= mann S. 144: der König habe deren Romanifiren als eine unfchädliche Thorheit an einem fonft höchft brauchbaren Diener belächelt; (die Polemik diefes Auffatzes, der z. B. fagt S. 146: wahrfcheinlich kannten die Gothen in früheren Zeiten keine Könige und der Adel der Gothen war diefen von den Römern beigelegt, wie unfer Wohlgeboren, (!) gegen den immer gediegenen Manfo, ift fehr feicht); auch Gibbon. c. 39 unterfchätzt den Werth der Varien als Quellen; vgl. über deren kritifche Benützung A. II. S. 135.

1) I. 13. 14. 15. 21. 22. 23. 30. 31. 32. 36. 19. 27. 32. II. 13. 24. III. 31. 39. 5. 6. 11. 12. 3. 24. 33. 21. IV. 4. 25. 22. 42. V. 4. 21. 22. 41. VI. 12. 4. 6. 14. 5. 20. XI. 5. 13. 1. XII. 19. X. 19. 11. 14. 15. 17. 19. VIII. 1. IX. 2. 7. 21. 22. 25; vgl. Ennod. p. 468 u. f. [. Briefe passim., Hurter II. S. 73, Gregorov. I. S. 276, Cochl. c. VIII. „de gratia et honorificentia Th. regis erga senatum romanum". Boecler p 22. Biener I. p. 265.

2) Dem Senat (Cass. Chron. ad. h. a. senatum suum mira affabilitate tractans); daher verfpricht ihm Theoderich bei feiner Romfahrt a. 500 die Wahrung aller römifchen Ueberlieferungen, den Senat empfiehlt ihm der Kaifer, hist. misc. p. 100. Var. I. 1 und er feinen Gothen. Jord. c. 59. vgl. Proc. I. 6.

3) I. 4. I. 43. Hurter II. S. 76 überfieht dieß, vgl. Kuhn I. S. 178.

4) Ein Gedanke, der immer wiederkehrt. I. 43 scitis . ., nostrum esse gaudium culmina dignitatum. scitis vobis proficere, quod nobis contigerit in fascium honore praestare, quid enim de vobis aestimemus agnoscitis, quando viris longo labore compertis hoc certe in praemium damus, ut vestri corporis mereantur esse participes. III. 12. cupimus, ut perpetuis honoribus fulgeatis; quia quicquid de vobis fama loquitur, nostris institu- tionibus applicatur. nam cum omnia celsa mereamini, nostram invidiam tangit, si quid vobis fortasse defuerit. I. 41. caritatem vestri praecipuam nos habere ex ipsa cura potestis agnoscere etc. Der Senat ift eine der gan= zen Menfchheit ehrwürdige Verfammlung, I. 42. III. 11, der Gefetzgeber der Welt,

Anhänger und beherrscht zugleich¹) den Senat, was freilich unter schmeichelnden Worten verborgen wird²).

Aber die also geehrte Körperschaft soll auch dem gesammten übrigen Volk, über das sie sich hoch erhebt³), in gehöriger gesetz- und rechtliebender Gesinnung (civilitas) ein Muster geben⁴), und wenn die Senatoren sich der Besteuerung⁵) entziehen und die Last auf die Armen wälzen wollen, wird ihnen das als ihres Standes unwürdig, in ernsten Worten verwiesen⁶), während bei patriotischer Freigebigkeit⁷) eines Senators ausgerufen wird: „was ist so echt senatorisch, als für die allgemeine Wohlfahrt arbeiten?"⁸)

VI. 4; die Senatoren sind die primarii mundi l. c., jeder Vergleich mit dem Senat gewährt höchsten Glanz.

1) Deßhalb soll Theodahad auf dieß Recht verzichten. Proc. l. c. I. 6.

2) I. 13. Was die Menschheit an Blüthen besitzt, soll den Senat schmücken; wie die Burg die Zierde der Stadt, ist der Senat der Schmuck der andern Stände; er heißt sonst in der Anrede noch patres XII. 5, patres conscripti I. 4, ordo amplissimus X. 19. I. 32. 41. IX. 16. principes civitatis Boëth. I. 4; und Theoderich nennt ihn in seinem praeceptum, Mansi VIII. l. c., domitor orbis, reparator libertatis, sacer III. 33. 24. 28. 29, I. 41 praecipua vestri ordinis cura . . examinare cogit admittendos . . honor senatus, quem non solum volumus augeri numero civium, sed ornari maxime luce meritorum. recipiat (statt des verkehrten rejiciat) alius ordo mediocres, senatus respuit eximie non probatos; senatus reverendissimus, II. 25.

3) Der senatus und die turba vaga populorum sind sehr weit getrennt, III. 5; (vgl. Proc. L 8 ähnlich von Neapel, und Dahn, Prokop S. 140). Der Senat ist die nobilis turba III. 11; die loquacitas popularis soll sich auch bei der Circusfreiheit des höhnenden oder schmähenden (verwünschenden) Zurufs gegen Senatoren enthalten. I. 27. praesumtionis hujus habenda discretio est. teneatur ad culpam, quisquis reverendissimo senatori transeunti injuriam protervus inflixit, si male optavit, dum bene loqui debuit; aber eben wegen ihrer hohen Ueberordnung sollen diese Herren auch nicht zu empfindlich sein: mores graves in spectaculis quis requirat? ad circum nesciunt convenire Catones. quicquid illic gaudenti populo dicetur, injuria non putatur: locus est qui defendit excessum.

4) d. h. praedicari moribus romanis, VIII. 11.

5) Ueber die Grundsteuerpflichtigkeit der Senatoren und die Art der Erhebung s. Kuhn I. S. 219 (der übrigens Cassiodors schlagende Beweisstellen hier nicht beachtet hat), mit Recht gegen Burckhardt, Zeit Constantins S. 453.

6) II. 24. IV. 4. sie sind ja parentes publici de clementia nominati.

7) Ueber den enormen Reichthum dieser Familien s. oben S. 31 Schlosser W. G. II. S. 10 und Kuhn I. S. 217; (man berechnet die Jahresrente der ersten Häuser auf 53 Centner Goldes); er floß großentheils aus den canones ihrer conductores: daher die kluge Maßregel Totilas III. 6, s. Dahn, Prok. S. 402; aber auch der gothische Adel war sehr reich; vgl. über Uraia Proc. b. G. III. 1.

8) V. 11. 31.

Aus den senatorischen Geschlechtern gingen nun zwar regel=
mäßig die Männer hervor, welche die höheren Staatsämter und
die senatorische Würde selbst erlangten¹). Doch immer nur durch
den Willen des Königs und neben den aus diesen „senatorischen
Familien" hervorgegangenen Senatoren²) standen auch solche Män=
ner, welche der König unerachtet geringerer Abkunft um ihrer per=
sönlichen Verdienste, und zwar oft auch wegen gelehrter Bildung und
juristisch=rhetorischer Auszeichnung, zu Senatoren ernannte³). Dieß
absolute Ernennungsrecht des Königs ist juristisch das Wichtigste

---

1) Diese besondere Bevorzugung der alten Senatsgeschlechter und des Königs
Auffassung ihrer Stellung wird besonders klar durch Var. III. 6, f. oben S. 31 f.
delectat peregrini germinis viros gremio libertatis inserere . . . . sed
multo nobis probatur acceptius, quoties dignitatibus reddimus, qui de ipsa
Curiae claritate nascuntur. quia non sunt de vobis examina nostra solicita, dum praejudicata bona transfunditis, qui merita cum luce praestatis.
origo ipsa jam gloria est, laus nobilitati connascitur, idem vobis est dignitatis quod vitae principium. senatus enim honor amplissimus nobiscum
(l. vobiscum) gignitur, ad quem vix maturis aetatibus pervenitur; auf
das Urtheil des Senats wird höchstes Gewicht gelegt: Var. III. 11. quas divitias aestimas aptiores, quam in oculis senatus preciosam gerere puritatem
et ante ipsum libertatis gremium nullis vitiis esse captivum? Männer aus
solchen Familien befördert der König, ohne sie persönlich zu kennen, auf den Ruf
ihres Hauses und ihres Verdienstes hin. Var. IX. 23. quid de vobis judicemus
expendite, cum ad summarum culmina dignitatum germinis vestri viros,
quos nunquam vidimus, eligamus, non fastidio negligentiae, sed honorabili
praesumptione naturae: ad examen veniant quae putantur incerta.
2) f. oben S. 34.
3) Natürlich weiß Cassiodor auch über diese Fälle, wie oben über die Regel,
schöne Dinge zu sagen. Var. III. 33. gratum nobis est, vota vestra circa
sacri ordinis augmenta proficere. laetamur, tales viros eligere, qui sena-
toria mereantur luce radiare, ut laude conspicuis deferatur gratia dignitatis. curia namque disciplinis veterum patet nec ei judicari potest extraneus (es bedarf also der Entschuldigung), qui bonorum artium est alumnus.
Armentarius und Superbus werden wegen ihrer Auszeichnung als Redner und
Advocaten zu referendarii curiae ernannt. Der König fürchtet, die erblichen
hochadligen Senatoren werden sie nicht als Ihresgleichen anerkennen; deßhalb
sagt er: nam quid dignius, si et senatorio vestiatur togata professio?
Wissenschaft meint er, ist das Höchste, höher sogar als Geburt: gloriosa est
denique scientia literarum: quia, quod primum est in homine, mores
purgat. Nicht ohne Feinheit ist die leise Andeutung, die gewandten Redner
würden auch etwaige Gegner zu gewinnen wissen: ducantur ergo ad penetralia libertatis laudati merito suo, ornati judicio nostro, *habituri sine
dubio gratissimum senatum*, — (gerade das war zweifelhaft —) quorum ars
est facere de irato benevolum, de suspecto placatum, de austero mitem,

und politisch das Maßgebende in dem ganzen Verhältniß von König und Senat.

Auch abgesehen von der Aemtercarrière werden diese senatorischen Familien (germen senatorium, venerandum examen senatorii ordinis Var. IV. 42) besonders der königlichen Huld gewürdigt[1]). „Sogar mir, dem Könige, ist der Senat ehrwürdig" — eine Wendung, bezeichnend für die Stellung des absoluten Monarchen zu dieser in den Formen geschonten Aristokratie[2]).

---

de adversante propitium. quid ergo patribus imponere non possit, qui flectere animum judicantis evaluit? Die Worte Cassiodors verrathen manchmal gegen ihren Willen die Gedanken, welche sie verbergen sollen. Nur eine höfliche Phrase ist es, daß der vom König ernannte nachträglich vobis mittitur approbandus und ipse magis traditur examini, cujus sententia noscitur prolata pensari, Var. V. 22; denn dieß „examen" ist ohne Wirkung: über die Ernennung der Senatoren mit Rücksicht auf die Wünsche des Collegiums. Var. I. 41. haec enim praecipientes nil imminuimus sacro ordini de solita auctoritate judicii. quando major est gloria dignitatis, spectare sententiam procerum *post* regale judicium: ornatus ipsorum est, si, quae solent illi deligere, nos jubemus, et si, quod ab illis quotidie petitur, nos magno opere postulamus. Es ist mehr als nur rhetorische Sprachweise, es ist politische Absicht, daß sich bei dieser (mittelbaren) Ernennung von Senatoren ein Gedanke stets wiederholt, der dieß Recht des Königs als mit der Freiheit der Curie vereinbar zeigen soll. Var. V. 41. licet candidatos vobis frequenter genuerit munificentia principalis et fecunda indulgentia nostra vobis altera sit natura, habetis nunc profecto virum, quem et nos elegisse deceat et vos suscepisse conveniat. cui sicut fortunatum fuit a nobis eligi, ita laudabile erit vestro coetui honorum lege sociari; vgl. III. 6. Die Männer, welche zu hohen senatorischen Aemtern befördert wurden, hatte der König zuerst in geringeren Stellungen und längerem Dienst erprobt und gleichsam für den Senat (vorab jedoch für sich), erzogen, ein Verdienst, das ausdrücklich hervorgehoben wird. Var. l. c. hoc tamen curiae felicius provenit, quod nobis et impolitus tyro militat, illa vero non recipit, nisi qui jam dignus honoribus potuerit inveniri. convenienter ergo ordo vester aestimatur eximius, qui semper est de probatissimis congregatus . . . . suscipite itaque collegam, quem palatia nostra longa examinatione probaverunt, qui regiis ita intrepidus militavit affatibus, ut jussa nostra saepe nobis expectantibus atque laudantibus explicaret; über die Rechte des Königs und des Senats bei Verleihung der senatorischen Würde vgl. Var. VIII. 19. licet apud vos seminarium sit senatus, tamen et de nostra indulgentia nascitur qui vestris coetibus applicetur, alumnos (senatus) cunctae nobis pariunt aulicae dignitatis; vgl. besonders auch VI. 14; s. über das Geschichtliche Kuhn I. S. 176 f. und 205.

1) Var. IV. 42.
2) Var. IV. 21. tu, (Rector Decuriarum) tantis tacentibus vox senatus, vide quid dignitatis acceperis, ut inter tot eloquentes viros sis di-

Auf die geschilderte formell höfliche Behandlung des dem Wesen nach doch völlig abhängigen[1]) Senats beschränkt sich unter den Gothenkönigen, wie unter den Kaisern[2]), der letzte Rest der „römischen Freiheit", die ausdrücklich als an den Senat geknüpft dargestellt wird[3]). Zwar behielt der Senat fast alle seine hergebrachten Rechte: z. B. gegenüber der Kirche[4]), die freiwillige[5]) und auch die strafrechtliche Gerichtsbarkeit für gewisse Verbrechen in Rom[6]) und oft übertrug der König ihm auch außerordentliche Judicatur[7]): aber sein politisch wichtigstes Privileg, das Recht, daß über Senatoren nur ein durch das Los bestimmtes Preisgericht urtheilen sollte, war durch die Modification factisch beseitigt, daß statt des Loses der König jetzt die Richter aus dem Senat wählte, in welchen er einführen konnte, wen er wollte[8]). Und jene formelle, schön redende Höflichkeit hielt den König nicht ab, diesen vielgelobten Senat nöthigenfalls der Zuchtgewalt (disciplina) eines Gothen, des comes urbis Arigern, zu unterwerfen: diesem muß unbedingt gehorcht werden, sonst wird mit Geldstrafe eingeschritten[9]).

---

cendi primarius, quos etiam nobis profitemur esse reverendos. Was den römischen Namen schmückt, liest man, stammt von euch. II. 24.

1) s. Manso S. 377; überraschend wahr sagt Jord. de regn. succ. p. 240. ab illo populo *quondam* romano et senatu *jam paene ipso nomine cum virtute sepulto*; das war nicht cassiodorisch. Jord. ist aber, sofern nicht gothisch, byzantinisch, nicht lateinisch gesinnt.

2) Hegel I. S. 67.

3) IX. 231. A. II. S. 182; der Senat ist gremium libertatis III. 11. penetralia libertatis, aula libertatis VI. 4. VI. 15. aula coelica (!) libertatis V. 21. Gibbon c. 39; auch in den Provincialstädten bilden die Curien die ornatus libertatis.

4) Oben S. 213; ferner den Patronat über die hohe Schule zu Rom. Var. IX. 21; vgl. Kuhn I. S. 96.

5) V. 21.

6) Irrig Rein S. 241.

7) IV. 43; oben S. 96.

8) Hienach ist v. Glöden S. 9 zu modificiren (Vorstand des Gerichts ist der Stadtpräfect; vgl. Hollweg. Handb. L. §. 7. N. 17—20), der den Arigern ganz übergeht; damit stimmt auch der Proceß des Boëthius I. 4. s. u. Auß. II.

9) IV. 16. disciplinae se praefati viri romanus ordo restituat; es bezieht sich der Erlaß wohl nicht auf den Kirchenstreit (oben S. 209), sondern auf die Circushändel (s. oben S. 269), bei denen die Senatoren der schuldigere Theil scheinen (vgl. I. 27): quoniam nos specialiter injunxisse cognoscite, ut error, qui ab auctoribus suis minime fuerit emendatus, legum districtione resecetur. *pareatur ergo.* etc.; auch I. 32 wird den Senatoren mit Geldstrafen gedroht.

Es erklärt sich sehr wohl aus der politischen Geschichte, daß wir gerade unter der Regentschaft Amalasunthens eine sichtlich zunehmende Anlehnung an den Senat bemerken[1]): in diesem römischen Adel fand die noch mehr als Theoderich romanisirende[2]) und ihrem Volke entfremdete Regierung zugleich ihre Hauptstütze gegen die gothische Nationalpartei: eine amalische Prinzessin wird mit einem Senator Maximus vermählt[3]) und anderseits tritt Graf Thulun, ein Verschwägerter der Amaler und neben Cassiodor der wichtigste Berather der Regentin, jetzt als Patricius selbst in den Senat ein und berühmt sich, schon unter Theoderich eifrig für die Senatspartei gewirkt zu haben[4]).

---

1) A. II. S. 182. Gregorov. I. S. 321. St. Marthe p. 113 f.; vgl. schon das Thronbesteigungsmanifest Athalarichs an den Senat VIII. 2; und in seinem Briefe an den Kaiser beruft er sich auf das gute Verhältniß seines Vaters und Großvaters zu diesen höchsten römischen Würden. VIII. 1; er sollte zu einem römischen Imperator erzogen werden. Proc. I. 2.

2) Amalasuntha sucht auch die Familie des Boëthius zu versöhnen, Proc. l. c. vergeblich; s. A. II. S. 232.

3) Var. X. 11; vermuthlich derselbe Marimus, den Belisar wegen Verdachts der Conspiration mit den belagernden Gothen aus Rom entfernt. Proc. l. c. I. 25.

4) In VIII. 11 spricht nämlich nicht, wie allgemein angenommen wird, Athalarich, sondern Thulun zum Senat: in VIII. 10 hat bereits Athalarich dem Senat angezeigt, daß er Thulun zum Patricius gemacht und ihn in den Senat eingeführt habe; nun spricht Thulun selbst zum Senat; daß Athalarich nicht spricht, erhellt schon aus den Eingangsworten: sie sind eine Aufforderung dem König zu danken für meinen provectus, d. h. Beförderung; man kann auch nicht annehmen, der Erlaß stehe nicht mit VIII. 10 im Zusammenhang, vielmehr habe Theoderich seinen Enkel zum Patricius machen lassen (provectus meus): denn der damals 8jährige Athalarich kann doch nicht von sich rühmen, daß sein Rath seinen Großvater gelenkt habe und *insertus* stirpi, regiae, aufgenommen in das königliche Geschlecht, kann man nicht von einem Sprößling desselben, genau aber von einem Mann nicht königlicher Abkunft sagen, der der Verschwägerung mit den Amalern gewürdigt wird; es ist bezeichnend für die Wichtigkeit dieses Actes, daß Cassiodor, der sonst nur des Königs und seine eignen Schreiben aufbewahrt, auch diese von ihm für Thulun aufgesetzte Erklärung in seine Sammlung aufgenommen hat. In diese Periode fällt auch ein Schreiben Athalarichs, welches das Recht des Königs, den Senat durch Ernennungen zu den höheren Aemtern zu erweitern und zugleich zu senken abermals entschuldigt. VIII. 19. licet coetus vester gemino splendore semper viridetur, clarior tamen redditur, quoties augetur lumine dignitatum ... praedicari, hinc est, quod vobis aggregare cupimus, quem reperimus ubicunque praecipuum. *nam licet apud vos seminarium sit senatus, tamen si de nostra indulgentia nascitur, qui vestris coetibus applicetur;* woher die Senatoren genommen wurden, sagt der nächste Satz: *alumnos cunctas*

Unter Theobahad schon trübte sich das Verhältniß der Regierung zum Senat: in der schwülen Zeit vor dem Ausbruch des Krieges, da man von dem zwar völlig romanisirten, aber doch unbeliebten Fürsten sich alles Möglichen versah, waren in Rom Unruhen ausgebrochen, die das gegenseitige Mißtrauen erzeugt hatte¹): der König macht den Senat in ziemlich strenger Sprache dafür verantwortlich: aber noch steht ja immer Cassiodor an der Spitze der Geschäfte, der gewiß dem amplissimus ordo nicht zu nahe tritt: daher auch in dem Tadel ihres Benehmens im einzelnen Fall noch hohes Lob für ihren Stand und seine Aufgaben liegt²).

Am Lehrreichsten für das Verhältniß des Regenten zum Senat ist selbstverständlich die uns erhaltne allgemeine Formel für die Ernennung von Senatoren und senatorischen Beamten: denn in dieser für alle Fälle berechneten Formel ist ja Alles weggelassen, was dem einzelnen concreten Verhältniß angehört, und nur die bei allen Ernennungen maßgebenden Gedanken sind ausgedrückt: da begegnet denn wieder die edle Abstammung, das bewährte Verdienst des Candidaten, die gegenseitige Verherrlichung des Senats und des neuen Mitglieds durch die Aufnahme, neben der senatorischen Geburt das unbedingte Ernennungsrecht, aber zugleich der Wunsch des Königs nach der Billigung des Senats³).

---

nobis pariunt aulicae dignitates, quaestura autem vera mater senatoris est, quoniam ex prudentia venit. quid enim dignius, quam curiae participem fieri, qui adhaesit consilio principali? sehr charakteristisch ist der Schluß: quapropter, patres conscripti, favete vestro (al. nostro), si collegae *manum dementias porrigitis*, *nos potius sublimatis.*

1) f. A. II. S. 196.
2) Var. X. 13. (postquam ... petitionibus vestris, *quamvis essent quaedam reprehensibiles*, noster animus obviasset etc., f. die Stelle A. II. S. 196; zu spät setzt diese Vorfälle Gregorov. I. S. 338); es handelt sich um Befürchtungen, wie sie bei Regierungsveränderung in diesem Staat immer eintraten („primordia principis") amoveto suspiciones ab ordine vestro semper extraneas: non decet senatum corrigi, qui debet alios paterna exhortatione moderari; (Theobahad hatte, so scheint es, eine große Zahl Senatoren zu sich nach Ravenna entboten und diese erblickten, wohl nicht mit Unrecht, in dieser Ehre eine Vergeisslung; deßhalb macht sie der König auf die darin liegende Auszeichnung aufmerksam und begnügt sich um ihrer Befürchtungen willen, nur Einige nöthigen Falls zu sich zu berufen. Dieß ist wohl der Zusammenhang der Thatsachen und Gedanken; später sucht der Kaiser den Senat vor der Willkür der Gothenkönige zu schützen. Proc. l. c. I. 6).
3) Var. VI. 14.

Theobahab zwang später den Senat, bei dem Kaiser den Frieden und Schonung für den Amalerthron zu bitten¹). Vitigis nahm, ehe er sich von Rom nach Ravenna zurückzog, einige Senatoren als Geiseln mit und die übrigen nochmals in eidliche Pflicht der Treue, was dieselben nicht im Mindesten abhielt, Belisar auf's Eifrigste nach Rom einzuladen²). Daher rechtfertigen sich nicht nur die schweren Vorwürfe, welche Vitigis und Totila³) gegen die Undankbarkeit des Senats erhoben, wir begreifen auch, weßhalb letzterer, nachdem er Rom wieder gewonnen, die Senatoren zuerst mit der härtesten Strafe, mit Verknechtung, bedroht und später a. 547 sie wenigstens⁴) als Geiseln und Gefangne von Rom fort nach Campanien führt⁵). Als er sich später wieder in einen nicht mehr zu entreißenden Besitz Roms gesetzt zu haben glaubt und, den Krieg für so gut wie beendigt haltend, in der Weise Theoderichs friedlich regieren und ganz die alten Staatszustände wie unter jenem König herstellen will, ruft er die Senatoren aus Campanien⁶) wieder nach Rom zurück und läßt sie in ihre alten Functionen wieder eintreten: dieß soll, wie die Circusspiele, aller Welt die Wiederherstellung des römisch=gothischen Doppelstaats bezeugen. Die Kinder derselben behält er aber, unter dem Vorwand seines Hofdienstes, in Wahrheit als Geiseln, bei sich, und als nach Narses' Sieg die Senatoren abermals von den Gothen abfallen, tödtet der ergrimmte Teja die Kinder und Väter, so viele er erreichen kann. Zu diesem extremen Gegentheil des Verhältnisses von König und Senat unter den Amalern, wie es Cassiodor ausgemalt, hatten die Dinge geführt und die Unwahrheit jenes gleißenden Scheines aufgedeckt⁷).

1) A. II. S. 205; der Brief ist erhalten.
2) Proc. I. 11. p. 61.
3) l. c. III. 20.
4) Wie schon a. 536 Vitigis. Proc. l. c.
5) Jord. p. 242.
6) Sofern sie nicht von Johannes befreit oder nach Byzanz entkommen waren; aufgehoben hat Totila den Senat keineswegs; s. Gregorov. 1. S. 447 gegen Curtius de senatu romano I. p. 142 und Roger Wilmans S. 141.
7) Die echt römische Auffassung hat Anast. p. 129 misit imperator Belisarium cum exercitu ut liberaret omnem Italiam a captivitate (ex servitio hist. misc. p. 105) Gothorum; daß sich der Senat auch unter den Gothenkönigen als unmittelbar unter dem Kaiser stehend, betrachtete (Wilmans S. 141), ist (juristisch) nicht richtig; daran ändert das „senastus vester" a. 515 bei Mansi l. c. nichts; senatus noster sagen die Könige viel häufiger; irrig auch Mascou II. S. 63.

2. Abſolutismus.

Im engſten Zuſammenhang mit dem Romaniſiren der amalun⸗
giſchen Regierung ſteht ihr zweiter Hauptcharacterzug: das in Form
und Inhalt gleich entſchieden abſolutiſtiſche Auftreten. Die vorge⸗
fundne Herrſchergewalt der römiſchen Imperatoren wurde ganz un⸗
verändert über die Italiener ausgeübt und ſchon die Einheit des
Staatsganzen brachte es mit ſich, daß dieſe ſtärkere Gewalt auch
über die gothiſchen Hälfte ausgedehnt wurde[1]). Es wurde im In⸗
halt wenig unterſchieden, ob Italiener oder Gothen die Thätigkeit
der Regierung beſchäftigten, und Caſſiodor wendet ſeine abſolutiſti⸗
ſchen Formen und Formeln ebenfalls ohne Unterſcheidung an[2]).

Den Abſolutismus in den materiellen Regierungsrechten haben
wir bereits kennen gelernt: denn alle bisher erörterten Hoheits⸗
rechte (Militär⸗ und Geſetzgebungs⸗ und Finanzgewalt, Gerichts⸗
gewalt[3]), Amtshoheit, Repräſentation, adminiſtrative und Kirchenho⸗
heit) übt der König allein und die einſt dem germaniſchen Königthum
geſetzten Schranken hemmen ihn nicht mehr: intereſſant iſt es aber,
aus der Sprache der Varien zu erfahren, wie klar das Bewußtſein
dieſer abſoluten Gewalt war und wie conſequent ſie ſich in allen
Formen ausprägte[4]).

Wie weit entfernt vom alten gothiſchen Königthum, welches
nicht „über das Maß der Freiheit" hinausging, iſt eine Regierung,
welche von ſich ſprechen kann: „Wir ſind zwar unfehlbar (in der
Wahl würdiger Diener) und unſerer Gewalt ſteht, vermöge der
Gnade Gottes, alles frei, was wir wollen. Aber doch richten wir
unſern Willen nach Vernunftgründen, auf daß unſere Beſchlüſſe
der allgemeinen Billigung würdig erſcheinen"[5]). Der König ſteht
über dem Geſetz[6]), er iſt keiner irdiſchen Gewalt unterthan: er er⸗

---

1) A. II. S. 131.
2) Die Ausnahmen von dieſer Regel ſ. o. S. 61.
3) Auf dieſe beiden beſchränkte noch Eichh. Z. f. D. R II. S. 283 die Rechte
der Oſtgothenkönige über die Germanen.
4) Zwar ſind die einſchlägigen Ausdrücke Caſſiodors oft nur zunächſt rheto⸗
riſche Phraſen, z. B. VI. 9, aber ſie werden doch bei jeder Gelegenheit, die der
Regierung der Mühe werth ſcheint, praktiſch verwirklicht.
5) Var. I. 12. pompa meritorum est regale judicium, quia nescimus
ista, nisi dignis impendere. et quanquam potestati nostrae, deo favente,
subjaceat omne, quod volumus, voluntatem tamen nostram de ratione me-
timur, ut illud magis aestimemur elegisse, quod cunctos dignum est probare.
6) Var. X. 4. Amalaſuntha macht Theodahad zum König, d. h. voluit eum

kennt keinen Richter über sich an¹) — ein Satz, welcher gegen die altgermanische Verfassung, wonach auch der König der Volksversammlung verantwortlich ist, schroff verstößt²). Diese von den Amalungen beanspruchte Unverantwortlichkeit wird zwar in ruhigen Zeiten nicht bestritten, aber schon Amalasuntha kann ihren Willen gegen den gothischen Adel nicht mehr behaupten³); und die Volksversammlung zu Regeta erkennt jene Unverantwortlichkeit nicht an, sondern übt ihr altes Recht, einen schuldigen König abzusetzen und zum Tode zu verurtheilen: dieser Vorgang ist nicht als ein revolutionärer aufzufassen⁴), sondern als Uebung eines alten und unverlornen Rechtes.

Derselbe König, der von diesem Volksgericht verurtheilt wurde, hatte die Unbeschränktheit seiner Herrschergewalt schroffer als alle Vorgänger ausgesprochen, „nur unser eigner Wille, keine von Andern ausgehenden Gesetze zwingen uns. Obgleich wir, kraft der Verleihung Gottes, Alles können, glauben wir doch nur thun zu dürfen, was löblich ist"⁵). Ein Theobahad konnte leicht diese unbeschränkte Macht in selbstischer Habgier ausbeuten. Aber auch der wohlwollende Theoderich thut gerade im Interesse der materiellen Gerechtigkeit Schritte, welche juristisch nicht zu rechtfertigen sind. Ein gewisser Thomas schuldet dem Aerar 1,000 sol. für titulo libellario ihm übertragne Grundstücke. Der Arcarius Johannes, der ihm creditirt hatte, erbietet sich an jenes Statt zu zahlen, wenn man ihm das (zuerst confiscirte) Gesammtvermögen desselben zu Pfand überlasse⁶). Der König streckt nun dem Schuldner einen letzten Termin vor. Habe er bis zu den Septembercalenden nicht bezahlt, so solle sein ganzes Vermögen confiscirt und dem Arcarius Johannes aus-

---

ipsis legibus anteferre; es ist das imperatorische: princeps legibus solutus; s. Rein S. 181. 229.

1) Var. VI. 4. hac ... ratione discreti, quod alteri subdi non possumus, qui judices non habemus.

2) Vgl. die entscheidenden Stellen aus der Hakonar Goda Saga c. 17 und und zumal Frosta þingslag III. 48 bei Wilda S. 989.

3) Proc. b. G. I. 2.

4) So z. B. Bünau II. S. 34.

5) Var. X. 16. propria voluntate vincimur, qui alienis conditionibus non tenemur. nam cum, deo praestante, possimus omnia, sola nobis licere credimus laudanda; ebenso ist es nur die clementia des Königs, daß er sich mit seinem ihm nach dem Recht zustehenden Gut des Fiscus begnügt, I. 27; und von seinem Eide: X. 16. Deo debemus ista, non homini.

6) Pignoris capio? Bethm.-Hollw. S. 339.

geantwortet werben, „welcher verſprochen hat, bann die Schuld unſrem Fiscus zu bezahlen". Dieſe Seltſamkeit hat nun ihre „Gründe" darin, daß der Arcarius eventuell für die von ihm creditirte Summe hafte, und zweitens darin, daß er des Schuldners — Schwieger=ſohn ſei, ſo daß jener ſein Vermögen doch nur an ſeinen Erben verliere!

Offenbar hat hier der König in praktiſchen Billigkeitserwägungen nach Willkür, nicht nach Recht entſchieden: denn nach Recht kann der Fiscus ſich nur für die Schuld aus dem Vermögen des Schuldners bezahlt machen und ſich eventuell für den Reſt der Schuld an den Arcarius halten[1]).

Die verhängnißvolle Verwechslung ſtaatsrechtlicher Herrſchaft über und privatrechtlichen Eigenthums des Monarchen an Land und Leuten iſt zwar zunächſt nur eine caſſiodoriſche Phraſe[2]), die ſogar mit edeln Intentionen in Zuſammenhang ſteht[3]), und es wird mit dieſem extremen Satz des Abſolutismus regelmäßig weder gegen Römer noch gegen Gothen Ernſt gemacht; aber ausnahmsweiſe werden allerdings praktiſche Conſequenzen daraus gegen beide gezogen und die Macht hiezu iſt immer da.

So werden freie italieniſche Schiffer zum Ruderdienſt auf der Flotte gepreßt[4]), aus Finanzgründen werden die Bürger mit Conventionalſtrafen und Bürgenſtellung gezwungen, den größten Theil des Jahres in ihren Städten zu verleben[5]), zu Gunſten Einzelner wird der Verjährung ihre Wirkung entzogen[6]), freie possessores müſſen bei den Bauten frohnden, Balken herbeiſchaffen, ſchanzen, Lebensmittel an die Reiſeſtraße des Königs liefern, bald mit, bald ohne Entgelt[7]), jede Familie muß ihr Getraide, ſofern es das

---

1) V. 6; an venditio oder cessio bonorum (Bethmann=H. S. 328. 340) zu denken, verbietet die vorgängige Confiscation und Anderes; ebenſowenig iſt es missio in bona; vgl. Bethm.=H. 309 f.

2) „Der Fürſt hat kein eignes Privatvermögen, ſondern was immer wir mit Gottes Hülfe beherrſchen, das erklären wir als uns eigengehörig". Var. X. 12. domum exceptam non habet principes: sed quidquid auxilio divino regimus, nostrum proprie confitemur.

3) l. c. V. 24 ſagt der König, das Recht des Fiscus auf erbloſes Gut ſoll nicht zur Verdrängung wirklicher Erben mißbraucht werden, „denn, was immer der Unterthan rechtmäßig beſitzt, iſt noch mehr als Fiscalgut unſer eigen". V. 24.

4) Var. V. 16; oben S. 53.

5) Var. VIII. 31; oben S. 153.

6) III. 18; oben S. 91.

7) Oben S. Var. I. 17. V. 38. XII. 17. 18; vgl. die höchſt bezeichnende

eigne Bedürfniß übersteigt, zum Einkaufspreis an die Bedürftigen ablassen¹). Und wenn in dieser Sorge für die Volksnahrung die Polizei die stärksten und häufigsten Eingriffe in Eigenthum und Freiheit der Privaten macht²), so übt doch auch sonst ganz allgemein der König das energische Recht, Gebote und Verbote, auch als Specialgesetze, zum Vortheil Einzelner, willkürlich zu erlassen und ihre Verletzung mit schweren Geld= und Leibesstrafen zu bedrohen³).

Ein andrer starker Eingriff in die persönliche Freiheit ist die Internirung vornehmer Römer und ihrer Söhne in Rom und Ravenna. Wenn bei den Söhnen auch die Absicht, sie bei den Studien festzuhalten, obwaltet, so reicht diese doch schon bei ihnen nicht aus und trifft bei den Vätern gar nicht zu. Der Senator Faustus scheint⁴) nicht so fast Urlaub von einem Amt⁵) — denn von seiner Amtspflicht ist in den Motiven keine Rede — als die Erlaubniß, Rom zu verlassen, zu erbitten und die ausgesprochene Absicht jenes Zwanges, Rom blühend und belebt zu erhalten⁶), ist gewiß so wenig die einzige wie bei der ähnlichen Maßregel gegen die Curialen⁷). Es scheint vielmehr nebenbei eine verdeckte Vergeiselung beabsichtigt, wie Totila die Knaben der Senatoren, scheinbar als seine Pagen, in Wahrheit als Geiseln mit sich führt⁸).

Wenn die Söhne des Ecdicius in solcher Weise in Rom festgehalten und erst bei dem Tod ihres Vaters durch besondre⁹) Er-

---

Darstellung des Conflicts Theoderichs mit S. Hilarus, der den vom König verlangten angariae zum Bau des palatium super Bedentem flnvium sich entziehen will. Diese angariae werden als tyrannisch empfunden: A. S. 15. May p. 474; jedenfalls folgt aus der Erzählung die unbedingte Steuerpflichtigkeit der Kirche, ob man deren Nachlaß bei Hilarus aus dem Mirakel der Legende oder aus der Klugheit und Frömmigkeit des Königs ableite.

1) IX. 5. oben S. 162.
2) V. 4. XII. 22. 26; oben S. 90 f.
3) VIII. 24; oben S. 117; über die ausgedehnte Gerichtsbarkeit der Kaiser, Rein S. 423. 429.
4) III. 21.
5) Hierüber vgl. VII. 36. IV. 48 und Sart. S. 281.
6) Imperatorische Maßregeln zu diesem Zweck bei Kuhn I. S. 175.
7) Oben S. 153.
8) Proc. b. G. III. Balbo I. S. 311.
9) Var. II. 22. Aus den „Universitätsstatuten" (s. de stud. liber. U. R. et C. C. Th. 14,9) allein kann dieß nicht erklärt werden; s. Manso S. 133 und dessen vermischte Abhandl. und Aufsätze S. 81, wo die Statuten (Valentinians) erörtert sind; die zu Rom studirenden meist vornehmen Jünglinge stehen aber allerdings unter der Aufsicht des Stadtpräfecten, so erkläre ich mir Ennod. ep. it. 14;

laubniß des Königs entlassen werden, so ist hier vielleicht weniger an Geiselschaft zu denken, weil ihr Vater vom König ein Finanzregal und dafür besondre tuitio erhalten hatte¹). Aber wenn zweimal die Söhne vornehmer Sicilianer, zweimal Syrakusaner, die zu Rom studiren, in solcher Weise festgehalten erscheinen, so darf man wohl darin mehr als Sorge für ihren Fleiß erblicken: denn diese argwöhnischen²) Insulaner und zumal die Großen von Syrakus, wurden von den Gothen mit besserm Grunde selbst beargwöhnt³). Der Syrakusaner Filagrius hat sich lang am Hofe aufgehalten und will nun nach Hause zurückkehren; seine Neffen sollen in Rom studiren; sie werden dem Stadtpräfecten überwiesen: er soll sie „niederlassen" und „festhalten": „und nicht eher lasse sie abreisen, bis dieß ein zweiter Befehl von uns an Dich gebietet"; es wird dann zwar sehr einladend ausgeführt, wie schön es in Rom zu leben sei und wie es schon dem Odysseus, nach Homer, so sehr zur Bildung ausgeschlagen sei, lange in der Fremde gewesen zu sein; aber schließlich wird doch gar nicht verhehlt, daß, neben der Sorge für ihre Bildung, auch „unser Interesse" (nostrae utilitatis ratio) ihre Festhaltung in Rom erheische; welch' andres Interesse aber als das einer Geiselschaft kann dabei walten⁴)? — Und in einem zweiten Fall werden die Söhne eines andern vornehmen Syrakusaners Valerianus mit ganz derselben Formel in Rom festgehalten⁵).

Auch scheinen die Gothenkönige, wie dieß bei den Franken und auch im Mittelalter noch häufig vorkömmt, über die Hand gothischer Mädchen, sogar wenn sie bereits verlobt waren, willkürlich verfügt zu haben: freilich⁶) wird dieß Letztere von dem Verlobten mit Zu-

---

vgl. zu oben S. 168 Var. IX. 21. Symmachi epist. 1. 79. V. 35. Justin. sanctio pragm. c. 22 (über die Besoldung).
1) II. 4; oben S. 119.
2) „Suspicantium Siculorum animos"; vgl. Pallmann II. S. 461.
3) I. 39.
4) Anders St. Marthe S. 332; Sarter. S. 152.
5) IV. 6. Sicilien, das ist dabei wohl zu beachten, war die einzige Landschaft, welche, von Anbeginn widerspänstig, (Var. I. 3. Sigon. p. 385), noch später gegen Theoderich einen Aufstand versuchte, der a. 522 durch Absendung eines eignen Heeres niedergeschlagen werden mußte; Agnellus vita Johann. Murat. I. 2. Annal. ad a. 522; vgl. Pavir. I. S. 272; Balbo I. S. 94.
6) Das Verbot im Edict §. 93 meint zunächst Unterthanen, aber seine Allgemeinheit träfe auch den König; s. Belege für dieß befremdende Recht der Germanenkönige R. A. S. 436, wo römischer Ursprung vermuthet wird.

grimm empfunden und, wie Theodahad von Optari¹), wird Ildibad von Vila deßhalb erschlagen²).

Eine solche Herrschergewalt mochte freilich mit Grund sagen, daß die Persönlichkeit des Fürsten allein den ganzen Character des Staatslebens bestimme³) und daß eher die Wirkung eines Naturgesetzes als diese Wirkung ausbleiben könne⁴). Dieser Absolutismus hat auch bereits dahin geführt, daß, wie die Person des Königs Mittelpunct des gesammten Staatslebens, so der enge persönliche Zusammenhang mit ihm zur Bedingung aller politischen Bedeutung der Einzelnen geworden ist⁵). Nicht mehr die Gemeinfreiheit, das allgemeine Staatsgenossenrecht, sondern eine besondere Beziehung zu der Person des Königs ist jetzt die Hauptsache. Am

---

1) Proc. b. G. I. 11; du Roure nennt den schnellfüßigen Rächer technisch le chef des coureurs!

2) l. c. III. 1., was J. Grimms Vermuthung, oben Anm. IV. bestätigt; man kann dabei nicht an Unfreie denken; das erste Mädchen ist eine reiche Erbin (ἐπίκληρος) und die beiden Männer sind Heermänner, also frei und gewiß nicht mit Mägden verlobt; Theodahad war, wie gewöhnlich, bestochen (χρήμασιν ἀναπεισθείς), von Ildibad heißt es: εἴτε ἀγνοίᾳ, εἴτε τῷ ἄλλῳ ἡγμένος; als ein Recht der Könige sehen also weder Prokop noch die Betheiligten die Sache an: es ist aber ein Zeichen ihrer Macht; so erklärt sich auch die juristische Möglichkeit der Entstehung der oben S. 84 besprochenen Sage; die Wittwe hat ein Vermögen von 1,000 sol. und ist nicht als Unfreie gedacht; gewiß liegt bei den Ostgothen in Italien römischer Ursprung dieser Willkür am Nächsten; f. Lactant. de mort. persec. c. 38 über Fälle unter Maximin.

3) Ennod. p. 440 redet ihn direct an: salve, status reipublicae! und beweist, daß die Person des Königs der Staat sei.

4) Var. III. 12. f. A. II. S. 131; facilius est errare naturam, quam dissimilem sui princeps possit formare rempublicam; andere stark absolutistische Wendungen, f. l. c. VIII. 15. 9; auch ein schlechter Fürst kann nur geheim getadelt werden, öffentlich wagt das Niemand, VI. 11. VI. 19; nur der Arzt darf unsrem Wunsch widersprechen. IX. 22. de illo nefas est ambigi, qui meruit eligi judicio principali. X. 6. intellige quantum sit, quod a te exigatur, cui opinio nostra committitur; alle Unterthanen schulden dem König von Rechtswegen unentgeltlichen Dienst, III. 19; an den König, der Alle schützt, II. 29. kann vom Unterthan gar keine Forderung weiter gemacht werden, IV. 36; vgl. noch I. 2. 3. 12. 22. 23. 30. 36. 39. 42. 44. II. 20. 2. III. 6. 23. 12. 42. 43. IV. 6. 12. 32. V. 15. VI. 9. 13. VII. 32. 35. 42. VIII. 2. 3. 4. IX. 5. 12. X. 1. 4. 5. 12. 16. 31 XI. 11. 12 XII. 5. 13. 18. 19. 20; vgl. V. 44. cum rex satisfacit, quaelibet dura dissolvit (von andern Kronen ebenso); ein andrer Hauch als diese byzantinische Stickluft weht in dem Erlaß des Vitigis. X. 31.

5) Var. I. 2. 36. 42. 43. II. 22. 28. IV. 9. V. 26. VI. 3. 5. 17. 19. VII. 35. VIII. 4. 9. IX. 12. 25. X. 12.

Stärksten drückt dieß die¹) Stelle aus, welche einen dem König Unbekannten einem Gestorbenen gleichstellt: so wenig wie ein Begrabner nimmt er Theil an dem Leben des Staates. In des Königs Nähe, an seinem Hof zu leben, ist von allergrößter Wichtigkeit²). Wo der König naht, drängt sich deßhalb eine Menge von Menschen heran³), wie sein Hoflager von „Menschenschaaren" wimmelt⁴); als er in Ligurien reist, müssen alle Schiffe von Ravenna Getraide nachführen, „denn sein Hof selbst und die Unzähligen, welche heranströmen, um Wohlthaten zu empfangen, haben alle Vorräthe der Provinz erschöpft"⁵)

Von dem günstigen Urtheil des Königs hängt alle Ehre ab⁶). Die besondere Huld und Gnade des Königs ist daher von allerhöchstem Werth, seine Ungnade, ingratitudo nostra⁷), ein schweres, an unbestimmten Gefahren reiches Unheil⁸). Der Verlust dieser Gnade ist schwerer als jedes andre Unheil⁹); ein Vornehmer, der seine Sclaven dem Gericht entzieht, wird mit einer Geldstrafe von 10 Pfund Gold bedroht „und unsrer Ungnade, was noch viel schwerer ist"¹⁰). Die Erwerbung der Gnade des Königs ist das Ziel alles

---

1) Bereits A. II. S. 130 mitgetheilte.
2) Var. I. 2. V. 28. XII. 12. 18. 19.
3) Var. XII 19.
4) VIII. 5.
5) Var. II. 20. quantas in Ravennate urbe sulcatinas potueris invenire frumentis fiscalibus oneratas ad nos usque perducas . . . (Liguria), quae praesentiam nostram sustinet, multorum debet solutia invenire. trahit observantium catervas comitatus noster, et dum ad beneficia praestanda curritur, necessario populis copia postulatur; vgl. VI. 17 in tumultuosis processionibus nostris.
6) Var. I 3. quamvis proprio fruatur honore, quod est natura laudabile, nec desint probatae conscientiae fasces, — tamen judicii nostri culmen excelsum est, cum, qui a nobis provehitur, praecipuum et plenus meritis aestimatur, . . . omnium capax esse potest meritorum, qui judicem cunctarum habuit virtutum. haec est enim vitae gloriosa commoditas, dominos esse testes; vgl. IX. 22 non vereamini absentes nec sitis de principis ignoratione soliciti.
7) I. 30.
8) Gratia nostra I. 13. 43. V. 3. 40. 41. III. 34. II. 2. 43. ut nos ipsi merito stupere videamur, in unius gratia (nostra) tot desiderabilia fuisse contempta. VII. 42. VIII. 1. 2. XII. 4. 11. IX. 24. X. 20. 21. 23.
9) VII. 42; s. oben „formula tuitionis" S. 123.
10) I. 30. nostrae ingratitudinis, quod multo gravius est, pericula incurrat.

Wohlverhaltens der Beamten¹). Auch ein Cassiodor freut sich, wenn seine Beliebtheit bei den Bürgern ihm die Gnade der Herrscher mehrt²), und unzähligemale wird bei Ernennungen zu wichtigeren Aemtern besonders die Ehre hervorgehoben, die in der damit ausgesprochnen Gunst des Königs liegt³). Es gibt kein größer Verdienst als die Gnade des Herrschers gewonnen zu haben. Der Byzantiner Artemidor hat seinen Verwandten, den Kaiser Zeno, verlassen und ist in treuer Anhänglichkeit dem Stern Theoderichs gefolgt, dessen Schicksal zu theilen. Diese Treue und sein angenehmer persönlicher Umgang — „er löst des Staates bittre Sorgen im süßen Tranke seiner Reden auf" — (solatia confabulationis, . . sormonis suavitas), das beständige Verweilen bei der Person des Königs — er ist der gern gesehne, stets willkomme Tischgenoß des Herrn — werden ihm zum höchsten Verdienst angerechnet und mit Verleihung der Stadtpräfectur belohnt⁴).

Man erinnert sich bei dieser Erwähnung der königlichen Tischgenossenschaft der convivae regis der Franken, d. h. solcher Römer, welche durch Aufnahme in die persönliche Umgebung des Königs, besonders an seiner Tafel, den germanischen Gefolgen gleichgestellt werden. Man sieht auch an diesem Punct, wie die analogen, wenn auch nicht ganz gleichen Verhältnisse in diesen Staaten analoge, wenn auch nicht ganz gleiche Bildungen treiben, nur daß wir bei den Franken in breiter Entfaltung und langer Entwicklung kennen, was bei der kurzen Dauer des Gothenreichs nur erst zu Anfängen gedeihen konnte. — Bezeichnend für die hohe Bedeutung des comitatus, der aula, des palatium und für die Auffassung, welche bei Zusammensetzung derselben leitete, ist ein späteres Schreiben an

---

1) IV. 23. V. 41; s. oben S. 175; I. 36. ut omnia vigilante ordinatione procurans nostrae gratiae merearis augmenta; sie macht aber viele Neider, IX. 24, und selten stellt sich ein solcher Günstling den mediocres im Rechte gleich. V. 3.

2) XII. 5. hoc mihi apud rerum dominos profuit. 19. rex laetus optatur ab omnibus, cunctos contristat si probatur offensus.

3) Dessen Urtheil untrüglich ist. Var. I. 12 III. 6. V. 9. I. 3. IV. 28. IX. 22. VIII. 10; (schon deßhalb, weil Cassiodors Physiognomik die Charactere an Körper und Gesicht erkennt (!) VI. 9.) und besonders I. 43. V. 3. palatinis honoribus nostro judicio laudatus se immiscuit .. sub genii nostri luce intrepidus quidem sed reverenter astabat.

4) l. c. I. 43. in nulla se nobis parte dissocians .. regalem quin etiam mensam conviva geniatus amavit, ibi se nobis studens jungere, ubi certum est nos posse gaudere.

diesen Artemidor, das ihn von Rom an den Hof zurückberuft: „es ziemt sich, unsern Hof mit edeln Männern zu zieren, wodurch zugleich ihr Wunsch erfüllt und unsere dienende Umgebung durch ihre Verdienste geschmückt wird¹). Deßhalb entbieten wir Dich durch diesen Erlaß vor unser Angesicht (welches zu schauen Dir gewiß von höchstem Werth ist), auf daß Du, der früher lange bei uns verweilt, wieder die Freude unsrer Nähe genießest. Denn, wer zum Gespräch mit uns gelassen wird, hält das für ein göttliches Gnadengeschenk²). Wir hemmen daher die Sehnsucht dessen nicht, den wir selbst zu sehen wünschen und glauben, daß Du mit Freuden kömmst, wie wir Dich gern empfangen".

Nicht Jeder, der wollte, durfte am Hofe leben: es bedurfte dazu besonderer Erlaubniß, wie anderseits der König die Initiative ergreifen kann³). Die vom König ausgehende Berufung an den Hof ist eine hohe Ehre, da sie sonst nur auf Bitten als Gunst gewährt wird: nur wer ein gutes Gewissen hat, wird jene Bitte stellen. Dagegen werden Beamte verdächtig, welche sich nicht, wie üblich, bei einem Thronwechsel dem neuen Herrscher vorstellen⁴) oder gar auf wiederholten Ruf nicht aus ihrer fernen Provinz an den Hof kommen⁵). Für den Guten ist der Anblick des Königs⁶) eine hohe Freude⁷), wie anderseits der Fürst Glanz und Ehre gewinnt, wenn sich die edeln Männer in reicher Zahl an seinem Hof versammeln⁸).

---

1) Ebenso IV. 3: es schmückt den Palast, die Würden den Würdigsten zu leihn; VII. 34. desiderat aula praesentiam bonorum.

2) Vgl. VII. 34. domini recordatio concedit semper augmenta.

3) Im vorliegenden Fall III. 22 hatte wohl Artemidor die „Sehnsucht" geäußert, bedurfte aber als Präfect von Rom besondern Urlaubs; Cassiodor hat neben einer formula evocataria, quam princeps dirigit VII. 34 eine solche, quae petenti conceditur; über evocare vgl. noch II. 6. III. 22. V. 25. 28.

4) Var. IX. 2. initia nostra.

5) l. c. IX. 10.

6) Conspectus principis I. 2. III. 28.

7) Var. IV. 3. princeps quoties dignatus est, procerem suum adspicere; X. 13. certe munus est, videre principem; das Wort, das der König an ihn richtet, ist hohe Ehre. VIII. 4. juri siquidem de se bene arbitrabitur aestimatum, qui regium meretur alloquium; quia dignitas est subjecti, affatus meruisse dominantis. — Var. praef. gloriosa colloquia regum. XII. 18. cui nos parere contendimus, magnus provectus est, si mereamini ad ejus placidos pervenire conspectus; der Beamte, der das Heraustreten des Königs zur Audienz meldet, ist wie der Morgenstern, der die nahende Sonne verkündet. VI. 6.

8) l. c. inde magis crescimus, si viros nobiles nostris obsequiis ag-

Als der König mit seinem zahlreichen Hof-Gefolge¹) nach Rom aufbricht, werden die sorgfältigsten Reiseanstalten getroffen; Brücken werden geschlagen, Straßen hergestellt, Pferde, Lebensmittel, erlesne Speisen beigeschafft; dabei heißt es: „das ist der höchste Lohn des Lebens, vor den Augen des Herrschers dienen zu dürfen"²). Deßhalb verleihen jene Aemter höchste Ehre, deren Verwaltung in häufige Berührung mit der Person³) des Königs bringt: „jedes Amt ist in dem Maße glänzend, als es von dem Anblick unserer Gegenwart Licht empfängt, da, wer unser Gespräch gewinnt, Ehre gewinnt. Ja, köstlicher als alle Amtswürde, ist es in der Nähe des Königs zu leben"⁴).

Daher kömmt es denn, daß die Residenz Ravenna, „die Königsstadt"⁵), die wichtigste Rolle spielt; der König schmückt sie mit herrlichen Bauten, zu welchen weither die Landschaften Material herbeischaffen müssen⁶); nach Ravenna wird die Flotte beschieden⁷); hier

---

gregamus. IV. 3. de claritate servientium crescit fama dominorum III. 2. Ennod. ep. IV. 6. angustiorem regni pompam rerum dominus metitus est, cum vos non haberet.

1) Man erkennt den König an dem obsequium der frequentia comitatus, obsequentium, qui ejus latera obambulant Greg. dial. oben S. 259.

2) l. c. XII. 18. praemium est vitae domino vidente servire, cui nec culpa celari nec bonum possit nascondi .. militiam vestram transscenditis, si rerum domino placere possitis.

3) V. 30. nobis exspectantibus saepe placuisti.

4) VI. 17. I. 42. vgl. VI. 3. ingressus palatium nostra consuetudine frequenter adoratur (l. adornatur); das tröstet bei Schelmämtern: adesse conspectibus regiis et abesse molestiis; vgl. VI. 5; adesse conspectibus regis VI. 12; aulicae dignitates überragen die mediocres honores VIII. 13; doch wird dabei eine Discretion und tactvolle verschwiegne Vorsicht (V. 3. secreta nostra quasi obliviscereretur occuluit) verlangt, welche zu wahren schwer und zu verletzen gefährlich ist. VIII. 10. sacri cubiculi secreta .. arduum nimis est, meruisse principis secreta etc.; man muß die Geheimnisse des Königs (arcana regia VIII. 18. regalis praesentiae pondus V. 40) in sich verschließen, sich nicht mit dessen Vertrauen brüsten, IV. 3; stete Anspannung aller Geisteskräfte gehört dazu, im persönlichen Verkehr den Anforderungen Theoderichs zu genügen. VIII. 21.

5) Urbs regia Var. I. 6. civitas VIII. 5; vgl. X. 28. XII. 24; mansio ravennates VII. 7. 14. X. 28; über Ravenna vgl. noch II. 20. 30. III. 9. 11. 19. V. 8. 17. 38.

6) Oben S. 171; Marmorsäulen, die in den Provinzen verkommen, werden zu ihrem Schmuck verwendet, III. 10. 9. I. 6. V. 8. Architekten werden herbeigerufen, denn „es ist königlich, Paläste einzurichten". I. 6. Der letzte Grund der Bevorzugung der Königsstadt vor Rom war ihre feste sichre Lage, nicht die Nähe

lag fortwährend ein gothisches Heer, der **exercitus ravennianus**[1]). Nur ausnahmsweise hält sich der König anderswo auf[2]). Auch das Hauptland, Italien, und in ihm wieder die in der Nähe Roms und Ravenna's liegenden Landschaften treten in den Varien sichtlich in den Vordergrund, während die andern Provinzen und auch schon die entlegneren Gebiete Italiens in viel wenigeren Erlassen erscheinen[3]), und sogar in Hauptbewegungen des Staatslebens, z. B. bei den Thronwechseln, lediglich den Entscheidungen jener Centralpuncte zu folgen haben.

Es ist eine Ausnahme, wenn einmal ein Glied des gallischen Adels auf der von dem italienischen Adel besetzten Stufenleiter der höhern Aemter Fuß faßt[4]), — eine Zurücksetzung der Provinzialen, welche sogar als Geringschätzung ausgesprochen wird[5]), und ihren Grund, abgesehen von der starken Centralisation im Allgemeinen, besonders in dem geringern Grad von Bildung, von **civilitas** hat, welchen man ihnen zutraut[6]). Sehr bezeichnend hiefür ist, daß unter proceres die Beamten und Großen des Hofes und Italiens im Gegensatz zu den Provinzialvorständen, den judices provinciarum, verstanden und diesen vorgezogen werden[7]). Wie Italien der

---

von Byzanz (andere Gründe, s. bei Balbo I.; besser Hurter II. S. 31; Cochlaeus S. 38; Giannone I. S. 198).

7) Var. V. 17.

1) Agn. Mur. II. p. 68.

2) Am Meisten noch, zum Theil propter metum gentium (das weiß auch Chron. pasch. oben S. 90) in Verona; z. B. a. 519 An. Val.; in Rom a. 500; in Ligurien II. 20, und zur Zeit des Diebstahls der Statue zu Como mag er daselbst gewesen sein, II. 35. 36; ob er seinen Beinamen „von Berne" von seinem Sieg a. 489 erhalten, Pallmann II. S. 449 (übrigens vor ihm schon Boecler p. 1) ist doch zweifelhaft; vgl. Gibbon. c. 39; du Roure I. S. 320; schon Ennodius p. 439 hat den bezeichnenden Ausdruck: „*Verona tua*".

3) Ueber das römische Centralisiren und die Ertödtung des Lebens in den Provinzen s. bes. Roth Ben. S. 59.

4) Var. II. 23; oben S. 31.

5) l. c. V. 4: von einem Advocaten, der statt Rom Spoleto zum Ort seiner Thätigkeit wählt, heißt es: res tantum dura, quantum a vestra (romana) prudentia cognoscitur segregata.

6) l. c. inter bene moratos enim meruisse justa facillimum fuit, *provincialibus autem se vaga libertate tractantibus* nimis arduum; es ist selten, daß man sich in Ligurien Bildung erwirbt, VIII. 12; über II. 3 vgl. S. 33; in den ferneren Provinzen wie Spanien, V. 39, Sicilien, Savien riß das Band der Ordnung manchmal ganz; vgl. I. 4. provinciis reddita disciplina. IV. 49.

7) l. c. VI. 7. parum est, quod provinciarum judices tuae subjaceant

Mittelpunct des Reichs, so die Königsstadt Ravenna Italiens, so das palatium der Königsstadt und der König des palatiums.

Das palatium¹) ist das Herz des Staates; von hier aus ergehen die Befehle des Königs in alle Provinzen: eilige Boten tragen sie auf raschen, stets bereiten Pferden und Schiffen in alle Richtungen²), und hier laufen die Klagen der Unterthanen aus allen Provinzen³), laufen alle Ergebnisse des Staatslebens zusammen. „Das Schlimmste wäre, wenn die Uebelstände draußen sich sogar in unsrem Palast fühlbar machten"⁴). Die höheren Hofämter sind zugleich Staatsämter⁵), ein Ergebniß des Imperatoren=

---

potestati, ipsis quoque proceribus chartarum (l. chartas) confirmas; die Einsetzung der judices provinciarum steht bei Hofbeamten, VI. 6; vgl. die stark centralisirte Gewalt des Präfectus Prätorio über die Provincialbeamten, XII. 1; über das Verhältniß der Provinzen zum Centrum s. noch Bethm.=H. S. 29; V. 39. I. 8. 4. II. 15. 9. III. 16. 48. 50. 17. 41. IV. 21. 10. 12. 45. VI. 5. 18. VII. 2. 3.

1) Vgl. 4. 10. 42. I. 6. 39. 43. X. 3. III. 19. 28. IV. 3. 4. VI. 3. 6. 89. VIII. 32. IX. 21 und Waitz II. 123. Darüber A. II. S. 130. VIII. 23. X. 25. Var. 1. 10. palatia nostra VI. 9. V. 3. 41. (auch bei Jord. c. 59. 60) gleichbedeutend αὐλή (Proc. I. 6.) aula, Ennod. p. 468. Var. VII. 34. VIII. 13. 14. 16. Waitz II. S. 385. I. 10. aulica domus IV. 1; (dagegen domus nostra, divina ist der königliche Finanzhaushalt, X. 12); und comitatus noster IX. 15. I. 7. 8. 27. II. 18. 20. III. 22. 28. 36. IV. 9. 39. 40. 44. 45. 46. V. 12. 15. 26. 32. VI. 22; vgl. auch Ennod. ep. II. 17. inter occupationes et excubias, quibus universos Ravenna distringit; Var. XII. 22. VI. 10. 19. VII. 5. Die Bedeutung der aula und Theoderichs Individualität zugleich spiegeln sich in der Instruction für die cura palatii Var. VII. 5. „Die Schönheit des Palastes bedarf steter Erhaltung: er ist unsre Freude und der herrliche Schmuck unsres mächtigen Reichs, das laut redende Zeugniß unsres Staats. Der Palast wird den staunenden Gesandten gezeigt, daß sie sofort von dem Hause auf den Herrn des Hauses schließen. Es ist die höchste Freude eines weisen Sinnes, sich an schöner Wohnung erfreuen und den Geist, den die Sorgen des Staates ermüdet, an der Schönheit der Bauwerke erquicken. Du sollst das Alte im ursprünglichen Glanz erhalten und Neues dem Alterthum Aehnliches herstellen; nicht die geringste Sorge wahrlich ist Dir anvertraut, dessen Dienst unsern Geist, der sich des Bauens besonders freut, befriedigen soll. Deßhalb schreitest Du auch mit goldnem Stabe unter all' dem wimmelnden Gefolge unmittelbar vor uns einher"; über den fulgor palatinus Ennod. IV. 6, über den damaligen Glanz und Flor von Ravenna s. Rubeus p. 129 seq. (ein unkritisches, aber sehr stoffreiches Buch).

2) l. c. VI. 6. VII. 14; an der Spitze dieser evectiones steht der comes Ravennae.

3) V. 14.

4) IX. 2. et palatio et provinciis. 9. Proc. l. c. τὰ τε βασίλεια καὶ 'Ιταλίαν.

5) III. 19; vgl. du Roure I. S. 336; Manso l. c.; Mascou II. S. 62; während die niederen eine Vorstufe zu diesen sind. VI. 41. oben S. 37.

thums, welches auch altgermanischen Sitten¹) nicht widersprach, wonach die persönliche Dienstumgebung des Königs auch im Staat von großem Einfluß ist; in andern Germanenreichen ist von der germanischen Wurzel dieser Verhältnisse mehr zu spüren: hier hat fast nur die römische Tradition gewirkt²).

Auch der freie Zutritt zum König hat aufgehört³); er ist nach den strengen Formen byzantinischer Etiquette geordnet, für Jedermann, mag er es noch so eilig haben⁴). An dem Hofe drängen sich⁵) außer den ständigen Hofbeamten⁶) und ihrem großen Dienstpersonal (milites) und den nach römischem Muster geordneten und besoldeten Leibwachen, welche den König beständig umgeben, den Palastwachen und Palastdienern⁷), die vom König außerordentlich

---

1) N. A. S. 250 f. Roth. Ben. l. c.; aber der major domus ist nicht deutscher Wurzel, wie die ältere Ansicht annahm; so Mascou II. S. 61 u. A.

2) Vgl. Giesebrecht I. S. 66. IX. 9. virum et palatio nostro clarum et provinciis longa conversatione notissimum; sogar auf die Gerechtigkeit des Königs haben die im Palast Dienenden besondern Anspruch, I. 10, und ausdrücklich muß bemerkt werden, daß der Dienst in excubiis palatii nicht der ausschließliche Weg der Aemtererlangung sein soll; doch haben jene den Vorzug. VI. 10 illi tamen modis omnibus praeferantur, qui sudore maximo nostris aspectibus affuerunt; über die Heranbildung der römischen und germanischen Adelsjugend an dem Hof; s. oben S. 37; z. B. auch Theodahab. Proc. l. c. I. 6. οὐ γέγονα ἐπηλύτης αἰλῆς· τετύχηκε γάρ μοι τετέχθαι ἐν βασιλέως δόμον; s. auch Mascou II. S. 66; vgl. Löbell S. 218; Phillips I. S. 245.

3) Er ist für alle, außer für den Arzt Gegenstand langer Bemühung. VI. 19. vgl. VI. 20. VII. 34. 35; bezeichnend ist die wenn auch vielleicht ungenaue Notiz bei Greg. tur. III. 31, daß bei den Ostgothen reges und minor populus aus verschiednen Bechern das Abendmahl nehmen.

4) l. c. VI. 6. legatorum quamvis festinantium.

5) XII. 19.

6) „Proceres palatii mei", Mansi VIII. p. 257, die Grabschrift eines Hofbäckers Theoderichs, Florentius, bei Mar. ad N. 122; ein Arzt Elpidius Proc. b. G. I. über die archiatri oben S. 120 und Kuhn I. S. 89; dignitates potestates aulicae, palatii. Var. I. 2. 4. 43. V. 5. VI. 8. 6. XI. 4. VIII. 13. 21. IX. 2. 15. VII. 14.

7) Scholae praetoriae VI. 6. 10; s. oben S. 66 („Solb"), Böcking. S. 300. 304 und s. v. domestici und Kuhn I. S. 140; die domestici des Prinzen Theodahab bleiben seine domestici auch im Königspalast, X. 12; (darunter können auch Unfreie sein, denn homines sind nach dem Edict §. 75 servi); qui juri nostro ante fuerant subjecti; ein Vorstand oder der Vorstand derselben ist der homo Theodosius, vielleicht selbst ein Unfreier: alsdann ein starkes Anzeichen, wie das absolute Königthum seine unfreien Diener jetzt über die Gemeinfreien heben kann; Theodos hat ein sehr einflußreiches Amt; ähnliches bei den Franken;

dorthin Berufenen¹), dann die zahlreichen Bittsteller, die vor den²) comitatus geladenen oder zu ihm flüchtenden Rechtsparteien, oft aus weiter Ferne³), die Bischöfe und Geistlichen, welche ihre Wahlcandidaten durchsetzen oder die Wohlthätigkeit des Königs anrufen wollen⁴), die fremden Kaufleute⁵), besonders aber auch die Gesandten der fremden Völker und Könige⁶), welche mit Staunen an der reich mit Gästen und Schüsseln besetzten Tafel des Königs in Fülle finden, was bei ihnen zu Hause höchste Seltenheit⁷). Auf dieß convivium nostrum, principale, mensa regalis⁸), die Tafelrunde des Königs, wird ein Gewicht gelegt, das vielmehr an die Halle Heorob des Beowulfliedes als an römische Muster gemahnt. Der König sieht im convivium die Blüthe des palatium: hier entfaltet sich festlich in der Pracht des Gelages der Glanz des Hofes und der Flor des Reichs; zahllose Diener zehren an des Herrschers Tisch; bis zu den fernsten Stämmen wird der Ruhm dieses reichen Hofhalts getragen, hier leiht der König, während der Becher kreist, in geneigter Laune den Wünschen, den Vorschlägen der Tafelgenossen das Ohr⁹). Ein anschauliches Bild eines solchen Gelages gibt uns Cassiodor¹⁰): Römer und Gothen tafeln in herkömmlicher Feierlichkeit mit dem König; alle Provinzen bringen ihre edeln Er-

---

Roth. Ben. S. 120; aber auch schon Tac. Germ. c. 25 (welche Stelle nicht [wie Kraut I. S. 48] eine Mundschaft des Königs über alle libertini, sondern nur das große Ansehn der libertini des Königs beweist); über das Ceremoniell und die Ordnung am Hofe, namentlich das Inzuchthalten der wogenden Schaaren, XII. 19. VI. 6. formula magisteriae dignitatis. ad eum pertinet palatii disciplina .. ipse insolentium scholarum mores procellosos .. disserenat. tam multi ordines sine confusione aliqua componuntur; vgl. du Roure I. S. 334.

1) Oben S. 284.
2) Oben S. 115.
3) VIII. 32. cum Infadius vir sublimis pro causis suis ad comitatum sacratissimum festinaret itineris longinquitate confectus etc. aus Sicilien.
4) Var IX. 15; oben S. 242.
5) An. Val. p. 623.
6) VI. 6. 3. I. 45; oben S. 251; Gibbon. c. 39.
7) VI. 9; sie heißen sogar voraces. VI. 3.
8) XII. 4. I. 43. Jorn. Proc. b. G. I. 1; vgl. bes. die Schilderung der Königstafel. III. 1.
9) VI. 9; die Bedeutung des convivium Theoderichs und ihre germanische Färbung ist gar nicht zu verkennen, der Ausdruck convivium nostrum ist halb technisch. XII. 18. I. 43.
10) XII. 12.

zeugniſſe an des Königs Tiſch: „da kamen wir, wie das der Fluß der Rede mit ſich bringt, auf die edeln bruttiſchen und ſilaniſchen Weine zu ſprechen". Caſſiodor hat, patriotica veritate, die Weine ſeiner Heimath gerühmt. Der König will ſie prüfen und Caſſiodor befiehlt nun: „ſende ſchleunig zu Schiff die beſcheidne Gabe, den Wunſch des Königs zu erfüllen". „Nicht als der geringſte Schmuck des Staates erweiſet ſich die Zurüſtung der königlichen Tafel, denn ſo viele Länder ſcheint ein Herrſcher zu beſitzen, als er Seltenheiten auftiſcht. Mag der Bürger ſpeiſen, was ſeine Heimath gereift: an fürſtlichem Geläß ſehe man, was die Bewunderung weckt. So ſende denn ihre Karpfen die Donau, und die gewaltigen Salme der Rhein¹) und ihre ſüßen Muſcheln die bruttiſche See. Alſo muß der König tafeln, daß die Geſandten der Barbarei glauben, es ſei die ganze Erde ſein: alle Städte müſſen ſich ergänzen in Lieferungen für den Herrn der Macht. Deßhalb ſind jene Weine beizuſchaffen, die nur das goldne Italien zieht; aus Verona die acineter Traube, ein Gewächs, köſtlicher als der gewürzte Trank der Griechen, ein Wein, auf den ſogar Italien ſtolz ſein mag²), und unter den Dienern, welche Glanz und Genuß der Königstafel mehren, fehlt auch der Harfenſchläger nicht, den ſich der Frankenkönig erbittet³), „vom Ruhm unſrer Tafel gelockt"⁴).

Es begreift ſich, daß bei dieſer Bedeutung des palatium der praefectus practorio, der an der Spitze dieſes ganzen Hofſtaats ſteht und ſeine Ausgaben ꝛc. verwaltet, die Seele der ganzen Regierung iſt: ſein Glanz leuchtet vom Palaſt bis in die entlegenſten Provinzen, ihm auf dem Fuße folgen alle Sorgen des Staats, ihm hat die Verfaſſung die ganze Laſt des Staates aufgebürdet, in dieſer Einen Bruſt bergen ſich alle Forderungen des öffentlichen Wohls⁵). Aber auch die ſonſt, außer Amtes, bevorzugten Männer in der unmittelbaren Umgebung des Königs, ſeine Gäſte an der Tafel, ſeine Begleiter auf Spazierritten, Gothen⁶) und Römer⁷) haben deßhalb

---

1) Vgl. Wackernagel l. c. S. 550.
2) XII. 4.
3) Dieſer war wohl ein Römer: aber „an Theoderichs Hof hörte man auch noch die alten gothiſchen Heldenlieder". Wattenbach. S. 42; ſ. „Genſimund" unten.
4) II. 40. convivii nostri fama pellectus.
5) Var. praef. und VI. 3.
6) Wie Thulun Var. VIII. 9; ſ. Schloſſer l. c. S. 17; ſo verſtehe ich auch Jord. c. 58; Pitzam comitem suum inter primos electum.
7) Wie Artemidor Var. I. 43. III. 22; Cyprian V. 41, der zu viel ge-

ebenfalls großen Einfluß auf die Geschäfte und die Regierung des Staates: ihre Vermittlung und Fürsprache suchen die dem König ferner Stehenden.

„Wer des Cyprianus Verwendung erworben, pflegt bald eine Gunst von uns zu erhalten; oft erlangt jener auf unsern Spazierritten¹), was früher in Audienz und Cabinet verhandelt wurde. Denn wenn es uns manchmal anwandelt, den durch Regierungssorgen ermüdeten Geist zu erholen, tummeln wir das Roß, auf daß schon durch das bunte Mancherlei der Eindrücke Kraft und Frische des Körpers sich wieder herstelle. Bei solchen Gelegenheiten trägt er uns, ein gefälliger Erzähler, die mannigfaltigsten Dinge vor und seine Vorschläge wurden unsrem leicht verletzten Urtheil niemals lästig. Während er so mit wohlwollender Kunst Gründe zur Gewährung der Gesuche vortrug, erholte sich unser Geist, befriedigt durch die Freude, wohlzuthun. Solches Verdienst erwarb er sich um unsern Geist und verletzte nie. Oft zürnten wir den

---

schmähte Ankläger des Boëthius. Diese Umgebung heißt obsequium nostrum, III. 22; Boeth. I. 4 schilt sie freilich „die Hunde des Palastes". Solche Leute konnten auch vornehme Römer verderben, wie des Paulinus und des Boeth. Beispiel zeigt. Boeth. l. c.; er hatte die „aulici" zu fürchten und der Senat ließ ihn fallen.

1) Totila ist bei einem Ausflug begleitet von dem spatarius Rigga und drei comites (Begleitern, nicht „Grafen"; s. Anhang II.); „qui sibi prae caeteris adhaerere consueverant". An Gefolgen muß man deßhalb nicht gleich denken; sie geben sich dann auch für spatarii aus; ich muß überhaupt bemerken, daß sich eine ganz zweifellose Spur germanischer Gefolgschaft bei den Gothenkönigen nicht findet: auch die von Roth Ben. S. 29 angeführten Stellen beweisen sie nicht: daß die δορυφόροι keine germanische Gefolgen sind, wird meine Erörterung A. II. und Dahn, Prokop S. 393 gezeigt haben: die Proc. b. G. I. 26 von Vitigis nach Ravenna geschickten Mörder sind es so wenig als die satellites des Theodahad, Jord. c. 59, welche Amalasuntha erwürgen; vielmehr zeigt Proc. III. 1, daß die δορυφόροι, welche aufwartend dabei stehen, wie Ildibad mit seinem Adel an der Tafel sitzt, keine Gefolgschaft — das ist eher der mittafelnde Adel — sondern Trabanten, nach byzantinischem Muster sind (darunter Vila, ein Gepide, geworben) auch der δορυφόρος III. 8 ist gewiß kein Gefolgsmann); warum die 300, welche Totila III 4 in einen Hinterhalt legt, Gefolgen sein sollen, ist nicht abzusehen, und die 1,000 δόκιμοι, welche Theoderich Proc. b. V. I. 8 seiner Schwester in's Vandalenreich mitgibt, sind viel zu zahlreich für eine Gefolgschaft: es sind „Erlesene"; wie ganz byzantinisirt die Umgebung dieser Fürsten war, zeigt der cubicularius Theoderichs, Seda, ein Eunuch, nach griechischer Sitte, (s. seine Grabschrift bei Mariai ad N. 86); die Möglichkeit, daß neben diesem großen romanisirten Hofstaat sich ein germanisches Gefolge erhielt, soll nicht ganz geleugnet werden, sie ist aber, bei den Amalern besonders, schwach.

bösen Händeln, aber die Zunge des Erzählers ward nie unangenehm. Oft auch verwarfen wir einen Antrag, aber der Antragsteller gefiel uns. Oft hielt er den Ausbruch unsres Unwillens auf und benützte den Augenblick gnädiger Stimmung"¹).

Und von Thulun heißt es: „Mit Dir besprach der König Theoderich die Sicherheit des Friedens und die Gefahren des Krieges und er, sonst vorsichtig in Allem, theilte Dir vertrauend seine Geheimnisse mit. Du aber täuschtest niemals mit zweideutigen Antworten. Oft berichtigtest Du im Eifer für das Rechte, was unrichtig an ihn gebracht worden und manchmal widersprachst Du im Interesse des Herrschers Theoderich den Wünschen des Menschen Theoderich. Denn jener in Schlachten nie besiegte Held ließ sich zu seinem Ruhme überwinden und erfreulich war dem gerechten Fürsten der begründete Widerspruch eines Getreuen"²).

Es fehlt auch diesem Absolutismus nicht ganz die Anlehnung an die Fiction besonderer, das allgemeine Maß der Weltregierung überschreitender göttlicher Begnadigung des Herrschers. Wenn dieß häufig nur in herkömmlichen Phrasen³) geschieht, so tritt es doch gelegentlich, nach Bedarf, so bei der Rechtfertigung der Thronfolge Athalarichs, mehr als gewöhnlich hervor.

„Wen die Gottheit zur erlauchten Höhe des Herrschers erhebt, den macht sie auch tüchtig, die Völker zu beherrschen und auch die Jugend ist kein Hinderniß, wo himmlischer Einfluß eingreift"⁴). Gott inspirirt dem König den Gedanken, sich mit andern Königen zu verschwägern⁵) oder eine Kriegs= und Handelsflotte zu schaffen⁶). Theodahad empfängt die Krone von Amalasuntha „divinitus" durch Eingebung Gottes⁷). Göttlicher Wille gewinnt dem Knaben Athalarich die Huldigung der Großen, wie Theoderich ihn auf Befehl Gottes zum Erben⁸) eingesetzt⁹). „Wir Könige haben Höheres als

---

1) Var. V. 41.
2) Var. VIII. 9.
3) Cum favore divino, deo favente etc.; juvante X. 4. deitate V. 16. praestante III. 17. auxiliante X. 5. VII. 37.
4) Var. VIII. 9. licet ad regendos populos idoneos efficiant, quos ad augustum culmen divina (ebenso X. 4) provexerint, quando nec aetas impedit, ubi sese potentia coelestis refundit etc.; etwas anders gemeint ist der impulsus divinitatis, XII. 13.
5) V. 43.
6) V. 16.
7) X. 4.
8) VIII. 2.   9) VIII 5.

andere Sterbliche von Gott empfangen; wer könnte, der die Herrschaft erhalten, Gott etwas Aehnliches entrichten"¹)? Die Gottheit hat die Amaler von je ganz besonders unterstützt²).

Auffallend ist, daß sogar die katholischen Concilien den Ketzer Theoderich durch Gottes besondren Willen an das Steuerruder Italiens geführt erklären³) und ihn von Gott inspirirt handeln lassen⁴). Vitigis beruft sich in dem Manifest nach seiner Thronbesteigung auf die bei Erhebung von Fürsten besonders eingreifende Hand der Vorsehung⁵).

Die Titel, welche der König führt, sind rex, d. h. rex Gothorum et Italorum, denn er hat das regnum Italiae⁶), so war er ausgerufen worden zu Ravenna. Aber letztere Bezeichnung vermied Theoderich aus Rücksicht auf Byzanz, das sie zwar anerkannt hatte, aber nie gerne hörte⁷). Er nennt sich in den Varien, im Edict und sonst einfach Theodericus rex, wie vor ihm Odovakar⁸). Nur

---

1) VIII. 24; bedeutsam ist, daß bei Cassiodor wie bei Prokop die milde Behandlung der Römer als Bedingung der Siegverleihung im Kriege dargestellt wird, VI. 3. und IV. 5; vgl. Dahn Prokop S. 402.

— 2) VIII. 5.

3) Mansi l. c. p. 249.

4) l. c. p. 250. 255.

5) Var. X. 31. quamvis omnis provectus ad divinitatis est munera referendus .... tamen quam maxime causa regiae dignitatis superius est applicanda judiciis, quia ipse nihilominus ordinavit, cui suos populos parere cognoscit. Doch diese theologische Einleitung ist nur Formel: im Wesentlichen macht er die freie und einstimmige und begeisterte Wahl des Volksheeres als Grund seines Herrschaftsrechts geltend; s. A. II. S. 208.

6) Var. II. 41; vgl. Sart. S. 37.

7) Oben S. 250; „de praesumtione regni".

8) Auch Prokop bestätigt dieß in einer meist mißverstandnen (z. B. von Mur. ann. ad a. 494. Abel S. 4) Stelle, b. G. I. 1; βασιλέως μὲν οὔτε τοῦ 'Ρωμαίων οὔτε τοῦ σχήματος οὔτε τοῦ ὀνόματος ἐπιβατεῦσαι ἠξίωσεν· ἀλλά 'ρήξ τε διεβίω καλούμενος ούτωγάρ σφών τοὺς ἡγεμόνας οἱ βάρβαροι καλεῖν νενομίκασι (Suidas s. v. Θευδέριχος, welchen Boecler p. 18 als selbständige Quelle anführt, schreibt nur Proc. l. c. aus); er will sagen: „Theoderich nannte sich nicht imperator Romanorum, er machte sich nicht zum weströmischen Kaiser (aber das σχῆμα βασιλέως legte er allerdings an, darin irrt Prokop), sondern nannte sich einfach rex; bei diesem lateinischen Wort fällt nun dem Prokop zur Unzeit ein, daß das gleichlautende „reiks" gothisch einen „Fürsten" bezeichnet und, uneigentlich, mochten wohl auch die Gothen ihre Könige manchmal so nennen; das war aber nicht der Grund, weßhalb sich Theoderich rex nannte: und seine eigentliche gothische Bezeichnung war gewiß nicht (vgl. R. A. S. 229: „Lateinischen Schriftstellern heißen die deutschen Könige reges und reguli, das goth. reiks

in seinen Briefen an die Bischöfe und in deren Antworten findet sich der Beisatz „Flavius"¹), den sonst nur die Kaiser führten. Ausserdem heißt er auch unzweifelhaft Dominus Noster²) oder einfach dominus³); dominus war eine damals auch an andre⁴) Personen häufig gerichtete Anrede: Theoderich nennt auch die Bischöfe so⁵); Amalasuntha heißt domina⁶), domina soror nostra bei Theodahad, praecellentissima domina⁷), regina⁸). Theoderich bei Athalarich gloriosus dominus avus noster⁹), divae memoriae¹⁰), glorio-

---

(vgl. Gramm. II. S. 516), obwohl dem lateinischen rex wörtlich entsprechend, bedeutet weniger: Ulfila übersetzt damit ἄρχων, nicht βασιλεύς; dafür gebraucht er þiudans") reiks, sondern þiudans: er ist „der höchste Ausdruck, die Personification" der þiuda, des Volks"; Köpke S. 198.

1) Mansi VIII. p. 250. seq. Flavius Theodericus rex; einmal aber auch in einem Brief an den Senat; Mansi l. c. p. 345; Theoderich ist der erste Germane, der ihn führt; Ennod. p. 440. salve, regum maxime! das „Alamannicus" p. 482 ist nur Phrase.

2) Friedländer irrt, oben S. 149; (Muratori antiq. Ital. diss. 27. p. 232; über ostgothische Münzen s. noch Soetbeer in Forsch. z. d. Gesch. I. S. 283; unzugänglich blieb mir das in der Z. f. G. II. S. 362 angeführte Buch: de Lagoy, die Münzen des Gotheureiches in Italien); das Entscheidendste ist, daß sogar der Senat in einem Brief an den Kaiser dem König diesen eigentlich kaiserlichen Namen beilegt: Mansi VIII. p. 400; ferner heißt er officiell so auf den 15 von Henzen (bei Gregorov. I. S. 298) beigebrachten Ziegelsteinstempeln: D. N. Theoderico felix Roma; ebenso häufig bei Cass. Chron., z. B. p. 657. felicissimus atque fortissimus rex D. N. und bei Ennod. ep., z. B. III. 23. D. N. rex; sogar Eutharich heißt so bei Cassiod. Chron., und schon Odovakar hieß: praecellentissimus rex dominus noster. Mar. N. 82; (Mommsen S. 550 sagt, weil er damals a. 515 s. von Theoderich zu seinem Nachfolger bestimmt war, ebenso Sigon. p. 414; gewiß ist letzteres aber nicht).

3) Var. I. 2. 3. 22. II. 16. III. 4. V. 41. VI. 20. 23. VIII. 1. 2. 6. 17. 42. IX. 9. 19. 22. 28. 23. XI. 8. 16. XII. 4. 18. 28. Anon. Val. p. 626 domine rex! Ennod. pan. p. 445 inclyte, clementissime domine! p. 453; Romae p. 463 (wie seniores domini die frühern Kaiser); potentissimus ep. IX. 23; piissimus, invictissimus rex, regnans Mansi VIII p. 400; dominus nennt Theoderich auch andere Barbarenkönige. I. 45.

4) Dominus jugalis meus, Var. X. 21.
5) Mansi l. c.; vgl. Ennod. epist. 1. 1. 2 und oft salve mi domine!
6) Also richtig Proc. I. 2. ὦ δέσποινα.
7) X. 24.
8) Praef.
9) VIII. 5. 9. 7. 14. 10. 16. 17. IX. 12. 8. 10. 11. 24. X. 18.
10) VIII. 17. 21. 25. IX. 1. 10.

sae¹), recordationis²), als sein Rechtsvorfahr clementissimus³), gloriosus⁴), auctor noster⁵), gloriosae⁶), auch auctor divae recordationis⁷).

Vollständig falsch ist es, wenn von Glöben S. 140⁸) in dem von Cassiodor gebrauchten Titel rerum dominus⁹) den Ausdruck der nur thatsächlichen, nicht legitimen Herrschaft dieser Könige erblickt: Cassiodor ist es nicht eingefallen, die Legitimität der Könige zu bezweifeln, denen er diente: und daß dominus rerum nicht eine illegitime blos factische Gewalt bezeichnen soll, geht auf's Schlagendste daraus hervor, daß nicht bloß andre Autoren wie Anian. ad 2. 20, C. Th. 12. 1, sondern Cassiodor selbst denjenigen, welcher hienach der Gegensatz zu dem illegitimen dominus rerum sein müßte, den Kaiser, ebenfalls dominus rerum nennt¹⁰); es bezeichnet vielmehr in absolutistischem Sinne die unbegrenzte Machtfülle dieser Herrscher, wie es das ähnliche arbiter rerum¹¹) noch schärfer ausspricht¹²). Daher kömmt es denn auch, daß Cassiodor den Ausdruck besonders da anwendet, wo er, der Unterthan, den Monarchen bezeichnet¹³);

---

1) VIII. 6.
2) X. 3. (Athalarich X. 1. filius 3. divae).
3) IX. 9.
4) IX. 25.
5) IX. 9. 25.
6) X. 1.
7) X. 1. VIII. 16. 25. IX. (f. Amalafreba, Theoderichs Mutter, heißt sublimitas tua; Gelas. ep. Mansi VIII. p. 142) 12. 10.
8) Und manche sind der blendenden Behauptung gefolgt, z. B. Helmbach und von Sybel S. 168.
9) IX. 24. XI. 1. 5. 8. 10. XII. 3. 4. 5. 6. 11. 12. 18. X. 4. VI. 19. VIII. 14; ebenso Ennod. ep. IV. 6. VII. 27; die Aufzählung v. Glöbens l. c. ist nicht erschöpfend.
10) I. 4.
11) VIII. 10.
12) v. Glöben selbst führt den gleichen Titel bei westgothischen Königen an; sollen auch diese nicht „legitim" gewesen sein?
13) Während der Herrschaft von Amalasuntha mit Theobahad, selbner mit Athalarich, begegnet auch der Plural domini rerum, XII. 4; vgl. X. 4. domina rerum; XII. 11. 12. 5. 6. XI. 8. (regnantes); es ist derselbe Sinn wie in Generalis dominus, X. 12 cunctorum oder gar VIII. 2. rector omnium terrarum; andere, mehr umschreibende, weniger streng technische Titel sind regnans Var. I. 2. 3. 9. 22. 23. 27. 29. 43. X. 11. III. 49. IX. 25. VI. 20. XI. 8. IV. 32. II. 29. X. 10. 14. XII. 12. Ennod. carm. I. 2. regnator VIII. 7. 10. rector Ennod. p. 457. culmen nostrum X. 17. dominans I. 3. VI. 9. VIII.

hat doch Cassiodor den Gothenkönigen wie sie selbst[1]) nicht blos königliche Majestät beigelegt[2]), sondern auch, als Nachfolgern der Imperatoren, alle Derivate von imperium[3]) und dieses selbst[4]).

Deßhalb heißt auch, ganz wie bei den Imperatoren[5]), Alles, was unmittelbar die Person des Regenten betrifft, sacrum[6]), selbst sein Purpurgewand[7]), und ein Verstoß hiebei ist ein sacrilegus reatus[8]); ja auch die Münzverfälschung macht die Hand des Verbrechers zu einer sacrilega, weil die Münzen das Bild des Königs

2. 13. XII. 13. 28. III. 12. 48. V. 26. 44. dominator XII. 20. princeps und alle Ableitungen davon. Mansi l. c. passim und Var. I. 7. 30. III. 22. 42. IV. 4. 36. VI. 20. VIII. 10. IX. 22. X. 11. 14. XII. 18. 28. wie von den Kaisern; princeps venerabilis redet ihn Ennod. p. 437 an; vgl. 475. invictissime v. Epiph. p. 1011; andere Bezeichnungen wie serenitas XII. 7, nostra VIII. 28, mansuetudo V. 25. X. 13. I. 7. V. 37 und namentlich pietas sind manchmal bloß als Titel, II. 28. 26. (IV. 27 pietatis ira), manchmal aber auch noch als wegen des einzelnen Falls gewählte Prädicate zu fassen, s. u.; sie begegnen auch mit clementia vestra, serenissimus dominus p. 286. piissimus, clementissimus in den Synodalacten.

1) Ed. §§. 49. 113.
2) X. 4; vgl. IX. 25. regia summitas; Ennod. p. 438 majestas tua.
3) XI. 35. IV. 4. I. 4. 13. 19. VIII. 16; vgl. A. II. S. 272 und Giesebrecht I. S. 71.
4) VIII. 16. X. 4. IX. 25. VII. 3; nur imperator heißt der König nie in den Varien, wohl aber bei Ennod. v. Epiph. p. 1022; sein Befehlsrecht bezeichnet regia auctoritas, VII. 38. Var. Damit vergleiche man den Titel in der Inschrift von Terracina; nur hier heißt der Gothenkönig augustus; aber auch die Inschrift bei Banduri numism. imper. II. p. 601 von Sponius abgeschrieben (nach Sart. S. 269): „salvis domino nostro Zenone Augusto et gloriosissimo rege Theoderico"; hier heißt der Kaiser dominus der Italiener und steht vor dem König: diese Inschrift stammt aber, wie der Name Zeno zeigt, aus der Zeit vor a. 491, also vor der vollen Aufrichtung von Theoderichs Herrschaft, und vor der praesumtio regni; später begegnet keine Spur solcher Unterordnung mehr; Zeno war Theoderichs Mandant: Pabst Gelasius nennt den König dominus, filius meus wie den Kaiser, Schröch XVII. S. 81; praecellentissimus rex Mansi VIII. p. 85, excellentissimus p. 142; daß der Arianer auch sanctus, plissimus von der Kirche genannt wird, entschuldigt Baron.: ex consuetudine, non ex meritis.
5) Var. X. 22.
6) Sacra vestis VI. 7. s. Böck. a. h. v., oder sanctissimus: leges sanctissimae. VII. 20.
7) Var. I. 2 und VI. 7. vgl. sacer cognitor Ed. §. 55; sacrum cubiculum VIII. 10. comitatus sacratissimus VIII. 32; vgl. Ennod. p. 438; sacer parvulus 487 (Thronerbe) Marini ad N. 115.
8) Vgl. I. 2. VII. 32. III. 16. VI. 3. 7. 14. XII. 13. Ed. §. 154.

tragen¹). Bei dem Haupte des Königs wurden wie bei dem des Imperators Eide geschworen²).

Diesen stolzen Formen und Titeln des Herrschers entspricht der bezeichnende Ausdruck subjectus, welcher dem freien Staatsangehörigen, auch dem gothischen capillatus, nunmehr zukömmt³). Waren doch unter den Amalern fast nur Pflichten, keine Rechte mehr den Unterthanen geblieben. Zwar ist von der libertas in den Varten noch oft die Rede⁴), aber das Wort ist, im staatsrechtlichen Sinne, zur Phrase geworden; oft ist es nur die Circusfreiheit⁵), oft bezeichnet es die Zugehörigkeit zum Gothenstaat, die Unabhängigkeit von andern Germanen, zumal bei Rückerwerb altrömischer Provinzen, oder den Sturz Odovakars⁶) und die jetzt größere Rechtssicherheit⁷). Characteristisch für die Art von Freiheit, welche in

---

1) Var. VII. 32. quid nam erit tutum, si in nostra pecatur effigie et, quam subjectus corde venerari debet, manu sacrilega violare festinet? indessen ist dieß wie IX. 14. 15 zeigt, nur Phrase, sonst mußte nach IX. 14 jede Verletzung des Edicts als sacrilegium gestraft werden.

2) Var. VIII. 3. Athalarich sagt: jurat vobis, per quem juratis, nec potest ab illo quisquam falli, quo invocato non licet impune mentiri; (Köpke hat dieß mißverstanden); vice sacra heißt regis vice VI. 3. (s. Böck. s. h. v.); erst nach dem Fall des Reichs schwören Gothen wieder bei dem Leben des Kaisers. Mar. N. 93; divina domus, nicht die Kirche, wie man gemeint, XII. 5 heißt das königliche Vermögen; wie die Kaiser begrüßt die Gothenkönige der Zuruf des Volkes im Circus; und häufig werden ihnen, wie jenen, Ehrenstatuen errichtet; die senatorische Wittwe im chron. pasch. oben S. 90 f. begrüßt den König, indem sie ihm mit brennenden Kerzen naht, wie man den Kaisern nahte; über diese Sitte s. Notae ad. l. c. II. p. 437.

3) Var. I. 9. 16. 42. II. 29. III. 11. 24. 25. 41. 42. 43. IV. 30. 37. 46. 47. V. 6. 41. 22. 24. 41. XII. 13. 28. VI. 5. 15. 23. VII. 32. 37. VIII. 8. 9. 14. 16. 23. IX. 4. 9. X. 11. 6. 17. 16; Ennod. p. 477 ep. IX. 23; subditi III. 49; Ennod. p. 438; es ist das ἀρχόμενοι des Procop; Dahn, Procop S. 143; über den Abstand zwischen dominus und subjectus VI. 50 quam arduum est subjectum verba dominantis assumere, loqui posse quod nostrum esse creditur! 5. quae auctoritas erit linguae, quae sub oculis regalem genium possit implere? exerco potestatem principis conditione subjecti.

4) I. 4. 32. II. 18. III. 11. 12. 17. 32. 33. IV. 4. V. 16. 29. 30. VI. 4. 14. 15. VIII. 10. 31. IX. 2. X. 4. 34. XII. 11.

5) I. 4. 32.

6) So heißt Theoderichs Schwert bei Ennod. p. 460 viudex libertatis.

7) III. 17. 32. V. 39. Gothos misimus pro libertate Hispaniae pugnare XII. 5. libertas gaudet, si talia (furtum, vis, rapinae), non laetentur. VIII. 4. die Gothen stehen unter Waffen, ut intus vita felicior secura libertate carpatur.

diesem Staate von der alten Volksfreiheit noch übrig geblieben, ist, daß der König „der Herr der Freiheit" heißt¹) und wie Ironie klingt der in bittrem Ernst gemeinte Satz: „die Freiheit trägt immer die Gestalt, welche die Willkür des Herrschers bestimmt"²). Nicht sehr hoch können wir die verächtliche Freiheit des römischen Pöbels anschlagen, in den Straßen von Rom und Ravenna tumultuarisch Brod und Spiele zu verlangen³); nur einmal gestatten die Varien dem Volk in Rom eine freie Wahl: es ist die — eines Gauklers⁴); und es ist für das Volk ein Ruhm geworden, daß man „seine Existenz nicht mehr verspürt, außer wenn rechter Anlaß vorliegt", d. h. wenn es dem Herrscher zujubeln darf⁵).

Die Gesammtpflicht des subjectus gegen den Herrscher, die geforderte Gesinnung ist die unbedingt gehorsame und treue Hingebung, die devotio⁶): sie äußert sich in der eifrigen Erfüllung der einzelnen (staatsbürgerlichen) Unterthanenpflichten, z. B. der Steuerentrichtung⁷), bei der Expropriation⁸), dem Kriegsdienst⁹); [deßhalb heißt der sajo, dieses blindgehorsame Organ des Herrscherwillens, devotio tua, *κατ' ἐξοχὴν*¹⁰)]; in Amtserfüllung¹¹), in willi=

---

1) III. 11. Var. VIII. 11. dominus libertatis; milder noch custos libertatis (Inschrift von Terracina).
2) l. c. 12. quale fuerit dominantis arbitrium, talem parit libertatis aspectum.
3) VI. 6. VI. 18.
4) I. 20.
5) XII. 11. turba quieta, populus qui nescitur nisi sit locus.
6) Vgl. Var. I. 8. 29. VII. 27. 28. VIII. 7. 27. XII. 3. 16. XI. 9. 8. XI. 24. X. 17. (Ennod. p. 438. 477. III. 25 obsequia fidelium 26. 34). II. 21. IV. 5. 8. 47. romana X. 13; vgl. den Sprachgebrauch im gloss. nom. s. h. v. des C. Th.
7) Diese selbst heißt annua devotio, praesens devotio VI. 24. XII. 5. XI. 7. devoti die Nicht-Rückständigen l. c. XII. 8 (hier ist casarum statt causarum zu lesen); vgl. III 32. 40. V. 9. necessitas publica multorum debet devotione compleri XII. 16. possessor devotus solvat assem tributariam; über den indevotus VI. 13. II. 24. XI. 2. non pertuli tributarios indevotos; bei Steuererhöhungen heißt es: ut cresceret devotio; aber auch Steuernachlässe mehren die devotio. IX. 11.
8) IV. 8.
9) I. 17.
10) V. 10. f. oben S. 183; selten wird die devotio statt auf die Person des Herrschers auf die utilitas publica bezogen, II. 32; man schuldet ihm gratuita obsequia, III. 19; dieß Wort II. 34 und veneratio VII. 32 begegnet neben der devotio; devotus für subjectus IV. 5. VIII. 6. qui in Galliis regno nostrae

ger Anerkennung des Thronfolgers, im Anfang neuer Regierung[1]). Die devotio wird neu gewonnenen Provinzen sofort beigebracht[2]) und besonders auch vom Senat gefordert[3]). Die staatsrechtliche Unterordnung des Unterthans ist ein „Dienen"[4]); das Wort Bürger (civis) bezeichnet fast nur mehr den Stadt- oder Staatsgenossen im Gegensatz zu Fremden[5]). Die Staatsbürger sind juri nostro subjecti[6]), und famulatus und servitium wird von ihnen wie von Sclaven gebraucht[7]). Aber freilich entspricht dieser devotio als allgemeinen Pflicht der subjecti auch eine allgemeine Pflicht des dominus: diese Königspflicht ist die pietas, die Huld und Milde[8]).

pietatis devoti sunt; den subjectis soll durch Erkenntniß von des Königs Sorge für das Gemeinwohl oben S. 159 die devotio wachsen, VII. 21; III. 24. praecepta pro utilitate regni probabili devotione compleantur. I. 36. devotorum nobis memoria non deficit .. syncera nobis cognoscitur devotione paruisse; ein Anhänger Odovakars war früher indevotus, später wird er devotus, II. 16; Ennod. p. 452. indevotae nationes, d. h. invictae; vgl. noch über devotio II. 24. indevotus XII. 2.
11) III. 27.
1) VIII. 4. 5. Hier ist sie besonders verdienstlich, 16. meminimus, qua devotione nobis in primordiis regni nostri servieris, quando maxime necessarium habetur fidelium obsequium, 1. 3. (von Cassiodor), „gleich im Anfang unserer Regierung treu ergeben (devotus), als mit den wogenden Verhältnissen auch die Gesinnungen der Provinzialen schwankten, hast Du die argwöhnischen Sicilier von voreiliger Hartnäckigkeit abgelenkt, sub devotione ihnen die Schuld, und die Strafe ersparend. Darauf hast Du Bruttien und Lucanien consuetudinem devotionis auferlegt".
2) V. 16. instituta devotio in Gallien.
3) l. c.
4) Servire, servitium; vgl. darüber IV. 24. 38. V. 41. III. 34; die Gesammtheit dient unter der Freiheit, X. 4. VIII. 16. V. 4. devotio servientium, I. 36; ebenso von Beamten, IV. 4. VI. 3; vgl. Ennod. p. 477 die bezeichnenden Worte: O regem omni tranquillitate compositum, qui *devotioni* nostrae imputat, quod impendimus *servituti!*
5) Var. I. 3. 30. III. 43. VIII. 29. 30. IX. 5. XII. 10.
6) X. 12.
7) III. 49; vgl. auch Ennod. p. 438. erit dispensationis sacrae de *famulis* aestimare quod exigas, in quibus cognoscis totum tibi militare quod praevalent; ebenso p. 477. vita Ep. p. 1021.
8) Vgl. VIII. 20. 22. 8. 17. X. 3. 4. 15. 22. IX. 4. 15. VII. 3. 39. 42. V. 39. VI. 10. 7. III. 20. 27. V. 37. IV. 7. 20. 22. 23. 41. 42. 46. 26. 50. VI. 13. III. 21. 36. 38. 40. 44. 46. 47. II. 22. X. 16.
In vielen Stellen steht pietas als bloßer Titel ohne besondre Beziehung auf den vorliegenden Fall (so VIII. 6. und des Kaisers. X. 1); in andern aber ist noch Leben in dem Wort (so z. B. Ennod. p. 440); oft wechselt beides

Diese bezieht sich ganz allgemein auf alle Unterthanen als solche¹) und äußert sich je nach den Verhältnissen sehr verschieden, zumal in der freigebigen Unterstützung aller Hülfsbedürftigen und in reichlichen Beschenkungen²). Reiche Freigebigkeit wird ja von den Germanen von jeher von ihren Königen erwartet, wie Geschichte und Sage bezeugen: der „reiche König von milder, offner Hand" ist ein ständiger Ausdruck der Heldensage und diese Anforderung der Germanen ist gewiß unter den Gründen des besondern Hervorragens dieses Zuges bei Theoderich³). Deßhalb wird im Gegensatz zu der reichen milden Hand Theoderichs⁴) an Odovakar die Kargheit und Dürftigkeit gerügt, gleichsam damit sein unkönigliches Wesen dargethan — als ob Odovakar freiwillig karg gewesen wäre, der vielmehr um Anhänger zu werben, das Krongut vergeben mußte — beßhalb war seine Regierung „eine schlimme Zeit, damals litt treuer Dienst unter höchst geiziger Unfruchtbarkeit der Belohnung: denn was konnte der selbst dürftige Schenker verleihn?"⁵) und der Amaler hütet sich beßhalb vor Mangel⁶).

---

in Einem Erlaß, Var. IV. 22. 23; man sieht deutlich den Uebergang von Prädicaten zu Titeln; manchmal ist natürlich pietas auch Frömmigkeit. IV. 22; nicht so häufig begegnen in gleichem Sinne mansuetudo III. 17. 44; I. 7. 16. II. 5. V. 26. IV. 20. aequitas I. 8. V. 40. humanitas I. 30. IV. 26. II. 9. XII. 28. serenitas II. 35. 25. 32. 33. 36. III. 37. XI. 19. I. 33. VI. 6. VIII. 25. 28. clementia nostra IV. 18. V. 37. IX. 19. II. 24. I. 37. (V. 15. clementia nostrae serenitatis). II. 38. 23. III. 18. VIII. 25.

1) II. 29. omnibus debet regnantis pietas subvenire. VI. 10.
2) Deßhalb heißt die comitiva sacrarum largitionum pietatis officium. VI. 7.
3) Z. B. V. 2. divites reges. Boecler p. 23. Cochl. c. 14. „de Th. regis magnificentia".
4) Ubertas domini Var. XII. 28.
5) Var. V. 41. A. II. S. 47; damals penuria respublicae, jetzt clementissima tempora, IX. 4; dann: talis est in subjectis mensura provectuum qualis fuerit et distantia dominorum.
6) I. 19; aber zugleich V. 19. rapacitas continenti principi nulla redemtione placitura; Theoderich ist frei von V. 44. auri tyrannica cupiditas; vgl. dagegen Ennod. pan. p. 450 über Odovakar und op. IX. 23. tibi (Liberio) debemus, quod apud potentissimum dominum et ubique victorem securi divitias confitemur: tuta est enim subjectorum opulentia quando non indiget imperator. Es ist doch nicht bloß zufällig, daß die Sage gerade die Freigebigkeit Theoderichs besonders hervorhebt: þidrekssaga c. 14. (in Ermanglung des Originals citire ich nach Raßmann II. S. 357). „Er war herablassend, milde und sehr freigebig, so daß er nichts sparte gegen seine Freunde, weder Gold noch

Oft muß der König den Mißbrauch dieser „königlichen Pflicht" abwehren¹), obwohl die liberalsten Grundsätze bezüglich derselben anerkannt werden²). Namentlich weiß diese Huld treue Dienste reichlich zu belohnen: sie gehen nicht verloren³) Aber die pietas des Königs äußert sich auch in der freiwilligen Beschränkung seines Absolutismus⁴), in der Begnadigung⁵), in der Stillung aller Klagen, die an sein Ohr gelangen⁶); sie ist daher die Seele der ganzen Administration⁷), aber auch das Motiv der lautersten Rechts-

Silber, noch Kleinode, und fast gegen Jeden, der es zu empfangen wünschte"; s. noch über die regalis largitas, largitas nostra I. 21. II. 21. 37. III. 12. 18. 29. 31. V. 10. 12. VI. 7. 20. VII. 3. XII. 28. (13 dominorum.) II. 17. IV. 26. VIII. 25 (hier ist liberalitas IX. 9. 10. III. 35 statt libertas zu lesen.) IV. 20. XII. 9. principalis (clementia IV. 42.) I. 7. 10. III. 5. 11. XII. 27. regalis II. 30. 34. V. 26. 11. affluentia, liberalitas, largitas VIII. 23. boni regis (regalia dona VI. 7.) I. 8. II. 21. 37. III. 18. 29. 31. V. 10. 12. VI. 7. 20. VII. 3.

1) I. 26.
2) II. 30. beneficialem esse principem licet, nec intra regulas constituti potest munificentia regalis arctari . . clementia non habet legem, nec debet sub angustis terminis sequi, quam decet sine fine laudari. VI. 7. von dem comes s. larg.: regalibus magna profecto felicitas est militare donis, et dignitatem habere de publica largitate. alii judices obtemperant virtutibus regnatoris, haec tantummodo sola est, quae serviat ad momenta pietatis I. 16. regnantis facultas tunc fit ditior, cum remittit; et acquirit nobiles thesauros famae neglecta vilitate pecuniae. hinc est, quod consuetudinis nostrae humanitatae commoniti opem, fessis manum porrigimus, ut pietatis nostrae remedio surgant qui fortunae suae acerbitate corruerant. II. 22. nequum est, ut commodet se regalis pietas fati vulnere sauciatis.
3) Nicht einmal den Erben des Dieners; I. 36. V. 3. III. 32. V. 13. VI. 24; diese Vergeltung ist die vicissitudo.
4) X. 10.
5) XI. 40. III. 47; unsere Menschlichkeit (im Gegensatz zum districtus judex, VIII. 20) sucht auch bei Verbrechern für unsere Huld und Gnade Raum. I. 18. III. 46. materia est gloriae principalis delinquentis reatus, quia nisi, culparum occasionis insurgerent, locum pietas non haberet II. 34 adfuit moderatrix, quae nobis semper juncta est, clementia II. 9 affectus pietatis geht über die fines justitiae.
6) II. 13. commovemur pietatis studio quaerela supplicum III. 40 quamvis sensum nostrae pietatis turba multiplex cogitationum intraret et diversas regni partes consueta sedulitate respiciat.
7) l. c. apud conscientiam nostram laesionis genus est profutura tardare. Wenn in Venetien Mißwachs eingetreten, sorgt die pietas des Königs nicht nur für Steuererlaß, sondern für Zufuhr billiger Nahrung, XII. 26. IV. 50; wenn den Schiffern, die Getraide von Sicilien nach Gallien zu führen haben, im

pflege¹), sie ist der Schild der Schwachen gegen den Uebermuth der Großen²) und erscheint am deutlichsten in dem ganzen Institut der tuitio³).

Das Gothenreich in Italien hat zuerst die römische Staatsidee unter Germanen bewußt und systematisch durchzuführen versucht, und immerhin mit einem gewissen Erfolg. Hierauf zum Theil, zum Theil aber auch auf die gothische Nationalität und endlich auf den Flor und Glanz des Reichs im Allgemeinen gründet sich das sehr starke Selbstgefühl des amalischen Königthums⁴). Nicht nur die kriegerischen Erfolge — so lang Theoderich lebt, ist Italien, meint er, sicher vor den Barbaren des Nordens⁵) — mehr noch das Streben nach strenger und reiner Gerechtigkeit, die Verbreitung der Cultur, die Aufrechthaltung oder Einführung der Rechtsordnung („civilitas") sind die Vorzüge, deren sich der Gründer dieses Reichs berühmt: letztere Ziele veredeln erst recht seine Waffenthaten⁶). Ja, der Ruhm der Gerechtigkeit steht Theoderich (oder doch Cassiodor) höher als der Waffenruhm⁷).

Sturm der größte Theil der Fracht gesunken, so rechnet ihnen die pietas des Königs denselben als geliefert an. IV. 7. propositum pietatis nostrae, injuste periclitantium sublevare fortunas; die pietas kommt solchen Bitten zuvor; („erfindungsreich" erspart sie durch Abordnung von Sendboten fernen Provinzen den weiten Weg zum Hof. V. 15).

1) IV. 46.
2) III. 20. pietatis obstaculum, auxilium; remedio pietatis nostrae crudelibus damnis afflicto consulamus; 36 pietatis nostrae propositum est, miserandis fletibus audientiam non negare.
3) Oben S. 116; VII. 39. 42. V. 37. III. 27. ad pietatis nostrae convolasti remedia.
4) Hierüber im Allgemeinen VIII. 10. 26. IX. 12. X. 18. 22. XI. prooem., welches auch nach Abzug aller Rhetorik Cassiodor noch übrig bleibt.
5) Var. III. 48; vgl. Jord. c. 59.
6) II. 37. provectum regni nostri .. reipublicae augmenta. inter tot quotidie successus etc. IV. 12. provincias sicut armis defendimus, ita legibus ordinamus. III. 43; nec minor nobis cura est rerum moralium quam potest esse bellorum. aliorum forte regum proelia captarum civitatum aut praedas appetunt aut ruinas. nobis propositum est, Deo juvante, sic vincere, ut subjecti se doleant nostrum dominatum tardius acquisisse; eine schöne und offenbar der Wahrheit entsprechende Aeußerung; der Schutz im Innern ist nicht minder wichtig als der Schutz nach Außen: IX. 9. absit a vobis exterarum gentium metus et calumniosis non pateatis insidiis. nam non minus est saeva discussionis, quam malum bellicum evadere (so muß der Satz umgestellt werden).
7) Var. V. 30. non tantum armis, quantum judiciis nos effici cupimus

Im Frieden ist der Stolz des Königs die ungestörte Herrschaft der Rechtsordnung: das ist die „disciplina temporum"¹). Diese versteht sich im Gothenstaat von selbst und jeder Rechtsbruch ist eine Beleidigung unsrer „Aera"²); gleichsam ein Anachronismus oder etwas „Staatsfremdes"³).

In diesem Sinne wird die Ueberlegenheit gegenüber andern Germanenstaaten mit sehr starker Ueberhebung ausgesprochen: es sind die Vorzüge der Geistesbildung, welche jenen fehlen⁴). „Bildung

---

clariores; seine Gothen ermahnt er, sie sollen wie durch Kriegsruhm durch Rechtsliebe glänzen. IV. 5. vgl. III. 9.

1) IV. 10. nullam fieri violentiam patiaris, sed totum cogatur ad justum, unde nostrum floret imperium; IV. 12. vgl. II. 21. 23. V. 4. quod est omni thesauro pretiosius, apud quaestorem *civilitatis nostrae fama* reponitur.

2) V. 33. nostris temporibus inimicum.

3) „Unter unsrer Aera, der Herrschaft der Gerechtigkeit, legt die barbarischen Gewaltsamkeiten ab", sagt er zu neu gewonnenen Unterthanen. III. 17. II. 13. non decet nostri temporis justitiam III. 43. non decet confundi jura imperante justitia (i. e. Theoderico) non decet temporis nostri disciplinam II. 23. VIII. 32. tempora nostra decet sedare confusa IV. 5. furoris genus est, saeculo pacato violento studere proposito XI. 8. IV. 12. „laß den Proceß omni incivilitate summota nach dem Gesetz entscheiden, conservata disciplina nostri temporis. Denn von keinem, der das Glück hat, unsrem Staat anzugehören (A. II. S. 138; hierüber III. 43. X. 11. decet .. priores suos vincere, qui ad nostra meruerunt saecula pervenire, darf irgend etwas mit Gewalt entschieden werden". IV. 10. neglecta temporum disciplina I. 19. justa saecula; wie Gewalt ist Bestechung vom Geiste dieser Zeiten ausgeschlossen. XII. 6. XI. 8. (widerlich ist dieselbe Sprache im Namen Theobahads zu vernehmen, dessen Stolz X. 18 bald Lügen gestraft wird). Darin setzt Athalarich des Großvaters Ruhm (vgl. IX. 24. 17), daß er seine Gothen dazu herangebildet habe, auf Gesetz und Recht zu hören: „im Rechtsgehorsam (disciplina) liegt unser Heil und unser Ruhm bei allen Völkern" VIII. 26. und Theoberich stellt seine Gothen den wilden Gepiden als Muster auf: die Verbindung von Heldenkraft im Krieg und Gesetzlichkeit im Frieden hat den Flor und Glanz geschaffen, darin sie stehn. III. 24; wie hoch man sich dieses Glanzes berühmte, darüber s. noch VII. 5. 14. 25. VIII. 9. 11. 13. 26. 28. 32. 33. XI. 5. 9. XII. 4. 15. 28. I. 20. 44. 45. II. 2. 13. 21. 23. 28. 35. 37. III. 16. 17. 28. 31. 34. 38. 48. 52. IV. 2. 3. 12. 17. 45. 51. V. 33. 41. VI. 6. 9. 20. VII. 26. saeculi hujus honor *humanae mentis* est manifesta probatio; auch Pabst Gelasius rühmt ob Theoberichs Gerechtigkeit die beatitudo temporum suorum, Mansi VIII. p. 84; selbstverständlich Cass. Chron. p. 658 in vestrorum laude temporum.

4) Etwas abweichend Hegel I. S. 103; vgl. die bezeichnende Stelle über den verschiednen Zustand Galliens unter Gothen oder unter Franken und Burgunden. III. 16; die Gesandten Theoberichs haben die wilden Barbarenkönige, deren Zorn

(b. h. zunächst Beredsamkeit) haben die Könige der Barbaren nicht, nur bei den nach Recht und Gesetz herrschenden Fürsten (b. h. dem Kaiser und Theoderich) sieht man sie wohnen: die Waffen führen auch andre Stämme, aber nur den Beherrschern der Römer steht das gebildete Wort zu Gebot"¹). Mit dieser überlegnen Cultur hängt auch der überlegne Reichthum des Gothenstaats zusammen: „Die Heruler sollen in unsrem Reich nicht in der Dürftigkeit ihres eignen Staates reisen, reicher als die Heimat sei ihnen die Fremde"²); mit Staunen schauen die Gesandten der fremden Völker die stolze Pracht des Hofes von Ravenna, mit Zögern scheiden sie, reich beschenkt, und verkünden daheim die Herrlichkeit Theoderichs³). Theoderich freut sich unverkennbar der weiten Verbreitung seines Namens⁴).

So prätendiren die Gothen unter allen Germanen und andern Barbaren den ersten Rang⁵); nur mit Vorbehalt und Wahl be-

---

und Trotz kaum die Stimme der Vernunft versteht, der Wahrheit zu unterwerfen und ihr Rechtsgefühl zu wecken. IV. 3 f. A. II. S. 135.

1) IX. 21; andre Germanen müssen das propositum gentile erst ablegen; die Gothen, obwohl selbst officiell barbari genannt (Ed. prol. §§. 32. 34. 43. 44. 145. epil. und einmal gentiles VIII. 17), werden doch den andern barbari, den gentes, geistig und sittlich entgegengestellt; domitor gentium heißt Theoderich; f. A. II. S. 165; II. 5. iracundae, X. 19. ferae et agrestissimae gentes-impetus gentilis; wie wilde Thiere verhalten sie sich zu den Gothen. VII. 4; über die gentilitas, die gentilis feritas XII. 28. ferocitas II. 16. barbarae gentes in diesem Sinne f. noch II. 5. 41. III. 17. 23. 48. XII. 4. X. 19. I. 27. 30. 46. V. 44. VI. 3. 6. 9. VII. 4. 41; eine Gotheuprinzessin soll die Thüringer erst beßre Lebensweise lehren. IV. 1. (f. A. II. S. 135, über die den Burgunden geschickten Uhren) und von Boëth. heißt es: die Fremden sollen sehen, daß wir solche Männer als Hofleute (proceres) haben, die anderwärts als Autoren gelesen werden. I. 45.

2) IV. 45.

3) II. 3. habent nimirum, quod in patria sua loquantur, dum parentibus suis dicere gestiunt, quod viderunt. IV. 6. Die humanitas, die sie empfangen, ist aber Geld, nicht „Humanität"; den Griechen, über die man sich nicht mit höherer Cultur wegsetzen kann, wird ihre Eitelkeit und Verschmitztheit vorgerückt. II. 6. V. 40. vgl. V. 17. IX. I. II. 39. regalis gloria. V. 40, auch der Kaiser und sein Hof ist post nos non mirabilis und Cass. Chron. vergißt nicht das Staunen des byzantinischen Gesandten über den Reichthum Theoderichs; ad a. 519, p. 659.

4) Var. 5. 2.

5) Var. VIII. 10. Gothorum nobilissima stirpe gloriatur, quod inter nationes eximium est; die Uebersetzung „edelstes Geschlecht unter den Gothen"

folgt daher Theoderich die Sitten der Barbarenvölker[1]), sofern es das fürstliche Ceremoniell erheischt: z. B. bei Ehren- und Brautgeschenken, aber er adoptirt doch auch durch Waffenleihe, more gentium, den König der Herulcr[2]). Das Glück dieser Zeit, der Glanz und Ruhm dieser Regierung[3]) soll nun auch in der Freude der Bevölkerung erscheinen[4]) und die Römer sollen empfinden, daß diese Aera[5]) der Glanzperiode römischen Imperatorenthums gleichstehe[6]). Wenn übrigens auch der Ruhm dieses Reiches, der nicht bloß ein eingebildeter war — die Sage der Völker bezeugt es — großentheils auf der Großartigkeit der römischen Staatsidee beruht und Theoderich selbst gesteht, erst in römischer Schule gelernt zu haben, Römer zu beherrschen[7]), so hat er es doch jetzt gelernt und wendet diese Kunst nöthigenfalls auch sehr energisch gegen die Römer selbst und erinnert sie, daß durch seine Kraft allein sie die Güter des Friedens wieder gewonnen und daß er der Herrscher sei, der jede Friedensstörung strafe[8]). Und er hatte wie den Willen, so, das haben wir zur Genüge gesehn, die volle Macht dazu.

Am deutlichsten läßt sich der romanische Character der absolu-

---

wird durch eine Reihe von Gründen ausgeschlossen; non mediocres nationes VIII. 3.

1) IV. 1. more gentium.
2) IV. 1. 2. Er heißt „der Vater der Völker". V. 44.
3) II. 34. laus nostrorum temporum.
4) Laudes nostrorum temporum gaudia populorum, II. 37; namentlich im Gegensatz zu der bangen, kargen Zeit Odovakars. V. 41; oben S. 300.
5) Ennod. nennt sie in einem Brief an den Pabst geradezu das goldne Zeitalter. IX. 25.
6) I. 6. absit, ut ornatui cedamus veterum, qui impares non sumus beatitudine saeculorum; vgl. I. 20. beatitudo temporum laetitia saeculorum; daher die gothischen Denkmünzen aus jenen Tagen mit Inschriften, wie Roma felix, felicitas temporum (s. die noch ungedruckten Materialien von Henzen bei Gregorov. I. S. 298: 6 Stempel mit felix Roma, 5 mit bono Romae, 2 unter Athalarich, worunter eine Roma fida) etc.; „nicht ungleich sind unsre Tage der Vorzeit; wir haben würdige Nacheiferer der Alten; wieder wie unter den besten Kaisern gelangt man durch Werth zu Würden"; „sei ein Plinius, sagt Athalarich zu seinem Quästor, wie Du an uns einen Trajan hast". VIII. 13. Deßhalb darf sich der hohe Geist des Herrschers auch um die kleinen Dinge des Circus kümmern: denn in diesen Spielen erscheint das Glück des Volkes I. 20, und dieses bezeugt des Herrschers Werth. IX. 25.
7) I. 1. bezeichnend Agn. bei Mur. II. p. 68. regnavit Ravennae Romanorum more; vgl. Ennod. educavit te Graecia in gremio civilitatis.
8) I. 44.

tiftifchen Regierung der Amalungen und die Rückkehr zu dem alt=
gothifchen Volkskönigthum in der Regierung ihrer Nachfolger dar=
thun in der verfchiednen Rechtsform und Rechtsart, in welcher die
Einen und die Andern die Krone erwerben, weßhalb wir mit diefer
Unterfuchung fchließen¹).

Im Zufammenhang mit dem allgemeinen Erftarken des König=
thums in dem italienifchen Reich der Amaler trat auch die Erblich=
keit der Krone vor das freie Wahlrecht des Volkes und hiezu kam,
in Nachahmung kaiferlicher Rechte, die Bezeichnung des Nachfolgers
durch den Herrfcher (designatio successoris). Wenn fchon der Erbe
Theoderich von feinem Vater empfohlen und vom Volk acceptirt
wird, so ift bei der Thronbefteigung Athalarichs der Vorfchlag feines
Großvaters und feine Abftammung viel gewichtiger als die freilich
ebenfalls eingeholte Zuftimmung des Volkes. „Als Theoderich zu
hohem Alter gelangt war und erkannte, daß er in Bälde aus diefer
Welt fcheiden werde, rief er die gothifchen Grafen und die Erften
feines Volkes zufammen und beftellte ihnen Athalarich, das kaum
10jährige Knäblein, zum König und trug ihnen auf, wie in tefta=
mentarifchen Worten fprechend, ihn als ihren König zu ehren".
So fpricht Jordanes: der Wille des Herrfchers beftimmt den Nach=
folger: und nicht die Volksverfammlung, nur die Erften des Staa=
tes werden beigezogen, den Befehl zu vernehmen²). Dazu ftimmt
auch die officielle Auffaffung bei Caffiodor: er läßt Athalarich fa=
gen³): „Mit folcher Schnelligkeit trug der König die Hoheit feiner
Herrfchaft auf mich über, daß man meinen follte, ein Gewand, nicht
ein Reich fei gewechfelt worden".

Natürlich wird diefer Entfchluß des Königs auf göttliche Ein=
gebung zurückgeführt⁴) und zunächft ift es nur diefe einfeitige

---

1) Vgl. Var. VIII. 1—10. 16. 17. IX. 2. 12. 24. 25. X. 1—7. 9—18. 31.
XI. 1; vgl. Köpke S. 188; ungenügend Balbo I. S. 91 und Heidelb. Jahrb.
von 1811.

2) l. c. c. 59. quod praeceptum in omnibus custodientes und de regn.
succ. p. 240. ipso ordinante succepit. Zuerft werden Adel, Senat und Volk,
Gothen und Römer in Ravenna und Rom, dann die Provinzen beigezogen.

3) Var. VIII. 2.

4) Var. VIII. 5. nos heredes regni sui deo imperante substituit; VIII.
2. ut voluntatem ibi agnosceres confluxisse divinam, noveritis divina providentia fuisse dispositum, ut Gothorum Romanorumque nobis generalis
consensus accederet; vgl. VIII. 6.

Handlung, welche die Krone verleiht¹). Freilich, in zweiter Linie, wird auch die Zustimmung des Volkes erwähnt²). Aber der Uebergang der Krone ist bereits vorher erfolgt und wird als bereits vollendet dem Senat angezeigt³); die Zustimmung folgt „auf Befehl" nach⁴): und auf „Anordnung" Theoderichs leisten die Unterthanen noch bei Lebzeiten seinem Nachfolger den Eid⁵). Außer jener designatio wird nun auch ferner das Erbrecht⁶) Athalarichs hervorgehoben⁷), das Erbrecht in jenem alten germanischen Sinn, da das Volk mit dem Blut das Glück und die Vorzüge des Ahnen für vererblich hält⁸).

Es widerstrebte nämlich so Manches in der Stimmung des Volkes und in der gefährlichen Zeit der Regentschaft eines Weibes für ein Kind⁹). Hierin liegt offenbar der nicht genug gewürdigte

---

1) Var. VIII. 8. avus nos heredes substituit, nos in sede regni sui collocavit.

2) Mit seinem Befehl haben sich die Wünsche Aller so vereint, daß Ein Mann zu versprechen schien, was Alle wünschten. VIII. 2. 7. vota tot ingentium populorum; cui ordinationi Gothorum Romanorumque desideria convenerunt. VIII. 6.

3) VIII. 2. necessarium duximus, de ortu regni nostri vos facere certiores.

4) VIII. 3. nuntiamus-avi ordinatione dispositum, ut Gothorum Romanorumque in nostrum regnum suasissimus consensus accederet.

5) VIII. 4. glorioso domno avo nostro feliciter ordinante tam Gothorum quam Romanorum praesentium pro munimine incepti regni sacramenta suscepimus, quod vos quoque libentissimos facturos esse judicamus (danach modificirt sich das Gothi sibi praeficiunt der hist. misc. p. 104), oder zum Befehl tritt der Eid. VIII. 5. cujus ordinatione adhuc eo superstite in regia civitate-sacramenti interpositione cunctorum vota conjuncta sunt.

6) Heres. VIII. 5. 25. regia hereditas VIII. 1.

7) l. c. dilatatum potius quam mutatum videtur esse imperium, cum transit ad posteros. VIII. 2. quodammodo ipse putatur vivere, cujus vobis progenies cognoscitur imperare.

8) VIII. 5. ut successione sanguinis sui beneficia vobis a se collata faceret esse perpetua. VIII. 6. quatenus decus generis, quod in illo floruit, in successores (statt succipere) protinus aequali luce radiaret. VIII. 2. ut heredem bonorum suorum relinqueret, qui beneficia ejus in vobis possit augere; 6. vix sentitur amissus, cui non succedit extraneus; wie eng die Gothen Glück und Unglück als an einer ganzen Sippe haftend denken, zeigt Uraia. A. II. S. 224.

9) A. II. S. 176. 192; die Vererbung seiner Krone war Theoderichs schwerste Sorge; es ist höchst bezeichnend, daß Ennod. nicht nur seine Lobrede mit dem Wunsch nach einem Sohne des Königs schließt, sondern auch in den oben citirten

Grund einer Reihe von Erscheinungen. Einmal bestimmte gewiß diese Besorgniß den König, durch designatio successoris und noch mehr durch eidliche In=Pflichtnahme der Spitzen seines Volkes schon bei seinen Lebzeiten der Gefahr einer Anfechtung der Thronfolge seines Enkels zuvorzukommen. Ferner aber begreift sich jetzt, weß= halb grade erst um diese Zeit mit so unverkennbarer Absicht Cassio= dor immer und immer wieder die mit nichts Anderm zu vergleichende Herrlichkeit des amalischen Geschlechts und sein unantastbares Kron= erbrecht hervorhebt. Darin, in dieser politischen Tendenz, liegt also allerdings der Grund, daß wir die germanische Auffassung von dem specifischen Wesen des Königthums als einer durch die Ver= erbung edelsten Blutes mit vererbten Würde, als eines nationalen Kleinods, dessen Werth in der innigen Verwachsenheit des Königs= hauses mit der ganzen Vergangenheit des Volkes beruht, in diesen officiellen Selbstzeugnissen der Amaler so scharf betont finden. Aber ebendeßhalb war es eine desto seltsamere Verirrung der Kri= tik[1]), wenn man um dieser Absichtlichkeit in Cassiodors Worten willen das ganze Erb=Königthum der Amaler für eine Erfindung dieses Ministers[2]) ausgegeben hat. — Das wäre nicht blos höchst gefährlich, es wäre unmöglich gewesen. Sollten denn, ich muß es wiederholen, die Gothen, seit sie Italien betreten, das Gedächtniß verloren haben, daß man ihnen weiß machen konnte, sechzehn Ama= ler vor Athalarich hätten die Krone getragen, während in Wahr= heit erst Theoderichs Vater sie erworben? Und wenn andre Ge= schlechter nach der Krone trachteten, wenn eine Partei den Knaben Athalarich nicht auf dem Throne sehen wollte, konnte man glauben, dessen Sache durch eine so unverschämte Behauptung besser zu machen, deren Erlogenheit notorisch sein mußte? Würde man, wenn etwa dem Enkel Victor Emanuels die Krone von Italien bestritten würde, seine Sache mit der Berühmung glücklich vertheidigen, daß

Brief an den Pabst, da er den König von Gott für sein Benehmen s. 499 f. be= lohnt wünscht, nichts Andres zu wünschen weiß, als det etiam regni de ejus germine successorem.

1) s. A. II. S. 123; v. Sybel S. 124. 126; Schirren S. 83 f.
2) Vgl. übrigens auch Ennod. pan. p. 447. 460. 485; (der panegyrische Cha= rakter steht hier nicht im Wege: wie konnte Ennodius dem König eine solche Ahnenreihe im Angesicht der Gothen beilegen, wenn diese die Lüge belächeln muß= ten?) origo te dedit dominum (Gothis) .. sceptra tibi conciliavit splendor generis .. telis agendum, ut avorum decora per me non pereant-ab ipsa mundi infantia regum (avorum Theoderici) examinata claritudo.

schon sechzehn seiner Ahnen Könige von Italien gewesen? Und man glaube doch nicht, daß deßhalb, weil wir von der Vorgeschichte der Gothen nichts wissen, die Gothen ihre eigne Vergangenheit nicht gekannt hätten[1]). Nein, berief man sich, dem Verdienst und der Reihe andrer denkbarer Thronprätendenten gegenüber, auf das alte Kronrecht der Amaler, so konnte dieß nicht von einem Römer erdichtet sein[2]). Besonders beweisend ist, daß man dieß amalische Kronrecht als mit ganz bestimmten Thatsachen in der alten Volksgeschichte und deren Tradition verflochten darstellen kann, daß man sagen kann: „Es gibt bereits in der Geschichte der Gothen ein Beispiel solcher Treue: nämlich jener auf der ganzen Erde durch die Sage verherrlichte Gensimund, welcher, obwohl nur durch Waffenleihe in die Sippe der Amaler aufgenommen, ihnen solche Treue bewährte, daß er, da man ihn selbst zum König haben wollte, dieß ausschlug und statt dessen den Erben der Amelungen mit wunderbaren Treuen diente. Ihnen ließ er sein Verdienst zu gute kommen und den unmündigen Königskinden wandte er die Krone zu, die ihm hätte werden können. Deßhalb preisen ihn Lied und Sage der Gothen, und weil er einmal vergänglichen Glanz verschmäht, lebt er unvergänglich im Munde unsres Volks. So lang der Name der Gothen lebt, wird auch sein Ruhm vom Zeugniß Aller getragen werden". Konnte man so sprechen, wenn Cassiodor den Stammbaum der Amaler von Theoderichs Großvater an erfunden, oder hat Cassiodor vielleicht auch diese Geschichte erfunden, den erstaunten Gothen den Namen Gensimund zum ersten Mal genannt und sich dabei auf Sagen und Traditionen berufen, von denen sie nichts wußten?[3])

Dieses Muster wird als von dem Grafen Thulun erreicht dargestellt und fast will es scheinen, als ob manche diesen in Krieg

---

1) Man erinnere sich doch, daß nicht nur Cassiodor, daß auch Ablavius damals eine Geschichte der Gothen geschrieben hatte; s. Jord. c. 4. 14. 23; v. Sybel de font. p. 34—37; in der Bibliothek des Klosters Tegernsee Pez. Thes. VI. 2. 53. noch c. a. 1200 vielleicht erhalten; s. Wattenbach S. 44, der aber auch v. Syb. folgt.

2) s. auch Wietersheim IV. S. 14; zu dem Stammbaum A. II. S. 116 s. auch Buat Abhdl. b. bayer. Akad. I. S. 115; mit der Gothenherrschaft verbreitet sich der Name „Amelung"; s. Uhland l. c. S. 338.

3) Das Ereigniß spielt offenbar c. a. 416, s. A. II. S. 60; völlig mißverstanden hat dieß v. Glöden, der bei Gensimund an den Vandalenkönig Gunthamund denkt!!

und Frieden bewährten nächsten Freund Theoderichs als dessen Nachfolger gewünscht hätten. Athalarich ernennt ihn zum Patricius und zu seinem officiellen Rathgeber und er wird mit den Amalern jetzt verschwägert[1]).

In diesem Zusammenhang begreift es sich, wenn mit freudigem Erstaunen gerühmt wird, daß „in aller Ruhe ohne Aufruhr und Streit der Thronwechsel erfolgt sei, daß von so vielen in Kampf und Rath erprobten proceres kein Widerspruch gegen den Ausspruch des Herrschers vernommen worden, wie es doch oft geschieht (ut assolet), daß in einem Staat, reich an Gereisten, ein Knabe ohne Kampf und Widerstand den Thron besteigen konnte, daß sichrer das erwartete Verdienst des Kindes als das bewährte Andrer schien"[2]).

Das erklärt sich nun blos aus dem hohen Vorzug des Königsgeschlechts und dieser wird immer wieder eingeschärft: die lange Reihe der Ahnen im Purpur[3]), der Glanz und die Segnungen der Herrschaft der Vorfahren, zumal des Großvaters[4]). „Die Gottheit,

---

1) VIII. 9.
2) IX. 25. VIII. 2. 6. ne aliqua novitas quieta turbaret. Denn man hegte gegründete Besorgnisse (VIII. 3. 4. A. II. S. 178) nach vielen Seiten: wie die Erhebung von Kronprätendenten fürchtete man Angriffe von Byzanz, litorum curae primordia regni nostri armis juvit (Cassiodorus) und Reibungen zwischen Gothen und Italienern: VIII. 16. cum anxia populorum vota trepidarent et de tanti regni adhuc incerto herede subjectorum corda trepidarent; es wurde auch die Ruhe ernstlich gestört, der amor disciplinae IX. 19 war verschwunden, ganz in der Nähe der Residenz, bei Faënza, übten Gothen und Römer Raub und Heimsuchung: sie glaubten mit Theoderichs Tod die Aufrechthaltung des Landfriedens geschwächt und lang verhaltne Gelüste brachen los. VIII. 27. gravius plectendi sunt, qui nec admonitionibus justis nec principis initiis obediendum esse crediderunt; mit Mühe beugte man weitern Erschütterungen vor. IX. 25; man versprach nach allen Seiten hin das Beste, namentlich Fortführung des bisherigen Systems. XI. 8; die rerum domini würden nichts Neues verlangen: estote ad consueta soliciti, de novitate securi. Die Vererbung der Krone werde wie das Blut so die Wohlthaten Theoderichs fortsetzen; über VIII. 5 f. A. II. S. 178. IX. 9. wir haben von unsrem clementissimus auctor gelernt, wie in der Sorge für die Unterthanen zu rasten.
3) Var. VIII. 1. majorum purpuratus ordo; denn hier ist statt des unmöglichen vos zu lesen nos; f. A. II. S. 181.
4) l. c. recipite itaque prosperum vobis semper nomen, Amalorum regalem prosapiem, blatteum germen (statt baltheum A. II. S. 87), infantiam purpuratam, per quos parentes vestri decenter evecti sunt et inter tam prolixum ordinem regum susceperunt semper augmenta; auch über die Asdingen heben sich die Amaler. IX. 1.

welche unsre Ahnen unterstützt hat, wird auch uns Gnade geben,
daß ihr unter unsrer Herrschaft mehr noch als unter unsern Vä=
tern gedeihen mögt"¹). Denn den Amalern steht jede andre Her=
kunft nach²). „Freiwillig ließ sich Theoderich herab, für die
höchsten Ehren des römischen Staats dem Kaiser zu dienen, er, der
Abkömmling so vieler Könige"³). Hoch wird Cassiodor gepriesen,
daß er in seiner gothischen Geschichte „die Könige der Gothen, seit
lange in Vergessenheit gehüllt, aus der Verborgenheit des Alter=
thums hervorgeführt, die Amaler dem Glanz ihres Geschlechtes
wiedergegeben und deutlich gezeigt hat, daß Athalarich bis in's
17. Glied Könige zu Ahnen hat. So daß der Senat, dessen Vor=
fahren gleichfalls immer adlig gegolten, sich von einem uralten
Fürstengeschlecht beherrscht sieht"⁴). Denn auch über den höchsten
römischen Adelsgeschlechtern steht die Königsfamilie so hoch erhaben,
daß, wenn die oberste derselben der königlichen Verschwägerung ge=
würdigt wird⁵), ihr dieß in Worten vorgehalten wird, welche fast
kränkend vornehm sind⁶).

Das Anomale in der Herrschaft Amalasuntha's als Regentin
und dann, nach dem Tode Athalarichs, als alleinige Königin, haben
wir bereits in seiner juristischen Bedeutung gewürdigt⁷). Der
Weiberherrschaft widerstrebten viele Parteien im Volk: vielleicht gab
es eine Partei, welche ihr den nächsten Schwertmagen Theoderichs⁸),

---

1) l. c. vgl. VIII. 1. 5. IX. 1. X. 3.
2) VIII. 2.
3) Var. VIII. 9. vgl. V. 12. fulgor regiae consanguinitatis. IV. 39. generis claritate fulgotis.
4) s. aber auch den hohen Respect, mit welchem Greg. tur. III. 31 von dem sanguis regius der Amaler spricht.
5) Solche affines ragen vor allen subjectis. VIII. 23.
6) Var. X. 11. Meruisti conjugem regiae stirpis accipere, quam in tuis curulibus nec praesumpsisses optare; s. die Stelle oben S. 32; cave, ne major videatur felicitas tua moribus tuis ... laudati sunt hactenus parentes tui, sed tanta non sunt conjunctione decorati und dem Senat wird gesagt: 12. parentis nomen dignatus est (dominus) praestare subjecto. exultate generaliter et has nuptias laetitia profusa celebrate ... quae preces a me exigere potuerunt, quod meus animus spontanea deliberatione concessit? ut vestri ordinis viros parentes appellare possimus, qui nobis affinitatis claritate jungendi sunt; vgl. VIII. 11; während die Kaiser sich, manchmal wenigstens, selbst als dem senatorischen Stande angehörig, bezeichnen. Kuhn I. S. 215.
7) A. II. S. 192.
8) Auch von ihm X. 1. avorum suorum purpureo decore 3 generis claritate conspicuus, Amalorum stirpe progenitus majorum suorum virtus.

den Prinzen Theobahad, aufdrängen wollte, so daß ihre Wahl keine ganz freie war. Dieß würde manches erklären. Es war aber gefährlich, Amalasunthen das Scepter zu bestreiten: sie scheute den Mord nicht und so schwebte, scheint es, auch Theobahad eine Zeitlang in Gefahr; zuletzt entschloß sie sich aber, den Gegner zu gewinnen statt ihn zu beseitigen und ihn zum Mit=König zu machen[1]). Dabei handelt sie ganz allein, dem Senat bleibt nur das „Annehmen"[2]). Theobahad zeigt ihm die vollendete Thatsache an[3]). Die Gothen werden gar nicht gefragt. Sie führt den Titel Regina fort und thatsächlich wollte sie allein herrschen[4]), der Form nach mit ihm[5]).

Der stärkste Rückschlag gegen diese absolutistische Uebertragungsform der Krone geschieht aber nun bei dem Sturz der Amaler, in der Volksversammlung zu Regeta, welche den landesverrätherischen König absetzt, zum Tode verurtheilt (tollatur de medio!) und den gemeinfreien Vitigis an seine Stelle setzt, obwohl noch Glieder des Amalerhauses und alte Adelsgeschlechter vorhanden sind. Das ist nicht etwa rechtlose, revolutionäre Willkür, sondern das Volk erinnert sich dabei nur seines uralten Rechtes der Wahl[6]). Und

---

1) Während eine Partei sie beschuldigte, sie wolle wieder heirathen und deshalb ihren Sohn beseitigen (Proc. b. G. I. 2) drängte sie, scheint es, eine andere zu einer zweiten Ehe, statt welcher sie dann Theobahads Erhebung beschließt. Dieß, bisher unbemerkt, liegt in der Berührung, dieser Schritt wahre ihre „castitas". X. 3. — Auf jene Partei, welche ihn zum König forderte, deutet Theobahad. X. 4. (wahrscheinlich übertreibt er aber die Allgemeinheit dieses Wunsches: seine eignen Gesandten verrathen ihn, er war verhaßt: Proc. b. G. I. 4. Var. X.); suscipiatur gratissime, quod generalitatem constat optasse: (statt des sinnlosen ornasse) reserentur nunc sine metu vota cunctorum, ut, unde periculum pertuli, inde me universitas cognoscat ornari. praesumsistatis enim me inconscio (wie vorsichtig!) susurrare, quod palam non poteratis assumere. quantum vobis debeatur, hinc datur intelligi ut illud mihi festinaretis divinitus evenire, quod meus animus non audebat appetere; die Stelle ist jedenfalls nur mit Vorsicht aufzunehmen; mit den Fabeln, theils Sagen, theils Anekdoten bei Greg. tur. III. 31 ist hiefür nichts anzufangen; ungenau Bornhak I. S. 290; wie Pavir. f. A. II. S. 198 macht Pfahler Gesch. S. 365 Theobahad zu Amalasunthens Gemahl, trotz Gudelinens Briefen.

2) Accipere l. c. Anm. 1. X. 1. perduximus ad sceptra. Proc. I. 4.

3) Var. X. 4. nuntiamus, dominam rerum consortem me regni sui larga pietate fecisse.

4) l. c.

5) Var. X. 4. mecum sociata regnare.

6) f. die Stelle X. 31. Abth. II. S. 207. Köpke S. 193. Binius bei Mansi IX. p. 5 hat die Notiz, Theobahad habe seine Absetzung damnatione cujusdam

dieses Recht der Wahl wird nun fort und fort bis zum Untergang des Reichs geübt.

Die Erhebung des Vitigis zu Regeta geht von dem ganzen Volksheer aus in einer Handlung, die ganz den Styl der alten Volksversammlungen trägt¹). Und von Vitigis bis Teja tritt jetzt wieder (an der Stelle des amalischen Absolutismus) das echt gothische Königthum viel reiner auf: die Rechte von Adel und Volk²) leben wieder auf³). Volk und Adel befragt Vitigis bei der Uebung des Repräsentationsrechts⁴), oft auch als Kriegsrath⁵); der Adel bereitet ohne und gegen seinen Willen seine Absetzung und Ersetzung durch Belisar, den Frembling, vor⁶); Vitigis wagt keinen Widerstand; der gesammte Rest⁷) dieses Adels trägt später dem Uraia die Krone an⁸) und erklärt, längst hätten sie den glücklosen König Vitigis abgesetzt, wenn sie nicht auf ihn, seinen Neffen, Rücksicht genommen⁹). Auf sein Ablehnen hin erwählen alle Gothen¹⁰) den Ildibad¹¹), der seine Verhandlungen mit Belisar erst nach Zustimmung Aller¹²) anknüpft¹³). So wenig wie Chlodovech¹⁴) kann Ildibad nach Despotenart einen Privatfeind¹⁵) offen tödten lassen: er muß ihn mit falschen Anklagen

---

malefici Judaei erfahren, was keine Quelle meldet; sehr bedeutsam ergänzt das Manifest bei Cassiodor Jord. de regn. succ. p. 240 (quod ipse optaverat).

1) A. II. S. 208 (freilich sehr contra votum domini Justiniani Augusti! wie Anast. p. 128 naiv tadelt; es ist dasselbe wie die praesumtio regni Theoderichs).

2) Den „ἅπαντες" A. II. und Dahn, Prokop s. h. v.

3) Auch das ist verkannt von Gibbon c. 41 und seit ihm von fast Allen; s. bes. A. II. S. 210; richtiger Köpke.

4) Oben S. 249 f.

5) Proc. l. c. II. 9. 26. 28.

6) Freilich zunächst als Imperator. A. II. S. 222.

7) Denn die Meisten der „nobiliores", Marc. com., waren von Belisar gefangen. Proc. III. 1.

8) Proc. l. c. 30. ξυμφρονήσαντες εἴ τι αὐτῶν καθαρὸν ἐνταῦθα ἔτι ἐλέλειπτο.

9) Seine Verwandtschaft mit Vitigis steht ihm eher entgegen als zur Seite.

10) ἅπασι Γότθοις l. c.

11) Nicht einmal Theudis, geschweige Ildibad war ein Westgothe, wie Rub. p. 147 sagt.

12) II. 29. ἅπαντας Γότθους ξυγκαλέσας.

13) Ebenso später Erarich III. 2.

14) Gregor. Tur. l. c.

15) Ganz irrig sagt Leo, Vorl. I. S. 364, Ildibad ließ alle Amelungensprossen tödten: Uraia ist ein Verwandter des Vitigis und kein Amaler.

verderben und heimlich ermorden¹). Das zieht ihm schweren Un＝
willen und viele böse Nachrede zu; rächen will man die That we＝
gen seiner Unentbehrlichkeit nicht. Aber für eine zweite Willkür=
handlung wird er erschlagen²). Dem ebenfalls freigewählten König
Erarich werfen die Meisten in offner Rede seine Unfähigkeit vor,
wie die Heruler offen ihren König schmähen³); jetzt lebt der Frei=
muth germanischer Rede wieder auf, der gegen Theoderich, in Jta=
lien wenigstens⁴), verstummt war. Totila, von den Gothen unter
Ermordung Erarichs gewählt⁵), redet sie wie Vitigis mit dem Na=
men: „meine Brüder" an⁶). Da der gothische Abel⁷) für einen
seiner tapfersten Leibwächter, den er wegen eines Verbrechens zum
Tode verurtheilt, Fürbitte einlegt, geht er mit großer Rücksicht=
nahme darauf ein und gibt sich große Mühe, sie davon abzubrin=
gen, was dann auch gelingt⁸). Sowie ihm das Glück den Rücken
kehrte, wendet sich gegen ihn wie gegen Vitigis, Jlbibad, Erarich
die Unzufriedenheit des Adels in freimüthigstem, offenstem Tadel,
und er hat alle Mühe, sie zu beschwichtigen⁹).

Merkwürdig ist, wie mächtig die Anhänglichkeit der Gothen an
die Amaler auch unter diesem glänzenden Wahlkönig noch nachwirkt:
man kann daran denken, daß das Volksheer gegen einen byzantini=

---

1) III. 1.
2) A. II. S. 226.
3) III. 2. οἱ Γότθοι τῇ Ἐραρίχου ἀρχῇ ἤχθοντο οὐκ ἀξιοχρέων τὸν
ἄνδρα ὁρῶντες ... καὶ αὐτὸν ἐκ τοῦ ἐμφανοῦς οἱ πλεῖστοι ἐκάκιζον.
4) Vgl. aber A. II. S. 112.
5) l. c. III. 3; auf ihre Wahl führt er seine Krone zurück; III. 25. διδόν-
των ὑμῶν τὴν ἀρχὴν ἔλαβον. Die Verwandtschaft mit Jlbibad ist nur wie
seine individuelle Tüchtigkeit moralisches Motiv, nicht Rechtstitel.
6) ἄνδρες ξυγγενεῖς III. 4. s. oben; und ξυστρατιῶται. III. 8; aber sein
Vorrecht auf den werthvollsten Theil der Beute erkennen die „Waffengenossen" an.
III. 20; hiemit sind die Einnahmen des Gothenkönigs oben S. 150 zu ergänzen.
7) Βαρβάρων οἱ δοκιμώτατοι. III. 8; daß bis ganz zuletzt, auch nach dem
blutigen zwanzigjährigen Kriege, in welchem offenbar ein sehr großer Theil des
Adels gefallen und gefangen war, immer noch Adlige und zwar auch noch Erb=
adlige vorhanden waren, zeigt Agath. I. 13, wo unter den Geiseln einer einzigen
Stadt, Lucca, enthalten sind: οὐ τῶν πολλῶν τε καὶ ἀγεννῶν, ἀλλ' ἐπίσημοι ἐν
τοῖς μάλιστα καὶ εὐπατρίδαι. Diese Stelle und die εὐδαίμονες I. 6 bestäti=
gen unsre Darstellung, S. 28 und 39; schon Theodahad sucht der Kaiser durch
Gewinnung des gothischen Adels zu zwingen. Proc. l. c. I. 7.
8) III. 8; auch die Gewalt= und Rachegelüste der Gothen nach der Einnahme
von Rom weiß er zu bändigen. III. 20.
9) III. 25; s. A. II. S. 234.

schen Prinzen blos beßhalb vielleicht nicht kämpfen wird, weil er Theoderichs Enkelin, Matasuntha, als Gattin in seinem Lager hat[1]). Nach seinem Fall wählt die Gesammtheit der Gothen den König Teja und nach dessen Untergang denken sie noch daran den Alamannenfürsten Butilin zu wählen[2]). Man sieht, die Existenz des Volks wird als an die Existenz des Königthums geknüpft gedacht. —

Nicht ohne Interesse, namentlich wegen wichtiger Analogie bei den Franken ist es, daß wir in dem Gothenstaat Spuren einer gegenseitigen Eidleistung von König, Römern und Gothen antreffen[3]). Man muß sich aber hüten, dieser Erscheinung, die möglicherweise eine vereinzelte ist, d. h. vielleicht nur einmal, aus besondern Gründen, erfolgte, eine zu allgemeine Bedeutung beizulegen.

Schon in der heidnischen Urzeit hat es Formen und Symbole bei der Königswahl gegeben, welche die Pflicht der Treue des Volkes und der Huld des Königs darstellten und heiligten[4]): die Erhebung auf den Schild, das Umreiten der Gränzen, vielleicht mag auch der Eid selbst dabei von jeher vorgekommen sein[5]). In den späteren christlichen Reichen der Franken ꝛc. ist der Eid neben und bald vor der Schilderhebung die wichtigste Form. Bei Theoderichs Erhebung ist uns von einem Eide[6]) nichts bekannt. Aber Athalarich empfängt von Gothen und Römern[7]) Eide und erwidert sie. Noch bei Lebzeiten Theoderichs hatten die in der Hauptstadt anwesenden Gothen und Römer einen Eid geleistet (sacramenti interpositione), der sie zunächst verpflichtete, keinen andern denn Athalarich als Nachfolger anzuerkennen, ferner wohl auch, ihm Treue zu halten[8]). Nach Theoderichs Tod wurde wenigstens der Senat von Rom benachrichtigt, daß Gothen und Römer zu Ravenna dem jungen König bereits geschworen haben und aufgefordert, diesem

---

1) A. II. S. 237.
2) A. II. S. 239—242.
3) Vgl. Mascou II. S. 63.
4) R. A. S. 234: „Ohne Zweifel sind dabei in älterer Zeit Förmlichkeiten vorgekommen, deren Schilderung wir mit Bedauern vermissen".
5) A. M. Waitz II. S. 115 f. R. A. S. 252: „Bei der Huldigung wurden in ältester Zeit weder Eide noch Gelübde abgelegt; in der Schilderhebung oder dem lauten Beifall der Umstehenden . . . . war Alles begriffen"; (?) Irrig ist, daß erst seit der Feudalzeit Treueid der Unterthanen begegnet, wie sich hier zeigt.
6) Der Eid, welchen Theoderich a. 500 bei seinem Besuch in Rom den Römern leistet, hat natürlich ganz andre Bedeutung.
7) Etwas verschiednes sind die Eide der Beamten. XI. 35.
8) VIII. 5.

Vorgang zu folgen¹). Ferner wurde die Bevölkerung der Stadt Rom in besonderm Schreiben²) benachrichtigt von der bereits vollzognen eidlichen Huldigung in Ravenna und aufgefordert, deßgleichen zu thun. Dafür leistet dann auch der König durch eine Gesandtschaft den Eid: "daß er Gerechtigkeit und gleichmäßige Milde, welche die Völker fördert, hegen werde: Gothen und Römer sollen bei ihm gleich viel Recht haben und nur der Unterschied bestehen, daß jene die Mühen des Krieges zum allgemeinen Nutzen übernehmen, während Euch die ruhige Siedelung in der civitas romana vermehrt"³). Man sieht, vor Allem soll die Besorgniß zerstreut werden, die neue Regierung könne von jener allgemeinen Gerechtigkeit und besonders von jener Gleichstellung der Römer mit den Gothen abweichen, welche Theoderich so beliebt gemacht: sie verspricht ganz in dessen Fußtapfen zu treten⁴) und aus Ed. Ath. §. 12 (II.) erhellt, daß Athalarich auch schwor, alle Edicte Theoderichs und das herkömmliche Recht des Staats zu wahren, also wie Theoderich a. 500. Aehnlich war wohl der Inhalt des Eides, welchen er durch einen gothischen Grafen Sigiswind und andre Gesandte dem Senat leisten ließ; er bietet ihnen noch weitre Garantien der Sicherheit, wenn sie solche wünschen⁵). Und auch den gesammten Römern in Italien und Dalmatien wird einerseits der gleiche Schwur abverlangt, den die Gothen und Römer in der Hauptstadt geleistet — nämlich, daß sie ihm die gleiche Treue und Ergebenheit wie seinen Ahnen halten sollen — anderseits aber werden

---

1) VIII. 2. es erhellt weder, ob zum zweiten Mal, noch ob der hier erwähnte Eid der Gothi und Romani jener erste zu Lebzeiten Theoderichs geleistete war.

2) VIII. 3. Köpke S. 194 hält es für an den Senat gerichtet; die Hauptüberschrift aber lautet: populo romano Athalaricus rex: die andre senatui urbis Romae super eodem ist eine spätere Inhaltsangabe; ferner ist in dem Schreiben keine Spur von dem üblichen Lob des Senats, vielmehr sein Ton an einen weiteren Kreis gerichtet und endlich ist eine zweimalige Vereidigung des Senats unwahrscheinlich, während zwischen dem Senat VIII. 2 und allen Römern in Italien und Dalmatien VIII. 4 füglich Rom Berücksichtigung verdient.

3) s. A. II. S. 178; dieß kann man doch nur von der Bevölkerung Roms verstehen.

4) VIII. 4. er schwört "solches, was unsere Tendenz erkläre und das Vertrauen Aller aufrichte"; vgl. VIII. 2. 9—16. Theoderich soll in ihm fortleben.

5) VIII. 2; doch wird jener Eid als ein beneficium, eine Herablassung (inclinando VIII. 3), als ein Geschenk freier Gnade bezeichnet: es war gegenüber den Römern ein solcher Eid des Herrschers (der Eid Trajans ist doch nur eine Ausnahme) etwas Neues.

ihnen auch eidliche Versprechen gegeben, welche seine Absichten kundthun und ihre Hoffnung bekräftigen sollen, im Andenken an die Wohlthaten Theoderichs. Auch die Gothen wie die Provincialen hatten Ergebenheit zu schwören¹): der ihnen vom König durch einen Grafen geleistete Eid konnte natürlich nicht Gleichstellung mit den Römern zum Gegenstand haben: er verhieß Huld im Allgemeinen²). Sehr bezeichnend aber ist, daß in den neu erworbnen Gebieten in Gallien nicht bloß die gothische und romanische Bevölkerung dem König, sondern daß auch die gothische der romanischen, die romanische der gothischen Hälfte die Treue gegen den König geloben sollte³). Die Treue gegen den gemeinsamen Richter, Schützer und Herrscher sollte die Eintracht der beiden Nationalitäten sichern.

Bei den späteren Königen wird nichts mehr von Eiden der Treue und der Huld erwähnt⁴), (obwohl sie vorkommen mögen)⁵), denn die Eide, welche die Senatoren von Theobahad fordern und geleistet erhalten⁶), sind mit den von Athalarich geschwornen nicht zu vergleichen: sie werden nicht bei dem Regierungsantritt und nicht auch den Gothen geleistet und nicht durch einen Eid der Unterthanen erwidert: sondern Senat und Volk von Rom, durch einzelne Maßregeln des Königs geängstigt, verlangen die eidliche Erklärung, daß dieselben nicht gegen ihre Sicherheit (securitas) gerichtet seien. Diese Eide haben also einen ganz andern Character⁷). Wir wissen daher nicht, ob bei den Ostgothen gegenseitige Eide von König und Volk altherkömmlich waren.

Die Amaler sind das vermittelnde Band zwischen den Gothen und Byzanz: nachdem sie weggefallen, stehen sich das Barbarenvolk und der Kaiser feindlich gegenüber⁸).

---

1) VIII. 5. 6. universis Gothis in Italia constitutis ut sub jurisjurandi religione promitterent, fidem se regno nostro devoto animo servaturos.

2) VIII. 5; wie sie Treue schworen; sicut nobis vestrum animum devotissimi proditis, sic de nostris sensibus audiatis.

3) VIII. 6. 7.

4) Auch die Worte des Vitigis X. 31 sind kein „Gelübbe", wie Köpke S. 194 sagt.

5) Die bei Athalarichs Antritt geleisteten beruhten auf Theoderichs aus besondern Gründen erlaßner besondrer Vorschrift und ich kann deßhalb nicht mit Roth Ben. S. 111 darin einen Beleg altgermanischer Sitte des Fidelitätseides erblicken; für die Franken aber ist seine Darstellung gewiß die allein richtige.

6) Var. X. 16. 17; auch dem Volk in Rom läßt er schwören.

7) X. 17. *jurat, qui non potest cogi;* auch der von Vitigis verlangte Eid der Römer, Proc. I. 11 ist ein außerordentlicher; deßgleichen bei Totila. III. 9.

8) Vgl. namentlich Proc. I. 2, wo Amalasuntha als „Tochter Theoderichs"

Höchst bezeichnend für die Verschiedenheit des Verhältnisses der Amaler und der Wahlkönige zu Byzanz ist die Sanctio pragmatica, mit welcher Justinian nach dem Siege des Narses die italischen Verhältnisse ordnet[1]). Was Theoderich, Athalarich, Amalasuntha und Theobahad verfügt haben, soll „unverletzbar" erhalten und anerkannt werden[2]). Was aber der „Tyrann Totila" geschenkt oder sonst verfügt hat, soll in keiner Weise aufrecht erhalten bleiben, sondern die durch seine Handlungen in ihrem Besitzstand alterirt worden, dürfen Restitution fordern[3]) und wer zur Zeit dieser „tyrannis" an Beamte oder Günstlinge des Totila veräußert, zumal geschenkt hat, darf das Geschäft, als durch Furcht erpreßt, rückgängig machen. Man sieht, die Amaler erkennt der Kaiser als legitime Herrn Italiens an, da sie von Zeno, Anastas, Justin und ihm selber als solche behandelt worden. Daß er Vitigis, Jlbibad, Erarich und Teja nicht bei Namen nennt, erklärt sich wohl daraus, daß diese Könige, obwohl sie zusammen über 6 Jahre regiert, mit dem Krieg so beschäftigt waren, daß ihnen zu wichtigern Rechtshandlungen, zu organischen Einrichtungen nicht viel Zeit und Gelegenheit blieb. Totila aber hatte lange Zeit den ungestörten friedlichen Besitz Italiens und er setzte wieder die Regierung und Verwaltung in vollen Gang, wobei er manche weittragende Rechtsmaßregel traf. Diese sollten nun nicht anerkannt werden: mit dem Sturze Theobahads, mit dem Ausschluß der allein als „Befreier Italiens" gegen Odovakar ausgesendeten Amaler von dem Throne sah Justinian den Rechtsgrund des Bestandes der Gothenherrschaft als vernichtet an, (das ist die byzantinische Auffassung, z. B. des com. Marc. p. 322)[4]), freilich erst jetzt, nach dem Siege: denn mit Vitigis hatte er, einmal wenigstens, Italien theilen wollen[5]), und sehr inconsequent, da er angeblich Amalasuntha an Theobahad

---

des Kaisers Schutz gegen ihr Volk anruft; die „Rache", welche Justinian später für sie vollzieht, ist freilich nur ein fadenscheiniger Vorwand.

1) Corp. jur. ed. Beck II. p. 509.
2) SS. 1. 8.
3) Denn S. 2. quod per illum tyrannidis ejus tempore factum esse invenitur, hoc legitima nostra notare tempora non concedimus.
4) In diesem Sinne sagt d. hist. misc. Vitigis regnum invasit. l. c. com. Marc. p. 325. Vitigis Tyrannus, und Jlbibad heißt bei Jord. p. 241 nur regulus nicht rex.
5) A. II. S. 221, Dahn Prokop S. 157.

rächen wollte: nun bekriegte er statt deſſen ihren Rächer und Eidam¹). Doch erklärt es ſich aus jener Anſchauung, daß Juſtinian die Geſandten der Wahlkönige faſt gar nie annahm²). Totila aber hat offenbar durch ſeine glänzenden Erfolge den Haß des Kaiſers wie kein Andrer der Wahlkönige ſich zugezogen: nie wird er ohne ein Scheltwort genannt³).

---

1) Naiv drückt dieß aus hist. misc. l. c. conceptas contra Theodatum vires in Vitigim convertit.
2) Proc. III. 37.
3) Tyrannus iſt das gelindeſte: nefandissimi Totilae *superventus* §. 8, sceleratae memoriae Totilae adventus; und der entartete Gothe, Jord. p. 240, ſagt: malo Italiae adsciscitur regno; auch Gregor. l. c. nennt ihn perfidae mentis und läßt ihn Dei judicio fallen; die andern heißen nur einmal insgeſammt praeteriti nefandi tyranni; neben der Anerkennung der Haubtugen der Amaler wird übrigens manchmal doch auch die ganze Zeit der Gothenherrſchaft ſeit a. 493 tempus gothicae ferocitatis, tyrannidis, captivitas Italiae genannt; in den Urkunden der Zeit ſteht „barbaricum hoc" ſtatt tempus barbaricum. Mar. N. 86.

www.ingramcontent.com/pod-product-compliance
Lightning Source LLC
Chambersburg PA
CBHW030733230426
43667CB00007B/692